READING

머리말

독자 여러분께

'토익 마법 - 2주의 기적'이라는 책 제목에서 '마법'이라는 말은 관심을 끌고자 붙인 부분이지만, '2주'는 빈말이 아닙니다. 매일 충분한 시간을 투자할 수 있다면 딱 2주만, 주말 빼고 열흘만이라도 열심히 공부해 보세요. 분명 놀라운 성과를 올리게 될 것입니다. 초보자라면 이 책으로 전국 평균인 680점을 쉽게 돌파할 수 있을 것이고, 점수 상승이 정체된 중급 수준의 수험생이라면 이 책이 고득점 도약의 발판이 되어 줄 것입니다. 저자가 지난 10여 년간 토익만 연구해 온 결과물로서 가장 효과적이고 효율적인 학습법과 문제 풀이 방식을 제시할 것을 약속 드립니다.

공부할 시간이 부족하거나 매일 몇 시간씩 영어를 공부하는 것이 부담스럽다면, 하루 단위로 제시된 양을 2-3일에 걸쳐 공부하는 것도 괜찮습니다. 되도록이면 책의 본문 내용을 꼼꼼히 읽은 후, 지시 사항을 잘 따르며 문제를 풀어 보고, 정답을 맞힌 문제라도 해설을 읽어 보시기 바랍니다. 시간이 되는 대로 반복해서 읽어 보고, 특히 고득점을 목표로 하는 수험생인 경우 필수 암기 어휘 외에도 제시된 모든 어휘를 전부 암기한다면 실제 시험에 큰 도움이 될 것입니다.

제 인생에 사명을 주신 하나님께, 저의 보잘것없는 재주와 삶을 의미 있게 만들어 주시는 독자들과 수강생들에게 충실하고자 하는 마음으로 이 책을 썼습니다. 여러분의 토익 공부에 만족스러운 성과가 있을 뿐만 아니라, 인생의 모든 면이 잘 되고 즐겁기를 기도합니다.

2022년 가을

저자 이교희 올림

추신: 책이 출간될 수 있게 힘을 모아주신 성안당과 이재명 차장님, 김은주 부장님, 랭삭 팀과 송은주 대표님, 안산이지어학원 김창로 원장님, 고맙습니다.

목차

저자가 직접 소개하는

이 책의 구성과 특징

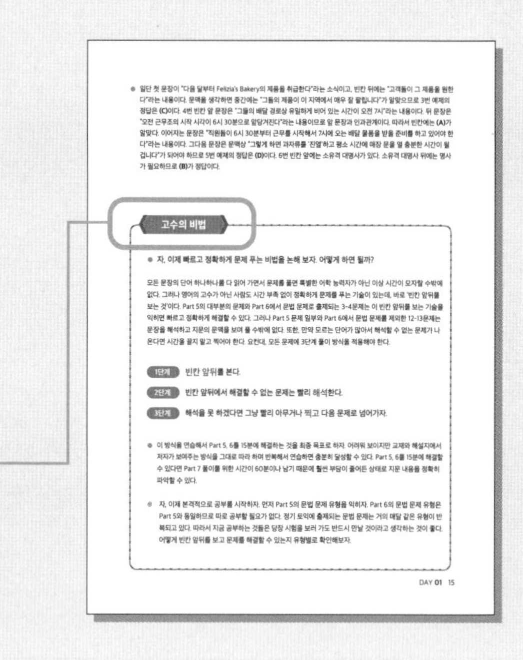

● 일단 첫 문장이 "다음 달부터 Felizia's Bakery의 제품을 취급한다"라는 소식이고, 빈칸 뒤에는 "고객들이 그 제품을 원한다"라는 내용이다. 문맥을 생각하면 중간에는 "그들의 제품이 이 지역에서 매우 잘 팔립니다"가 알맞으므로 3번 예제의 정답은 (C)이다. 4번 빈칸 앞 문장은 "그들의 배달 경로상 유일하게 비어 있는 시간이 오전 7시"라는 내용이다. 뒤 문장은 "오전 근무조의 시작 시각이 6시 30분으로 앞당겨진다"라는 내용이므로 앞 문장과 인과관계이다. 따라서 빈칸에는 (A)가 알맞다. 이어지는 문장은 "직원들이 6시 30분부터 근무를 시작해서 7시에 오는 배달 물품을 받을 준비를 하고 있어야 한다"라는 내용이다. 그다음 문장은 문맥상 "그렇게 하면 과자류를 '진열'하고 평소 시간에 매장 문을 열 충분한 시간이 될 겁니다"가 되어야 하므로 5번 예제의 정답은 (D)이다. 6번 빈칸 앞에는 소유격 대명사가 있다. 소유격 대명사 뒤에는 명사가 필요하므로 (B)가 정답이다.

고수의 비법

● 자, 이제 빠르고 정확하게 문제 푸는 비법을 논해 보자. 어떻게 하면 될까?

모든 문장의 단어 하나하나를 다 읽어 가면서 문제를 풀면 특별한 어학 능력자가 아닌 이상 시간이 모자랄 수밖에 없다. 그러나 영어의 고수가 아닌 사람도 시간 부족 없이 정확하게 문제를 푸는 기술이 있는데, 바로 '빈칸 앞뒤를 보는 것'이다. Part 5의 대부분의 문제와 Part 6에서 문법 문제로 출제되는 3-4문제는 이 빈칸 앞뒤를 보는 기술을 익히면 빠르고 정확하게 해결할 수 있다. 그러나 Part 5 문제 일부와 Part 6에서 문법 문제를 제외한 12-13문제는 문장을 해석하고 지문의 문맥을 보며 풀 수밖에 없다. 또한, 만약 모르는 단어가 많아서 해석할 수 없는 문제가 나온다면 시간을 끌지 말고 찍어야 한다. 요컨대, 모든 문제에 3단계 풀이 방식을 적용해야 한다.

1단계 빈칸 앞뒤를 본다.

2단계 빈칸 앞뒤에서 해결할 수 없는 문제는 빨리 해석한다.

3단계 해석을 못 하겠다면 그냥 빨리 아무거나 찍고 다음 문제로 넘어가자.

● 이 방식을 연습해서 Part 5, 6를 15분에 해결하는 것을 최종 목표로 하자. 어려워 보이지만 교재와 해설지에서 저자가 보여주는 방식을 그대로 따라 하며 반복해서 연습하면 충분히 달성할 수 있다. Part 5, 6를 15분에 해결할 수 있다면 Part 7 풀이를 위한 시간이 60분이나 남기 때문에 훨씬 부담이 줄어든 상태로 지문 내용을 정확히 파악할 수 있다.

● 자, 이제 본격적으로 공부를 시작하자. 먼저 Part 5의 문법 문제 유형을 익히자. Part 6의 문법 문제 유형은 Part 5와 동일하므로 따로 공부할 필요가 없다. 정기 토익에 출제되는 문법 문제는 거의 매달 같은 유형이 반복되고 있다. 따라서 지금 공부하는 것들은 당장 시험을 보러 가도 반드시 만날 것이라고 생각하는 것이 좋다. 어떻게 빈칸 앞뒤를 보고 문제를 해결할 수 있는지 유형별로 확인해보자.

DAY 01 15

1. 가장 쉽고 가장 빠르고 가장 정확한 문제 풀이 기술

시험에 출제되는 유형들을 분석해서 정확한 문제 풀이와 시간 부족 해결의 두 마리 토끼를 모두 잡게 해줍니다.

2. 전무후무, 매일 모든 파트 학습

다른 토익 교재에서는 볼 수 없는 방식. 매일 모든 파트를 공부함으로써 학습 효율성과 재미를 둘 다 얻을 수 있습니다.

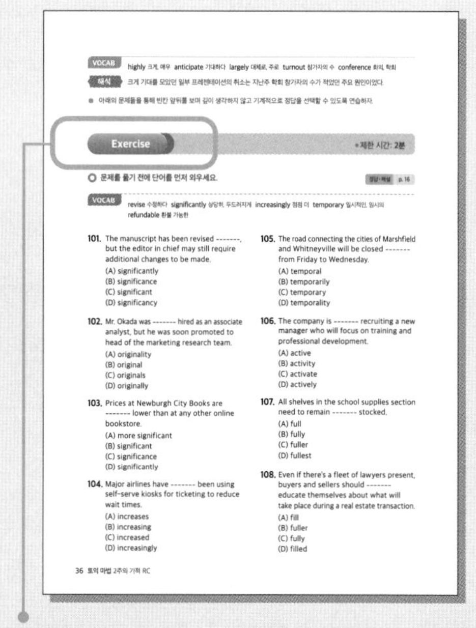

VOCAB highly 크게, 매우 anticipate 기대하다 largely 대체로, 주로 turnout 참가자의 수 conference 회의, 학회

해석 크게 기대를 모았던 일부 프레젠테이션의 취소는 지난주 학회 참가자의 수가 적었던 주요 원인이었다.

● 아래의 문제들을 통해 빈칸 앞뒤를 보며 깊이 생각하지 않고 기계적으로 정답을 선택할 수 있도록 연습하자.

Exercise •제한 시간: 2분

○ 문제를 풀기 전에 단어를 먼저 외우세요. 정답·해설 p. 16

VOCAB revise 수정하다 significantly 상당히, 두드러지게 increasingly 점점 더 temporary 일시적인, 임시의 refundable 환불 가능한

101. The manuscript has been revised -------, but the editor in chief may still require additional changes to be made.
(A) significantly
(B) significance
(C) significant
(D) significancy

102. Mr. Okada was ------- hired as an associate analyst, but he was soon promoted to head of the marketing research team.
(A) originality
(B) original
(C) originals
(D) originally

103. Prices at Newburgh City Books are ------- lower than at any other online bookstore.
(A) more significant
(B) significant
(C) significance
(D) significantly

104. Major airlines have ------- been using self-serve kiosks for ticketing to reduce wait times.
(A) increases
(B) increasing
(C) increased
(D) increasingly

105. The road connecting the cities of Marshfield and Whitneyville will be closed ------- from Friday to Wednesday.
(A) temporal
(B) temporarily
(C) temporary
(D) temporality

106. The company is ------- recruiting a new manager who will focus on training and professional development.
(A) active
(B) activity
(C) activate
(D) actively

107. All shelves in the school supplies section need to remain ------- stocked.
(A) full
(B) fully
(C) fuller
(D) fullest

108. Even if there's a fleet of lawyers present, buyers and sellers should ------- educate themselves about what will take place during a real estate transaction.
(A) fill
(B) fuller
(C) fully
(D) filled

36 토익 마법 2주의 기적 RC

3. 충분한 실전 문제

문제 풀이 기술을 배웠다면 실전 문제에 적용하는 무한 반복 훈련이 필요합니다. 충분한 수의 연습 문제를 실전 스타일로 준비했습니다.

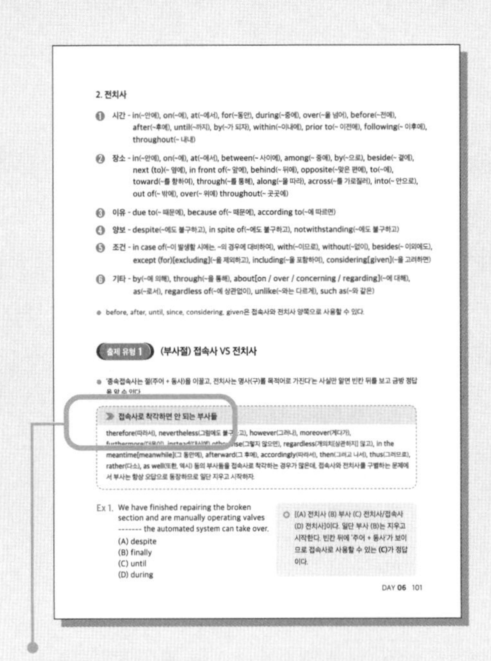

2. 전치사

❶ 시간 - in(~안에), on(~에), at(~에서), for(~동안), during(~중에), over(~을 넘어), before(~전에), after(~후에), until(~까지), by(~가 되자), within(~이내에), prior to(~ 이전에), following(~ 이후에), throughout(~ 내내)

❷ 장소 - in(~안에), on(~에), at(~에서), between(~ 사이에), among(~ 중에), by(~으로), beside(~ 곁에), next (to)(~ 옆에), in front of(~ 앞에), behind(~ 뒤에), opposite(~맞은 편에), to(~에), toward(~를 향하여), through(~를 통해), along(~를 따라), across(~를 가로질러), into(~ 안으로), out of(~ 밖에), over(~ 위에) throughout(~ 곳곳에)

❸ 이유 - due to(~ 때문에), because of(~ 때문에), according to(~에 따르면)

❹ 양보 - despite(~에도 불구하고), in spite of(~에도 불구하고), notwithstanding(~에도 불구하고)

❺ 조건 - in case of(~이 발생할 시에는, ~의 경우에 대비하여), with(~이므로), without(~없이), besides(~ 이외에도), except (for)[excluding](~을 제외하고), including(~을 포함하여), considering[given](~을 고려하면)

❻ 기타 - by(~에 의해), through(~를 통해), about[on / over / concerning / regarding](~에 대해), as(~로서), regardless of(~에 상관없이), unlike(~와는 다르게), such as(~와 같은)

● before, after, until, since, considering, given은 접속사와 전치사 양쪽으로 사용할 수 있다.

출제 유형 1 (부사절) 접속사 VS 전치사

● '종속접속사는 절(주어 + 동사)을 이끌고, 전치사는 명사(구)를 목적어로 가진다'는 사실만 알면 빈칸 뒤를 보고 금방 정답을 알 수 있다.

접속사로 착각하면 안 되는 부사들

therefore(따라서), nevertheless(그럼에도 불구하고), however(그러나), moreover(게다가), furthermore(더욱이), instead(대신에), otherwise(그렇지 않으면), regardless(개의치[상관하지] 않고), in the meantime[meanwhile](그 동안에), afterward(그 후에), accordingly(따라서), then(그리고 나서), thus(그러므로), rather(다소), as well(또한, 역시) 등의 부사들을 접속사로 착각하는 경우가 많은데, 접속사와 전치사를 구별하는 문제에서 부사는 항상 오답으로 등장하므로 일단 지우고 시작하자.

Ex 1. We have finished repairing the broken section and are manually operating valves ------- the automated system can take over.
(A) despite
(B) finally
(C) until
(D) during

○ [(A) 전치사 (B) 부사 (C) 전치사/접속사 (D) 전치사]이다. 일단 부사 (B)는 지우고 시작한다. 빈칸 뒤에 '주어 + 동사'가 보이므로 접속사로 사용할 수 있는 (C)가 정답이다.

DAY 06 101

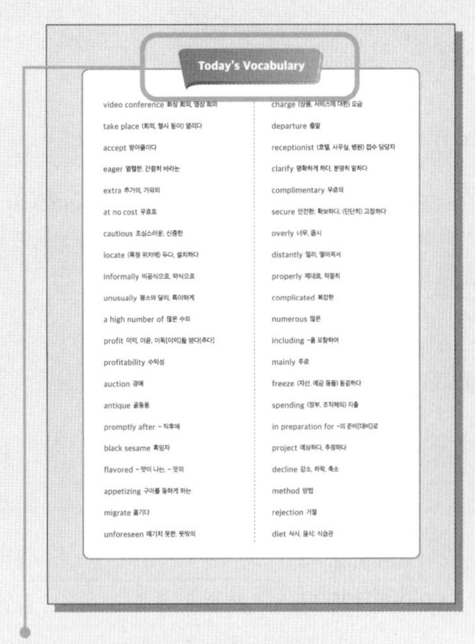

Today's Vocabulary

video conference 화상 회의, 영상 회의
take place (회의, 행사 등이) 열리다
accept 받아들이다
eager 열렬한, 간절히 바라는
extra 추가의, 가외의
at no cost 무료로
cautious 조심스러운, 신중한
locate (특정 위치에) 두다, 설치하다
informally 비공식으로, 약식으로
unusually 평소와 달리, 특이하게
a high number of 많은 수의
profit 이익, 이윤; 이득[이익]을 얻다[주다]
profitability 수익성
auction 경매
antique 골동품
promptly after ~ 직후에
black sesame 흑임자
flavored ~ 맛이 나는, ~ 맛의
appetizing 구미를 동하게 하는
migrate 옮기다
unforeseen 예기치 못한, 뜻밖의
charge (상품, 서비스에 대한) 요금
departure 출발
receptionist (호텔, 사무실, 병원) 접수 담당자
clarify 명확하게 하다, 분명히 말하다
complimentary 무료의
secure 안전한; 확보하다, (단단히) 고정하다
overly 너무, 몹시
distantly 멀리, 떨어져서
properly 제대로, 적절히
complicated 복잡한
numerous 많은
including ~을 포함하여
mainly 주로
freeze (자산, 예금 등을) 동결하다
spending (정부, 조직체의) 지출
in preparation for ~의 준비[대비]로
project 예상하다, 추정하다
decline 감소, 하락, 축소
method 방법
rejection 거절
diet 식사, 음식; 식습관

4. 풍부한 해설, 실전에 유용한 팁

모든 문제에 정답과 오답에 대한 자세한 설명이 제공되며, 필요할 때마다 부가 설명도 주어집니다. 저자 자신의 많은 응시 경험(만점 10회)과 오랜 강의 경험을 통해 얻은, 실전에 유용한 팁도 제공됩니다.

5. 고득점의 열쇠는 어휘력

아무리 좋은 기술을 배워도 어휘력이 없으면 문제 풀이는 여전히 어렵습니다. 매일 제공되는 Today's Vocabulary를 암기함으로써 문제 풀이가 쉬워지는 것을 경험하고 자신감을 얻게 됩니다.

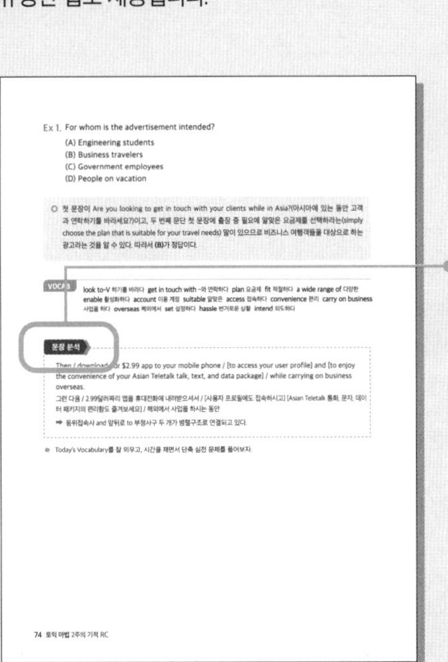

Ex 1. For whom is the advertisement intended?
(A) Engineering students
(B) Business travelers
(C) Government employees
(D) People on vacation

○ 첫 문장이 Are you looking to get in touch with your clients while in Asia?(아시아에 있는 동안 고객과 연락하기를 바라세요?)이고, 두 번째 문단 첫 문장에 출장 중 필요에 알맞은 요금제를 선택하라는(simply choose the plan that is suitable for your travel needs) 말이 있으므로 비즈니스 여행객들을 대상으로 하는 광고라는 것을 알 수 있다. 따라서 (B)가 정답이다.

VOCAB look to-V 하기를 바라다 get in touch with ~와 연락하다 plan 요금제 fit 적절하다 a wide range of 다양한 enable 활성화하다 account 이용 계정 suitable 알맞은 access 접속하다 convenience 편리 carry on business 사업을 하다 overseas 해외에서 set 설정하다 hassle 번거로운 상황 intend 의도하다

문장 분석

Then / download our $2.99 app to your mobile phone / [to access your user profile] and [to enjoy the convenience of your Asian Teletalk talk, text, and data package] / while carrying on business overseas.
그런 다음 / 2.99달러짜리 앱을 휴대전화에 내려받으셔서 / [사용자 프로필에도 접속하시고] [Asian Teletalk 통화, 문자, 데이터 패키지의 편리함도 즐겨보세요] / 해외에서 사업을 하시는 동안
➡ 동위접속사 and 앞뒤로 to 부정사구 두 개가 병렬구조로 연결되고 있다.

● Today's Vocabulary를 잘 외우고, 시간을 재면서 단축 실전 문제를 풀어보자.

74 토익 마법 2주의 기적 RC

6. 강의를 듣는 듯한 문장 분석

모든 교재에 Part 6, 7의 지문 해석과 더불어 문장의 구조를 분석함으로써 독해력을 높여줍니다.

TOEIC이란?

● TOEIC

Test Of English for International Communication(국제적 의사소통을 위한 영어 시험)의 약자로, 영어가 모국어가 아닌 사람들이 비즈니스 현장 또는 일상생활에서 원활한 커뮤니케이션에 꼭 필요한 실용영어 능력을 갖추었는가를 평가하는 시험이다.

● TOEIC 시험 구성

<table>
<tr><th>구성</th><th>파트</th><th colspan="2">유형</th><th>문항 수</th><th>시간</th><th>배점</th></tr>
<tr><td rowspan="4">Listening Comprehension</td><td>Part 1</td><td colspan="2">사진 묘사</td><td>6</td><td rowspan="4">45분</td><td rowspan="4">495점</td></tr>
<tr><td>Part 2</td><td colspan="2">질의 응답</td><td>25</td></tr>
<tr><td>Part 3</td><td colspan="2">짧은 대화</td><td>39</td></tr>
<tr><td>Part 4</td><td colspan="2">짧은 담화</td><td>30</td></tr>
<tr><td rowspan="5">Reading Comprehension</td><td>Part 5</td><td colspan="2">단문 빈칸 채우기 (문법/어휘)</td><td>30</td><td rowspan="5">75분</td><td rowspan="5">495점</td></tr>
<tr><td>Part 6</td><td colspan="2">장문 빈칸 채우기
(문법/어휘/문장 고르기)</td><td>16</td></tr>
<tr><td rowspan="3">Part 7</td><td rowspan="3">지문 읽고
문제 풀기</td><td>단일 지문</td><td>29</td></tr>
<tr><td>이중 지문</td><td>10</td></tr>
<tr><td>삼중 지문</td><td>15</td></tr>
<tr><td>Total</td><td colspan="3">7 Parts</td><td>200 문항</td><td>120분</td><td>990점</td></tr>
</table>

● TOEIC 평가 항목

Listening Comprehension	Reading Comprehension
단문을 듣고 이해하는 능력	읽은 글을 통해 추론해 생각할 수 있는 능력
짧은 대화문을 듣고 이해하는 능력	장문에서 특정한 정보를 찾을 수 있는 능력
비교적 긴 대화문에서 주고받은 내용을 파악할 수 있는 능력	글의 목적, 주제, 의도 등을 파악하는 능력
장문에서 핵심이 되는 정보를 파악할 수 있는 능력	뜻이 유사한 단어들의 정확한 용례를 파악하는 능력
구나 문장에서 화자의 목적이나 함축된 의미를 이해하는 능력	문장 구조를 제대로 파악하는지, 문장에서 필요한 품사, 어구 등을 찾는 능력

TOEIC
수험 정보

● TOEIC 접수 방법

1. 한국 토익 위원회 사이트(www.toeic.co.kr)에서 시험일 약 2개월 전부터 온라인으로 24시간 언제든지 접수할 수 있다.
2. 추가시험은 2월과 8월에 있으며 이외에도 연중 상시로 시행된다.
3. JPG 형식의 본인의 사진 파일이 필요하다.

● 시험장 준비물

1. 신분증: 규정 신분증(주민등록증, 운전면허증, 기간 만료 전의 여권, 공무원증, 장애인 복지 카드 등)
2. 필기구: 연필과 지우개(볼펜이나 사인펜은 사용 금지)
3. 아날로그 손목시계(전자식 시계는 불가)

● TOEIC 시험 진행 시간

09:20	입실 (09:50 이후 입실 불가)
09:30 ~ 09:45	답안지 작성에 관한 오리엔테이션
09:45 ~ 09:50	휴식
09:50 ~ 10:05	신분증 확인
10:05 ~ 10:10	문제지 배부 및 파본 확인
10:10 ~ 10:55	듣기 평가 (LISTENING TEST)
10:55 ~ 12:10	읽기 평가 (READING TEST)

● TOEIC 성적 확인

시험일로부터 약 10~12일 후 인터넷 홈페이지 및 어플리케이션을 통한 성적 확인이 가능하다.
최초 성적표는 우편이나 온라인으로 발급받을 수 있다. 우편으로는 발급받기까지 성적 발표 후 약 7~10일이 소요되며, 온라인 발급을 선택하면 즉시 발급되며, 유효기간 내에 홈페이지에서 본인이 직접 1회에 한해 무료로 출력할 수 있다. TOEIC 성적은 시험일로부터 2년간 유효하다.

● TOEIC 점수

TOEIC 점수는 듣기 영역(LC)과 읽기 영역(RC)을 합계한 점수로 5점 단위로 구성되며 총점은 990점이다. TOEIC 성적은 각 문제 유형의 난이도에 따른 점수 환산표에 의해 결정된다.
성적표에는 전체 수험자의 평균과 해당 수험자가 받은 성적이 백분율로 표기되어 있다.

학습 계획

1. **10 Day Plan** - 하루에 많은 시간을 투자할 수 있다면 열흘에 공부를 끝내자.
2. **20 Day Plan** - 시간이 부족하거나, 초보자라서 많은 양의 학습이 부담스럽다면, '파트별 학습 + Today's Vocabulary'와 Practice Test로 나누어서 이틀에 하루치를 공부하자.
3. **30 Day Plan** - 너무 바빠서 하루 중에 많은 시간을 내기 힘들다면 '파트별 학습', '파트별 복습 + Today's Vocabulary', Practice Test로 나누어서 사흘에 하루치를 공부해보자.

나만의 학습 플랜 및 체크리스트

● 10일 플랜

1 ☐ Day 1 / PART 5, 6, 7 ☐ PRACTICE TEST	2 ☐ Day 2 / PART 5, 6, 7 ☐ PRACTICE TEST	3 ☐ Day 3 / PART 5, 6, 7 ☐ PRACTICE TEST	4 ☐ Day 4 / PART 5, 6, 7 ☐ PRACTICE TEST	5 ☐ Day 5 / PART 5, 6, 7 ☐ PRACTICE TEST
6 ☐ Day 6 / PART 5, 6, 7 ☐ PRACTICE TEST	7 ☐ Day 7 / PART 5, 6, 7 ☐ PRACTICE TEST	8 ☐ Day 8 / PART 5, 6, 7 ☐ PRACTICE TEST	9 ☐ Day 9 / PART 5, 6, 7 ☐ PRACTICE TEST	10 ☐ Day 10 / PART 5, 6, 7 ☐ PRACTICE TEST

● 20일 플랜

1 ☐ Day 1 / PART 5, 6, 7 ☐ Today's Vocabulary	2 ☐ PRACTICE TEST	3 ☐ Day 2 / PART 5, 6, 7 ☐ Today's Vocabulary	4 ☐ PRACTICE TEST	5 ☐ Day 3 / PART 5, 6, 7 ☐ Today's Vocabulary
6 ☐ PRACTICE TEST	7 ☐ Day 4 / PART 5, 6, 7 ☐ Today's Vocabulary	8 ☐ PRACTICE TEST	9 ☐ Day 5 / PART 5, 6, 7 ☐ Today's Vocabulary	10 ☐ PRACTICE TEST
11 ☐ Day 6 / PART 5, 6, 7 ☐ Today's Vocabulary	12 ☐ PRACTICE TEST	13 ☐ Day 7 / PART 5, 6, 7 ☐ Today's Vocabulary	14 ☐ PRACTICE TEST	15 ☐ Day 8 / PART 5, 6, 7 ☐ Today's Vocabulary
16 ☐ PRACTICE TEST	17 ☐ Day 9 / PART 5, 6, 7 ☐ Today's Vocabulary	18 ☐ PRACTICE TEST	19 ☐ Day 10 / PART 5, 6, 7 ☐ Today's Vocabulary	20 ☐ PRACTICE TEST

● 30일 플랜

1 ☐ Day 1 / PART 5, 6, 7	2 ☐ PART 5, 6, 7 복습 ☐ Today's Vocabulary	3 ☐ PRACTICE TEST	4 ☐ Day 2 / PART 5, 6, 7	5 ☐ PART 5, 6, 7 복습 ☐ Today's Vocabulary
6 ☐ PRACTICE TEST	7 ☐ Day 3 / PART 5, 6, 7	8 ☐ PART 5, 6, 7 복습 ☐ Today's Vocabulary	9 ☐ PRACTICE TEST	10 ☐ Day 4 / PART 5, 6, 7
11 ☐ PART 5, 6, 7 복습 ☐ Today's Vocabulary	12 ☐ PRACTICE TEST	13 ☐ Day 5 / PART 5, 6, 7	14 ☐ PART 5, 6, 7 복습 ☐ Today's Vocabulary	15 ☐ PRACTICE TEST
16 ☐ Day 6 / PART 5, 6, 7	17 ☐ PART 5, 6, 7 복습 ☐ Today's Vocabulary	18 ☐ PRACTICE TEST	19 ☐ Day 7 / PART 5, 6, 7	20 ☐ PART 5, 6, 7 복습 ☐ Today's Vocabulary
21 ☐ PRACTICE TEST	22 ☐ Day 8 / PART 5, 6, 7	23 ☐ PART 5, 6, 7 복습 ☐ Today's Vocabulary	24 ☐ PRACTICE TEST	25 ☐ Day 9 / PART 5, 6, 7
26 ☐ PART 5, 6, 7 복습 ☐ Today's Vocabulary	27 ☐ PRACTICE TEST	28 ☐ Day 10 / PART 5, 6, 7	29 ☐ PART 5, 6, 7 복습 ☐ Today's Vocabulary	30 ☐ PRACTICE TEST

DAY

PART 5 & 6

형용사 | 부사 1

PART 7

유형 1 : 주제, 목적 문제

Orientation

토익 RC 문제를 풀 때 많은 수험생은 시간 부족을 경험한다. 그러므로 정답을 맞히는 것도 중요하지만 시간이 모자라지 않게 하는 것도 매우 중요한 일이다. 반드시 기억하자. 토익 RC 문제 풀이의 으뜸가는 원칙은 "빨리 풀어라!"이다.

두 번째 원칙이다: "모르는 문제는 빨리 찍어라!" 만약 정답을 모르겠다면 얼른 아무거나 찍어야 한다. 모르는 문제를 붙잡고 고민하다 뒤에 가서 시간이 모자랄 경우 아는 문제가 있어도 풀 수가 없다. 물론 찍는 일은 우리가 '지양(止揚)'하는 바다. 우리가 '지향(志向)'하는 것은 '빠르고 정확하게' 문제를 맞히는 것이다. 10일 동안, 이 '빠르고 정확하게' 문제 풀기에 중점을 두고 공부해보자. 짧은 기간이지만 저자의 설명을 주의 깊게 읽고 똑같이 따라 하다 보면, 나도 고수가 될 수 있다는 자신감이 생길 것이다. 이미 어느 정도 실력이 있는 수험생이라면 7일 만에 고득점을 달성할지도 모른다. 어휘력이 늘면 더 쉽게 목표를 달성할 수 있으니 단어도 열심히 외우면서 따라오자.

PART 5 & 6

● 우선 Part 5는 문장 속에 빈칸을 만들어 놓고 네 개의 보기 중 알맞은 단어를 고르도록 요구한다. 101번부터 130번까지 30문제를 풀어야 하는데, 크게 문법 문제와 어휘 문제로 분류할 수 있다. 예제를 보자.

Sample Questions

1. We must learn to live with our differences, in other words, to express dissent and compromise in a ------- fashion.

(A) constructing
(B) construction
(C) constructive
(D) construct

○ 이렇게 어미를 변형시켜 품사를 다르게 한 네 개의 단어로 보기가 구성되면 문법 문제다. 명사 fashion 앞에 빈칸이 있으므로 이것을 수식하는 형용사 **(C)**가 정답이다.

해석 우리는 다름과 함께 사는 것을, 다시 말해, 건설적인 방식으로 반대 의견을 표현하고 절충하는 것을 배워야 한다.

2. The quarterly sales report is due tomorrow, so please finish it -------.

(A) easily
(B) quickly
(C) certainly
(D) truly

○ 보기가 이렇게 품사는 같지만, 모양은 전혀 비슷하지 않은 네 개의 단어로 구성되면 어휘 문제다. 보고서를 내일 제출해야 한다면 빨리 끝내라고 하는 게 자연스러우므로 **(B)**가 정답이다.

해석 분기별 판매 보고서는 내일 제출이므로 빨리 끝내주세요.

● Part 6는 보통 3분의 1페이지 정도 분량의 짧은 독해 지문 속에 네 개의 빈칸을 만들어 놓고, 알맞은 단어나 문장을 선택하도록 요구한다. 매달 지문이 네 개씩 출제되므로 131번부터 146번까지 16문제를 풀어야 한다. 보통 3-4문제는 문법 문제가 출제되고, 지문마다 하나씩 네 개의 문장 삽입 문제가 있다. 나머지는 다 어휘 문제다. 맛보기로 예제를 풀어보자.

Sample Questions

Questions 3 through 6 refer to the following memo.

To: Morning shift employees
From: Vanessa Kwan
Date: October 12
Subject: Revised shift times

Next month, Belton Grocery will begin selling bread and pastries from Felizia's Bakery.
-------. (3.) Our customers have frequently requested that we carry them.
The only time slot they have available in their daily delivery route is 7:00 A.M.
-------, (4.) starting November 1, the morning shift will begin at 6:30 A.M. instead of 6:45 A.M.
Employees must be ready to greet the driver and accept the delivery. This will leave us enough time to ------- (5.) the baked goods and open the store at the usual time.
Thank you for your -------. (6.)
Vanessa Kwan, Manager

3. (A) Please contact your manager promptly.
(B) They are expected to meet the targets they have set.
(C) Their products sell very well in this region.
(D) It is crucial to arrive on time.

4. (A) Accordingly
(B) Likewise
(C) As usual
(D) Since then

5. (A) test
(B) make
(C) cool
(D) display

6. (A) cooperative
(B) cooperation
(C) cooperated
(D) cooperate

- 일단 첫 문장이 "다음 달부터 Felizia's Bakery의 제품을 취급한다"라는 소식이고, 빈칸 뒤에는 "고객들이 그 제품을 원한다"라는 내용이다. 문맥을 생각하면 중간에는 "그들의 제품이 이 지역에서 매우 잘 팔립니다"가 알맞으므로 3번 예제의 정답은 **(C)**이다. 4번 빈칸 앞 문장은 "그들의 배달 경로상 유일하게 비어 있는 시간이 오전 7시"라는 내용이다. 뒤 문장은 "오전 근무조의 시작 시각이 6시 30분으로 앞당겨진다"라는 내용이므로 앞 문장과 인과관계이다. 따라서 빈칸에는 **(A)**가 알맞다. 이어지는 문장은 "직원들이 6시 30분부터 근무를 시작해서 7시에 오는 배달 물품을 받을 준비를 하고 있어야 한다"라는 내용이다. 그다음 문장은 문맥상 "그렇게 하면 제과류를 '진열'하고 평소 시간에 매장 문을 열 충분한 시간이 될 겁니다"가 되어야 하므로 5번 예제의 정답은 **(D)**이다. 6번 빈칸 앞에는 소유격 대명사가 있다. 소유격 대명사 뒤에는 명사가 필요하므로 **(B)**가 정답이다.

고수의 비법

- **자, 이제 빠르고 정확하게 문제 푸는 비법을 논해 보자. 어떻게 하면 될까?**

모든 문장의 단어 하나하나를 다 읽어 가면서 문제를 풀면 특별한 어학 능력자가 아닌 이상 시간이 모자랄 수밖에 없다. 그러나 영어의 고수가 아닌 사람도 시간 부족 없이 정확하게 문제를 푸는 기술이 있는데, 바로 '빈칸 앞뒤를 보는 것'이다. Part 5의 대부분의 문제와 Part 6에서 문법 문제로 출제되는 3-4문제는 이 빈칸 앞뒤를 보는 기술을 익히면 빠르고 정확하게 해결할 수 있다. 그러나 Part 5 문제 일부와 Part 6에서 문법 문제를 제외한 12-13문제는 문장을 해석하고 지문의 문맥을 보며 풀 수밖에 없다. 또한, 만약 모르는 단어가 많아서 해석할 수 없는 문제가 나온다면 시간을 끌지 말고 찍어야 한다. 요컨대, 모든 문제에 3단계 풀이 방식을 적용해야 한다.

1단계 빈칸 앞뒤를 본다.

2단계 빈칸 앞뒤에서 해결할 수 없는 문제는 빨리 해석한다.

3단계 해석을 못 하겠다면 그냥 빨리 아무거나 찍고 다음 문제로 넘어가자.

- 이 방식을 연습해서 Part 5, 6를 15분에 해결하는 것을 최종 목표로 하자. 어려워 보이지만 교재와 해설지에서 저자가 보여주는 방식을 그대로 따라 하며 반복해서 연습하면 충분히 달성할 수 있다. Part 5, 6를 15분에 해결할 수 있다면 Part 7 풀이를 위한 시간이 60분이나 남기 때문에 훨씬 부담이 줄어든 상태로 지문 내용을 정확히 파악할 수 있다.

- 자, 이제 본격적으로 공부를 시작하자. 먼저 Part 5의 문법 문제 유형을 익히자. Part 6의 문법 문제 유형은 Part 5와 동일하므로 따로 공부할 필요가 없다. 정기 토익에 출제되는 문법 문제는 거의 매달 같은 유형이 반복되고 있다. 따라서 지금 공부하는 것들은 당장 시험을 보러 가도 반드시 만날 것이라고 생각하는 것이 좋다. 어떻게 빈칸 앞뒤를 보고 문제를 해결할 수 있는지 유형별로 확인해보자.

Today's Grammar 형용사

출제 유형 1 ------- + 명사

● 형용사는 명사를 수식하는 역할을 하므로 명사 앞에 빈칸이 있으면 항상 형용사가 정답이다. 만약 보기 중 형용사가 보이지 않는다면 분사(현재분사: V-ing, 과거분사: V-ed 혹은 특수 변화형)를 선택하도록 한다. 만약 형용사와 분사가 모두 있다면 형용사가 거의 정답이다. 영어 초보자라면 아래에 <참고>로 나와 있는 형용사형, 명사형 어미들을 외워서 빈칸 앞뒤에 모르는 단어들이 있을 때 활용하자.

참고 1 대표적인 형용사형 어미에는 **-able, -ive, -ous, -al, -ful, -less, -ic, -y** 등이 있다.

참고 2 대표적인 명사형 어미에는 **-tion, -sion, -ness, -ance, -ence, -ment, -ship, -ty** 등이 있다.

Ex 1. La Zarzuela Theater offers ------- music performances in Spain.

(A) authentic
(B) authenticate
(C) authenticity
(D) authentically

○ offers ------- music performances (음악 공연을 제공한다)만 잘 보면 된다. 명사 music performances 앞에 빈칸 있는 것을 보면서 형용사 **(A)**를 정답으로 선택한다.

VOCAB authentic 진정한, 진짜의 authenticate 진짜임을 증명하다 authenticity 진짜임 authentically 확실하게; 진정으로

해석 La Zarzuela 극장은 스페인의 정통 음악 공연을 제공한다.

Ex 2. City tours run every day, but there may be ------- availability on most weekends.

(A) limit
(B) limits
(C) limited
(D) limitation

○ there may be ------- availability(이용 가능성이 있을 수 있다)를 보면서 판단해야 한다. 명사 availability 앞에 빈칸이 있으므로 형용사가 정답이다. 형용사가 보이지 않으므로 대신 분사 **(C)**를 정답으로 선택하면 된다.

VOCAB run (언급된 시간에) 진행되다 availability 이용할 수 있는 사람[것]

해석 도시 관광은 매일 진행되지만, 대부분의 주말에는 이용이 제한될지도 모릅니다.

출제 유형 2 be[become/remain/stay/seem/appear/prove] + -------

- 형용사는 2형식 문장(주어 + 동사 + 주격 보어)의 주격 보어 자리에 사용된다. 2형식 문장에 사용되는 동사의 90%는 be 동사가 차지한다. 따라서 be 동사 뒤에 빈칸이 보이면 주격 보어 자리이므로 형용사를 정답으로 선택해야 한다. 출제 유형 1과 마찬가지로 보기에 형용사가 없다면 분사를, 형용사와 분사가 모두 있다면 형용사를 선택한다. 물론 주격 보어 자리에는 명사도 사용할 수 있지만, 토익에서는 형용사만 정답으로 출제된다. be 동사 외의 2형식 동사로는 become(~해지다), remain(여전히 ~이다), stay(~인 채로 있다), seem(~인 것처럼 보이다), appear(=seem), prove(~임이 드러나다) 등이 문제에 등장한다. 이것들 뒤에 빈칸이 있어도 be 동사와 같다고 생각하고 형용사를 선택하도록 한다.

Ex 3. The third-generation ET3497 unit is ------- to its predecessor except for its lightweight design.

(A) equally
(B) equal
(C) equals
(D) to equal

is ------- to its predecessor(이전 모델에 대해 ~이다)를 보면서 생각해야 한다. be 동사 뒤에는 항상 형용사가 정답이라는 것을 기억하고 **(B)**를 선택한다.

VOCAB generation (보통 과학 기술품의 발전 단계를 나타내는) 세대 unit (작은) 기구[장치] predecessor 이전 것[모델] lightweight (보통 것보다) 가벼운[경량의] except for ~을 제외하고는

해석 제3세대 ET3497 장치는 경량의 디자인을 제외하고는 이전 모델과 동일하다.

Ex 4. Ms. Sato advises that major market trends become ------- through extensive data analysis.

(A) predict
(B) prediction
(C) predictable
(D) predictably

become ------- through(~를 통해 ~해진다)를 보면서 be 동사와 같이 become 뒤 빈칸에도 형용사가 정답이라는 사실을 기억하고 **(C)**를 선택한다.

VOCAB advise 조언하다, 충고하다, 권고하다 market 시장 trend 추세, 동향, 트렌드 predictable 예측[예견]할 수 있는 through ~을 통해 extensive (다루는 정보가) 광범위한[폭넓은] analysis 분석

해석 Ms. Sato는 주요 시장 동향이 광범위한 데이터 분석을 통해 예측 가능해진다고 조언한다.

출제 유형 3 find / make / keep / consider + 목적어 + -------

- find(발견하다, 생각하다), make(~하게 하다, 만들다), keep(유지하다), consider(고려하다) 같은 동사들은 5형식 문장(주어 + 동사 + 목적어 + 목적격 보어)에서 사용된다. 목적격 보어 자리가 빈칸으로 출제되면 역시 형용사를 정답으로 선택한다.

Ex 5. In an effort to keep prices -------, Lee's Bakery is planning to make its products on the premises.

(A) reason
(B) reasonably
(C) reasonable
(D) reasoning

to keep prices ------- (가격을 ~하게 유지하다)가 동사 keep을 사용하는 5형식 구문이라는 것을 간파하고 목적격 보어 자리인 빈칸에 형용사 **(C)**를 선택해야 한다.

VOCAB in an effort to-V ~하려는 노력의 하나로 reasonable 적정한, 너무 비싸지 않은 reasoning 추리, 추론 on the premises 부지 내[구내, 점포 내]에서

해석 Lee 베이커리는 가격을 적정하게 유지하기 위한 노력으로, 제품을 점포 내에서 만들려고 계획하고 있다.

Today's Grammar 부사

- '완성된 문장 구조'가 보이면 부사가 정답이다.

출제 유형 1 주어 + ------- + 동사

- 주어와 동사 사이에 빈칸이 있다는 것은 이 문장은 빠진 성분이 없는 완전한 문장이라는 것을 의미한다.

Ex 1. Abacus, Inc., ------- made the scope of the study comprehensive during its preliminary phase.

(A) intend
(B) intention
(C) intentional
(D) intentionally

Abacus, Inc., ------- made를 보자마자 '주어 + ------- + 동사' 구조에서는 부사가 정답이라는 것을 기억하고 **(D)**를 정답으로 선택해야 한다.

VOCAB intention 의도, 목적 intentional 의도적인, 고의로 한 scope (주제, 조직, 활동 등이 다루는) 범위 comprehensive 포괄적인, 종합적인 preliminary 예비의 phase 단계, 시기, 국면

해석 Abacus 사(社)는 예비 단계 동안 의도적으로 연구의 범위를 포괄적으로 만들었다.

출제 유형 2 1형식 자동사 + -------

● 1형식 문장에 사용되는 자동사가 보인다면 그 문장은 완전한 1형식 문장인 것이다. 완전한 문장에 추가될 수 있는 것은 부사밖에 없다.

Ex 2. The airport limousine goes ------- to the Harpeth River Historic District.

(A) direction
(B) directing
(C) directly
(D) director

○ goes ------- to the Harpeth River Historic District에서 go는 1형식 자동사이므로 빈칸에는 부사 **(C)**가 들어가야 한다.

VOCAB (airport) limousine 공항버스 direction 방향 direct 직접적인; 지휘하다, 총괄하다 directly 곧장, 똑바로 director (회사의) 임원, 관리자 district 지구, 구역, 지역

해석 공항버스는 Harpeth 강 역사지구로 곧장 간다.

출제 유형 3 타동사 + 목적어 + -------

● '타동사+목적어' 형태로 3형식 문장이 완전하다는 것이 보이면 부사를 선택해야 한다.

Ex 3. Ms. Fitzduncan memorized all the rules and regulations ------- before taking the Postal Service entrance examination.

(A) perfectly
(B) perfected
(C) perfect
(D) perfecting

○ memorized all the rules and regulations (모든 규칙과 규정을 암기했다)로 완전한 3형식 문장(타동사 + 목적어)이므로 부사 **(A)**가 정답이다.

VOCAB memorize 암기하다 regulation 규정 postal 우편의 entrance examination 입학[입사]시험

해석 Ms. Fitzduncan은 우정 공사 입사 시험을 보기 전에 모든 규칙과 규정을 완벽히 암기했다.

● 어떻게 빈칸 앞뒤만 보고 문제를 풀 수 있는지 이해가 되는가? 이제 직접 문제를 풀어보면서 연습할 차례인데, 그 전에 반드시 유의해야 할 점이 있다. 바로 아무리 기가 막힌 문제 풀이 기술을 배워도 어휘력이 없으면 아무 소용 없다는 사실이다. 빈칸 앞뒤를 보면 정답을 알아낼 수 있는 것은 분명한 사실이지만, 그 빈칸 앞뒤 단어들의 의미를 모른다면 문제 풀이 기술은 무용지물이 될 것이다. 어학도에게 있어 최대한으로 풍부한 어휘력을 갖추기 위한 꾸준한 노력은 필수다. 이번 연습 문제를 풀기 위해 반드시 알아야 하는 단어들을 암기하고 시작하자. 문제를 풀 때는 실제로 시험장에 와 있다고 생각하고 시간을 재면서 풀어보자.

Exercise

● 제한 시간: **2분 30초**

문제를 풀기 전에 단어를 먼저 외우세요.

정답·해설 p. 02

VOCAB

view (개인적인) 견해 **environment** (자연) 환경 **firm** 확고한, 변치 않을, 확실한; 다지다, 단단하게 하다 **establish** 확립하다 **effective** 효과적인 **policy** 정책, 방침 **procedure** 절차, 방법 **clear** (of와 함께) ~이 없는; 치우다 **petitioner** 진정인 **respectful** 정중한 **latest** 최근의, 최신의 **publish** 출판하다, 발행하다 **by far** 단연코 **innovative** 혁신적인, 획기적인 **dependent** 의존하는, 의지하는 **extensive** 폭넓은 **reliable** 믿을[신뢰할] 수 있는 **purchase requisition** 구매 청구서 **separate** 분리된, 따로 떨어진; 분리하다, 나누다

101. Candidate Radcliff's views on environment problems ------- established him as a front-runner in the mayoral election.
(A) firmer
(B) firmly
(C) firmed
(D) firmest

102. The training course on how to develop and write ------- policies and procedures starts next Monday.
(A) effect
(B) effects
(C) effective
(D) effectively

103. Ensure that the entire area is ------- of dirt or debris as this can cause infections.
(A) clear
(B) clearing
(C) clearly
(D) clears

104. The petitioners ------- ask that the currently proposed excessive development plan for the Bordon area be stopped.
(A) respects
(B) respected
(C) respectful
(D) respectfully

105. The renowned author Yui Nakasone will discuss her latest ------- novel at Jacksonville Public Library on Friday night.
(A) publisher
(B) publish
(C) published
(D) publishes

106. O'Neal Graphics' proposed logo designs are by far the most ------- we have seen thus far.
(A) innovate
(B) innovative
(C) innovations
(D) innovatively

107. New recruits may find themselves ------- on their colleagues for information.
(A) dependence
(B) dependent
(C) dependently
(D) depend

108. The newly appointed director brings with him ------- experience in community planning and development.
(A) extent
(B) extensive
(C) extensively
(D) extensiveness

109. The new self check-in kiosks at Mumbai International Airport have been working ------- since they were installed last month.
(A) reliable
(B) to rely
(C) more reliable
(D) reliably

110. Please submit each purchase requisition ------- according to its category, as instructed by procurement director last week.
(A) separately
(B) separateness
(C) separates
(D) separate

항상 짝으로 출제되는 어휘 문제 1

- 어휘 문제 중에는 항상 짝을 이루어 출제되는 것들이 있다. 이런 것들은 짝을 지어 통째로 암기해두면, 개별 단어들의 뜻을 기억하는 것보다 훨씬 빠르고 정확하게 문제를 해결할 수 있다. 여러 개가 있지만, 일단 최근 정기 토익에 매우 자주 출제되었던 것들만 외워두자.

❶ for[over/in] the last[past/next/following] + 기간

전치사 for, over, in이 빈칸으로 출제되기도 하고, 형용사 last, past, next, following이 빈칸일 때도 있다. 반드시 통째로 기억하고 있다가 빈칸 앞뒤를 보는 순간, 의미 같은 것은 생각하지 말고, 1초 만에 정답을 선택하자.

Ex 1. The basic health insurance premium has remained steady ------- the past ten years.

(A) at
(B) by
(C) to
(D) for

○ '------- the past ten years'가 보이는 순간 주저 말고 **(D)**를 정답으로 선택해야 한다.

VOCAB insurance premium 보험료 steady 변함[변동]없는

해석 기본 건강보험료는 지난 10년 동안 변함없이 유지되었다.

❷ have + ------- + p.p.

have + ------- + p.p.가 보이면 정답은 100% already(이미), recently(최근에), always(항상), consistently(일관되게), finally(마침내) 중 하나다. already, recently, always가 가장 많이 정답으로 출제된다.

Ex 2. Ms. Ling has ------- been promoted to office manager at Markley Tech.

(A) anywhere
(B) soon
(C) recently
(D) when

○ has ------- been promoted만 눈에 들어오면 되는 것이다. 잘 기억하고 있다가 곧장 **(C)**를 정답으로 선택하자.

VOCAB anywhere (부정문, 의문문에서) 어디에서도, (긍정문에서) 어디든, 아무데나 promote 승진시키다, 진급시키다

해석 Ms. Ling은 최근 Markley Tech에서 사무실 관리자로 승진했다.

PART 7

Part 7은 147-200번의 54문제로 구성된다. 수능 외국어 영역처럼 지문을 읽고 관련 문제를 푸는 형식으로 출제된다. 출제 형식을 분류해보자면 지문 형식에 따라 크게 세 가지로 나눌 수 있다. 우선 147-175번은 지문을 하나만 읽고 2-4 문제를 푸는 단일 지문 문제이고, 176-185번은 지문 두 개를 읽고 각각 5문제씩 푸는 2중 지문 문제로, 186-200번은 지문 세 개를 읽고 각각 5문제씩 푸는 3중 지문 문제로 출제된다.

문제 유형은 7가지로 분류된다.

1. 주제, 목적 문제
2. 세부사항 문제
3. Not / True 문제
4. 추론 문제
5. 동의어 문제
6. 의도 파악 문제
7. 문장 삽입 문제

- 단일 지문 문제를 풀면서 각 유형을 하루에 하나씩 접해보자. 7가지를 모두 공부한 후에는 2중, 3중 지문 문제도 함께 풀면서 시험에 대비하도록 하자.

유형 1 주제, 목적 문제

- 지문의 주제나 목적을 묻는 문제는 대부분 도입부에서 정답을 알아낼 수 있다. 보통 첫 서너 줄 정도 이내에 단서가 들어 있으므로 도입부에 집중해야 한다.

- 예제를 통해 확인해보자. 효율적인 학습을 위해 정리된 단어들을 먼저 암기하고 문제를 풀어보는 게 좋다.

Example 1 refers to the following e-mail.

정답·해설 p. 05

To:	Abdullah Alharbi <abdullah.alharbi@creekschools.org>
From:	Sonia Retina <sretina@mansfordsports.com>
Re:	Donation
Date:	April 7

Dear Mr. Alharbi:

Thank you for contacting us on behalf of the Creek School District. As you know, Benson Wells Sports is a proud sponsor of a number of youth and sports activities in our county. As per your request, we will be happy to provide the school district with 100 free soccer balls. You can pick up the soccer balls from our flagship store at 1 Fulfillment Way on Friday, May 15, at 4 P.M. Have my extension called upon arrival, and I will meet you at the information desk.

Sincerely,

Sonia Retina, Director of Marketing
Benson Wells Sports

Ex 1. What is the purpose of the e-mail?

(A) To ask for a donation
(B) To respond to a request
(C) To apologize for an error
(D) To promote a new product

셋째 줄의 As per your request, we will be happy to provide(요청하신 대로 기꺼이 제공해 드리겠습니다)까지만 잘 이해하면 **(B)**가 정답이라는 것을 알 수 있다.

VOCAB

Re:(regarding) ~와 관련하여(이메일의 제목란) contact 연락하다 on behalf of ~을 대표하여 school district 학구(學區) sponsor 스폰서, 광고주, 후원 업체 youth 젊은이, 청년 county 자치주[군] as per ~에 따라 be happy to-V 기꺼이 ~하다 provide *sb* with *sth* ~에게 ~를 제공하다 pick up ~을 찾아오다 flagship store (가맹점의) 본점, 주력 상점 extension 내선, 구내전화 (up)on + (동)명사 ~하자마자 director 책임자, 담당자 respond 대답하다, 응답하다, 답장을 보내다 promote 홍보하다

문장 분석

Have my extension called / upon arrival.

V O OC

- Have는 사역동사로서 5형식 문장을 만든다. 직역하면 "도착하자마자 제 내선 번호로 전화가 오게 하세요."이다.

이제 단축 실전 문제를 풀어보자. Part 5 30문제, Part 6 지문 하나, Part 7 지문 하나로 구성되어 있다.
문제 풀이에 도전하기 전에 몇 가지 숙지할 사항들이 있다.

Part 5, 6 문제를 풀 때는 항상 보기 네 개를 보면서 문제의 유형을 먼저 파악하자.
Part 5, 6의 문법 문제는 배운 대로 빈칸 앞뒤를 보며 풀면 된다.
짝을 지어 암기해둔 어휘 문제도 짝을 보자마자 1초 만에 정답을 고르자.
짝을 이루어 출제되지 않는 일반 어휘 문제가 훨씬 더 많다. Part 5 문제에는 문장 길이에 따라 2줄짜리와 3줄짜리, 4줄짜리가 있는데, 요즘 토익시험에서 4줄짜리는 거의 출제되지 않는다. 2줄짜리 어휘 문제는 짧아서 금방 풀 수 있으므로 그냥 다 읽고 정답을 고르자. 문장 길이가 3줄 이상이라면 문법 문제처럼 빈칸 앞뒤를 보자. 빈칸 앞뒤 서너 단어의 의미를 알면 대부분 문제를 풀 수 있으므로 Today's Vocabulary에 정리된 단어들을 미리 확실히 암기하고 시작하자. 가끔 빈칸 앞뒤를 봐도 정답을 알 수 없다면 문장 전체를 해석하고, 해석할 수 없다면 주저 말고 아무거나 찍고 넘어가자.
Part 6의 어휘 문제는 지문의 문맥을 고려하여 정답을 선택해야 한다.
Part 7의 문제를 풀 때는 문제를 먼저 읽은 후 지문을 읽어야 시간을 절약할 수 있다.
문제를 읽을 때는 질문과 보기를 모두 읽자.

되도록 제한 시간 안에 문제를 모두 풀 수 있도록 노력하자.

Today's Vocabulary

video conference 화상 회의, 영상 회의

take place (회의, 행사 등이) 열리다

accept 받아들이다

eager 열렬한, 간절히 바라는

extra 추가의, 가외의

at no cost 무료로

cautious 조심스러운, 신중한

locate (특정 위치에) 두다, 설치하다

informally 비공식으로, 약식으로

unusually 평소와 달리, 특이하게

a high number of 많은 수의

profit 이익, 이윤; 이득[이익]을 얻다[주다]

profitability 수익성

auction 경매

antique 골동품

promptly after ~ 직후에

black sesame 흑임자

flavored ~ 맛이 나는, ~ 맛의

appetizing 구미를 동하게 하는

migrate 옮기다

unforeseen 예기치 못한, 뜻밖의

charge (상품, 서비스에 대한) 요금

departure 출발

receptionist (호텔, 사무실, 병원) 접수 담당자

clarify 명확하게 하다, 분명히 말하다

complimentary 무료의

secure 안전한; 확보하다; (단단히) 고정하다

overly 너무, 몹시

distantly 멀리, 떨어져서

properly 제대로, 적절히

complicated 복잡한

numerous 많은

including ~을 포함하여

mainly 주로

freeze (자산, 예금 등을) 동결하다

spending (정부, 조직체의) 지출

in preparation for ~의 준비[대비]로

project 예상하다, 추정하다

decline 감소, 하락, 축소

method 방법

rejection 거절

diet 식사, 음식; 식습관

flyer (광고, 안내용) 전단

outlet 할인점, 아웃렛; 배출구; 콘센트

tax revenue 세수, 세입

at least 적어도, 최소한

as much 그것과 같은 것

in case ~할 때를 대비해서

by then 그때까지는

prior to ~에 앞서

additional 추가의

conservative (실제 수나 양보다) 적게 잡은

estimate 추정(치), 추산

approximate 대략의, 근사치인

angular 각이 진, 모난

exceptional 특출한, 이례적으로 우수한, 예외적인

eventual 궁극적인, 최종적인

analyst 분석가

account 고객, 거래처; 간주하다, 여기다

accounting 회계(학/업무)

accountable 책임이 있는

duties and responsibilities 업무, 직무 내용

audit 회계를 감사하다

financial performance 재정 상태; 재무 성과

corporate client 기업 고객

greet 맞다, 환영하다

in response to ~에 응하여

demand 요구; 수요

permit 허가증

arrival 도착

communicate 의사소통하다; (정보) 전달하다

compete 경쟁하다

proceed 진행하다, 진행되다

promote 홍보하다

grocery store 식품점, 슈퍼마켓

regional 지역의

marketing strategy 마케팅 전략

extensive 광범위한, 폭넓은

competitor 경쟁자

therefore 그러므로, 그러니

desirable 바람직한

travel agency 여행사

grand opening 개장, 개점 (축하)

Practice Test

●제한 시간: 11분

PART 5

정답•해설 p. 05

101. The ------- video conference will take place every Wednesday at 10:00 A.M.

(A) daily
(B) weekly
(C) monthly
(D) annual

102. Mr. Jacobs ------- accepted the job offer he received from Sol Invictus Motorcycle Co.

(A) quicken
(B) quickly
(C) quicker
(D) quickness

103. Reports must be submitted ------- the department manager on the first Monday of every month.

(A) up
(B) in
(C) off
(D) to

104. The hotel offers an ------- one-night stay at no cost when guests book two or more consecutive nights.

(A) eager
(B) easy
(C) earliest
(D) extra

105. The agreement ------- states that Elia Colao will be the main contractor for the Hussmann project.

(A) specific
(B) specifically
(C) specifiable
(D) specified

106. Trees narrow the motorists' line of vision, making them drive more ------- through the woods.

(A) caution
(B) cautiously
(C) cautious
(D) cautiousness

107. The 60th branch of the Brooklyn Public Library is located ------- Adams Street, directly across from the Manhattan Bridge.

(A) in
(B) among
(C) until
(D) on

108. We kindly ask for your patience as we process an ------- high number of service requests.

(A) effectively
(B) exactly
(C) informally
(D) unusually

109. All ------- earned from next week's auction of antiques will be donated to the Carson City Art Museum.

(A) profited
(B) profiting
(C) profits
(D) profitability

110. Typically, the majority of spectators leave the Ariake Stadium promptly after the results of the tournament are -------.

(A) reduced
(B) removed
(C) announced
(D) continued

111. Taste test surveys indicate that most consumers ------- Dairygold's black-sesame-flavored ice cream very appetizing.

(A) find
(B) feel
(C) take
(D) like

112. ------- the past fifteen years, Mr. Sanchez has organized several fund-raising events for charitable institutions and community services.

(A) Despite
(B) Over
(C) Between
(D) Beneath

113. The upgraded operating system will enable us to migrate our client data -------.

(A) simple
(B) simpler
(C) simply
(D) simplicity

114. To avoid unforeseen -------, ask the hotel receptionist to clarify which services are complimentary.

(A) breaks
(B) returns
(C) charges
(D) departures

115. Sending an invoice as a file attached to an e-mail can be a ------- way to charge your clients.

(A) secure
(B) securely
(C) securest
(D) secures

116. Customers are sure to find that the updated assembly instructions for the Sauder Palladia office furniture are not ------- complicated.

(A) overly
(B) usefully
(C) distantly
(D) properly

117. Minerva Beauty Supply is offering a discount voucher with the purchase of ------- Milner's men's skin care product.

(A) numerous
(B) including
(C) any
(D) mainly

118. The government has decided to freeze state spending in preparation for a projected ------- in tax revenue.

(A) decline
(B) method
(C) rejection
(D) outlet

119. Hotel guests are invited to enjoy a charity concert in the atrium every evening ------- 7:00 P.M.

(A) of
(B) for
(C) at
(D) on

120. Test takers must report to the test center ------- 40 minutes prior to the scheduled testing time.

(A) at least
(B) as much
(C) in case
(D) by then

121. *The Life and Law* magazine recently featured a story of an area lawyer who ------- keeps blogs.

(A) activating
(B) actively
(C) active
(D) activate

122. In light of our expected growth, it will be ------- to hire more administrative assistants by March 1.

(A) necessitating
(B) necessary
(C) necessarily
(D) necessities

123. The September shipment to Incheon can fit an ------- fifteen containers.

(A) adding
(B) additional
(C) addition
(D) add

124. The saving from avoided fraud of all kinds would be, on a ------- estimate, 3.5 billion dollars.

(A) conserve
(B) conserves
(C) conservative
(D) conservatively

125. Samina Automotive hired an ------- new system analyst last month.

(A) approximate
(B) angular
(C) exceptional
(D) eventual

126. Ms. Winckler's ------- duties and responsibilities include auditing and analyzing financial performance of corporate clients.

(A) accounts
(B) accounted
(C) accounting
(D) accountable

127. Nye Research Center hired nearly 100 new technicians ------- the past three years.

(A) over
(B) while
(C) somewhere
(D) ideally

128. The hotel's ------- shuttle bus that takes guests to Kowloon's major landmarks is available every 20 minutes.

(A) compliments
(B) complimentary
(C) compliment
(D) complimenting

129. In response to customer -------, Unilever Organics will launch a new natural line of shampoos and soaps.

(A) demand
(B) permit
(C) arrival
(D) account

130. Ms. Leung has ------- requested additional funding for renovations to the airport's Terminal 6.

(A) ever
(B) shortly
(C) yet
(D) already

PART 6

Questions 131-134 refer to the following job listing.

Sales and Marketing Manager - Southwest Region

Green Dream Foods is searching for a new sales and marketing manager to help expand its presence in the Southwest Region. The selected candidate will be responsible for ------- (131.) sales by promoting our products at local grocery stores. ------- (132.). Extensive knowledge of the brand and main competitors in the market is therefore ------- (133.).

The chosen candidate is expected to meet monthly sales goals and increase the exposure of the Green Dream Foods brand. Our sales and marketing manager ------- (134.) our company's mission of making it easier for everyone to have a healthy, balanced diet.

Please contact Stephen Kibwana at skibwana@gdf.com for further information about the position.

131. (A) communicating
(B) increasing
(C) competing
(D) proceeding

132. (A) We are discussing the renovation of our manufacturing plant.
(B) Please forward your résumé, a cover letter, and a list of three references.
(C) The candidate will also be required to develop our regional marketing strategy.
(D) The interviewing process will start in February.

133. (A) desirably
(B) desirable
(C) desires
(D) desire

134. (A) will support
(B) has supported
(C) is supporting
(D) had supported

PART 7

Question 135 refers to the following flyer.

Lowry Travel Agency

We have a new branch in the historic Great Hills Shopping Center.
Join us at our grand opening!

Saturday, 3 April
10:00 A.M. to 5:00 P.M.
25 River Park Road, Cape Town

Drop by to meet our highly professional travel agents and see how you can find the trip you've always wanted at a competitive price. Enjoy complimentary beverages and snacks. We will also be giving away free shoulder bags while supplies last.

135. What is being advertised?
(A) A travel package
(B) A new product
(C) A special event
(D) A training course

DAY

PART 5 & 6

부사 2

PART 7

유형 2 : 세부사항 문제

PART 5 & 6

 DAY 1에서 배운 내용을 기억해보자. 토익 RC 문제 풀이의 으뜸가는 원칙은

1. 빨리 풀어라!
2. 모르는 문제는 빨리 찍어라!이다.

● 빠르고 정확한 문제 풀이의 비결은 빈칸 앞뒤를 보는 것이다. DAY 1에서 빈칸 앞뒤를 보고 정답을 알아내는 방법을 유형별로 공부하기 시작했다. 일단 형용사가 들어가는 자리를 알아봤고, 부사가 들어가는 자리도 몇 가지 경우를 소개했다. 부사는 출제되는 유형이 다양하므로 DAY 2와 3까지 공부해야 다 익힐 수 있다.

Today's Grammar 부사 2

● '완전한 문장 구조'가 보이면 빈칸에는 부사가 들어간다.

출제 유형 4 be + p.p. + -------

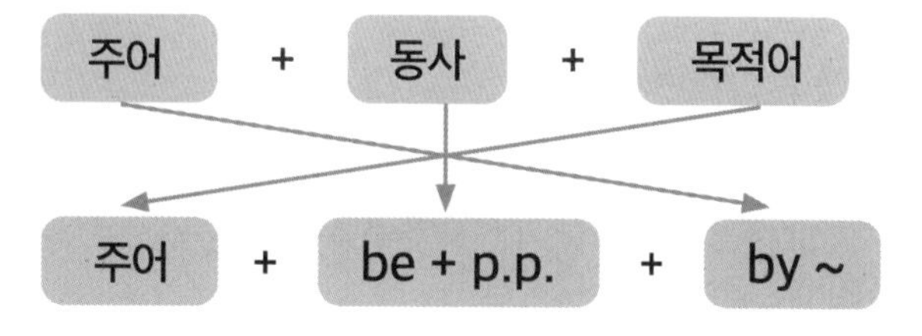

● 3형식 문장에서 목적어를 주어 자리로 옮기면 문장은 수동태가 된다. 'by ~' 같은 전치사구는 어차피 수식어구이므로 없는 것이나 다름없다. 그렇다면 수동태 문장은 be + p.p.로 인해 완전해지는 것이다. '수동태가 사용된 문장은 완전한 문장이다'는 문제 풀이에 있어서 매우 중요한 개념이므로 반드시 기억하자. 완전한 문장이므로 'be + p.p. + -------'의 구조가 보인다면 부사를 정답으로 선택해야 한다.

Ex 4. Royalty payments will be divided ------- between the two writers of the coauthored book.

(A) equals
(B) equally
(C) equal
(D) equality

○ 빈칸 앞에 있는 수동태 동사 will be divided를 보자마자 부사 **(B)**를 정답으로 선택해야 한다.

VOCAB royalty (책의) 인세 payment 지불금 divide (몫을) 나누다 equal 동등한, 평등한; 맞먹다, 필적하다 coauthor 공동 집필하다

해석 인세는 공동으로 집필된 그 책의 두 저자에게 동등하게 분배되어 지불될 것입니다.

출제 유형 5 be + ------- + p.p.

● 빈칸 앞뒤를 보면 수동태 문장이 완전함을 알 수 있으므로 바로 정답으로 부사를 선택한다.

Ex 5. In the event of a power outage, unplug all the electric devices in the office until the electricity is ------- restored.

(A) fully
(B) fullness
(C) fullest
(D) full

○ is ------- restored를 보는 순간 아무 생각 없이 부사 **(A)**를 선택하면 된다.

VOCAB in the event of ~할 때 power outage 정전 unplug 플러그를 뽑다 electric device 전기 장치 electricity 전기, 전력 restore 복원[복구]하다

해석 정전이 일어날 때는, 전력이 완전히 복구될 때까지 사무실 내의 모든 전기 장치의 플러그를 뽑아야 합니다.

출제 유형 6 have + ------- + p.p.

● 빈칸 앞뒤를 보면서 완료형 문장이 완전함을 파악하고 부사를 정답으로 고른다.

Ex 6. Barkume Foods' advanced beverage-bottling technology has ------- improved productivity in the Mekelle plant.

(A) consistency
(B) consistencies
(C) consistent
(D) consistently

○ has ------- improved를 보자마자 얼른 부사 **(D)**를 정답으로 선택하고 다음 문제로 넘어가야 한다.

VOCAB advanced 고급의 bottling 병에 채워 넣기 consistency 한결같음, 일관성 consistent 꾸준한, 일관된 productivity 생산성 plant 공장

해석 Barkume Foods의 고급 음료 병입 기술이 Mekelle 공장의 생산성을 꾸준히 향상시켜 주었다.

출제 유형 7 be + ------- + V-ing

- 빈칸 앞뒤에서 진행형 문장이 완전함을 발견하면 바로 부사를 선택해야 한다.

Ex 7. Ryleigh Hankel is ------- seeking a new venue for her upcoming exhibition since the Koenig Gallery is being remodeled.

(A) actively
(B) activity
(C) active
(D) activate

> is ------- seeking을 보고 얼른 부사 **(A)**를 정답으로 고르고 넘어가자.

VOCAB **active** 적극적인 **activate** 작동시키다, 활성화하다 **seek** 찾다 **venue** 장소 **upcoming** 다가오는, 곧 있을 **exhibition** 전시회

해석 Koenig 화랑이 개조 중이기 때문에 Ryleigh Hankel은 다가오는 전시회를 위한 새 장소를 적극적으로 찾고 있다.

출제 유형 8 조동사 + ------- + 동사 원형

- 조동사와 동사 원형 사이에 빈칸이 있다는 것은 이 문장에 빠진 성분이 없다는 것을 의미한다.

Ex 8. The Avondale Store will ------- add a section for camping gear.

(A) eventualities
(B) eventual
(C) eventually
(D) eventuality

> will ------- add(조동사 + ------- + 동사 원형)를 보면 이 문장은 완전하다는 것을 알 수 있으므로 빠른 속도로 부사 **(C)**를 선택해야 한다.

VOCAB **eventual** 궁극적인, 최종적인 **eventuality** 만일의 사태 **section** (조직의) 부서, 과 **camping gear** 캠핑 장비

해석 Avondale Store는 결국 캠핑 장비 부서를 신설하게 될 것이다.

출제 유형 9 be + ------- + 형용사

- 'be + ------- + 형용사'가 보인다면 빈칸 앞에 동사, 빈칸 뒤에 보어가 있는 2형식 문장이 완전한 것이므로 부사를 선택해야 한다.

Ex 9. Cancelations of some highly anticipated presentations were ------- responsible for the low turnout at last week's conference.

(A) largely
(B) large
(C) largest
(D) larger

> were ------- responsible를 보면서 'be + ------- + 형용사'에서는 부사가 정답이라는 것을 기억하고 **(A)**를 정답으로 선택해야 한다.

VOCAB highly 크게, 매우 anticipate 기대하다 largely 대체로, 주로 turnout 참가자의 수 conference 회의, 학회

해석 크게 기대를 모았던 일부 프레젠테이션의 취소는 지난주 학회 참가자의 수가 적었던 주요 원인이었다.

● 아래의 문제들을 통해 빈칸 앞뒤를 보며 깊이 생각하지 않고 기계적으로 정답을 선택할 수 있도록 연습하자.

Exercise

● 제한 시간: **2분**

○ 문제를 풀기 전에 단어를 먼저 외우세요.

정답•해설 p. 16

VOCAB revise 수정하다 significantly 상당히, 두드러지게 increasingly 점점 더 temporary 일시적인, 임시의 refundable 환불 가능한

101. The manuscript has been revised -------, but the editor in chief may still require additional changes to be made.
(A) significantly
(B) significance
(C) significant
(D) significancy

102. Mr. Okada was ------- hired as an associate analyst, but he was soon promoted to head of the marketing research team.
(A) originality
(B) original
(C) originals
(D) originally

103. Prices at Newburgh City Books are ------- lower than at any other online bookstore.
(A) more significant
(B) significant
(C) significance
(D) significantly

104. Major airlines have ------- been using self-serve kiosks for ticketing to reduce wait times.
(A) increases
(B) increasing
(C) increased
(D) increasingly

105. The road connecting the cities of Marshfield and Whitneyville will be closed ------- from Friday to Wednesday.
(A) temporal
(B) temporarily
(C) temporary
(D) temporality

106. The company is ------- recruiting a new manager who will focus on training and professional development.
(A) active
(B) activity
(C) activate
(D) actively

107. All shelves in the school supplies section need to remain ------- stocked.
(A) full
(B) fully
(C) fuller
(D) fullest

108. Even if there's a fleet of lawyers present, buyers and sellers should ------- educate themselves about what will take place during a real estate transaction.
(A) fill
(B) fuller
(C) fully
(D) filled

109. The deposit is ------- refundable up to two weeks prior to your scheduled check-in date.

(A) fullest
(B) fuller
(C) fully
(D) full

110. Due to the maintenance work on Burnside Avenue, employees will ------- need to take a detour.

(A) probable
(B) probably
(C) probability
(D) probabilities

항상 짝으로 출제되는 어휘 문제 2

● 항상 짝으로 출제되는 어휘 문제들을 암기해두면 문제를 보자마자 1초 만에 정답을 고를 수도 있고, 틀릴 확률도 없다.

❶ beginning[starting/effective] + 시점 ~를 기하여

현재분사나 형용사처럼 생겼지만, 전치사로 사용한다. '------- + 시점'이 보이면 바로 선택하자.

Ex 1. The Clayburgh Archaeology Museum will be closed for renovations ------- on Monday, March 1.

(A) will begin
(B) has begun
(C) beginner
(D) beginning

○ 빈칸 뒤에 어떤 시점을 나타내는 표현이 있으면 무조건 정답은 beginning이라는 사실을 기억하고 **(D)**를 선택해야 한다.

VOCAB archaeology 고고학 renovation 개조, 수리

해석 Clayburgh 고고학 박물관은 수리 작업을 위해 3월 1일 월요일을 기하여 문을 닫을 것입니다.

❷ 증가 / 감소 / 변화 / 경험 + in

전치사 어휘 문제에서 증가(increase, rise, expansion)나 감소(decrease, decline, reduction, fall, drop), 변화(change, fluctuation), 경험(experience)을 나타내는 명사 뒤에 빈칸이 있으면 항상 in이 정답이다.

Ex 2. The number of automobiles sold during the last quarter has decreased sharply due to the dramatic rise ------- the price of crude oil.

(A) on
(B) by
(C) in
(D) for

○ 빈칸 앞뒤 the dramatic rise ------- the price를 보고 정답을 선택하자. '증가, 감소, 변화, 경험'의 명사는 항상 전치사 in과 함께 사용하므로 **(C)**가 정답이다.

VOCAB quarter 분기 sharply 큰 폭으로, 급격히 dramatic 급격한 crude oil 원유

해석 원유 가격의 급격한 상승 때문에 지난 분기 자동차 판매대 수가 큰 폭으로 떨어졌다.

Ex 3. The requirements for the position of senior accountant include a national accounting certificate and at least 5 years of experience ------- a related field.

(A) in
(B) to
(C) against
(D) at

at least 5 years of experience ------- the related field를 보면서 정답을 알아내자. '증가, 감소, 변화, 경험'의 명사는 항상 전치사 in과 함께 사용하므로 **(A)**가 정답이다.

VOCAB requirements 자격 요건 senior accountant 수석 회계사 accounting certificate 회계사 자격증 at least 최소한 related field 관련 분야

해석 수석 회계사 자리의 자격 요건에는 국가에서 발급하는 회계사 자격증과 관련 분야에서의 최소 5년의 경력이 포함된다.

PART 7

DAY 1에서 공부한 Part 7 문제의 첫 번째 유형은 주제, 목적 문제였다. 주제나 목적을 묻는 문제는 거의 항상 지문의 도입부에서 정답을 알 수 있다.

유형 2 세부사항 문제

- 세부사항 문제는 문제 안에 있는 키워드를 지문 안에서 발견하면 된다. 키워드가 패러프레이즈 되는 경우가 많으므로 어휘력 향상에 항상 최선을 다해야 한다.
- 정리되어 있는 단어들을 먼저 외운 후에 예제를 풀어보자.

Example 1 refers to the following contract.

정답·해설 p. 19

Lecturer Contract

This contract, entered into on 27 July, is between the Tayal Institute and Finnegan Woods, an independent contractor, for his services as Guest Lecturer. Mr. Woods agrees to deliver his presentation on the role of honey bees in cross-pollination at St. Xaviers College's Fenland Hall from 10 A.M. to noon on 28 August.

The Tayal Institute agrees to pay Mr. Woods $700.00 for his services. Payment will be processed within 30 days from the date of the lecture. Additionally, Mr. Wood's travel expenses can be reimbursed up to $250.00. All travel receipts are required for reimbursement.

Mr. Woods agrees to have his presentation video recorded and photographed. These materials may be posted online by the Tayal Institute.

Agreed by:

Finnegan Woods	27 July
Lecturer	Date
Emiel Regis	27 July
Representative of the Tayal Institute	Date

Ex 1. What does Mr. Woods agree to do?

(A) Have a lecture filmed
(B) Submit a copy of his presentation materials
(C) Publish an article
(D) Take photographs of an event

Mr. Woods agrees to라는 키워드를 찾아내면 되는데, 둘째 줄과 여덟째 줄에 반복해서 등장한다. Mr. Woods agrees to deliver his presentation (프레젠테이션하는 데 동의한다.)는 보기에 없으므로 Mr. Woods agrees to have his presentation video recorded(프레젠테이션을 녹화하는 데 동의한다.)가 패러프레이즈 되어 있는 **(A)**를 정답으로 선택해야 한다.

VOCAB

enter into a contract 계약을 맺다 **institute** (학술, 예술, 교육 등에 관한) 협회, 학회, 연구소 **guest lecturer** 초청 강사 **deliver** (연설, 강연 등을) 하다 **cross-pollination** 타가수분 **process** 처리하다 **travel expenses** 여행 경비 **reimburse** 배상하다, 갚다 **reimbursement** 변제, 상환, 배상 **photograph** ~의 사진을 찍다 **material** 자료 **post** (웹사이트에 정보, 사진을) 올리다, 게시하다 **representative** 대표(자) **film** 촬영하다, 찍다 **publish** (신문, 잡지에서 편지, 기사 등을) 게재하다, 싣다

문장 분석

Mr. Woods agrees to have his presentation video recorded and photographed.

- agrees to have: V
- his presentation: O
- video recorded and photographed: OC

- 동사 have는 사역동사다. 직역하면 "Mr. Woods는 프레젠테이션이 녹화되고 사진 촬영되는 것에 동의한다."이다.

- DAY 1에서 단축 실전 문제를 풀기 전에 소개한 숙지할 사항들을 다시 한번 읽어보자. Today's Vocabulary도 잘 외운 후에 시간을 재면서 문제를 풀어보자.

Today's Vocabulary

describe 서술하다, 묘사하다

separately 각기, 별도로

prominent 눈에 잘 띄는, 두드러진

feature 특징; ~을 (특징으로) 갖추다

fairly 상당히, 꽤

fair 공정한, 공평한; 공정하게, 타당하게

optimistic 낙관적인

effective ~를 기하여

besides ~ 외에; 게다가

whereas ~인 반면에

rooftop (건물의) 옥상

urban 도시의, 도회지의

flooding 홍수, 범람

batch 한 회분(한 번에 만들어 내는 음식, 기계 등의 양)

supply 공급[비축](량)

favorable 호의적인; 유리한

acknowledge (권위나 자격을) 인정하다

leading 일류의, 선두의

source 공급자, 출처

steady 꾸준한

as of ~부로, ~을 기하여

employee lounge 직원 휴게실

eventually 결국, 마침내

precisely 정확히

officially 정식으로, 공식적으로

productive 생산적인

produce 농산물

copper 구리

welcoming 안락해 보이는, 마음을 끄는

competent 유능한

peculiar 고유의, 특유의

familiar 익숙한, 친숙한

now that ~이기 때문에

potted plant 화분

continual 끊임없는, 부단한

research 연구하다, 조사하다

glance 흘낏 보다

notice 알아차리다

service fee 수수료, 서비스 요금

deduct 제하다, 공제하다

part 부품, 부분

beyond repair 수리할 수 없을 정도로

tune in to (라디오, TV 채널을) ~에 맞추다

broadcast 방송

grateful 고마워하는, 감사하는

relocation 이전

constantly 끊임없이

strive 노력하다, 애쓰다

complete 완료하다; 완전한

functional 가동되는

verify 확인하다

qualification 자격, 자질, 능력

(new) recruit 신입 사원

take up a post 직책[자리, 직무]을 맡다

increasingly 점점 더, 갈수록 더

assembly plant 조립 공장

inspect 검사하다

attach 붙이다, 첨부하다

meticulously 꼼꼼하게

ensure 반드시 ~하게[이게] 하다, 보장하다

flaw 결함

dedicate (특정 목적, 역할을 위해) 전임시키다

surprising 놀라운

accurate 정확한

decline (정중히) 거절하다, 사양하다

convert 전환하다, 개조하다

job offer 일자리 제의

reimburse 배상하다, 갚다

prompt 즉각적인, 지체 없는; 촉발하다

sensitive 민감한, 신중을 요하는

externally 외부적으로

utterly 완전히, 순전히, 아주

agenda 의제

be yet to-V 아직 ~하지 않고 있다

conclude 결론[판단]을 내리다

influential 영향력 있는, 영향력이 큰

figure 인물

rigorous 철저한, 엄격한

review 검토하다

flow 흐르다

enclosed 에워싸인, 둘러싸인

above ~ 위에

gas range 가스레인지

electric range 전자 레인지

vent 통풍구, 환기구

clear 훤히 뚫린, 막혀 있지 않은

blocked 막힌, 폐쇄된

outlet 배출구

cause 일으키다, 초래하다

shut off 멈추다

automatically 자동으로

turn on 켜다

enhance 향상시키다

assume (권력, 책임을) 맡다

work[job] assignment 업무

definitely 분명히, 확실히

comes to a close 끝나다

transfer 이동하다

Practice Test

•제한 시간: 14분

PART 5

정답•해설 p. 19

101. Each of the Madisson Computer products will be described ------- within the catalogue.

(A) separates
(B) separator
(C) separately
(D) separation

102. Ancient Greek and Roman sculptures are ------- featured in the Vatican Museum.

(A) prominent
(B) prominently
(C) prominence
(D) prominences

103. The initial response to the updated version of the software allows us to be ------- optimistic about future sales growth.

(A) fairness
(B) fairest
(C) fairly
(D) fair

104. We regret to announce that Ms. Rachel Carson has resigned her position as Vice President of Sales, ------- next Monday.

(A) effect
(B) effected
(C) effectiveness
(D) effective

105. ------- summer arrives, rooftop gardens will be installed on all the city government buildings to prevent urban flooding.

(A) Whether
(B) Besides
(C) Whereas
(D) Before

106. The first batch of Ms. Wackefield's order from Wilson Athletics is scheduled for ------- this afternoon.

(A) delivery
(B) question
(C) supply
(D) training

107. The team's contributions to the study of a high-fat diet in mice were very ------- acknowledged.

(A) favor
(B) favorably
(C) favorable
(D) favored

108. Haworth Ltd. is the area's leading ------- for furniture, carpets, and office equipment.

(A) source
(B) role
(C) plan
(D) machine

109. Sales of Auraine Cosmetics have ------- improved since the launch of the new advertising campaign at the end of last year.

(A) steady
(B) steadily
(C) steadiest
(D) steadied

110. As of Wednesday, the employee lounge on the second floor is ------- open.

(A) busily
(B) eventually
(C) precisely
(D) officially

111. While Kivale Corporation is not a large ------- of silver and copper, its compensation package is better than that of its competitors.

(A) productive
(B) produce
(C) production
(D) producer

112. The waiting area is more welcoming and ------- for patients now that some artworks and potted plants have been placed there.

(A) comfortable
(B) competent
(C) peculiar
(D) familiar

113. At Eco-Modern Ltd., we are ------- researching the best ways to minimize our own carbon footprint.

(A) continual
(B) continues
(C) continue
(D) continually

114. When Ms. Jasvir reviewed her bank statement, she ------- the monthly service fee had not been deducted.

(A) started
(B) glanced
(C) postponed
(D) noticed

115. Despite the advances in technology, users can ------- see blurring from fast moving objects.

(A) ease
(B) easy
(C) easily
(D) easier

116. Please report and return any bicycle parts broken ------- repair during shipment promptly.

(A) into
(B) of
(C) except
(D) beyond

117. Mr. Jacobs has assured the management team that the prototype will be ------- functional by November 19.

(A) complete
(B) completing
(C) completely
(D) completion

118. We should verify qualifications ------- a new recruit takes up a post.

(A) without
(B) before
(C) until
(D) except

119. At Terrabusi Foods, we are aware that a healthy and balanced diet is ------- important to modern consumers.

(A) increase
(B) increases
(C) increased
(D) increasingly

120. Before the machines leave the assembly plant, they are ------- meticulously to ensure they have no flaws.

(A) selected
(B) inspected
(C) attached
(D) managed

121. The non-profit organization Gracepoint is launching a new program ------- to mental health problems in children.

(A) allowed
(B) prepared
(C) dedicated
(D) introduced

122. The Ambient digital hygrometer is ------- accurate in measuring the level of humidity in the atmosphere.

(A) surprising
(B) surprisingly
(C) surprised
(D) surprises

123. Ms. Maladatta politely ------- the job offer from Larmex Cargo Comapany.

(A) declined
(B) decreased
(C) prevented
(D) converted

124. Please complete this form correctly so that you may be reimbursed ------- for last month's travel expenses.

(A) promptly
(B) prompt
(C) promptness
(D) prompts

125. All sensitive information about the company must be removed from a document before it can be shared -------.

(A) certainly
(B) externally
(C) deeply
(D) utterly

126. The agenda for next year's online gaming forum is yet to be -------.

(A) concluded
(B) prevented
(C) invited
(D) decided

127. Although they usually leave for the day at 5:00 P.M., the day shift employees are ------- in the shop preparing for the CEO's visit tomorrow.

(A) almost
(B) less
(C) still
(D) easily

128. Mr. Uemura considers himself fortunate to have worked ------- many influential figures in finance while at Makati Bank.

(A) throughout
(B) where
(C) with
(D) despite

129. The merger with Sando Publishing will not lead to changes ------- editorial staff.

(A) in
(B) again
(C) positions
(D) ultimately

130. The board of directors sent out a reminder to department heads that all contracts must be ------- reviewed by the in-house counsel before they are signed.

(A) rigor
(B) rigors
(C) rigorous
(D) rigorously

PART 6

Questions 131-134 refer to the following instructions.

Your DM300 microwave oven can be placed conveniently in your kitchen, living room, or office. Set the oven on an even surface such as a kitchen countertop or a sturdy table. It is imperative to enable air to flow -------(131.) around the oven. Allow at least 4 inches of space around the sides, top, and back of the microwave oven. Do not -------(132.) the oven in an enclosed area. Do not place it above a gas or electric range. -------(133.). The reason for this is that blocked air outlets will cause the oven to shut off automatically -------(134.) it is turned on.

131. (A) freedom
(B) freer
(C) freely
(D) freeing

132. (A) remove
(B) install
(C) choose
(D) purchase

133. (A) Keep all vents clear when preparing food with it.
(B) Follow all instructions carefully when preparing packaged meals.
(C) Do not boil any liquids using the oven.
(D) Do not microwave more than two dishes at a time.

134. (A) from
(B) next
(C) like
(D) after

PART 7 Questions 135-137 refer to the following form.

We at Behring International are grateful for your trust in us as your relocation service provider. We would like you to tell us more about your experience, as we are constantly striving to enhance our services. Please help us by filling out this form and returning it to us in the enclosed pre-addressed envelope. Your responses will be kept confidential.

First Name: **Nawazuddin** Family Name: **Murad**

Origin: Sydney, Australia Destination: Delhi, India

Rate the services you used from 1 = not at all satisfied to 5 = extremely satisfied. NA = not applicable.

Packing personal belongings	1	2	3	4	⑤	NA
Moving	1	②	3	4	5	NA
Vehicle shipping	1	2	3	4	5	(NA)
Relocation assistance	1	2	3	④	5	NA

Please explain your ratings in the box below.

I appreciate your team's effort to let me have a positive relocation experience as I moved to Delhi to assume my new work assignment. All furniture and clothing arrived in good condition. Thanks to the care you took packing and labeling all of our belongings, settling into our new home was much easier. It was very considerate of you to provide us with the welcome packet of information on local shops and schools. It was disappointing that it took longer than scheduled to receive our possessions, although I'm aware that you did what you could to make this move as smooth as possible. I will definitely use your services again when my assignment in India comes to a close in three years and we transfer to our next location.

135. What is the purpose of the form?
(A) To apply for a reimbursement
(B) To improve customer service
(C) To gather comments to use in advertisements
(D) To request relocation services

136. According to the form, why did Mr. Murad move to Delhi?
(A) To meet his relatives
(B) To attend a conference
(C) To enjoy life in an urban area
(D) To begin a new job assignment

137. According to the form, what will Mr. Murad probably do in three years?
(A) Establish his own company
(B) Resign from his position
(C) Buy a property in Delhi
(D) Hire Behring International

PART 5 & 6

부사 3

PART 7

유형 3 : Not / True 문제

PART 5 & 6

문법 문제 중 부사 문제는 매달 출제되며 가장 많은 비중을 차지한다.
철저한 복습을 통해 부사가 들어가야 하는 자리를 잘 기억하자.

- 이미 DAY 1과 2에서 부사를 다뤘지만 출제되는 유형이 매우 다양하므로 DAY 3에서도 부사 문제 유형을 더 살펴보기로 하자.

Today's Grammar 부사 3

- 부사는 명사를 제외한 모든 품사와 준동사, 전치사구, 문장 전체를 수식한다.

출제 유형 10 ------- + 준동사 (to 부정사 / 동명사 / 분사)

- 빈칸 앞이나 뒤에 준동사가 있으면 부사가 들어가서 수식해야 한다.

Ex 1. Only three percent of the survey respondents indicated ------- disliking the newly added menu item.

(A) stronger
(B) strong
(C) strongly
(D) strongest

indicated ------- disliking(싫어하는 것을 나타냈다)을 보면서 빈칸 뒤의 동명사(준동사)를 수식하기 위해 부사 **(C)**를 선택해야 한다.

VOCAB survey (설문) 조사 respondent 응답자 indicate 나타내다, 보여 주다 dislike 싫어하다

해석 설문조사 응답자의 3% 만이 새로 추가된 메뉴 품목을 매우 싫어하는 것으로 나타났다.

출제 유형 11 ------- + 형용사 + 명사

● 형용사도 부사가 수식한다.

Ex 2. Our menu consists of ------- prepared meals that will take you on an enjoyable culinary journey.

(A) thought
(B) thoughtfulness
(C) thoughts
(D) thoughtfully

○ consists of ------- prepared meals(~하게 준비된 식사로 구성된다)를 보면서 '------- + 형용사 + 명사'에서는 부사가 들어가서 형용사를 수식해야 한다는 것을 기억하고 **(D)**를 정답으로 선택해야 한다.

VOCAB consist of ~으로 구성되다 thought 생각 thoughtfully 사려 깊게 enjoyable 즐거운 culinary 요리[음식]의

해석 저희의 메뉴는 당신을 즐거운 요리 여행으로 데려가 줄 사려 깊게 준비된 식사로 구성되어 있습니다.

출제 유형 12 ------- + 전치사 + 명사

● 빈칸 뒤에 전치사구(전치사 + 명사)가 있을 때도 부사가 정답이다.

Ex 3. Due ------- to reduced outbound travel, Orange Airline's revenues fell by 5 percent last quarter.

(A) largely
(B) large
(C) largeness
(D) larger

○ ------- to reduced outbound travel(감소한 해외여행)을 보면서 빈칸 뒤의 전치사구를 수식하기 위해 부사 **(A)**를 정답으로 선택한다.

VOCAB largely 대체로, 주로 outbound (선박·비행기가) 외국행의 revenue 수익, 수입 quarter 사분기

해석 오렌지 항공사의 수입은 지난 분기에 주로 해외여행의 감소 때문에 5% 떨어졌다.

출제 유형 13 ------- + 부사

● 부사는 다른 부사를 수식하기도 한다.

Ex 4. Mr. Kumar's columns in the company newsletter are so ------- well written that employees always look forward to reading them.

(A) exceptionally
(B) exception
(C) exceptions
(D) exceptional

○ are so ------- well written that(너무 잘 써지기 때문에 ~한다)에서 빈칸 뒤의 부사 well을 수식하기 위해 다른 부사 **(A)**를 선택해야 한다.

VOCAB exceptionally 유난히, 특별히 look forward to ~를 기대하다

해석 회사 회보에서 Mr. Kumar의 칼럼은 특별히 훌륭하게 써지기 때문에 직원들은 항상 칼럼 읽기를 기대한다.

출제 유형 14 ------- + 한정사 + 명사

- 관사나 소유격 (대)명사 같은 한정사를 수식하는 것도 부사다.

Ex 5. December's surge in profits at Marjorie's Gift Shop was ------- the result of holiday shopping.

(A) large
(B) largely
(C) larger
(D) largest

> was ------- the result of를 보면서 명사 앞에 빈칸이 있어서 형용사가 정답이라고 생각하면 안 된다. 형용사가 정답이 되려면 관사가 빈칸 앞으로 가서 the ------- result가 되어야 한다. 이 문제에서는 관사를 수식하기 위해 부사 **(B)**를 선택해야 한다.

VOCAB profit 이윤 surge 급증, 급등 largely 대체로, 주로

해석 12월에 Marjorie 선물 가게의 이윤이 급등한 것은 대부분 명절 쇼핑의 결과다.

출제 유형 15 -------, 주어 + 동사

- '-------, 주어 + 동사'가 보일 때도 부사를 선택해서 문장 전체를 수식하게 만들어줘야 한다.

Ex 6. The design team spent more than a week improving the packaging design, and -------, its clients were satisfied.

(A) fortunes
(B) fortunate
(C) fortune
(D) fortunately

> -------, its clients were satisfied (-------, 주어 + 동사)가 보이는 순간 부사 **(D)**가 정답이라는 것을 알 수 있다.

VOCAB packaging 포장재 fortune 운; 재산 fortunate 운 좋은, 다행한

해석 디자인팀이 포장재 디자인의 개선에 일주일 이상을 투자했는데 다행스럽게도 고객들이 만족했습니다.

- 부사가 들어가는 자리를 잘 기억하고 연습 문제를 풀어보자. 교재에서 다른 것들에 비해 문제로 더 많이 등장하는 유형은 그만큼 시험에 더 자주 출제된다.

Exercise

● 제한 시간: **2분 40초**

문제를 풀기 전에 단어를 먼저 외우세요.

정답·해설 p. 32

VOCAB collaborative 공동 연구의 agency 대행사 overwhelming 압도적인 in favor of ~에 찬성하는 react 반응하다 relative 비교상의, 상대적인 pass down (후대에) ~을 물려주다 exclusively 독점적으로, 오로지 (…만) line 가계, 혈통 fiber 섬유 processed 가공한, 처리한 bamboo 대나무

101. Researchers of LumenDB, Inc., are planning to ------- redesign some old models with their colleagues in France to develop better products.

(A) collaboration
(B) collaborative
(C) collaboratively
(D) collaborate

102. The TV commercial for Chinese Taste was ------- Kingsmen Agency's best advertisement yet.

(A) easy
(B) ease
(C) easiest
(D) easily

103. The Callingwood Theater took a ------- short amount of time to be restored.

(A) surprise
(B) surprisingly
(C) surprising
(D) surprised

104. The National Football League's young players are ------- in favor of Olympic participation.

(A) overwhelm
(B) overwhelmingly
(C) overwhelming
(D) overwhelms

105. Historically, the farming sector has reacted ------- slowly to change, having been sheltered by the subsidy regime from market forces.

(A) relative
(B) relate
(C) relativeness
(D) relatively

106. -------, our sales have increased slightly over the last three months.

(A) Fortuneless
(B) Fortunate
(C) Fortunately
(D) Fortune

107. Changing a career path is ------- a complicated decision, but it can be rewarding.

(A) understandably
(B) understanding
(C) understood
(D) understand

108. Director Felizia Wolfmeier's proposal for an additional professional development course for managers was approved in a ------- short time.

(A) surprised
(B) surprise
(C) surprisingly
(D) surprising

109. Mitochondrial DNA is passed down ------- through the female line.

(A) exclusive
(B) exclusivity
(C) exclusiveness
(D) exclusively

110. Compared to other synthetic fiber options, a ------- processed bamboo fiber would be far superior and preferable.

(A) nature
(B) natures
(C) natural
(D) naturally

항상 짝으로 출제되는 어휘 문제 3

- 항상 짝으로 출제되는 어휘 문제가 출제되는 이유는 토익이 실용성을 추구하는 시험이기 때문이다. 이 유형에서 나오는 어휘는 일상생활에서, 특히 비즈니스 상황에서 항상 짝으로 사용하는 것들이다. 잘 기억해두면 토익 문제도 쉽게 해결할 수 있고, 실제 업무를 수행해야 할 때도 올바른 영어를 구사하는 비결이 된다.

❶ highly[strongly] recommend 강력히 추천하다

지난 40년 동안 정기 토익에서 꾸준히 짝으로 출제됐다. 부사 어휘 문제를 만났을 때 빈칸 뒤에 recommend가 있으면 항상 highly나 strongly가 정답이다.

Ex 1. Chong Lee was ------- recommended for the position of merchandising manager for Hickory Furniture Mart.

(A) thickly
(B) currently
(C) securely
(D) highly

○ 빈칸 앞뒤 was ------- recommended만 보고 정답을 선택하자. 뒤에 recommended가 보이는 순간 정답은 무조건 **(D)**다.

VOCAB **thickly** 두껍게 **currently** 현재 **securely** 안전하게 **highly recommend** 강력히 추천하다 **position** 지위 **merchandising** 상품화 계획, (계획적) 판매 촉진

해석 Chong Lee는 Hickory 가구마트의 판매 촉진 매니저 자리에 강력한 추천을 받았다.

❷

increase rise expand	substantially significantly considerably	상당히	증가하다
decrease decline reduce drop fall	dramatically markedly sharply	극적으로 현저하게 급격히	감소하다

decrease slightly 약간 감소하다

increase moderately 알맞게 증가하다

● 부사 어휘 문제가 출제되었을 때 '증가/감소'를 나타내는 동사가 보이면 정답은 항상 '많이'다. '약간 감소하다'나 '알맞게 증가하다' 같은 것들도 출제된 적이 없는 것은 아니지만, 어디까지나 예외적인 경우이고, 일단 '증가/감소'가 보이면 보기 중에서 '많이'를 찾자. 대부분 '동사 + 부사' 형태로 출제되지만, '형용사 + 명사' 형태로 출제된다면 정리된 부사들의 형용사형을 정답으로 선택하면 된다.

Ex 2. Irrigation channels can ------- increase the productivity of soils in the Mediterranean regions, where water is the limiting factor for crop growth.

(A) significantly
(B) persuasively
(C) proficiently
(D) gladly

○ 긴 문장을 굳이 다 읽으려고 할 필요 없다. 빈칸 뒤에 동사 increase가 보이는 순간 주저 말고 정답으로 **(A)**를 선택하자.

VOCAB irrigation 관개 channel 수로 persuasively 설득력 있게 proficiently 숙련되게, 능숙하게 gladly 기꺼이 productivity 생산성 soil 토양, 흙 Mediterranean 지중해의 limiting factor (생물의 생장, 활동 등을 제한하는) 제한 인자 crop (농)작물

해석 물이 농작물 성장의 제한 인자인 지중해 지역에서 관개용수로는 토양의 생산성을 상당히 증가시켜줄 수 있다.

Ex 3. The manufacturing plant has seen a ------- decrease in the number of defective products over the past quarter.

(A) dramatic
(B) polite
(C) frequent
(D) different

○ 빈칸 뒤에 '증가/감소'를 나타내는 명사가 보이면 언제나 '많음'을 나타내는 형용사가 정답이라는 것을 기억하자. 변화가 극적임을 나타내는 형용사 **(A)**가 정답이다.

VOCAB manufacturing plant 제조 공장 frequent 잦은, 빈번한 defective 결함이 있는 quarter 분기

해석 제조 공장은 지난 분기 동안 불량품 수에 있어 극적인 감소가 있었다.

PART 7

- Part 7 문제의 유형별 공략법을 공부하고 있다. 주제, 목적을 묻는 문제는 지문 도입부에서 정답을 알 수 있다. 세부사항을 묻는 문제는 문제에서 키워드를 파악하고, 지문에서 그 키워드를 찾아내면 된다. 키워드가 패러프레이즈 되는 경우가 많이 있으므로 어휘력을 쌓기 위한 노력을 게을리해서는 안 된다.

유형 3 Not/True 문제

- Not/True 문제는 주로 다음 예문들과 같은 형태로 출제된다.

> • What is true about ~? • What is indicated about ~?
> • What does Mr. Dalton indicate in his e-mail?
> • What is NOT mentioned as ~? • What is NOT provided in ~?

- 맞는 내용을 찾는 문제는 지문의 내용과 일치하는 보기를 파악하는 것이 그리 어렵지 않지만, NOT 문제는 훨씬 더 어렵게 출제된다. 보기 네 개의 내용을 하나하나 지문 내용과 대조해서 세 개는 지문에 포함되어 있다는 것을 파악해야 하므로 다른 유형에 비해 긴 시간을 쓸 생각으로 주의 깊게 풀어야 한다. 서두르지 않고 지문에서 보기와 일치하는 부분을 놓치지 말아야 한다.

Examples 1-2 refer to the following advertisement.

정답•해설 p. 35

WAKEFIELD & ASSOCIATES

933 Hingham Street Rockland, Massachusetts 02370 (339) 555-0153

Providing reliable tax consultancy and accounting services
for twenty-eight years

Our firm's staff is comprised of experts in services for:
- Individuals and households
- Small businesses
- Corporations

Discounted rates proudly offered to nonprofit institutions

Visit our website today for complete information on our services and the hourly fee structure associated with each. Looking it over, enter your name and contact information. We will respond within two business days to schedule a complimentary initial consultation with one of our experienced tax consultants.

www.wakefieldandassociates.com

Ex 1. What is stated about Wakefield and Associates?

(A) They have been in business for more than thirty years.

(B) They charge all clients the same hourly rate.

(C) They serve both individuals and companies.

(D) They charge a nominal fee for an introductory consultation.

> 맞는 내용을 선택하는 문제는 별로 어렵지 않다. 지문 중간에 개인과 가정, 소규모 사업체, 법인들을 위한 서비스의 전문가들이 있다고 나와 있으므로 **(C)**를 정답으로 선택해야 한다.

Ex 2. What is NOT mentioned as being available on the firm's website?

(A) A list of the firm's existing customers

(B) Details about the nature of services provided

(C) The cost of each type of service

(D) A way to arrange a meeting with an expert

> NOT 문제는 서두르지 말고 신중하게 지문과 보기의 내용을 대조해야 한다. 우선 웹사이트를 방문하면 서비스에 대한 모든 정보(the complete information on our services)를 볼 수 있다고 나와 있으므로 (B)를 제거한다. 바로 이어서 각 서비스에 연관되는 시간당 요금 구조(the hourly fee structure associated with each)도 알아볼 수 있다고 했으므로 (C)도 제거해야 한다. 그다음에는 이름과 연락처를 남기면 2 영업일 이내에 연락하여 상담 예약을 잡아주겠다는 내용(Looking it over, ~ with one of our experienced tax consultants.)이 있으므로 (D)가 지문에 등장하는 것이다. 이렇게 지문에서 볼 수 있는 내용을 다 지우고 **(A)**를 정답으로 선택해야 한다.

VOCAB

reliable 신뢰할 수 있는 tax consultancy 세무 상담 accounting 회계 firm 회사 be comprised of ~으로 구성되다 household 가정 corporation (큰 규모의) 기업, 법인 rate 요금 nonprofit institution 비영리기관 fee structure 요금 구성 associated with ~와 관련된 look over ~을 살펴보다 contact information 연락처 complimentary 무료의 initial 처음의, 초기의 consultation 상담 experienced 경험이 풍부한 tax consultant 세무사 charge (요금을) 부과하다 nominal fee 명목상의(아주 적은) 요금 introductory 예비의, 소개용의 available 이용할 수 있는 existing 기존의 nature 종류, 유형 arrange 마련하다

문장 분석

Visit our website today / for the complete information (on our services and the hourly fee structure) (associated with each).

오늘 저희 웹사이트를 방문하세요. / 모든 정보를 보시려면 / 저희 서비스들과 시간당 요금 구성에 대한 / 각 서비스에 관련된

➡ on our services and the hourly fee structure가 앞에 있는 명사 information을 수식하고, associated with each가 앞에 있는 명사 fee structure를 수식한다. each는 each service를 대신하는 대명사다.

● Today's Vocabulary를 잘 외우고, 시간을 재면서 단축 실전 문제를 풀어보자.

Today's Vocabulary

narrow 좁은

brief 잠깐의

intermission (연극, 영화 등의) 중간 휴식 시간

recruiter 모집 담당자

impressive 인상적인

impressed 좋은 인상을 받은

commemorate 기념하다

originally 원래, 본래

a wide[large] selection of 다양한

tourism 관광업

conference 회의, 학회

hold 열다, 개최하다

venue 장소

make a presentation 발표[프레젠테이션]하다

appear 출연하다

approve 찬성하다

competitive 경쟁의, 경쟁력 있는

priced (~한) 가격의

supply 공급, 비축

office supplies 사무용품

proceed (일이) 행해지다, 진척되다

intend 의도하다, 작정하다

delay 지연시키다

largely 대체로, 주로

thanks to ~의 덕분에

benefit 혜택

field 분야

demand 수요

shop 사다, 쇼핑하다

exceptional 우수한, 특출한

frequently 자주, 빈번히

constant 끊임없는

loyal 충실한, 충성스러운

practical 실용적인

typical 보통의, 일반적인

enlarge 확대하다, 확장하다

track 추적하다

progress 진행

aside 한쪽으로

closely 자세히

refreshments 다과

available 이용할 수 있는

throughout the day 온종일

within the day 그날 중으로

concession stand 구내매점

analysis 분석

participate in ~에 참가[참여]하다

strong (수효가) 아주 많은

once (과거) 한때

far (비교급, 최상급을 수식하여) 훨씬, 몹시

effective 유능한

on the job 근무 중의

composition (음악, 미술, 시) 작품

read aloud 낭독하다

widely 널리

wide 넓은; 완전히, 활짝

displace 대신[대체]하다

command 명령하다, 지시하다

supplement 보완하다, 보충하다

station 방송(국)

obtain 얻다

regular 정식의, 정규의

frequent 잦은, 빈번한

track 추적하다

commute 통근

personalize (개인의 필요에) 맞추다

alert 알림, 경보

retail 소매의

firm 회사

section 부분, 구획

complex 복합 단지

renovate 개조하다, 보수하다

(숫자)-story ~층으로 된

structure 구조물

feature 특별히 포함하다

parking 주차 공간

house 수용하다, 장소를 제공하다

tenant 세입자, 임차인

managing director 상무이사, 전무이사

operation 사업, 영업

executive 간부, 중역

luxury goods store 명품 판매장

specialty food 특선 식품

offer a good bargain on ~을 싸게 팔다

clothing 의류

(명사)-conscious ~을 의식한

attract 끌어들이다, 유치하다

sharp increase 급증

Practice Test

• 제한 시간: 15분

PART 5

정답•해설 p. 35

101. ------- speaking, it is best to use filtered or bottled water to improve the taste of your coffee.

(A) General
(B) Generally
(C) Generalize
(D) Generalization

102. The performance will continue after a ------- fifteen-minute intermission.

(A) narrow
(B) deep
(C) brief
(D) sharp

103. Recruiters were ------- with Mr. Webber's work experience despite his young age.

(A) impressive
(B) impressed
(C) impressing
(D) impressively

104. ------- a small festival commemorating the city's cultural heritage, the Clareville Fair has become one of the biggest annual events in the area.

(A) Origin
(B) Originate
(C) Originated
(D) Originally

105. We offer a wide ------- of database management software products for virtually all your administrative, accounting and client data management needs.

(A) selection
(B) group
(C) type
(D) program

106. The Second International Tourism Conference will be held ------- the Grand Hotel.

(A) with
(B) for
(C) at
(D) from

107. Please arrive at the conference venue by 9:00 A.M. ------- you are scheduled to make a presentation.

(A) so
(B) until
(C) in
(D) if

108. Last week, Jack Dee, president of Blandford Financial, ------- on a special episode of the *Hamada Zahera Show*.

(A) appeared
(B) seemed
(C) approved
(D) numbered

109. U.S. LNG exports will provide ------- priced supplies that could be a major source of economic relief to some countries.

(A) competing
(B) competition
(C) competitive
(D) competitively

110. Because the delivery of office supplies was ------- by a week, we ran short of ink cartridges.

(A) proceeded
(B) included
(C) intended
(D) delayed

111. Thanks ------- to pastry chef Ji Hyun Park, Losilly's Restaurant has become a favorite with local patrons.

(A) largely
(B) larger
(C) large
(D) largest

112. Alternative energy sources are making their way into the highly competitive ------- of electricity production.

(A) avenue
(B) benefit
(C) field
(D) demand

113. "Platinum Member" status is awarded to those who shop with us ------- frequently.

(A) except
(B) exception
(C) exceptional
(D) exceptionally

114. On a ------- day, there are 15 million people coming and going through the city.

(A) constant
(B) loyal
(C) practical
(D) typical

115. -------, the firm is going to enlarge its international presence by establishing another foreign subsidiary.

(A) Presumption
(B) Presumable
(C) Presumably
(D) Presumed

116. The executives will track the progress of the Tiago project ------- to evaluate the impact of the measures taken.

(A) aside
(B) longer
(C) anymore
(D) closely

117. Refreshments will be available ------- the day at the concession stand.

(A) to
(B) among
(C) throughout
(D) within

118. A market analysis indicates that sales of electric vehicles have increased ------- over the past few years.

(A) considerably
(B) durably
(C) concisely
(D) expressively

119. Judging from ticket sales, Jessica Krause's first attempt to direct a blockbuster film was ------- a success.

(A) clear
(B) clearly
(C) clearer
(D) clearing

120. Our most recent online survey was conducted just last week, ------- it is too soon to ask clients to participate in another one.

(A) when
(B) since
(C) so
(D) finally

121. Timbi, Inc., has been producing state-of-the-art smartphones with ------- long battery runtime.

(A) has increased
(B) increases
(C) increased
(D) increasingly

122. Sporting goods manufacturers have been reporting ------- strong sales of skiwear for this time of year.

(A) surprised
(B) surprises
(C) to surprise
(D) surprisingly

123. Farmers in regions close to the equator tend to focus ------- on rice production because rice grows well in hot and humid climates.

(A) exclude
(B) exclusion
(C) exclusive
(D) exclusively

124. School nurses are ------- effective at getting children into healthy eating habits, and are indispensable in the fight against childhood obesity.

(A) once
(B) far
(C) early
(D) very

125. Mr. Appiah has been ------- recommended by all three of his references.

(A) high
(B) higher
(C) highly
(D) highest

126. Last year, many part-time workers ------- the number of hours on the job.

(A) needed
(B) increased
(C) joined
(D) asked

127. Even the executives themselves had to admit that Takana Designs' success was ------- the result of fortunate timing.

(A) parts
(B) parted
(C) partly
(D) parting

128. The company's first international workshop will be held ------- the Jefferson Convention Center on June 7.

(A) to
(B) at
(C) down
(D) of

129. She would read her compositions ------- in the process of revision, which was a habit to help herself to refine and polish her writings.

(A) slightly
(B) aloud
(C) meanwhile
(D) significantly

130. The International Year of African Descent was launched in honor of Brazil's most ------- known and respected novelist, Joaquim Maria Machado de Assis.

(A) widen
(B) wider
(C) widely
(D) wide

PART 6

Questions 131-134 refer to the following advertisement.

California's CA7-TV encourages you to utilize the newest version of our traffic app for your smartphone. The app ------- (131.) the station's traffic reports. You can obtain traffic information when you are unable to watch our regular traffic news. ------- (132.). Additionally, the app tracks your daily commute to provide personalized alerts ------- (133.) on your smartphone when there are any traffic accidents or road improvement projects along your route. You don't need to worry about traffic delays anymore by downloading the CA7-TV traffic app today, ------- (134.) tune in to our live broadcast starting at 6:00 A.M. and 5:00 P.M. daily.

131. (A) displaces
(B) observes
(C) commands
(D) supplements

132. (A) Rapid population growth is expected for our city.
(B) Text messages are subject to minimal service charges.
(C) We send our reporters to all areas in and around the city.
(D) The app's major features include frequent updates.

133. (A) direction
(B) directly
(C) directing
(D) directs

134. (A) or
(B) well
(C) quick
(D) only

PART 7 ▶ **Questions 135-138** refer to the following news article.

New Zealand Herald Wednesday, January 22

Christchurch – Evergreen, Inc., has announced that its Westfield Shopping Center redevelopment project has been completed. Evergreen, a Melbourne-based retail management firm, manages two other shopping malls in Christchurch in addition to Westfield. Evergreen spent approximately NZ$20 million on its year-long redevelopment efforts. One section of the shopping complex was torn down and replaced with a movie theater which will be operated by General Cinemas Corporation. The other two sections have been renovated, and a new four-story parking structure with space for 800 vehicles has been built.

In addition to featuring a new movie theater and additional parking, the complex also houses a variety of new retail shops. New tenants include Champs Sporting Goods and Spendless Shoes. Says Evergreen's managing director for New Zealand operations, Ayesha Mayer, "Westfield now has everything from luxury goods stores and specialty food shops to shops offering good bargains on clothing for price-conscious shoppers." Herman Briggs, browsing the shelves of best sellers in the newly opened Treadwell's Bookstore yesterday, agrees: "Before, I wasn't really interested in coming here to shop; there were only a limited number of shops, and I had to waste much time looking for a parking spot." Bum Soo Yoo, manager of a children's clothing store, Kidswear Collective, has seen a sharp increase in the number of customers since completion of the redevelopment project. Notes Yoo, "Many of them have commented on how much more pleasant it is to shop at Westfield now."

135. What is the purpose of the article?

(A) To note that a firm will no longer be managing a shopping center
(B) To report that the redevelopment of a shopping center is complete
(C) To review the quality of customer service at stores in a shopping center
(D) To announce that a company has been funded to construct a shopping center

136. What is indicated about Evergreen, Inc.?

(A) It increased the number of retail tenants at Westfield Shopping Center.
(B) It owns two shopping centers in Christchurch.
(C) It will operate the new movie theater at Westfield Shopping Center.
(D) Its headquarters are in Christchurch.

137. Who is Ayesha Mayer?

(A) A customer at a children's clothing shop
(B) The manager of a bookstore
(C) The owner of a luxury goods store
(D) An executive at a management firm

138. What is NOT indicated about Westfield Shopping Center?

(A) It has attracted stores that sell food.
(B) The number of parking spaces there has increased.
(C) It was closed for one year during a remodeling project.
(D) An increased number of customers have recently visited there.

DAY

PART 5 & 6

명사

PART 7

유형 4 : 추론 문제

PART 5 & 6

형용사와 부사에 이어 명사를 공부할 차례인데, 최근 토익 RC의 문법 문제는 이 세 가지 위주로 출제되고 있으므로 이것들만 잘 공부해두면 틀릴 문제가 별로 없다고 봐도 좋다.

- 출제 유형은 부사 문제가 더 다양하다. 하지만 출제 비중을 따져보면 명사 문제도 부사 문제만큼 많이 출제되고, 어떤 회차에서는 명사에 관한 문제가 더 많이 출제되기도 한다.

Today's Grammar 명사

- 명사가 들어가는 자리를 철저히 암기해서 빈칸 앞뒤를 보고 빠른 속도로 정답을 선택하자.

참고 1 대표적인 명사형 어미에는 **-tion, -sion, -ness, -ance, -ence, -ment, -ship, -ty** 등이 있다.

참고 2 보통명사(셀 수 있는 명사)는 벗겨두지 마라!
보통명사는 반드시 앞에 관사(**a, an, the**)를 붙이거나 복수형으로 만들어야 문장에서 사용할 수 있다.

출제 유형 1 ------- + 동사

- 빈칸 뒤에 동사가 있다면 빈칸은 주어 자리이다. 명사는 주어 자리에 들어간다.

Ex 1. ------- from the International Society of Architects will meet on Thursday to discuss plans for next year's conference.

(A) Representatives
(B) Representing
(C) Represented
(D) Represents

전치사구는 대부분 문장에서 수식어구로 사용하므로 빈칸 앞뒤에 보이면 일단 지우는 게 문제 풀이에 도움이 된다. 전치사구 from the International Society of Architects를 지우고 나면 바로 뒤에 동사가 있으므로 빈칸은 주어가 들어갈 자리라는 것을 알 수 있다. 명사 **(A)**가 정답이다.

VOCAB representative 대표(자) represent 대표하다 society 협회, 사회 architect 건축가 conference 학회, 회의

해석 국제 건축가 협회의 대표들은 내년 학회 계획을 논의하기 위해 목요일에 모일 것이다.

출제 유형 2 타동사 / 전치사 + -------

● 타동사나 전치사 뒤에는 목적어가 있어야 한다. 명사는 목적어 자리에도 사용된다.

Ex 2. Mr. Gonzalez was pleased to receive ------- that his company was listed among the 10 most successful startups in the *Business Times* magazine.

(A) notify
(B) notification
(C) notifying
(D) notifies

○ 타동사 receive의 목적어가 필요하므로 명사 **(B)**가 정답이다.

VOCAB be pleased to-V ~하게 되어 기쁘다 notify 알리다 notification 알림, 통고, 통지 list 목록[명단]에 포함하다 startup 신생기업

해석 Mr. Gonzalez는 자신의 회사가 'Business Times' 잡지에서 가장 성공적인 신생 기업 10개 안에 포함되었다는 소식을 듣고 기뻤다.

Ex 3. Before the revised version of the book can go into -------, it must be approved by the editor in chief.

(A) product
(B) producer
(C) productive
(D) production

○ 전치사 into의 목적어가 필요하므로 명사를 선택해야 한다. (A)와 (B), (D)가 모두 명사인데, product와 producer는 보통명사이기 때문에 단수형으로 사용하려면 앞에 관사가 있어야 한다. 따라서 정답은 추상명사인 **(D)**이다.

VOCAB revise 변경하다, 수정하다 go into production 생산에 들어가다 editor in chief 편집장

해석 책의 수정된 버전이 생산에 들어가기 전에, 편집장의 승인을 받아야 한다.

Ex 4. By ------- offices in Beijing, Tokyo, and Hanoi, Seyoung Ltd. is planning to increase its international presence.

(A) opening
(B) opened
(C) opens
(D) open

○ 전치사 By의 목적어가 필요한데, 이 문제에서는 명사 대신 동명사 **(A)**를 선택해야 한다. 보기 중에 명사가 없을 때는 동명사를 대신 선택할 수 있다.

VOCAB presence 인지도, 존재감

해석 Seyoung 사(社)는 Beijing과 Tokyo, Hanoi에 지사를 열어서 국제적인 인지도를 증가시킬 계획이다.

출제 유형 3 관사 + ------- + 전치사

- '관사 + ------- + 전치사'는 매우 자주 출제되는 유형이며 보이자마자 명사를 선택해야 한다. 단, 이 자리에 동명사는 들어갈 수 없다.

Ex 5. This is a ------- to all managers that performance appraisal reports are due by the end of the month.

(A) remind
(B) reminded
(C) reminding
(D) reminder

a ------- to(관사 + ------- + 전치사)가 보일 때 곧장 명사 **(D)**를 정답으로 선택해야 한다.

VOCAB reminder (약속이나 해야 할 일 등을) 상기시켜 주는 편지[메모] performance appraisal 고과평가 due ~하기로 되어 있는[예정된]

해석 고과 평가 보고서는 월말까지 제출되어야 한다는 점을 매니저님들께 다시 한번 알려드립니다.

출제 유형 4 (관사) + 형용사 + -------

- 명사 앞이 빈칸이라면 형용사가 정답이고, 당연히 형용사 뒤에 빈칸이 있으면 수식받을 명사가 정답이다.

Ex 6. Thanks to the loan of the Ndaba African Art collection from Silvermill Museum, we are now able to display a new -------.

(A) exhibits
(B) exhibition
(C) exhibited
(D) exhibiting

빈칸 앞에 관사와 형용사(a new)가 있으므로 수식받을 명사가 필요하다. (A)와 (B)가 모두 명사이지만 관사가 a로 사용되었으므로 단수 명사 **(B)**가 정답이다.

VOCAB loan 대여해주다; 대출 collection 소장품 exhibit 전시하다; 전시(회/품) exhibition 전시회

해석 Silvermill 미술관이 Ndaba 아프리카 미술 소장품들을 대여해준 덕분에, 우리는 이제 새 전시회를 열 수 있게 되었습니다.

출제 유형 5 소유격 (대)명사 + -------

● 소유격 명사나 대명사 뒤에도 항상 명사가 있어야 한다.

Ex 7. Research indicates that the audience usually forms its ------- of the presenter within the first few minutes of the presentation.

(A) impress
(B) impressive
(C) impressively
(D) impression

○ 빈칸 앞에 소유격 대명사 its가 있는 것을 보자마자 정답은 명사 **(D)**라는 것을 알 수 있다.

VOCAB research 연구, 조사 indicate 나타내다, 보여 주다 audience 청중 form 형성시키다 impress 깊은 인상을 주다 impressive 인상적인 impression 인상 presenter 발표자

해석 연구에 따르면 청중은 보통 발표의 첫 몇 분 이내에 발표자에 대한 인상을 형성하게 된다.

출제 유형 6 명사 + -------

● 명사 뒤에 빈칸이 있을 때는 명사를 넣어서 복합명사를 만들어주면 정답이 된다.

Ex 8. It is strongly recommended that all parties seek legal and financial advice from professionals when entering into a business -------.

(A) agreed
(B) agreement
(C) agreeable
(D) agreeing

○ 빈칸 앞에 명사 business가 있는 것을 보고 명사 **(B)**를 선택해서 복합명사 a business agreement를 전치사 into의 목적어로 만들어주면 된다.

VOCAB party 당사자 seek 찾다, 구하다 legal 법률상의 enter into 시작하다 business agreement 업무 협약

해석 모든 당사자는 업무 협약을 시작하기 전에 반드시 전문가로부터 법률 및 재정적인 조언을 구할 것이 강력하게 권고된다.

출제 유형 7 명사와 동명사의 구별

- 빈칸이 명사가 들어갈 자리인데, 보기 중에 명사와 동명사를 모두 보여 주면서 선택을 요구하는 문제가 출제된다. 빈칸 뒤에 목적어가 있으면 동명사, 없으면 명사를 정답으로 선택하자.

Ex 9. Please acknowledge ------- of this order and confirm if the terms and conditions are suitable to you.

(A) receipt
(B) receive
(C) received
(D) receiving

동사 acknowledge의 목적어가 필요한데 명사 (A)와 동명사 (D)가 모두 목적어가 될 수 있다. 빈칸 뒤에서 다시 목적어를 취하지 않는 것을 보고 명사 **(A)**를 정답으로 선택하면 된다.

VOCAB acknowledge receipt of ~을 받았음을 알리다 order 주문품 confirm 확인해 주다 terms and conditions 계약 조건, 약관 suitable 적절한, 알맞은

해석 이 주문을 받았는지 알려주시고 계약 조건이 고객님께 적절한지 확인해 주세요.

Ex 10. Takeda Pharmaceuticals adopted a new method of ------- chemical solutions to expedite development processes in the laboratory.

(A) combine
(B) combinations
(C) combining
(D) combines

전치사 of의 목적어로 명사 (B)와 동명사 (C)를 사용할 수 있는데, 빈칸 뒤에서 chemical solutions를 목적어로 취하고 있으므로 동명사 **(C)**를 선택해야 한다.

VOCAB adopt 채택하다 method 방법 combine 결합하다 solution 용액 expedite ~을 촉진하다 process 과정, 절차

해석 Takeda 제약은 연구소에서 개발 과정을 촉진하기 위해 화학 용액을 합성시키는 새로운 방식을 채택했다.

- 연습 문제는 많이 풀어볼수록 좋다. 정리된 단어들을 암기한 후 시간을 재면서 풀어보자.

Exercise

● 제한 시간: **2분 40초**

문제를 풀기 전에 단어를 먼저 외우세요.

정답•해설 p. 48

VOCAB

access 입장; 들어가다, 이용하다 suburban 교외의 security 보안 be of service to ~에게 도움이 되다 fundraising event 모금 행사 experience 경험하다

101. ------- to the fitness room is included with your three-day stay at the Upperbay Hotel.

(A) Access
(B) Accessed
(C) Accessing
(D) Accessible

102. Little Bird Bistro is expanding and will open its first suburban ------- in Lombard next month.

(A) locating
(B) locate
(C) located
(D) location

103. The password does not contain enough characters to meet the strong password criteria specified by the domain ------- policy.

(A) secure
(B) security
(C) securely
(D) secured

104. The sales manager's ------- on the new products is scheduled for 4:00 P.M.

(A) present
(B) presented
(C) presentable
(D) presentation

105. Ms. Patel explained the ------- of public ownership of the postal system at the panel discussion.

(A) beneficial
(B) benefits
(C) benefited
(D) benefiting

106. We apologize for the defects in the laser-guided cutting machines and will deliver ------- on Monday.

(A) replacing
(B) replaces
(C) replaced
(D) replacements

107. Please consult page 15 of this manual or call our customer service center for further information on ------- a password.

(A) creation
(B) create
(C) created
(D) creating

108. If we can be of ------- to you, we guarantee that we will provide you with our expertise and advanced technology accumulated over the last 20 years.

(A) service
(B) servicing
(C) serviceable
(D) serviced

109. ------- for the fundraising event usually begin in August.

(A) Preparations
(B) Prepare
(C) Preparatory
(D) Prepares

110. Experience the finest in sound ------- with a Gospel hearing aid.

(A) technical
(B) technology
(C) technological
(D) technologically

항상 짝으로 출제되는 어휘 문제 4

- 지난 40여 년 동안 토익 시험에서 항상 짝으로 출제되어 온 어휘 중 최근 자주 출제된 것들을 소개한다. 반드시 암기하고 시험에서 만나면 최대한 빨리 정답을 선택하고 넘어가도록 하자.

❶

nearly almost	숫자 all every entire complete(d) finish(ed)

- 숫자나 all, every, entire, complete(d), finish(ed) 앞에 빈칸이 보이면 무조건 '거의'라는 뜻의 nearly나 almost를 정답으로 고르자.

Ex 1. ------- seven thousand people attended the soccer match last weekend.

(A) Almost
(B) More
(C) Often
(D) Enough

○ 빈칸 뒤에 숫자가 있다는 것만으로 충분하다. 곧장 Nearly나 Almost를 정답으로 선택하자.

VOCAB attend 참석하다; ~에 다니다 match 경기, 시합

해석 지난 주말에 거의 7,000명의 사람들이 축구 경기를 보러 왔다.

Ex 2. Although ------- a week has passed since the lantern festival that officially marked the end of the 15-day holiday, cities are still facing a serious labor shortfall.

(A) partially
(B) immediately
(C) nearly
(D) thoroughly

○ 길고 해석이 어려운 문장을 만나도 신경 쓰지 말자. 빈칸 뒤에 있는 관사 a가 '숫자 1'을 의미하므로 숫자 앞에 빈칸이 있으면 nearly가 정답이라는 사실만 기억하자.

VOCAB partially 부분적으로 thoroughly 철저히 lantern 등롱(燈籠), 초롱 officially 공식적으로 mark 나타내다, 표시하다 face 직면하다 labor 노동력 shortfall 부족(분/량)

해석 15일간의 휴일에 공식적으로 종지부를 찍은 등불 축제 이후 거의 1주일이 지났음에도 불구하고, 도시들은 여전히 심각한 노동력 부족에 직면해 있다.

❷ be eligible[qualified] to-V[for + N] ~할 자격이 있다

'be + ------- + to-V[for+N]'가 보이면 항상 eligible이나 qualified가 정답이다.

Ex 3. City employees are ------- to take vacation days after a six-month probationary period.

(A) beneficial
(B) eligible
(C) convenient
(D) relevant

빈칸 앞뒤에서 are ------- to take를 보는 순간 **(B)** eligible이 눈에 들어와야 한다. 'be + ------- + to-V[for+N]'를 기억하자.

VOCAB beneficial 유익한, 이로운 convenient 편리한 relevant 관련 있는, 적절한 probationary period 수습 기간

해석 시 공무원은 6개월의 수습 기간 후에 휴가를 갈 자격을 갖게 된다.

Ex 4. Currently, seventeen percent of students in England are eligible ------- free school meals.

(A) over
(B) down
(C) for
(D) out

빈칸 앞에 are eligible이 있으므로 그 뒤에는 'for + N'나 to 부정사가 있어야 한다.

VOCAB currently 현재, 지금

해석 현재, 잉글랜드의 17%의 학생들은 무료 학교 급식의 자격이 있다.

PART 7

● 네 번째 문제 유형이다. 예제를 풀면서 문제 유형을 익힌 후에는 독해력 향상을 위해 문장들을 자세히 보며 각 문장의 구조를 파악하는 연습도 해보자.

유형 4 추론 문제

● 추론 문제의 형태는 주로 다음과 같다.

- most likely가 들어가는 질문
- What is suggested[implied] ~? 무엇이 암시되어 있는가?
- What can be inferred ~? 무엇을 추론할 수 있는가?
- 누구를 대상으로 쓴 글인지 추론
- 지문의 출처를 추론

● 깊이 생각하지 않아도 지문의 내용만 이해하면 어렵지 않게 해결할 수 있는 유형이다. 단 한 가지, 지문에 없는 내용을 근거로 추론하는 일만 없도록 주의하자.

Example 1 refers to the following advertisement. 정답·해설 p. 51

Asian Teletalk

Are you looking to get in touch with your clients while in Asia? Asian Teletalk provides you with immediate mobile service without any contract or hidden fees! With plans starting as low as $30, we have options to fit a wide range of budgets.

Start by going to asianteletalk.us to enable your account and simply choose the plan that is suitable for your travel needs. Then download our $2.99 app to your mobile phone to access your user profile and to enjoy the convenience of your Asian Teletalk talk, text, and data package while carrying on business overseas. Set your account to automatic payment to avoid the hassle of missing a payment. Cancel at any time without having to pay a cancelation fee.

www.asianteletalk.us

Ex 1. For whom is the advertisement intended?

(A) Engineering students
(B) Business travelers
(C) Government employees
(D) People on vacation

첫 문장이 Are you looking to get in touch with your clients while in Asia?(아시아에 있는 동안 고객과 연락하기를 바라세요?)이고, 두 번째 문단 첫 문장에 출장 중 필요에 알맞은 요금제를 선택하라는(simply choose the plan that is suitable for your travel needs) 말이 있으므로 비즈니스 여행객들을 대상으로 하는 광고라는 것을 알 수 있다. 따라서 **(B)**가 정답이다.

VOCAB

look to-V 하기를 바라다 get in touch with ~와 연락하다 plan 요금제 fit 적절하다 a wide range of 다양한 enable 활성화하다 account 이용 계정 suitable 알맞은 access 접속하다 convenience 편리 carry on business 사업을 하다 overseas 해외에서 set 설정하다 hassle 번거로운 상황 intend 의도하다

문장 분석

Then / download our $2.99 app to your mobile phone / [to access your user profile] and [to enjoy the convenience of your Asian Teletalk talk, text, and data package] / while carrying on business overseas.
그런 다음 / 2.99달러짜리 앱을 휴대전화에 내려받으셔서 / [사용자 프로필에도 접속하시고] [Asian Teletalk 통화, 문자, 데이터 패키지의 편리함도 즐겨보세요] / 해외에서 사업을 하시는 동안

➡ 등위접속사 and 앞뒤로 to 부정사구 두 개가 병렬구조로 연결되고 있다.

● Today's Vocabulary를 잘 외우고, 시간을 재면서 단축 실전 문제를 풀어보자.

Today's Vocabulary

face 직면하다

rigorous 엄격한

trainee 교육을 받는 사람

be equipped with ~을 갖추고 있다

travel agency 여행사

deposit 예금하다

in full 전부, 빠짐없이

dozens of 수십의, 많은

besides ~ 외에

throughout ~ 곳곳에

promptly 즉시

flex (준비 운동으로) 몸을 풀다; 전선, 코드

flexibility 유연성, 융통성

located ~에 위치한

downtown 시내에, 중심가

various 다양한

rich 풍부한

source 원천

nutrient 영양분

illustrator 삽화가

illustration 삽화

patent 특허의

drawing 그림

accuse A of B A를 B라는 이유로 비난하다

violence 폭력

acclaim 칭송하다

realistic 사실적인

portrayal 묘사

figure 인물

thoroughly 철저히

relatively 비교적, 상대적으로

minimally 최소로

inexpensive 비싸지 않은

compared to ~에 비해

current 현재의

entire 전체의

board of directors 이사회

term 기간, 임기

evenly 균등하게

rapidly 급속히

eagerly 간절히

await 기다리다

assume (= take on) (업무, 책임 등을) 맡다

duty 직무, 업무

confide (비밀을) 털어놓다

resolve 해결하다

surround 둘러싸다, 에워싸다

initiate 개시되게 하다, 착수시키다

massive 대량의, 대규모의

entire[whole] (the나 소유격과 함께) 전체의

sound 믿을 만한

lecture hall 강의실

once 일단 ~하면

define 규정하다, 분명히 밝히다

intent 의도

assembly 집회

comparison 비교

written consent 서면 동의

comment 논평하다, 견해를 밝히다

authorize 인가하다

ahead of ~보다 앞선

nearby ~의 바로 옆에

close to ~가 얼마 남지 않은

microwave oven 전자레인지

in working order 정상적으로 작동하고 있는

meet expectations 기대에 응하다

sales associate 영업 사원

faulty 결함이 있는

at no additional cost 추가 비용 없이

arrange 정하다

be dedicated to ~에 전념하다

ensure 보장하다

customer satisfaction 고객 만족

find ~라고 여기다

resolution 해결

demonstration (제품) 시연

acceptable 그런대로 괜찮은

reorganize 재편성하다

take a measure 조처를 하다

debt 빚, 부채

current 현재의

line 제품군

earn 얻게 하다

revenue 수입

generate 발생시키다

substantial 상당한

income 소득, 수입

CFO (chief financial officer) 최고 재무 책임자

CEO (chief executive officer) 최고 경영자

Practice Test

● 제한 시간: 13분

PART 5

정답•해설 p. 51

101. Lecturers now face rigorous ------- required by the university before they teach undergraduates.

(A) trainee
(B) trains
(C) training
(D) trained

102. All customer service representatives are asked to acknowledge their ------- in Thursday's workshop.

(A) participate
(B) participates
(C) participated
(D) participation

103. In order to facilitate loading and unloading, each of our moving trucks is equipped ------- a wide loading ramp.

(A) at
(B) on
(C) with
(D) about

104. The magazine has seen an ------- in the number of subscribers who read the online edition.

(A) increase
(B) increases
(C) increasingly
(D) increased

105. The travel agency ------- in full everybody the price of the ticket when the flight was canceled due to the inclement weather.

(A) refunded
(B) accepted
(C) divided
(D) deposited

106. With dozens of community kiosks located ------- Erie County, it's easy to properly dispose of medications and needles.

(A) among
(B) besides
(C) between
(D) throughout

107. Newly hired support personnel are asked to register ------- for the online data entry training course.

(A) quietly
(B) patiently
(C) promptly
(D) unexpectedly

108. This leaflet is intended to give drivers information about ------- on bridge travel for oversized vehicles.

(A) restricts
(B) restricting
(C) restrictive
(D) restrictions

109. Part-time working is one of several ways in which the department offers its staff ------- in their working patterns.

(A) flexible
(B) flex
(C) flexibility
(D) flexed

110. The Garfield Park is the area's second largest venue, located just 4 kilometers ------- downtown.

(A) from
(B) since
(C) under
(D) here

111. Tuna is a ------- source of the nutrients that are essential to healthy and balanced diets.

(A) long
(B) various
(C) rich
(D) careful

112. Among the ------- in the book are patent drawings for the car that carry the words "Inventor, Virgil M. Exner."

(A) illustrates
(B) illustrators
(C) illustrations
(D) illustrated

113. Accused of being full of violence, the movie was ------- acclaimed for a realistic portrayal of historical figures.

(A) plus
(B) else
(C) also
(D) less

114. Resources for petroleum-based fuels are plentiful and ------- inexpensive compared to the other options currently being discussed.

(A) thoroughly
(B) relatively
(C) early
(D) minimally

115. The ------- members of the board of directors began their term just six weeks ago.

(A) ready
(B) possible
(C) current
(D) entire

116. The bidding results for the two major orders are now ------- awaited.

(A) perfectly
(B) evenly
(C) rapidly
(D) eagerly

117. ------- will have to assume Ms. Valdez' duties while she is out of the office.

(A) Something
(B) Whoever
(C) Each other
(D) Someone

118. In response to the enormous housing problem, the government has ------- a massive new house-building program.

(A) confided
(B) resolved
(C) surrounded
(D) initiated

119. As educators, our mission is to contribute to our graduates' ------- in any career path.

(A) succeed
(B) successful
(C) successfully
(D) success

120. Please send me ------- information regarding the networking software, including pricing, discount, service warranties, and upgrade options.

(A) every
(B) entire
(C) whole
(D) complete

121. Invented over a century ago, oscilloscopes are laboratory ------- used to observe the waveforms of electronic signals.

(A) instruments
(B) instrumental
(C) instrumentally
(D) instrumented

122. The research is sound ------- for us to use the findings in our promotional materials.

(A) forward
(B) even
(C) ahead
(D) enough

123. The lecture hall on the building's second ------- is scheduled to be renovated next month.

(A) floor
(B) floors
(C) floored
(D) flooring

124. Markley Landscaping announced that the design for the Mayfield building complex is ------- complete.

(A) almost
(B) nearby
(C) anytime
(D) yet

125. Once ------- of e-mail delivery has been received, print and staple it to your copy of the letter.

(A) confirmation
(B) confirmed
(C) confirms
(D) confirm

126. Small businesses that do not have defined hiring ------- are prone to making a wrong decisions when choosing the right people for their teams.

(A) purposes
(B) intents
(C) assemblies
(D) policies

127. The country's economy was rather sluggish in 2020, in ------- with other emerging African economies.

(A) comparison
(B) compare
(C) comparing
(D) comparative

128. According to Mr. Reinhardt, there was never any written consent ------- the sale of his songs digitally.

(A) replacing
(B) investing
(C) commenting
(D) authorizing

129. Mr. Lewis was ------- retirement when he was asked to assume the position of production manager at the new facility.

(A) under
(B) ahead of
(C) nearby
(D) close to

130. All organizations are ------- to recycle their used furniture through the city's recycling program.

(A) systematic
(B) eligible
(C) familiar
(D) successful

PART 6 ▶ **Questions 131-134** refer to the following letter.

March 7
Talulah Sahner
9562 Schoolhouse Circle
Warrington, PA 73815

Dear Ms. Sahner,

Thank you for contacting us about the appliance you purchased recently. We are very sorry that the microwave oven you received yesterday was not in working order. We will meet your ------- (**131.**) by sending a sales associate to provide you a replacement and bring your faulty product back at no additional cost. ------- (**132.**). Please call our customer service center at 106-555-1232 to ------- (**133.**) your delivery time.

We are dedicated to ensuring customer satisfaction and hope that you find this ------- (**134.**) acceptable.

Thank you.

Toshiaki Murata
Customer Service
Fisko Electronics

131. (A) expecting
(B) expectations
(C) expects
(D) expected

132. (A) The new one will be the exact same model.
(B) The serial number can be found at the bottom of the product.
(C) All our microwave ovens come with an energy efficiency certificate.
(D) We need to verify if the product is still under warranty.

133. (A) cancel
(B) change
(C) arrange
(D) sign

134. (A) resolution
(B) discount
(C) advertisement
(D) demonstration

PART 7 Questions 135-137 refer to the following article.

BAC TO BE REORGANIZED

MELBOURNE (27 January) – B. A. Cramer (BAC) announced today that its board of directors has approved a reorganization plan. The measure will be taken to reduce the company's debts, which have increased steadily as competitors have entered into the market.

The plan entails selling off the company's computer and home appliance divisions, which have been challenged by the growth of online retailers. The company has decided to focus instead on its clothing lines, which earn the company most of its revenue.

BAC's reorganization plan will be overseen by the company's current CFO, Soo-Jin Kang. In March, Ms. Kang will assume the position of CEO, replacing James Ferriby, who is retiring after leading the company for over a decade.

BAC currently operates 60 stores across Australia and more than 20 stores overseas.

135. According to the article, what does BAC plan to do?

(A) Enter into a new market
(B) Remodel its overseas stores
(C) Expand an online presence
(D) Reduce its current debt

136. What items generate substantial income for BAC?

(A) Televisions and refrigerators
(B) Computers and printers
(C) Shirts and dresses
(D) Books and stationery

137. What is suggested about Ms. Kang?

(A) She will take on new responsibilities.
(B) She has worked for a number of companies.
(C) She recently relocated to Melbourne.
(D) She plans to retire soon.

DAY

PART 5 & 6

대명사

PART 7

유형 5 : 동의어 문제

PART 5 & 6

빈칸 앞뒤를 보면서 문제를 해결하는 방식에 더 익숙해지기 위해 DAY 5에서도 계속 연습해보자.

- 대명사 문제도 정기 토익에서 매회 한두 문제 정도 출제된다.

- 인칭대명사의 격 변화

주격	소유격	목적격	소유대명사	재귀대명사	주격	소유격	목적격	소유대명사	재귀대명사
I	my	me	mine	myself	we	our	us	ours	ourselves
you	your	you	yours	yourself	you	your	you	yours	yourselves
he	his	him	his	himself	it	its	it	-	itself
she	her	her	hers	herself	they	their	them	theirs	themselves

Today's Grammar 대명사

- 토익 문법 문제로 출제되는 대명사 문제의 유형은 인칭대명사 문제와 지시대명사 문제로 분류할 수 있다.

출제 유형 1 [인칭대명사] ------- + 명사

- 명사 앞 빈칸에는 소유격 대명사가 정답이다.

Ex 1. Employees will be reimbursed for travel expenses only when ------- paperwork is filled out accurately.

(A) their
(B) them
(C) they
(D) themselves

빈칸 앞뒤 when ------- paperwork is를 보면서 명사 앞 빈칸에는 소유격 대명사가 들어가야 한다는 사실을 기억하고 **(A)**를 정답으로 선택해야 한다.

VOCAB reimburse 상환하다 travel expenses 출장비 paperwork 서류 fill out 작성하다 accurately 정확히

해석 직원은 서류가 정확히 작성되었을 때만 출장비를 환급받는다.

출제 유형 2 [인칭대명사] ------- + 동사

● 빈칸 뒤에 동사가 있으면 빈칸은 주어 자리이므로 주격 대명사가 정답이 된다. 주어 자리에는 소유대명사도 들어갈 수 있지만 그런 문제를 만날 확률은 거의 없으므로 그냥 주격을 선택하자.

Ex 2. When Ms. Park left the meeting in a hurry, ------- took my folder by mistake.

(A) herself
(B) her
(C) hers
(D) she

○ 빈칸 뒤에 동사가 있으면 빈칸은 주어 자리이므로 주격 대명사 **(D)**가 정답이다.

VOCAB in a hurry 서둘러 by mistake 실수로

해석 Ms. Park은 서둘러 회의실을 떠나면서 실수로 내 폴더를 가져갔다.

출제 유형 3 [인칭대명사] 타동사 / 전치사 + -------

● 타동사나 전치사 뒤는 목적어 자리인데, 이 자리에는 목적격뿐만 아니라 소유대명사와 재귀대명사까지 다 들어갈 수 있다. 대부분의 토익 문제는 보기 중에 이 세 가지가 다 포함되므로 빈칸 앞 내용을 잘 읽어보고 선택해야 한다.

❶ 빈칸 앞부분에서 '소유격 대명사 + 명사'의 구조가 보이면 대부분 소유대명사가 정답이다.

Ex 3. Mr. Wallace has already exceeded his sales quota, but Ms. Ellis has not yet met -------.

(A) her
(B) herself
(C) she
(D) hers

○ 빈칸에 has not yet met의 목적어가 필요하므로 목적격 (A)와 재귀대명사 (B), 소유대명사 (D)가 모두 들어갈 수 있다. "Mr. Wallace는 이미 자신의 판매 할당량을 초과 달성했지만, Ms. Ellis는 아직 자신의 할당량을 충족시키지 못했다"라는 문장이므로 빈칸에는 원래 his sales quota에 대응되는 her sales quota가 들어가야 하는데, 단어의 중복을 피하려고 소유대명사 **(D)**를 사용해야 한다. 이렇게 문장 앞부분에 '소유격 대명사 + 명사'의 구조가 보이면 대부분 소유대명사가 정답이다.

VOCAB exceed 초과하다 sales quota 판매 할당량 meet 충족시키다

해석 Mr. Wallace는 이미 자신의 판매 할당량을 초과 달성했지만, Ms. Ellis는 아직 그렇게 못 했다.

❷ **'행위의 주체'와 목적어가 동일 대상일 때는 재귀대명사가 정답이다. '행위의 주체'는 대부분 문장의 주어이지만 아닐 수도 있으므로 반드시 의미상으로 문장에 나타나 있는 행동의 주체가 누구인지 판단해야 한다.**

Ex 4. Audience members should listen to what is being said rather than talk among ------- during the presentation.

(A) themselves
(B) theirs
(C) them
(D) their

전치사 among의 목적어로 재귀대명사 (A)와 소유대명사 (B), 목적격 (C)가 다 들어갈 수 있으므로 앞부분의 내용을 잘 살펴봐야 한다. talk이라는 행위의 주체가 Audience members이다. '청중이 본인들끼리' 이야기 나누는 것이므로 빈칸에 들어갈 목적어는 행위의 주체 Audience members와 같은 것이다. 이럴 때 재귀대명사 **(A)**가 정답이다.

VOCAB rather than ~보다는

해석 프레젠테이션을 하는 동안 청중은 본인들끼리 이야기 나누기보다는 발표 내용을 들으시기를 바랍니다.

Ex 5. The surveillance cameras can be configured to send ------- an e-mail when they detect motion.

(A) your
(B) yourselves
(C) yourself
(D) you

동사 send의 목적어로 재귀대명사인 (B)와 (C), 목적격인 (D)가 모두 들어갈 수 있지만, 이 경우에는 행위 send의 주체 Surveillance cameras가 '당신'에게 이메일을 보내는 것이므로 행위의 주체가 목적어와 같지 않다. 따라서 재귀대명사가 아니라 그냥 목적격 **(D)**를 선택해야 한다.

VOCAB surveillance camera 감시 카메라 configure (컴퓨터의) 환경을 설정하다 detect 감지하다 motion 움직임

해석 감시 카메라는 움직임을 감지할 때 당신에게 이메일을 보내도록 설정할 수 있습니다.

출제 유형 4 [인칭대명사] by -------

● by 뒤에 빈칸이 있는 문제가 자주 출제되며 항상 재귀대명사가 정답이다. by oneself는 '혼자, 도움을 받지 않고'라는 뜻이다.

Ex 6. To meet the deadline for the presentation at Monday's executive meeting, Mr. Kim completed the market research report by ------- over the weekend.

(A) he
(B) him
(C) himself
(D) his own

전치사 by 뒤에 목적어로 목적격 (B)와 재귀대명사 (C)가 들어갈 수 있는데, 행위 completed의 주체 Mr. Kim이 '자기 혼자' 보고서를 작성한다는 내용이다. 행위의 주체가 전치사의 목적어와 동일대상이기 때문에 재귀대명사 **(C)**가 정답이다. 원리를 이해했다면 시험 문제로 이 문제를 만났을 때는 시간을 절약하기 위해 생각하지 말고 무조건 재귀대명사를 정답으로 선택하자.

VOCAB meet the deadline 마감에 맞추다 executive meeting 간부 회의 complete 작성하다 market research 시장 조사 over the weekend 주말에

해석 Mr. Kim은 월요일 간부 회의에서 할 프레젠테이션의 마감에 맞추기 위해 주말 내내 혼자 시장 조사 보고서를 작성했다.

출제 유형 5 [인칭대명사] 완전한 문장 + -------

● 완전한 문장에 빈칸이 있다면 재귀대명사를 넣어서 "~가 직접 ~하다."라는 의미의 문장이 되게 하면 된다.

Ex 7. The manager regularly leads new hires through the safety precautions -------.

(A) her
(B) herself
(C) hers
(D) she

○ '동사 + 목적어(leads new hires)'로 3형식 문장의 주요 성분이 모두 들어가 있기 때문에 재귀대명사 **(B)**를 선택해야 한다.

VOCAB regularly 정기적으로 (new) hire 신입 사원 safety precaution 안전 예방책

해석 매니저는 정기적으로 신입직원들의 안전 예방책 교육을 직접 주재한다.

출제 유형 6 인칭대명사의 수와 성

● 보기에 있는 네 개의 인칭대명사가 모두 같은 격이라면 대명사의 수와 성을 판단해야 한다. 이런 문제는 문장 해석을 통해 빈칸이 가리키는 명사를 찾아내야 한다.

Ex 8. Maurice Sendak has released a new book featuring photographs of houses designed and constructed by the owners -------.

(A) itself
(B) himself
(C) themselves
(D) ourselves

○ 'houses designed and constructed by the owners -------'가 '소유주 자신에 의해 설계되고 건축된 집들'이라는 뜻이 되어야 하므로 the owners를 가리키는 재귀대명사 **(C)**가 정답이다.

VOCAB release 발매하다 feature 특별히 포함하다

해석 Maurice Sendak은 소유주 자신에 의해 설계되고 건축된 집들의 사진들이 들어 있는 새 책을 발간했다.

출제 유형 7 [지시대명사] ------- + who ~ / 분사구문

- 빈칸 뒤에 관계대명사 who로 시작하는 구문이나 분사구문이 있을 때는 항상 those나 anyone이 정답이다. '~하는 사람들, ~하는 사람은 누구든지'라는 의미의 구문이며, 빈칸 뒤가 분사구문으로 출제될 때는 대부분 interested로 시작된다.

Ex 9. Along with clinical and volunteer experiences, research experience is recommended for ------- interested in attending medical school.

(A) either
(B) those
(C) which
(D) whom

> 빈칸 뒤에 분사구문 interested in attending medical school이 있는 것을 보며 '의과 대학에 다니는 데 관심 있는 사람들'이라는 뜻이 되도록 **(B)**를 정답으로 선택해야 한다.

VOCAB along with ~에 덧붙여 clinical 임상의 research 연구 recommend 권장하다

해석 의과 대학에 다니는 데 관심 있는 사람들에게는 임상 및 봉사 경험과 함께 연구 경험도 권장된다.

Ex 10. ------- who believe in the growth of the solar power industry will continue to increase investments in solar panel manufacturing business this year.

(A) Ours
(B) Them
(C) Those
(D) Their

> 빈칸 뒤에 who believe in the growth of the solar power industry가 있는 것을 보며 '태양 에너지 산업의 성장을 믿는 사람들'이라는 뜻이 되도록 **(C)**를 정답으로 선택해야 한다.

VOCAB solar power 태양열 발전 industry 산업 solar panel 태양 전지판 investment 투자 manufacturing 제조

해석 태양 에너지 산업의 성장을 믿는 사람들은 올해에도 태양열 전지판 제조 산업에 계속해서 투자할 것이다.

- 인칭대명사 문제는 매회 한두 문제는 반드시 출제된다. 연습 문제를 통해 확실히 익혀두자. 문제로 더 많이 준비된 유형은 시험에 더 자주 출제된다.

Exercise

● 제한 시간: **2분**

문제를 풀기 전에 단어를 먼저 외우세요.

정답·해설 p. 63

VOCAB

managing director 상무이사 rather than ~보다는, ~ 대신에 payroll account (기업의) 급여 관리 계좌 analytics 분석, 분석 정보 obtain 얻다, 구하다 copy 사본 deliver a presentation 프레젠테이션을 하다 pharmacology 약리학 conference 학회, 회의 status 상태

101. Ms. Pasha has scheduled a meeting with ------- managing director, Mr. Chabeaux.

(A) her
(B) she
(C) herself
(D) hers

102. Mr. Shim has decided that he will employ a payroll service rather than manage the payroll accounts -------.

(A) him
(B) he
(C) his
(D) himself

103. Here at PBC Buyers Club, ------- help members find quality merchandise at the lowest possible prices.

(A) us
(B) our
(C) we
(D) ourselves

104. Sisense analytics software can help ------- identify problems, predict trends, and improve business.

(A) you
(B) your
(C) yours
(D) yourself

105. An interview with author Randall Lee about ------- new book will be broadcast this evening.

(A) himself
(B) him
(C) his
(D) he

106. Ms. Topher prefers Mr. Hearst's new office furniture to -------.

(A) she
(B) her
(C) hers
(D) herself

107. Ms. Williams considered ------- to be the best person for the sales manager position.

(A) she
(B) her
(C) hers
(D) herself

108. ------- who would like to obtain a copy of the presentation delivered at the pharmacology conference should contact Ms. Cha.

(A) Whichever
(B) Anyone
(C) Other
(D) Themselves

109. Ms. Yeager had worked on the budget report by ------- until Mr. Rao came back from vacation.

(A) her
(B) herself
(C) she
(D) hers

110. Every year, the relationship between what people eat and ------- health status is more deeply understood.

(A) they
(B) their
(C) theirs
(D) them

항상 짝으로 출제되는 어휘 문제 5

● 항상 짝으로 출제되는 어휘 문제를 익히는 이유는 최대한 많은 시간을 절약하기 위해서이므로 반드시 외우도록 하자.

❶ 조사[조사/연구/실험]이 ~임을 시사하다[밝히다/나타내다/보여주다]

research survey study test	suggest reveal indicate show	that

● 명사로 출제될 수도 있고 동사로 출제될 수도 있다. 어디가 빈칸이든 덩어리째 암기해서 빠른 속도로 정답을 고르자.

Ex 1. A recent ------- of dining establishments across the country reveals that people are eating out far more frequently than ever before.

(A) collection
(B) cuisine
(C) survey
(D) supply

○ 빈칸 뒤에 있는 전치사구 of dining establishments와 across the country는 수식어구이므로 지우고나면 그 뒤에 있는 reveals that을 보자마자 **(C)**가 정답인 것을 알 수 있다.

VOCAB collection 수집품, 소장품 cuisine 요리 dining establishment 음식점 reveal 드러내다 eat out 외식하다 far 훨씬 frequently 자주

해석 최근 전국 음식점들에 대한 설문 조사가 사람들이 이전 어느 때보다 훨씬 더 자주 외식을 하고 있다는 것을 보여준다.

❷ comply with ~을 준수하다, ~에 부합되다 / compliance with ~에 대한 부합 / deal with ~을 다루다

● with 앞에 빈칸이 있는데 보기에 comply, compliance, deal이 보이면 일단 정답으로 고르자.

Ex 2. Ms. Molinsky is a senior researcher at Global Research Services, for which she monitors studies to ensure ------- with Food and Drug Administration regulations.

(A) activation
(B) fulfillment
(C) compliance
(D) indication

○ 빈칸 뒤에 with가 있는데, 보기 중 compliance가 있다면 일단 고르면 된다.

VOCAB senior researcher 선임 연구원 monitor 관리하다, 감시하다 study 연구 ensure 보장하다 activation 활성화 fulfillment 이행, 완수 compliance (법, 명령 등의) 준수, (명령 등에) 따름 indication (생각, 감정을 보여주는) 말, 암시, 조짐 Food and Drug Administration 미국 식품 의약국 regulation 규정

해석 Ms. Molinsky는 Global Research Services의 선임 연구원인데, 그곳에서 식품 의약국 규정에 대한 부합을 보장하기 위해 연구를 관리하는 일을 한다.

PART 7

● 언제나 어학에서 어휘력을 쌓는 것보다 중요한 일은 없다. DAY 5에서 공부할 유형의 문제를 풀려면 더욱 그렇다.

유형 5 동의어 문제

● 대부분 지문에서 다의어 하나를 선택해서 문제를 내며, 보기는 동의어가 될 수 있는 단어를 두 개 이상 포함한다. 따라서 어휘 학습에는 토익용으로 출간된 어휘 교재를 사용하는 것이 좋으며, 교재에서 제시하는 여러 개의 의미를 되도록 다 암기하면 동의어 문제를 풀 때 유리하다.

Examples 1-3 refer to the following notice.

정답•해설 p. 66

Aquarion Water Corporation
Reading Your Water Meter

Customers of Aquarion Water Corporation can take a meter reading whenever necessary. It can help you make sure that a utility bill is accurate or predict how much an upcoming bill will be. To read your meter, make a note of the number that appears on the first day of the billing period – generally the first of the month. Then make a note of the number that appears on the last day of the billing period. Subtracting the first number from the second will give you the number of units used. You can also take readings every day or once a week to learn how much water is used for different activities that require water.

If you have any difficulties reading your meter – for instance, if the meter is scratched or the numbers are hard to see – please contact our customer service center promptly. Do not make any attempt to adjust the meter on your own.

Ex 1. What is NOT mentioned as a reason for customers to read their water meters?

(A) To confirm that a bill is correct
(B) To determine the amount of water usage
(C) To estimate the cost of a future bill
(D) To know when the meter needs to be adjusted

common 흔한

job seeker 구직자

apply for ~에 지원하다

editing position 편집직

impressive 인상적인

division 부서

specification 명세 사항

allowance 허용량

relocate 이동시키다

main office 본사

steadily 꾸준히

gain 증가하다

attract 끌어들이다, 유치하다

enter (~를 ~에) 참가시키다

award 수여하다

promote 홍보하다; 승진시키다

participant 참가자

diverse 다양한

networking 인적 네트워크 형성

market (상품을) 내놓다, 광고하다

firm 회사, 기업

enthusiastic 열렬한, 열광적인

entrant 갓 들어온 사람

entrepreneur 기업가

try 시험 삼아 써보다

fitness 신체 단련

fitness equipment 운동기구

seasoned 경험 많은, 노련한; 양념을 한

athlete 운동을 잘하는 사람, 운동선수

flavored 양념을 친

experienced 경험이 풍부한

periodic 주기적인

softened 부드러운

lease agreement 임대(임차) 계약

extend 연장하다

duration 지속, 기간

previous 이전의

count A toward B A를 B에 포함하여 계산하다

expert 전문가

transport 수송하다

length 길이; 기간

rental 임대, 임차

guide 지도하다

browse 둘러보다

inventory 재고(품)

access 접속하다

Practice Test

•제한 시간: 14분

PART 5

정답•해설 p. 67

101. Judi Dench was honored with the Golden Seagull Award for ------- contribution to world theater.

(A) her
(B) hers
(C) she
(D) herself

102. A going-away party was ------- in honor of a teacher who was leaving.

(A) meant
(B) held
(C) taken
(D) built

103. Grant proposals will be accepted ------- September 5 through October 5.

(A) past
(B) from
(C) sometime
(D) in

104. Creation Software moved last month ------- a larger facility located on Mountain Road.

(A) to
(B) at
(C) out
(D) over

105. Juliana Thorne, the chief procurement officer, requested that ------- be given complete responsibility for all invoice approvals.

(A) she
(B) her
(C) hers
(D) herself

106. The hotel is conveniently located ------- walking distance of the beach.

(A) within
(B) along
(C) below
(D) down

107. Ms. Anderson asked for temporary workers to help ------- with increased shipping volumes during the holiday season.

(A) she
(B) her
(C) hers
(D) herself

108. The committee aims to assess the effectiveness of the corporate bylaws and provide ------- for improvement.

(A) renewals
(B) registrations
(C) recommendations
(D) reimbursements

109. Although the actors ------- were not available after the performance, the director was willing to be interviewed.

(A) themselves
(B) they
(C) theirs
(D) them

110. Customers can claim their money back ------- they are not completely satisfied with their purchase.

(A) while
(B) and
(C) if
(D) then

111. The lecture will start promptly at 10:00 A.M. and will be brief, so attendees are advised to be -------.

(A) rapid
(B) sudden
(C) punctual
(D) instant

112. All travel requests must be made to the department head ------- the requested date.

(A) prior to
(B) except for
(C) previously
(D) because

113. Clients of our bank can choose between the options of receiving their statements electronically or ------- mail.

(A) from
(B) of
(C) in
(D) by

114. The office building designed by Varitek Corporation will be constructed in phases, so some offices might be available before the expected ------- date.

(A) completion
(B) selection
(C) decision
(D) option

115. They are leveling the site ------- the construction of the second largest Kormek Motors assembly plant.

(A) for
(B) so
(C) to
(D) more

116. At KVC Industries, we pride ------- not only on the quality of products we make, but also on the high standards of customer service.

(A) oneself
(B) yourselves
(C) itself
(D) ourselves

117. Mining activities must ------- with water quality standards established by the federal government and the states.

(A) associate
(B) comply
(C) compare
(D) bring

118. Her work style is similar to ------- except that she tends to use larger canvases for her oil paintings.

(A) me
(B) myself
(C) mine
(D) my

119. According to *AARP The Magazine*, most people in their 60s today do not consider ------- to be old.

(A) it
(B) their
(C) themselves
(D) itself

120. ------- who would like to view the statistics included in the presentation to the board of directors should contact Mr. Dominguez.

(A) Whichever
(B) Anyone
(C) Other
(D) Themselves

121. Please contact the manufacturer of the product, not the retailer, if ------- need replacement parts.

(A) your
(B) you
(C) yourself
(D) yours

122. Mr. Carpenter is most pleased when ------- press releases are published unedited.

(A) he
(B) him
(C) his
(D) himself

123. Travelers must fill out the visa application by ------- and not rely on travel agents to perform this task.

(A) they
(B) themselves
(C) them
(D) their

124. We are ------- reviewing the terms of the offer in light of discussions with the advisory committee.

(A) smoothly
(B) probably
(C) legibly
(D) thoroughly

125. To avoid the price increase, place the order for your custom furniture ------- the first of next month.

(A) despite
(B) before
(C) inside
(D) when

126. You can find websites that provide members with information and estimates for ------- repairs on the car in your local area.

(A) dark
(B) broken
(C) cleaning
(D) common

127. Two job seekers have recently applied for the editing position, and ------- are impressive.

(A) some
(B) both
(C) any
(D) either

128. Studies have ------- that employees spend an average of $5,000 annually in the area where they work, whereas residents spend about $19,000 a year.

(A) prepared
(B) shown
(C) outgrown
(D) funded

129. Marketo Brand cookies, delicious by -------, are even better when paired with a cup of coffee.

(A) they
(B) theirs
(C) them
(D) themselves

130. The design ------- of Yamato Corporation has been relocated to the main office of the company to accommodate the additional staff.

(A) division
(B) specification
(C) allowance
(D) construction

PART 6 ▶ **Questions 131-134** refer to the following information.

The Design Current Conference is a yearly event held in Brisbane for those engaged in the graphic design industry. The conference is steadily gaining in popularity. Last year, it -------(131.) over 4,000 participants from Australia and around the globe. The next Design Current Conference, which will take place from 10 to 13 August, will present more than 100 seminars, as well as keynote presentations and plenary sessions. This year, diverse opportunities for professional and personal networking will be added.

Participants will have the chance to market -------(132.) to firms in many diverse industries. Periods for networking will be included in the -------(133.) for each day. Whether you are an enthusiastic amateur, student, new entrant to the industry, freelancer, or entrepreneur, Design Current has something for you. -------(134.).

131. (A) attracted
(B) entered
(C) awarded
(D) promoted

132. (A) they
(B) them
(C) themselves
(D) theirs

133. (A) location
(B) situation
(C) machine
(D) schedule

134. (A) The registration period is from 23 June to 8 August.
(B) This guest lecturer is an acclaimed graphic designer.
(C) The conference will be held in New Zealand in the upcoming year.
(D) We would like your feedback on the previous year's conference.

PART 7 Questions 135-138 refer to the following advertisement.

TRY POWERHOUSE FITNESS EQUIPMENT BEFORE YOU PURCHASE!

Regardless of whether you are a seasoned athlete or an enthusiastic novice, new fitness products can be a costly investment. But now rest assured that, with Powerhouse Fitness's hassle-free equipment lease program, you can experience what it's like to work out in your own personal gym without the long-term commitment and significant down payment. You can lease numerous types of workout machines, such as treadmills, stationary bikes, and rowing machines from top-notch brand names, and use them from the comfort of your own home.

Some other great advantages of our exclusive program:

- Flexible lease agreements, with terms starting at just three months
- An option of either purchasing equipment or extending the duration of the agreement at any time
- Previous lease payments are counted toward purchase.
- A team of experts available to transport and install your equipment
- Extended warranty and service options available with equipment purchase

We have a full range of products to offer that will help you meet your health and fitness goals. Browse our inventory online today at www.powerhouse.co.nz!

135. Who is the intended audience of the advertisement?

(A) Personal trainers who are in search of new clients
(B) People who have just registered for a gym
(C) People who are interested in trying new fitness products
(D) People who have requested a product catalog

136. The word "seasoned" in paragraph 1, line 1, is closest in meaning to

(A) flavored
(B) experienced
(C) periodic
(D) softened

137. What is NOT mentioned as a feature of the program?

(A) Equipment is delivered to homes.
(B) The length of the rental can easily be extended.
(C) Personal trainers are available to guide workout sessions.
(D) Rental payments can be applied to purchase prices.

138. According to the advertisement, how can information about products be obtained?

(A) By accessing a website
(B) By visiting a store showroom
(C) By calling a customer service line
(D) By signing up for a mailing list

DAY

PART 5 & 6

접속사와 전치사 | 능동태와 수동태 | 문장의 구조

PART 7

유형 6 : 의도 파악 문제

PART 5 & 6

2주의 기적을 맛보기 위한 여정의 반환점을 돌았다. 여기까지 성실하게 공부했다면 추진력이 쌓여서 나머지 절반을 진행하는 데도 별 어려움이 없을 것이다. 좋은 결과 있기를 빈다.

- 이 교재에서 소개하는 유형의 문제들은 대부분 시험에 매번 출제되는 것들이다. DAY 6에서 공부할 것도 이번에 시험 보러가면 반드시 만날 것이라고 생각하고 철저히 익히도록 하자.

Today's Grammar 접속사와 전치사

- 일단 필수적인 부사절 접속사와 전치사들은 달달 외우고 시작하자. 의미만 기억하는 게 아니라 어느 단어가 접속사이고, 어느 것이 전치사인지 구별해서 기억해야 한다.

1. 부사절 접속사

❶ 시간 - when, as, while, before, after, since, as soon as, until, every time[whenever], at the time, by the time(~할 때쯤이면)

❷ 이유 - because, since, as, now (that)

❸ 양보 - although, though, even though, even if

❹ 조건 - if, unless, as long as, once(일단 ~하면), providing[provided] (that)(만약 ~한다면), in case (that)(~하는 경우에 대비해), considering[given] (that)(~을 고려하면)

❺ 대조 - while, whereas(~인 반면)

❻ 기타 - whether[if](~인지 아닌지, ~이든 아니든), as if[though](마치 ~인 것처럼)

- whether[if](~인지 아닌지)는 명사절에도 사용할 수 있다.
- whether를 부사절에 사용하는 경우에는 반드시 or (not)이 절 속에 포함되어야 한다.
- 의문사와 복합관계대명사(관계대명사-ever)는 명사절 접속사로 사용한다.

2. 전치사

❶ 시간 - in, on, at, for, during, over, before, after, until, by, within, prior to(~ 이전에), following(~ 이후에), throughout(~ 내내), since(~ 이후로)

❷ 장소 - in, on, at, between, among, by, beside, next (to), in front of, behind, opposite(~ 맞은편에), to, toward(~를 향하여), through, along, across(~를 가로질러), into, out of, over, throughout(~ 도처에)

❸ 이유 - due to, because of, according to

❹ 양보 - despite, in spite of, notwithstanding

❺ 조건 - in case of(~이 발생할 시에는, ~의 경우에 대비하여), with, without, besides(~ 이외에도), except (for)[excluding](~을 제외하고), including(~을 포함하여), considering[given](~을 고려하면)

❻ 기타 - by(~에 의해), through(~을 통해), about[on / over / concerning / regarding](~에 대해), as(~로서), regardless of(~에 상관없이), unlike, such as

- before, after, until, since, considering, given은 접속사와 전치사 양쪽으로 사용할 수 있다.

출제 유형 1 (부사절) 접속사 VS 전치사

- '종속접속사는 절(주어 + 동사)을 이끌고, 전치사는 명사(구)를 목적어로 가진다'는 사실만 알면 빈칸 뒤를 보고 금방 정답을 알 수 있다.

접속사로 착각하면 안 되는 부사들

therefore(따라서), nevertheless(그럼에도 불구하고), however(그러나), moreover(게다가), furthermore(더욱이), instead(대신에) otherwise(그렇지 않으면), regardless(개의치[상관하지] 않고), in the meantime[meanwhile](그 동안에), afterward(그 후에), accordingly(따라서), then(그러고 나서), thus(그러므로), rather(다소), as well(또한, 역시) 등의 부사들을 접속사로 착각하는 경우가 많은데, 접속사와 전치사를 구별하는 문제에서 부사는 항상 오답으로 등장하므로 일단 지우고 시작하자.

Ex 1. We have finished repairing the broken section and are manually operating valves ------- the automated system can take over.

(A) despite
(B) finally
(C) until
(D) during

[(A) 전치사 (B) 부사 (C) 전치사/접속사 (D) 전치사]이다. 일단 부사 (B)는 지우고 시작한다. 빈칸 뒤에 '주어 + 동사'가 보이므로 접속사로 사용할 수 있는 **(C)**가 정답이다.

VOCAB manually 수동으로 operate 조작하다 automated system 자동화 시스템 take over 인계받다

해석 고장 난 부분은 보수를 마친 상태이며, 자동화 시스템이 가동될 때까지는 밸브를 수동으로 조작하게 될 것입니다.

Ex 2. South Korea has been recently gaining huge popularity ------- its unique culture, traditions, food, and music.

(A) provided that
(B) because of
(C) even
(D) how

○ [(A) 접속사 (B) 전치사 (C) 부사 (D) 명사절 접속사(의문사)]이다. 일단 부사 (C)는 지우고 시작한다. 빈칸 뒤에 명사구가 있으므로 전치사 **(B)**가 정답이다.

VOCAB gain 얻다 huge 엄청난 popularity 인기 unique 독특한

해석 한국은 최근 독특한 문화와 전통, 음식, 그리고 음악 덕분에 엄청난 인기를 얻고 있다.

출제 유형 2 상관접속사

● 상관접속사는 항상 짝을 이루어 사용되므로 빈칸 앞뒤에서 짝만 찾아내면 매우 쉽게 해결할 수 있다.

either A or B
neither A nor B
both A and B
between A and B
not only A but (also) B
whether A or B
whether A or not

Ex 3. ------- Ms. Chen nor Ms. Choi received the e-mail outlining the terms of the contract.

(A) Both
(B) None
(C) Neither
(D) Whoever

○ 먼저 보기에서 Both와 Neither를 보면서 이 문제는 상관접속사 문제일 것이라고 짐작할 수 있다. 빈칸 뒤에서 nor가 보이는 순간 짝이 되는 **(C)**를 정답으로 선택한다.

VOCAB outline 개요를 서술하다 terms (합의·계약 등의) 조건

해석 Ms. Chen도 Ms. Choi도 계약 조건을 약술하는 이메일을 받지 못했다.

출제 유형 3 ------- + S + can[may / will] + V

- so (that) + S + can[may / will] + V는 '~하기 위해서'라는 뜻이다. 빈칸 뒤에 S + can[may / will] + V가 있을 때는 언제나 so (that)을 정답으로 선택하자.

Ex 4. Ms. Blair asked one of her colleagues to give her a ride to the airport ------- she wouldn't have to pay for parking.

(A) for example
(B) as if
(C) even though
(D) so that

[(A) 부사 (B) 접속사 (C) 접속사 (D) 접속사]이다. 빈칸 뒤에 '주어 + 동사'가 있어서 접속사인 (B)와 (C), (D)가 모두 빈칸에 들어갈 수 있을 것 같지만, 빈칸 뒤가 S + can[may / will] + V의 형태일 때난 언제나 so (that)이 정답이라는 사실을 기억하고 **(D)**를 선택해야 한다.

VOCAB colleague 동료 give *sb* a ride (~를) 태워 주다

해석 Ms. Blair는 주차비를 낼 필요가 없도록 자기 동료 중 한 명에게 공항까지 태워달라고 부탁했다.

Today's Grammar 능동태와 수동태

출제 유형 1 ------- + 목적어 VS ------- + No 목적어

- 능동태 문장의 목적어를 주어로 전환하면 동사는 수동태가 된다.

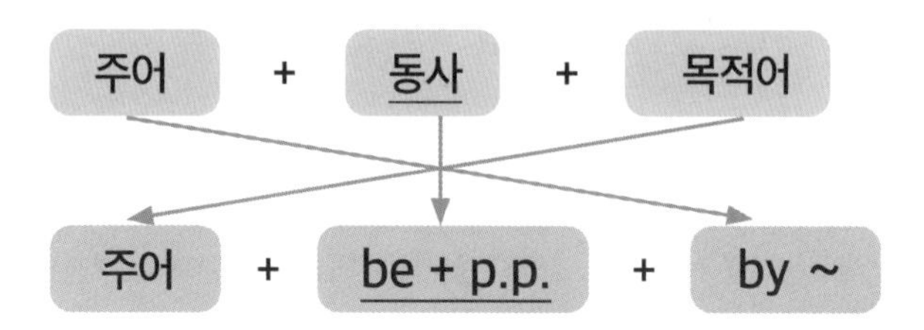

- 동사 자리를 빈칸으로 하면서 능동태와 수동태 중에서 선택을 요구하는 문제가 출제된다. 구별하는 방법은 간단하다: 도표에서 보이는 바와 같이 빈칸 뒤에 목적어가 있으면 능동태, 목적어가 없으면 수동태 동사가 정답이다.

Ex 1. Gabbert Avenue Theater ------- its newest play, *Summer at the Island*, on December 1.

(A) has been debuted
(B) will debut
(C) is debuted
(D) debuting

[(A) 수동태 동사 (B) 능동태 동사 (C) 수동태 동사 (D) 준동사]이다. 문장에 동사가 없기 때문에 동사인 (A)와 (B), (C) 중에서 정답을 선택해야 하는데, 빈칸 뒤에 목적어 its newest play가 있으므로 능동태 동사 **(B)**가 정답이다.

VOCAB theater 극장 debut 초연하다 play 연극

해석 Gabbert Avenue 극장은 12월 1일에 최신 연극 Summer at the Island의 초연을 선보인다.

Ex 2. The baked ham at Café Delites ------- with a special glaze containing honey, mustard, and garlic.

(A) to serve
(B) will serve
(C) is served
(D) was serving

[(A) 준동사 (B) 능동태 동사 (C) 수동태 동사 (D) 능동태 동사]이다. 문장에 동사가 없으므로 동사인 (B)와 (C), (D) 중에서 정답을 선택해야 하는데, 빈칸 뒤에 목적어가 없으므로 수동태 동사 **(C)**가 정답이다.

VOCAB bake 굽다 serve (음식을) 제공하다 contain 함유하다, 포함하다

해석 카페 Delites의 구운 햄은 꿀과 머스타드, 마늘이 들어 있는 특별 글레이즈와 함께 제공된다.

출제 유형 2 ------- + to 부정사

- 다음 동사들은 5형식 동사로서 to 부정사를 목적격 보어로 취한다.

enable 가능하게 하다	allow 허용하다	encourage 권장하다	persuade 설득하다
ask 요청하다	request 요청하다	require 요청하다	expect 예상하다
invite 요청하다	advise 권고하다	cause 야기하다	

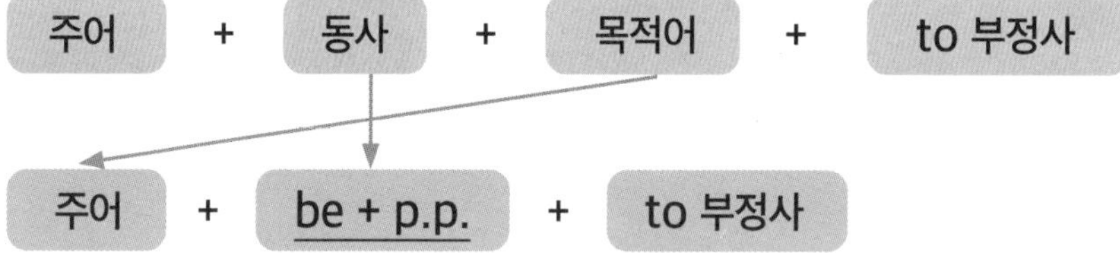

- 5형식 능동태 문장에서 목적어를 주어로 전환하면 동사는 수동태로 바뀌는데, 이때 목적격 보어인 to 부정사는 동사 뒤에 그냥 남아 있게 된다. 위 도표에서 밑줄로 표시된 be p.p.가 빈칸으로 출제되는데, 어떤 수험생들은 빈칸 뒤에 있는 to 부정사를 목적어로 착각해서 능동태 동사를 선택한다. 그러지 않도록 주의하자. 여기서 to 부정사는 목적어가 아니라 목적격 보어다. 목적어가 없으므로 수동태 동사가 정답이다.

Ex 3. Tour guides ------- to wear comfortable shoes while on duty.

(A) encourage
(B) encouraging
(C) are encouraged
(D) have encouraged

[(A) 능동태 동사 (B) 준동사 (C) 수동태 동사 (D) 능동태 동사]이다. 문장에 동사가 없으므로 동사인 (A)와 (C), (D) 중에서 정답을 선택해야 하는데, 빈칸 뒤의 to wear는 목적격 보어이며 목적어는 없으므로 수동태 동사 **(C)**가 정답이다. encourage는 to 부정사를 목적격 보어로 사용하는 5형식 동사다.

VOCAB on duty 근무 중인

해석 여행 가이드들은 근무 중에 편안한 신발을 신을 것을 권장한다.

Today's Grammar 문장의 구조

출제 유형 1 동사 VS 준동사

● 절 하나에는 동사가 하나만 있어야 한다. 절 안에 동사가 없다면 빈칸에 동사를, 이미 동사가 있다면 준동사를 선택해야 한다.

Ex 1. Your current session -------, so please log on to your account again.

(A) has expired
(B) expiring
(C) expiration
(D) to expire

○ 등위 접속사 so를 사이에 두고 절 두 개가 연결되어 있는데, 앞에 있는 절에 주어만 있고 동사가 없으므로 동사인 **(A)**를 정답으로 선택해야 한다.

VOCAB current 현재의 expire 끝나다 expiration 만료, 종결 session 세션(로그인 후 사용 종료까지의 시간) account 이용 계정

해석 현재의 세션이 끝났으므로 다시 계정에 로그온 해주세요.

Ex 2. As more consumers buy products online, retailers are looking for ways ------- orders more quickly.

(A) have delivered
(B) are delivering
(C) to deliver
(D) delivers

○ 빈칸 바로 앞에 are looking이라는 동사가 있으므로 이 문장에는 더 이상 동사가 들어갈 수 없다. 동사들을 모두 제외하면 준동사 **(C)**가 정답이다.

VOCAB retailer 소매업자, 소매상 order 주문품

해석 온라인으로 상품을 구매하는 소비자들이 더 많아졌기 때문에 소매업자들은 주문품을 더 빨리 배송할 방법을 찾고 있다.

출제 유형 2 타동사[전치사 / be] + ------- + 주어 + 동사 ~

● 타동사나 전치사 뒤에는 목적어가, be 동사 뒤에는 보어가 있어야 하므로 '------- + 주어 + 동사 ~'가 목적어나 보어가 되어야 한다. 목적어나 보어 역할을 하는 절이라서 이것을 '명사절'이라고 부르며, 명사절 접속사로 이끌어 주어야 한다. 명사절 접속사로 사용할 수 있는 단어는 that, whether, 의문사, 복합관계대명사이다.

참고 1 whether는 부사절에도 사용할 수 있는데, 이때는 반드시 짝으로 or (not)이 함께 있어야 한다. 명사절이라면 or (not)이 있을 수도 있고 없을 수도 있다.

참고 2 whether와 의문사는 to 부정사와 함께 'whether to-V'나 '의문사 + to-V'의 형태로 사용할 수 있다.

Ex 3. Residents visited City Hall to ask ------- the city authorities and the developers preserve the historic properties.

(A) although
(B) since
(C) that
(D) both

ask는 타동사이므로 빈칸 뒤의 절 the city authorities and the developers preserve the historic properties가 목적어가 되도록 명사절로 만들어줘야 한다. 따라서 빈칸에는 명사절 접속사 that이 들어가야 한다.

VOCAB resident 주민 city hall 시청 authorities 당국 preserve 보존하다 historic 역사적으로 중요한, 역사적인 property 부동산; 건물

해석 주민들은 시청을 방문해서 시 당국과 개발업자들이 역사적으로 중요한 건물들을 보존할 것을 요구했다.

Ex 4. Regardless of ------- an applicant is offered a job, all application forms are kept on file for six months.

(A) even
(B) whether
(C) although
(D) including

빈칸 뒤의 an applicant is offered a job이 전치사 Regardless of의 목적어가 되도록 명사절로 만들어줘야 한다. 따라서 빈칸에는 명사절 접속사 whether를 넣어주면 된다.

VOCAB regardless of ~에 상관없이 applicant 지원자 offer 제안하다 application form 지원서

해석 지원자가 일자리 제안을 받았는지에 상관없이 모든 지원서는 6개월 동안 파일로 보관된다.

Ex 5. The Mark Morris Dance Troupe stands out because the group knows ------- to integrate a variety of dance genres.

(A) how
(B) that
(C) since
(D) about

'------- to integrate a variety of dance genres'가 타동사 knows의 목적어가 되어야 한다. 명사절 접속사가 될 수 있는 것 중 바로 뒤에 to 부정사를 붙여 사용할 수 있는 것은 whether와 의문사이므로 **(A)**를 정답으로 선택해야 한다.

VOCAB dance troupe 무용단 stand out 눈에 띄다 integrate 통합시키다 a variety of 여러 가지의

해석 Mark Morris 무용단은 단체가 다양한 무용 장르를 통합하는 법을 알고 있기 때문에 눈에 띈다.

출제 유형 3 ① 완성된 문장 + ------- + 주어 + 동사
② ------- + 주어 + 동사 ~, 주어 + 동사 ~

- ①에서는 앞에 있는 완성된 문장이 주절, 빈칸 이후가 부사절이므로 빈칸에는 부사절 접속사가 들어가야 한다. 부사절 접속사는 '접속사와 전치사' 단원에 정리되어 있다. ②에서는 쉼표 앞이 부사절, 쉼표 뒤가 주절이다. 따라서 여기서도 빈칸에는 부사절 접속사가 들어가야 한다. ①과 ②의 문장 형태를 잘 기억해두면 정답을 쉽게 고를 수 있다.

Ex 6. The committee will resume its weekly meetings ------- Ms. Choi returns from Paris on March 7.

(A) that
(B) once
(C) as well
(D) then

[(A) 명사절 접속사 (B) 부사절 접속사/부사 (C) 부사 (D) 부사]이다. 빈칸 앞에서 3형식 문장이 완성되어 있으므로 빈칸부터는 나오는 절은 부사절이다. 빈칸에는 부사절 접속사 **(B)**가 들어가야 한다.

VOCAB **committee** 위원회 **resume** 재개하다 **once** 일단 ~하면 **as well** 또한, 역시

해석 위원회는 Ms. Choi가 3월 7일에 파리에서 돌아오면 주간 회의를 재개할 것이다.

Ex 7. ------- most visitors prefer to set their own pace, the museum now offers user-friendly audio tour guide apps.

(A) Except
(B) Since
(C) How
(D) That

[(A) 전치사 (B) 전치사/부사절 접속사 (C) 명사절 접속사 (D) 명사절 접속사]이다. 쉼표 앞은 부사절, 쉼표 뒤는 주절이므로 빈칸에는 부사절 접속사 **(B)**가 들어가야 한다.

VOCAB **set** 정하다, 결정하다 **pace** 속도 **user-friendly** 사용하기 쉬운

해석 대부분 방문객이 자신의 속도를 스스로 정하는 것을 선호하기 때문에 미술관은 이제 사용하기 쉬운 오디오 투어 가이드 앱을 제공한다.

- DAY 6에서 소개한 문제 유형 8가지를 다시 한번 살펴보고 기억하자. 정리된 단어들을 잘 암기한 후 시간을 재면서 연습 문제를 풀어보자.

Exercise

● 제한 시간: **2분 40초**

문제를 풀기 전에 단어를 먼저 외우세요.

정답•해설 p. 79

VOCAB

culinary 요리의 present 수여하다 accommodate 맞추다, 수용하다 maintain 유지 관리하다 maintenance 유지 보수 make an adjustment 조정하다

101. ------- the top culinary award had been presented, she expressed her gratitude to the staff for all of their support.

(A) During
(B) Then
(C) After
(D) Next

102. ------- the success of the movie, he became the most sought-after actor for various programs.

(A) Because
(B) When
(C) After
(D) Already

103. The Blackbox wireless stereo speaker system not only produces exceptional audio performance ------- boasts cutting-edge design as well.

(A) but
(B) and
(C) however
(D) besides

104. Please inform our manager if any of your members have any dietary restrictions ------- we can accommodate them.

(A) whenever
(B) as much as
(C) so that
(D) however

105. The Ministry of Road Transport and Highways ------- an online list of current road closures across the country.

(A) maintenance
(B) maintains
(C) maintaining
(D) is maintained

106. A special sale on office supplies ------- on Muji Bookstore's website yesterday.

(A) was announced
(B) announced
(C) was announcing
(D) to announce

107. NSI Innovations marketers are ------- to become familiar with competitors' products and marketing strategies.

(A) encourage
(B) encourages
(C) encouraged
(D) encouraging

108. After Mr. Kim ------- some adjustments, the engine worked more efficiently than it had before.

(A) to make
(B) made
(C) is making
(D) having made

109. The staff of the Zeng Hotel will do ------- they can to make your stay as pleasant as possible.

(A) some
(B) whatever
(C) above
(D) each

110. Mr. Pan requested a refund ------- the toaster oven he received was damaged.

(A) despite
(B) why
(C) concerning
(D) because

항상 짝으로 출제되는 어휘 문제 6

● 2주 일정 중 반환점을 돌았으니 앞에서 공부한 것들을 잊어버리지 않게 복습하면서 진도를 나가자.

❶ be ------- located[situated]

40년 동안 꾸준히 출제되어 온 문제로 be located[situated](~에 자리 잡고 있다) 사이에 빈칸이 있으면 언제나 **conveniently(편리하게), perfectly(안성맞춤으로), ideally(이상적으로)**가 정답이다.

Ex 1. The new manufacturing plant is ------- located near the train station.

(A) regularly
(B) conveniently
(C) brightly
(D) collectively

○ 빈칸 앞뒤 is ------- located가 보이는 순간 다른 생각 할 필요 없이 **(B)** conveniently를 정답으로 선택해야 한다.

VOCAB manufacturing plant 제조 공장 regularly 정기적으로, 규칙적으로 brightly 밝게, 환하게 collectively 공동으로; 총체적으로

해석 새 제조 공장은 편리하게 기차역 가까이에 위치해 있다.

❷ reasonable[affordable] price[rate]

역시 꾸준히 출제되어 온 문제로 '가격, 요금' 앞에 빈칸이 있으면 항상 reasonable(적정한, 너무 비싸지 않은)이나 affordable(알맞은, 감당할 수 있는)이 정답이다. 대부분 '형용사 + 명사' 형태로 출제되지만 최근에는 reasonably priced(저렴하게 가격이 매겨진)와 같이 '부사 + 동사[형용사]' 형태로 출제되기도 한다.

Ex 2. Tabor Mobile's unlimited talk, text, and data plan is priced ------- at £60.00 per month.

(A) promptly
(B) reasonably
(C) partially
(D) loyally

○ 빈칸 앞뒤 is priced ------- at가 보이는 순간 **(B)** reasonably가 정답인 것을 알 수 있다.

VOCAB unlimited 무제한의, 무한정의 plan 요금제 price 가격을 매기다 promptly 지체 없이 partially 부분적으로, 불완전하게 loyally 충실하게, 충성스럽게

해석 Tabor Mobile의 무제한 통화, 문자, 데이터 요금제는 월 60파운드로 적정하게 가격이 책정되어 있다.

PART 7

● 이번에 공부할 문제 유형은 시간을 절약할 수 있는 유형이다.

유형 6 의도 파악 문제

● 이 유형은 매달 한두 개 출제되는 문자 메시지 대화나 온라인 채팅에서만 출제되는데, 형태는 다음 예시 문장과 같다.

At 11:40 A.M., what does Alicia mean when she writes, "Got it"?

이러한 유형의 문제는 주어진 대사의 바로 앞 한두 개의 대사를 이해하면 대부분 해결할 수 있다. 바로 앞에서 나온 말만 이해하면 되므로 가장 빨리 풀 수 있는 문제다.

Example 1 refers to the following text-message chain.

정답·해설 p. 82

Peter Saberton (9:06 A.M.)
Hi Giselle. I started my new job driving for the ride-sharing service today! I already have three customers booked.

Giselle Carling (9:08 A.M.)
That's great. Good luck on your first day.

Peter Saberton (9:11 A.M.)
I have question for you. Based on your experience, how often should we get our vehicles cleaned?

Giselle Carling (9:13 A.M.)
I do it on a weekly basis. There's a car wash on Somerset Avenue that's very reasonable. They'll do both the interior and exterior for $40, or you can purchase their supplies and do it yourself for even less.

Peter Saberton (9:14 A.M.)
Great tip. Thanks a lot.

Ex 1. At 9:14 A.M., what does Mr. Saberton most likely mean when he writes, "Great tip"?

(A) He received a gratuity from a customer.

(B) He is pleased that Ms. Carling's company offered him a position.

(C) He appreciates Ms. Carling's giving him advice.

(D) He is available to drive more customers today.

주어진 문장의 바로 앞 대사인 9시 13분의 대사만 이해하면 풀 수 있는데, I do it on a weekly basis.에서 it이 무엇을 가리키는지 알아내기 위해 바로 그 앞 9시 11분 대사까지만 보자. Mr. Saberton이 적정한 세차 빈도를 묻자 Ms. Carling이 자기는 매주 한 번씩 한다고 대답하면서 싼값에 세차할 수 있는 장소를 알려주고 있다. 그렇다면 그 대답으로 나온 Great tip은 좋은 정보를 준 것에 대한 감사의 표현이므로 정답은 **(C)**가 된다. 가장 빠른 속도로 풀 수 있는 이 유형에서 시간을 절약하자.

VOCAB **ride-sharing** 승차 공유 **book** 예약하다 **based on** ~에 근거하여 **on a weekly basis** 매주, 주 단위로 **car wash** 세차장 **reasonable** 적정한, 너무 비싸지 않은 **interior** 내부 **exterior** 외부 **supplies** 용품, 비품 **gratuity** 팁 **available** ~할 시간이 있는

- 앞에 정리된 부사절 접속사와 전치사들을 다시 한번 보고 암기하자. 부사들도 모두 암기하자. 그래야 '접속사와 전치사' 문제를 막힘없이 풀 수 있다. '능동태와 수동태' 문제와 '문장의 구조' 문제는 모르는 단어가 있어도 당황하지 말고 문장의 구조를 잘 살펴보자. Today's Vocabulary를 잘 암기하는 것도 잊지 말고, 시간을 재면서 단축 실전 문제를 풀어보자.

Today's Vocabulary

plumbing work 배관 작업

permission 허락, 허가

prototype (product) 시제품

groceries 식료품 및 잡화

from around the world 전 세계에서 온

sign up for 신청하다, 가입하다

required 필수의

expert 전문가

longer than usual 평소보다 긴

yellow dust 황사

proceed 진행되다

secure 확보하다; (단단히) 고정하다

note 주목하다, 유의하다

genuine 진짜의, 진품의

regular 규칙적인, 정기적인

interval 간격

positive 긍정적인

review 논평, 평가

attachment 첨부 파일

inventory 물품 목록, 재고(품)

possibility 가능성

distribution 배포, 분배

invaluable 매우 유용한, 귀중한

promote 장려하다

advisable 바람직한

leave 남기고[전하고] 가다

technical support 기술지원

be forced to-V 하는 수 없이 ~하다

view (특히 세심히 살피며) 보다

usage 사용량

by + V-ing ~함으로써

account 이용 계정

skillfully 솜씨 있게

accidentally 우연히

meaningfully 의미심장하게

competitive 경쟁적인

association 협회

consider (~을 ~로) 여기다

present 발표하다

latest 최신의

paper 논문

conference 학회

kiln (벽돌 등을 굽는) 가마

temperature 온도

ceramic 도자기의

object 물건, 물체

crack 금이 가게 하다

mildly 부드럽게

nearly 거의

closely 긴밀히, 자세히

narrowly 가까스로, 좁게

internal 내부의

offer 제공하다

snack 간식

well attended 많은 사람이 참석한

well educated 교양 있는

gather 모이다, 모으다

permanent 영구적인, 상설의

offering (학교의) 강의 과목, 강좌

determine 결정하다; 판단하다

conform to (규칙, 법 등에) 따르다, 부합되다

lounge 라운지, 휴게실

mechanic 정비공

poor (질적으로) 좋지 못한

stable 안정된

physical 물질[물리]적인

be in need of ~가[이] 필요하다

urgent 긴급한

attention (기계 따위의) 손질

in the meantime 그 동안에

have access to ~에 출입하다

available 이용할 수 있는

rating 평점, 등급

a wide range of 광범위한, 다양한

have *sth* in stock ~의 재고가 있다

particularly 특히, 특별히

kitchen utensils 주방용품

apparel 의류

fitting room (옷가게의) 탈의실, 옷 입어 보는 곳

spacious 널찍한

Practice Test

● 제한 시간: 14분

PART 5

정답•해설 p. 82

101. The renovation of the boardroom has been postponed until this weekend ------- that the plumbing work can be finished.

(A) also
(B) when
(C) than
(D) so

102. Contents of the book cannot be reproduced ------- permission has been given to do so.

(A) unless
(B) rather
(C) instead
(D) otherwise

103. ------- a prototype product has been completed by the designer, the rest of the team will be invited to critique it.

(A) So that
(B) Whether
(C) From
(D) After

104. Bainbridge Street Market is Mar Vista's largest retailer of groceries ------- around the world.

(A) toward
(B) from
(C) above
(D) plus

105. Apparently, neither Ms. Chang ------- Mr. Gillingham had been informed that the board meeting was rescheduled.

(A) or
(B) and
(C) with
(D) nor

106. ------- signing up for online banking is not required, we highly recommend it to all of our customers.

(A) Although
(B) Instead
(C) Regardless
(D) Despite

107. Because experts ------- a longer than usual yellow dust season, Bayview Pharmacy has increased its stock of dust protective masks.

(A) predict
(B) prediction
(C) are predicted
(D) predictably

108. Please ------- that vehicles registered in Texas are required to pass an annual inspection.

(A) proceed
(B) secure
(C) note
(D) keep

109. Madeline Bae ------- by the management team to head the new branch office in Singapore.

(A) chose
(B) choose
(C) was choosing
(D) was chosen

110. The Eroica 5 home theater system is Taekwang Electronics' most ------- priced configuration.

(A) closely
(B) sparsely
(C) reasonably
(D) absolutely

111. Seo-Jeong Lee ------- to Assistant Attorney General after last week's performance appraisal.

(A) is promoting
(B) was promoted
(C) promotes
(D) to promote

112. YBH Motors recommends having the oil changed in your vehicle at ------- intervals.

(A) heavy
(B) genuine
(C) regular
(D) immediate

113. Mr. Sobolev ------- a positive review of his stay at the Oceania Hotel.

(A) write
(B) wrote
(C) writing
(D) was written

114. Please review the sales projections in the spreadsheets that ------- to the e-mail.

(A) is attaching
(B) had attached
(C) attachment
(D) are attached

115. There is an automatic teller machine ------- located on the ground floor of the Wyckshire Building.

(A) conveniently
(B) slightly
(C) considerably
(D) eventually

116. ------- from customers is invaluable in determining what aspects of our service need to be improved.

(A) Inventory
(B) Feedback
(C) Possibility
(D) Distribution

117. Many businesses promote carpooling ------- traffic and parking problems.

(A) is prevented
(B) prevent
(C) to prevent
(D) prevented

118. It is advisable to provide as many ------- as possible when leaving a message for the technical support team.

(A) items
(B) details
(C) programs
(D) individuals

119. Please be advised ------- we have been forced to cancel your order because of a difficulty with our shipping agent.

(A) that
(B) of
(C) whether
(D) between

120. You can view your water usage ------- logging on to your online service account.

(A) for
(B) at
(C) over
(D) by

121. Fashion designer Su-Im Shin knows ------- to update her line in response to changing trends.

(A) and
(B) when
(C) need
(D) for

122. Statistical studies reveal that an online marketing strategy is crucial for survival in the ------- competitive athletic apparel market.

(A) skillfully
(B) increasingly
(C) accidentally
(D) meaningfully

123. Payments to the White Sand Lake Association will be considered late ------- they are received after July 11.

(A) so
(B) by
(C) to
(D) if

124. Professor Bénichou will present his latest paper ------- the art history conference next week.

(A) by
(B) at
(C) of
(D) on

125. ------- the kiln's temperature is set too high, the ceramic objects inside may be cracked.

(A) So
(B) If
(C) But
(D) Why

126. Mr. Choi works ------- with our internal team members as well as diverse regional sales representatives.

(A) mildly
(B) nearly
(C) closely
(D) narrowly

127. Air Astana ------- free snacks on all of its domestic flights starting next March.

(A) will be offering
(B) are offered
(C) offering
(D) to offer

128. The K-pop dance class was so well ------- that the Yaamba Dance School decided to make the course a permanent offering.

(A) attended
(B) educated
(C) gathered
(D) protected

129. Mr. Noh regularly inspects the factory floor to determine ------- it conforms to company safety standards.

(A) because
(B) so
(C) whether
(D) while

130. Customers can wait in the lounge area ------- our mechanics complete the vehicle repairs.

(A) whether
(B) except
(C) while
(D) during

PART 6 Questions 131-134 refer to the following memo.

From: Soo-Mi Chong

To: Kramer Marketing Group employees

Date: March 15

Subject: Entryway enhancements

As you might have noticed, the front entrance of our office building is in -------(131.) condition. It is in urgent need of attention. Accordingly, starting at 5 P.M. on Friday, the front entrance -------(132.) for more or less three weeks while it is being renovated. The entire entrance hall is expected to have a more streamlined and contemporary appearance as a result of the changes. -------(133.) the front entrance is closed, employees and visitors may have access to the building by using the side entrances. -------(134.).

131. (A) poor
(B) stable
(C) physical
(D) excellent

132. (A) close
(B) was closing
(C) will be closed
(D) had been closed

133. (A) While
(B) During
(C) Sometimes
(D) In the meantime

134. (A) All ground floor offices and facilities will remain available.
(B) The building contractor has won several prestigious awards.
(C) The building was constructed more than 50 years ago.
(D) The board of directors is discussing the feasibility of the project.

PART 7 **Questions 135-136** refer to the following text-message chain.

Ashley Kwan [03:00 P.M.]
Hello, Kevin. I just wanted to let you know that the latest surveys have just been sent out to our customers.

Kevin Scheinert [03:03 P.M.]
Great! The last time we did a survey, we received high ratings for having a wide range of items in stock, particularly our kitchen utensils and apparel. Our fitting rooms were described as so small that customers feel confined and can hardly have a full view of their appearance, though.

Ashley Kwan [03:04 P.M.]
Let's see the ratings now that the remodeling has been completed. Management assured me that they would not cut corners.

Kevin Scheinert [03:05 P.M.]
The fitting rooms do look very nice and spacious now.

Ashley Kwan [03:06 P.M.]
That's what I've heard. I haven't seen them yet myself.

Kevin Scheinert [03:07 P.M.]
This morning, I walked through the entire place, from the cosmetics area to home appliances. It all looks great!

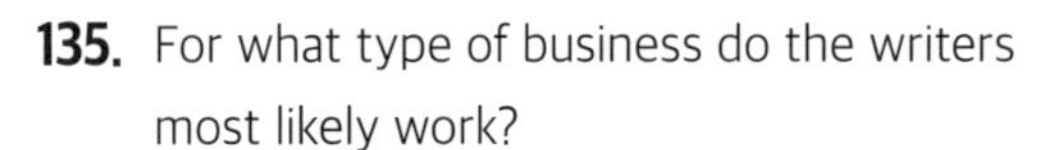

135. For what type of business do the writers most likely work?

(A) A clothing store

(B) A department store

(C) An interior design company

(D) A construction firm

136. At 3:06 P.M., what does Ms. Kwan most likely mean when she writes, "That's what I've heard"?

(A) She heard that the company dress code has been changed.

(B) She knows that the customer surveys have been conducted.

(C) She believes that the managers will make some investment decisions.

(D) She understands that the fitting rooms have been enhanced.

DAY

PART 5 & 6

관계사 I 수의 일치

PART 7

유형 7 : 문장 삽입 문제

PART 5 & 6

- 시간이 허락하는 한 여러 번 반복해서 꼼꼼하게 공부하자.
- 아마 교재에서 설명하는 문법과 문제 풀이 기술을 이해하는 것 자체는 대부분의 학생들에게 어려운 일은 아닐 것이다. 다만 시험장에서 문제를 만나면 곧장 유형을 파악할 수 있게 반복해서 공부하는 것이 중요하다. 또한, 어휘력이 풍부할수록 배운 기술을 더 쉽게 적용할 수 있다.

Today's Grammar 관계사

- 토익 문법 문제에 사용되는 관계사는 관계대명사, 관계부사, 복합관계대명사, 복합관계부사로 네 가지다. 대부분 관계대명사가 정답으로 출제된다.

1. 관계대명사

선행사	주격	소유격	목적격
사람	who, that	whose	whom, that
사물, 동물	which, that	whose	which, that

2. 관계부사

의미	선행사	관계부사
시간	the time, the day, the year 등 시간 표현	when
장소	the place, the building 등 장소 표현	where
이유	the reason	why
방법	the way * the way와 how는 함께 쓸 수 없고 둘 중 하나만 씀	how

3. 복합관계대명사

whoever 누가 ~하든(부사절), ~하는 사람은 누구든(anyone who)(명사절)

whatever 무엇이/을 ~하든(부사절), ~하는 것은 무엇이든(anything that)(명사절)

whichever 어떤 것이/을 ~하든(부사절), ~하는 것은 어떤 것이든(anything that)(명사절)

4. 복합관계부사

whenever ~할 때는 언제든지(= at any time when), 언제 ~하든 상관없이(= no matter when)

wherever ~하는 곳이라면 어디서든지(= at any place where),
어디서 ~하든 상관없이(= no matter where)

however 어떤 식으로 ~하든(= by whatever means), 아무리 ~하더라도(= no matter how)

● 관계사가 들어가는 문장의 기본 구조를 반드시 기억해야 문제를 풀 수 있다.

선행사 + 관계대명사 + 불완전한 문장
선행사 + 관계부사 + 완성된 문장
No 선행사 + 복합관계대명사 + 불완전한 문장
No 선행사 + 복합관계부사 + 완성된 문장

예외 1 관계대명사 what과 관계부사 how는 반드시 선행사 없이 사용한다.

예외 2 소유격 관계대명사 whose는 뒤에 완성된 문장이 온다.

출제 유형 1 선행사 + ------- + 동사

● 빈칸 앞에 선행사가 있고, 빈칸 뒤에 주어가 없는 문장이 있으면, '주격 관계대명사'가 정답이다.

Ex 1. Passengers ------- wish to upgrade their economy tickets to business class may do so using the kiosks located throughout the airport.

(A) who
(B) whose
(C) whoever
(D) to whom

○ 복합관계대명사는 선행사가 없으므로 일단 (C)는 제외한다. 빈칸 뒤에 동사로 시작하는, 즉 주어가 없는 문장이 있으므로 주격 관계대명사 **(A)**가 정답이다.

VOCAB passenger 승객 located ~에 위치한 throughout 곳곳에

해석 이코노미 티켓을 비즈니스 클래스로 업그레이드하고 싶으신 승객들은 공항 곳곳에 위치한 키오스크를 이용해서 그렇게 하실 수 있습니다.

출제 유형 2 선행사 + ------- + 타동사나 전치사로 끝나는 문장

● 빈칸 앞에 선행사가 있고, 빈칸 뒤 문장에 타동사나 전치사의 목적어가 없다면, '목적격 관계대명사'가 정답이다.

Ex 2. The applicant ------- Professor Sanders recommended is scheduled to be interviewed this afternoon.

(A) that
(B) when
(C) whose
(D) where

○ 빈칸 앞에 있는 선행사가 사람이므로 의미상 (B)는 제외한다. 빈칸 뒤에 타동사 recommended의 목적어가 없으므로 목적격 관계대명사 **(A)**가 정답이다.

VOCAB applicant 지원자

해석 Sanders 교수가 추천한 지원자는 오늘 오후에 면접을 보기로 예정되어 있습니다.

출제 유형 3 선행사 + ------- + 타동사[자동사 + 전치사] ➡ 목적격 관계대명사의 생략

● 이 유형은 보기가 관계대명사로 구성되지 않는다. 빈칸 뒤 문장에 목적어가 없다면 앞에는 분명 목적격 관계대명사가 있어야 하는데, 이 '목적격 관계대명사는 생략이 가능'하다.

Ex 3. The item ------- ordered yesterday is temporarily out of stock.

(A) you
(B) your
(C) yours
(D) yourself

○ 빈칸 뒤에 동사 ordered의 목적어가 없으므로 원래 이 문장의 앞부분은 목적격 관계대명사가 있는 The item which you ordered yesterday여야 한다. 여기서 목적격 관계대명사가 생략되었으므로 빈칸에는 주어만 들어가면 되는 것이므로 **(A)**가 정답이다.

VOCAB temporarily 일시적으로 out of stock 재고가 떨어진

해석 어제 주문하신 물품은 일시적으로 재고가 없습니다.

출제 유형 4 선행사 + ------- + 완성된 문장

● 빈칸 앞에 선행사가 있고 빈칸 뒤에 완성된 문장이 있다면 '소유격 관계대명사 whose'나 '관계부사'가 정답이다.

Ex 4. Management intends to interview candidates ------- cover letters are well written and clearly organized.

(A) that
(B) than
(C) whose
(D) where

보기 중 (B)는 관계사가 아니다. 토익에서는 보통 두 개 이상의 보기가 관계사일 경우 십중팔구 관계사가 정답으로 출제되므로 일단 관계사만 염두에 두고 문제를 풀자. 만약 관계사가 정답이 아닌 것으로 드러나면 다른 것들을 가지고 문제를 풀면 되지만 그런 경우는 드물다. 빈칸 앞에 선행사 candidates가 있고, 빈칸 뒤에 수동태 문장이 있다. 'DAY 2 유형 4'에서 언급한 내용을 기억해야 한다. 수동태는 완성된 문장이다. 빈칸 뒤에 완성된 문장이 있을 때는 소유격 관계대명사가 정답이므로 **(C)**를 선택해야 한다.

VOCAB management 경영진 intend to-V ~할 계획이다 candidate 지원자 cover letter 자기소개서 organize 체계화하다, 구조화하다

해석 경영진은 자기소개서가 잘 작성되고 일목요연하게 정리된 지원자들을 면접할 계획이다.

Ex 5. All outgoing shipments are sent to the loading dock, ------- the warehouse workers apply their tracking labels.

(A) which
(B) where
(C) how
(D) what

빈칸 앞에 선행사 the loading dock이 있는데, what과 how는 반드시 선행사가 없을 때만 사용하므로 (C)와 (D)는 제외한다. 빈칸 뒤에 3형식 문장이 완성되어 있으므로 관계부사 **(B)**가 정답이다.

VOCAB outgoing 발송의, 외부행의 shipment 수송품 loading dock 하역장 apply 붙이다 track 추적하다

해석 발송하게 되는 모든 수송품은 하역장으로 보내지고 거기서 창고 직원들이 추적 라벨을 붙인다.

출제 유형 5 No 선행사 + -------

- 선행사가 없을 때는 '관계대명사 what'이나 '관계부사 how', '복합관계대명사', '복합관계부사'를 정답으로 선택해야 한다.

Ex 6. ------- has time at the end of the day should make sure that the air conditioning system has been turned off.

(A) Whom
(B) Who
(C) Whoever
(D) Whose

선행사 없이 사용하는 관계사는 복합관계대명사인 **(C)**밖에 없다.

VOCAB make sure ~임을 확인하다 air conditioning system 냉방 장치

해석 누구든 업무를 마칠 때 시간이 있는 사람이 냉방 장치가 꺼져 있는지 확인해야 합니다.

Today's Grammar 수의 일치

출제 유형 1 주어와 동사의 수의 일치

- 수의 일치 문제 중에는 이 유형이 가장 많이 출제된다.

Ex 1. ------- is currently Ms. Wagner's first year working as our company's chief financial officer.

(A) This
(B) That
(C) These
(D) Those

동사 is는 단수 동사이므로 단수 대명사 (A)와 (B) 중에서 정답을 선택해야 한다. 그런데 빈칸 뒤에 currently(현재)가 있어서 의미상 "이번이 첫해다"라는 뜻이 되어야 자연스러우므로 **(A)**가 정답이다.

VOCAB currently 현재 chief financial officer 최고 재무 책임자

해석 Ms. Wagner가 우리 회사의 최고 재무 책임자로 근무하는 것은 이번이 현재 첫해입니다.

Ex 2. While she is not enthusiastic about the ideas, Ms. Shuang ------- them.

(A) considering
(B) to consider
(C) will consider
(D) consider

쉼표 앞이 부사절, 쉼표 뒤가 주절이다. 주절에 동사가 없으므로 동사 (C)나 (D)를 빈칸에 넣어야 한다. 주어 Ms. Shuang은 단수 명사이므로 복수 동사인 (D)를 선택할 수는 없으므로 **(C)**가 정답이다.

VOCAB enthusiastic 열렬한, 열광적인

해석 Ms. Shuang은 그 아이디어들에 대해 열광하지는 않지만, 고려하기는 할 것입니다.

출제 유형 2 수식어구의 제거

- 언제나 주어와 동사 사이에 있는 수식어구(전치사구, 분사구문, 관계대명사 절 등)를 잘 제거해야 혼란 없이 정답을 찾아낼 수 있다.

Ex 3. Last year's restructuring of the Yangyang Industries' three manufacturing plants ------- in enhanced employee safety.

(A) to result
(B) has resulted
(C) result
(D) resulting

문장에 동사가 없으므로 빈칸에는 동사인 (B)나 (C)가 들어가야 한다. 빈칸 앞에 있는 전치사구 of the Yangyang Industries' three manufacturing plants를 지우면 문제 풀이가 쉬워진다. 주어 restructuring이 단수 명사이므로 단수 동사 **(B)**가 정답이다.

VOCAB restructuring 구조조정, 구조개혁 manufacturing plant 제조 공장 result in (결과적으로) ~을 낳다, 야기하다 enhance 향상하다

해석 작년에 Yangyang Industries의 세 군데의 제조 공장에서 있었던 구조조정은 향상된 직원 안전이라는 결과를 가져왔다.

Ex 4. Every security camera mounted on the walls of the warehouse ------- 24 hours a day.

(A) record
(B) records
(C) recording
(D) to record

mounted on the walls of the warehouse (창고 벽들에 설치된)가 주어 Every security camera를 수식하는 부분이라는 것을 간파하고 지우면 문제 풀이가 쉬워진다. 문장에 동사가 없으므로 동사 (A)나 (B)가 정답인데, 주어 Every security camera가 단수 명사이므로 단수 동사 **(B)**를 선택해야 한다.

VOCAB security camera 보안 카메라 mount 설치하다 warehouse 창고 record 녹화하다

해석 창고 벽들에 설치된 모든 보안 카메라는 24시간 작동한다.

출제 유형 3 부정수량형용사와 명사의 수의 일치

1. each(각각의), every(모든), another(또 다른, 또 하나의) + **셀 수 있는 단수 명사**

2. many / a lot of / a number of(많은), various / a variety of(다양한)
   several / a few(몇 개의), few(거의 없는), fewer(더 적은)
   both(둘 다의), one of(~ 중 하나)
   + **셀 수 있는 복수 명사**

3. much(많은), a little(적은), little(거의 없는), less(더 적은) + **셀 수 없는 명사**

4. any(어떤 ~라도), some(일부의), most(대부분의), all(모든), other(다른) + [**셀 수 있는 복수 명사** / **셀 수 없는 명사**]
   *any 뒤에는 셀 수 있는 단수 명사도 사용할 수 있다.

Ex 5. Use coupon code DISCOUNT15 to purchase ------- laptop or tablet computer for 15 percent off.

(A) any
(B) few
(C) single
(D) many

few나 many 뒤에는 셀 수 있는 복수 명사가 있어야 하므로 단수 명사 laptop or tablet computer 앞에 사용할 수 있는 (A) any가 정답이다. single이 정답이 아닌 이유가 궁금하다면 <참고>를 읽어보자.

VOCAB off 할인되어

해석 쿠폰 코드 DISCOUNT15를 사용해서 노트북이나 태블릿 컴퓨터를 구매하시고 15% 할인을 받으세요.

참고 single은 오답인 이유

- 우선 용어의 개념을 알아야 한다.

  한정사: 명사 앞에 붙는 말 중 형용사가 아닌 것들을 가리킨다. '관사'와 '명사의 소유격', '소유격 대명사', '부정수량형용사'는 모두 한정사에 속한다.

- 그리고 한정사와 보통명사의 규칙을 알아야 한다.

  ① 한정사는 반드시 하나만 사용해야 한다. 예컨대 부정수량형용사와 관사를 함께 사용하는 것은 불가능하다.
  ② 보통명사는 반드시 관사와 함께 사용하거나 복수형으로 만들어야 문장에 사용할 수 있다.

- 이 두 가지 규칙을 종합하면 원래 보통명사 computer는 앞에 관사 a나 the가 있어야 하지만, 부정수량형용사 any를 붙이려면 관사를 사용할 수 없게 된다. 그런데 single은 부정수량형용사가 아니라 일반 형용사로서 한정사가 아니다. 따라서 single을 사용하려면 보통명사의 규칙에 따라 앞에 관사가 있어야 한다. 즉 a single computer의 형태가 되어야 한다.

Ex 6. Shoes for Less has several ------- in the Seoul metropolitan area.

(A) locations
(B) locate
(C) located
(D) location

○ 빈칸에는 동사 has의 목적어가 될 명사 (A)나 (D)가 들어가야 하는데, several의 수식을 받으므로 복수 명사 **(A)**가 정답이다.

VOCAB locate 두다, 설치하다 location (사업체의) 지점 metropolitan area 대도시권, 수도권

해석 Shoes for Less는 서울과 수도권에 여러 지점이 있다.

출제 유형 4 ------- + 주격 관계대명사 + -------

- 주격 관계대명사 앞에 있는 선행사와 뒤에 있는 동사는 서로 수가 일치되어야 한다.

Ex 7. We will assess all four custodial-service bids and select ------- that is suitable for our needs.

(A) some
(B) one
(C) others
(D) either

○ 빈칸 뒤에 '주격 관계대명사 + 동사'(that is)가 있으므로 빈칸에 들어갈 선행사는 동사 is와 수가 일치되어야 한다. 따라서 단수 대명사 (B)나 (D) 중에 정답을 선택해야 한다. either는 '둘 중 하나' 혹은 '둘 중 아무거나'를 뜻하는데, 앞부분에 '네 건의 입찰(four custodial-service bids)'이 있다는 내용이 있으므로 이 문장에 알맞지 않다. **(B)**가 정답이다.

VOCAB assess 평가하다 custodial (건물, 장비, 토지) 관리의 bid 입찰 suitable for ~에 알맞은

해석 네 건의 관리 서비스 입찰을 모두 평가해서 우리의 필요에 알맞은 것을 선택할 것입니다.

- DAY 7에 소개된 9가지의 문제 유형을 잘 기억해두자. 정리된 단어를 잘 외우고, 시간을 재면서 문제를 풀어보자.

Exercise

● 제한 시간: **2분 40초**

○ 문제를 풀기 전에 단어를 먼저 외우세요.

정답•해설 p. 94

VOCAB

settle 해결하다, 끝내다 disagreement 의견 충돌, 다툼 task 일, 과업, 과제 charitable 자선(사업)의 notes 필기, 기록 marketing strategy 마케팅 전략 ship 수송하다; 출하하다 put A through B A가 B를 거치게 하다

101. Customers ------- wish to return a defective item may do so within two weeks of the date of purchase.

(A) whose
(B) who
(C) which
(D) whichever

102. Last month Piramal Corporation ------- a disagreement with its main competitor regarding patent infringement.

(A) settling
(B) settler
(C) settle
(D) settled

103. The teams ------- members finish the tasks by 2:30 P.M. should report to the head office to receive their next projects.

(A) its
(B) that
(C) which
(D) whose

104. The documents in the second file drawer ------- to be organized in alphabetical order.

(A) need
(B) needs
(C) to need
(D) needless

105. The assessment board issued a list of companies ------- considers to be the most charitable.

(A) it
(B) its
(C) itself
(D) its own

106. A free bicycle lock is offered to anyone who ------- a Kawamura bike before February 1.

(A) purchase
(B) purchaser
(C) purchases
(D) purchasing

107. Attached please find the notes from yesterday's marketing strategy seminar ------- you requested.

(A) then
(B) that
(C) what
(D) when

108. ------- jewelry item that is shipped from Glibury Designers is put through a thorough quality inspection.

(A) Whenever
(B) Also
(C) All
(D) Each

109. The Scandic Hotel remodeled its restaurant in 2020 ------- two more chefs were hired.

(A) that
(B) what
(C) who
(D) when

110. The employee handbook explains ------- new employees need to know regarding company benefits.

(A) which
(B) where
(C) how
(D) what

항상 짝으로 출제되는 어휘 문제 7

- 1초 만에 해결할 수 있는 어휘 문제를 한두 개만 만나도 시간 확보에 매우 큰 도움이 된다. 그동안 자주 출제되어 온 것들을 살펴보자.

❶ written [notice[notification] / consent] 서면 통지 / 서면 동의

prior notice 사전 공지

until further notice 추후 공지가 있을 때까지

unless otherwise noted[specified/instructed/directed] 별다른 명기[명시/지시/지도]가 없는 한

in writing 서면으로

- '알림'과 관련된 이 표현들은 매우 자주 시험에 등장하고 있으므로 통째로 잘 외우고 있다가 어디가 빈칸으로 출제되어도 곧장 정답을 선택할 수 있도록 하자. 특히 until further notice가 자주 출제되어 왔는데, postpone, delay, put off, defer같은 '미루다, 연기하다'라는 뜻을 가진 동사들과 함께 사용하는 경우가 많다. 특별히 전치사 어휘 문제에서 '연기하다'가 보이면 정답은 무조건 until, 동사 어휘 문제에서 until이 보이면 정답은 일단 '연기하다' 뜻을 가진 동사라고 기억해두자.

Ex 1. Due to the low registration rate, the communications workshop scheduled for January 12 will be postponed ------- further notice.

(A) until
(B) onto
(C) since
(D) all

○ 일단 동사 postpone이 보이면 정답은 항상 until이라는 사실만 기억하면 금방 정답을 **(A)**로 선택할 수 있다. 또한, until further notice가 항상 짝으로 출제된다는 것을 알고 있어도 빈칸 뒤를 보면서 정답을 알아낼 수 있다.

VOCAB registration rate 등록률 schedule 일정을 잡다, 예정하다

해석 1월 12일로 예정된 커뮤니케이션 워크숍은 낮은 등록률 때문에 추후 공지가 있을 때까지 연기될 것이다.

❷

promptly
shortly
immediately
right
soon
just

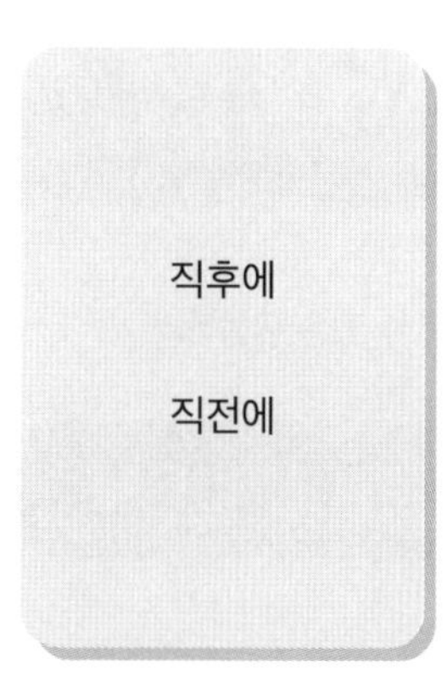

직후에

직전에

● 대부분 앞에 있는 부사 자리를 빈칸으로 문제를 낸다. 가장 많이 출제되는 문제는 '------- after'이며, 정답으로는 promptly가 가장 많이 사용된다. 특히 promptly는 토익이 매우 사랑하는 부사로서 보기 중에 이 단어가 있는데 오답인 경우는 거의 없다. 도저히 정답을 모르겠다면 promptly를 찍어서 정답 확률을 높이자.

Ex 2. The accounting department requests that all staff submit expense reports ------- after returning from a business trip.

(A) very
(B) enough
(C) rather
(D) soon

○ 문제를 다 읽을 필요 없이 항상 짝으로 출제되는 어휘 문제를 기억하고 있다가 빈칸 뒤에 after가 보이는 순간 soon을 정답으로 고르자.

VOCAB accounting department 회계부 expense report 경비 보고서 business trip 출장

해석 회계부는 전 직원 여러분이 출장에서 돌아온 직후에 경비 보고서를 제출해주실 것을 요청하는 바입니다.

PART 7

● 가장 어려운 문제가 될 수 있는 유형이다.

유형 7 문장 삽입 문제

● 다음과 같은 형태로 출제된다.

In which of the positions marked [1], [2], [3], and [4] does the following sentence best belong?
"**Now** we need **one** that can produce high-quality metal accessories."

● 빠른 속도로 문제를 풀려면 주어진 문장을 읽으면서 '앞뒤 문장과의 연결고리'가 될 만한 키워드를 생각해야 한다. 이 예제의 경우 one이 가리키는 대상이 앞부분에 등장할 것으로 생각해두어야 한다. 이제는(Now) 금속 액세서리를 생산해줄 one이 필요하다고 했으므로, 앞부분에는 금속 외의 다른 재료로 생산을 하는 one이 등장할 것을 기대할 수 있다. 이렇게 앞뒤 문장과의 연결고리가 될 만한 키워드를 생각하면서 문장을 읽어야 문맥을 수월하게 파악할 수 있다. 예제를 풀어보고 해설을 자세히 읽어보라.

Examples 1-3 refer to the following letter.

정답•해설 p. 97

Genworth Insurance
33 Schultz Lane
Birchwood, OR 01925

January 4

Mr. John Laban
652 Oak Arbor Drive
Appleton, OR 01891

Dear Mr. Laban,

Your monthly bill from Genworth Insurance is now available online. −[1]−. Please submit your January car insurance payment of $86 by February 4. If you have already paid your balance, no further action is necessary. −[2]−. To access a printable version of your statement, request a paper copy, change your account payment settings, or sign up for our automatic payment plan, visit www.genworthinsurance.com/mypolicy. You will be prompted to log in to your account. −[3]−.

Thank you for choosing Genworth Insurance. −[4]−.

Sincerely,

Darby Halladay

Billing Administrator, Genworth Insurance

Ex 1. Why did Ms. Halladay contact Mr. Laban?

(A) To remind him to make a payment
(B) To inform him of a billing issue
(C) To offer him a new financial product
(D) To request missing account information

○ 지문의 주제나 목적을 묻는 문제는 대부분 도입부에서 정답을 알 수 있다. Please submit your January car insurance payment of $86 by February 4.를 읽고 **(A)**를 정답으로 선택하자.

Ex 2. According to the letter, what is NOT something Mr. Laban can do online?

(A) View a printable copy of his bill
(B) Request a paper copy of his bill
(C) Enroll in an automatic payment plan
(D) Terminate an insurance contract

○ NOT 문제는 보기를 하나씩 지문의 내용과 대조하며 지문에 등장하지 않는 것을 찾아내야 한다. 우선 To access a printable version of your statement를 읽으면서 (A)를 제거하고, 같은 문장에 들어 있는 request a paper copy와 sign up for our automatic payment plan은 보기에 그대로 나와 있으므로 (B)와 (C)도 쉽게 제거할 수 있다. 지문에 등장하지 않는 **(D)**가 정답이다.

Ex 3. In which of the positions marked [1], [2], [3] and [4] does the following sentence best belong?

"You may need to create a new user profile if you have not registered yet."

(A) [1]
(B) [2]
(C) [3]
(D) [4]

○ create a new user profile이나 register가 앞뒤 문장과의 연결고리가 될 것이다. 앞에서 새 사용자 프로필과 등록이 필요한 상황이 서술될 것이라고 예상할 수 있는데, 그런 일은 웹사이트에 로그인할 때 필요한 것이므로 You will be prompted to log in to your account.에 이어지는 **[3]**이 주어진 문장이 들어가기에 알맞은 위치다.

VOCAB

bill 고지서, 청구서 **available** 이용 가능한 **insurance** 보험 **balance** 지급 잔액, 잔금 **further** 더 이상의, 추가의 **necessary** 필요한 **access** 접속하다, 이용하다 **printable** 인쇄할 수 있는 **statement** 명세서, 계산서 **copy** (책, 신문 등의) 한 부 **account** 이용 계정 **setting** 설정 **sign up for** ~을 신청(가입)하다 **plan** 제도 **prompt** 유도하다 **billing** 청구서[계산서] 발부 **administrator** 관리자, 행정인 **make a payment** 지급하다 **issue** (걱정거리가 되는) 문제 **missing** 누락된 **view** 보다 **enroll in** ~에 등록하다 **terminate** 종료하다 **contract** 계약 **register** 등록하다

문장 분석

To ①[access a printable version of your statement], ②[request a paper copy], ③[change your account payment settings], or ④[sign up for our automatic payment plan], visit www.genworthinsurance.com/mypolicy.

➡ 언제나 등위접속사는 병렬구조를 만든다. or가 동사 원형으로 시작하는 네 개의 구문 ①, ②, ③, ④를 연결하여 긴 부사구를 이루고 있다.

● 매일매일 지식이 쌓이는 기쁨을 맛보고 있기를 바라면서 이번에도 단축 실전 문제를 한 세트 풀어보자.

Today's Vocabulary

regularly 자주, 종종

service with ~에서의 근무

profession 직업, 직종

provide A with B A에게 B를 제공하다

temporary 임시의, 일시적인

record 기록적인

textile 직물, 옷감

clothing 의류, 의복

shipment 수송(품)

shipping 운송, 탁송

wholesale 도매의

distributor 유통업체

organic 유기농의

produce 농산물

contract 약정하다, 계약하다

afford ~을 제공하다

supply ~에 공급하다, 배달하다

CFO (chief financial officer) 재무 담당 최고 책임자

make a decision 결정을 내리다

place an order for ~을 주문하다

be advised (that) ~임을 알려드립니다

separate 각기 다른, 별도의

sequence (사건, 행동 등의) 순서, 차례

package 소포, 꾸러미

conference 학회

registration fee 등록비

admittance 입장, 들어감

survey (설문) 조사

technicality 세부적인 내용; 세부 조항

out of service 사용할 수 없는

variety 다양성

out of repair (건물 등이) 관리가 되어 있지 않은

voucher 쿠폰

duty 업무

involve 관련시키다; 수반하다, 포함하다

factory floor (공장의) 작업 현장

manufacturing plant 제조 공장

situate 위치시키다

away from ~로부터 떨어져서

residential area 주택가

hydrogen fuel cell 수소 연료 전지

stimulating 활기를 주는

where ~한 경우에

accompany 곁들이다, 덧붙이다

property 부동산

besides ~ 외에

boil 삶다

at least 적어도, 최소한

ensure 확실히 하다

readiness 준비되어 있음

the [소유격] whole (명사 앞에서) 전체의, 전(全) ~

acai berry 아사이베리

prove ~임이 드러나다

volume (~의) 양

overseas 해외의

technique 기술, 기법

execute 수행하다

equip 장비를 갖추다

task 업무, 과제

observe 관찰하다; 준수하다

familiarize 익숙하게 하다

inform 알리다, 통지하다

application 지원(서), 신청(서)

up to ~까지, ~만큼

organize 조직하다, 준비하다

trade fair 무역 박람회

host 주최하다

educational 교육의, 교육적인

advance 발전시키다

cheese-crafting industry 치즈 제조업

prestigious 명성이 있는, 유명한

artisan 장인

competition 대회, 시합

hold 열다, 개최하다

from around the country 전국에서 온

compete 경쟁하다

expert 전문가

judge 심사위원

aged 숙성된

subject 주제

upcoming 다가오는, 곧 있을

feature 특집 (기사/방송)

launch 시작하다; 개시

appear (신문에) 나다

highlight ~을 두드러지게 하다

uplifting 희망[행복감]을 주는

edit 편집하다

correspondent 특파원

Practice Test

● 제한 시간: 14분

PART 5

정답•해설 p. 98

101. The panel discussion is set to begin ------- after the keynote speaker wraps up his speech.

(A) promptly
(B) assertively
(C) especially
(D) cordially

102. A recent survey indicates that those ------- regularly read labels on food items tend to be healthier.

(A) what
(B) where
(C) who
(D) when

103. Mi-Sun Park is retiring after 20 years of ------- with SSEK Legal Consultants.

(A) service
(B) profession
(C) knowledge
(D) relationship

104. Next month, our department will assume a new task, ------- is to review design portfolios.

(A) although
(B) which
(C) after
(D) because

105. Reed Staffing can provide your business ------- temporary workers during the busy holiday season.

(A) from
(B) with
(C) about
(D) into

106. A record number of textile and clothing ------- came into the Port of Yeosu last quarter.

(A) shipments
(B) shipping
(C) shipment
(D) shipped

107. Benson Foods, a wholesale distributor of organic produce, ------- more than 200 grocery stores on the West Coast.

(A) contracts
(B) affords
(C) supplies
(D) travels

108. Free wireless Internet service ------- available in the guest rooms but not in the lobby.

(A) being
(B) to be
(C) are
(D) is

109. CFO Ramon will not make ------- decisions until more statistical materials are gathered.

(A) whether
(B) what
(C) over
(D) any

110. If you have placed an order for more than two items, be advised they may arrive in separate -------.

(A) payments
(B) sequences
(C) packages
(D) receipts

111. The conference registration fee ------- admittance to more than twenty workshops, seminars, and panel discussions.

(A) include
(B) includes
(C) is included
(D) including

112. Survey ------- analyze the layout of urban areas based on their demographic size.

(A) technicians
(B) technically
(C) technical
(D) technicality

113. Once the product return has been processed, a refund will appear on your credit card statement ------- three business days.

(A) within
(B) during
(C) since
(D) when

114. The printer on the third floor will be out of ------- until the technician arrives on Thursday.

(A) purpose
(B) variety
(C) service
(D) repair

115. Due to the unexpected lack of funding, the completion of the shopping complex has been postponed ------- another source of funds has been secured.

(A) while
(B) during
(C) upon
(D) until

116. Upon request, the guests at Oasia Hotel will be provided vouchers ------- free parking.

(A) on
(B) to
(C) with
(D) for

117. Emeliar Ltd. employees are requested to update quarterly the passwords ------- use for logging on to the employee portal.

(A) they
(B) them
(C) their
(D) themselves

118. Protective clothing must be worn by all employees ------- duties involve working on the factory floor.

(A) who
(B) their
(C) whose
(D) which

119. The manufacturing plant will be situated away ------- the city's residential area to avoid complaints about noise and emissions.

(A) from
(B) about
(C) with
(D) out

120. A group of engineers will visit Starmax, Inc., to study ------- the company produces hydrogen fuel cell vehicles.

(A) which
(B) what
(C) who
(D) how

121. Investing in ------- properties as possible can be hazardous but is often profitable.

(A) as much
(B) as many
(C) so much
(D) so many

122. Ms. Jeong was promoted to section head ------- only one year on the job.

(A) besides
(B) after
(C) until
(D) about

123. Boil the meat for at least an hour to ensure ------- readiness to be eaten.

(A) both
(B) this
(C) its
(D) that

124. Amoxibron's research team is planning to hire ------- interns next quarter to assist with laboratory duties.

(A) given
(B) several
(C) whole
(D) natural

125. ------- the new acai berry juice blend has proved so popular with consumers, we should move quickly to increase our production volume.

(A) If
(B) Whether
(C) Since
(D) Unless

126. The morning session will train participants on ------- to prepare containers for overseas shipments.

(A) what
(B) how
(C) that
(D) then

127. Makiko Kawai's new book offers techniques for ------- business tasks with speed and accuracy.

(A) executing
(B) equipping
(C) returning
(D) involving

128. Former volunteers who seek to participate in the event again must ------- a new application.

(A) observe
(B) submit
(C) familiarize
(D) inform

129. Customers who purchase a new product from Izmir Home Store ------- up to thirty days to exchange it.

(A) has
(B) having had
(C) to have
(D) have

130. Next week, the management will meet with a group of consultants who ------- in technical training and team building.

(A) specialize
(B) specializes
(C) specializing
(D) specialization

PART 6 **Questions 131-134** refer to the following webpage.

http://www.midwestdairyexportcouncil.org

The Midwest Dairy Export Council(MDEC) organizes trade fairs and hosts educational programs -------
131. the cheese-crafting industry within the midwestern United States. Cheeses from this region are recognized throughout the world. Many of -------
132. cheeses are used by chefs at fine-dining establishments around the world.

The MDEC puts on the region's largest cheese-maker exposition, held every year in October. The prestigious Artisan Cheese Makers competition is held during this event. -------
133.. David Trafeli was last year's -------
134.. His aged Gouda cheese received a winning score of 95.6 out of 100.

131. (A) is advancing
(B) to advance
(C) has advanced
(D) will advance

132. (A) these
(B) each
(C) when
(D) instead

133. (A) Local firm Bramadol demonstrates the latest in manufacturing technology.
(B) Some new conference activities are being planned for next year.
(C) Cheese makers from around the country compete.
(D) Hotel reservations can be made through our website.

134. (A) speaker
(B) expert
(C) judge
(D) champion

PART 7 ▶ **Questions 135-137** refer to the following memo.

MEMO

To: All employees

From: Aubrey Canfield

Subject: Upcoming feature

Date: 12 April

As you may have heard, we are launching a new feature that will appear in the weekend edition of the paper. It will highlight uplifting and stimulating stories that have happened in our region. –[1]–. The decision was prompted by the numerous requests from readers for just such a feature. –[2]–. The section will be included in both our print and online issues, so it must meet the same high standards as the rest of the newspaper. –[3]–. I will be editing the section with the assistance of reporter Leah Seto. At the moment, we have yet to come up with a suitable title for it. –[4]–. Therefore, feel free to submit one, and any story ideas you may have are welcome.

135. What is the purpose of the memo?

(A) To announce the launch of the paper's weekend edition

(B) To recommend the use of a new technology

(C) To report on a story development

(D) To announce a new weekly feature

136. Who is Aubrey Canfield?

(A) A photographer

(B) A graphic designer

(C) An editor

(D) A foreign correspondent

137. In which of the positions marked [1], [2], [3], and [4] does the following sentence best belong?

"Where possible, they will be accompanied by photographs."

(A) [1]

(B) [2]

(C) [3]

(D) [4]

DAY

PART 5 & 6

현재분사와 과거분사 | 비교

PART 7

고난도 지문 – 기사

PART 5 & 6

- 무엇을 배우든 학습의 성과는 투자한 시간에 비례하게 되어 있다. 지금 책상 앞에 앉아 있는 이 시간은 반드시 좋은 열매가 되어 돌아온다. DAY 8도 집중해서 꼼꼼히 반복적으로 공부해보자.

- DAY 8은 분사와 비교에 관한 내용으로 특히 분사는 거의 빠지지 않고 출제되는 문제 유형이므로 더 신경 써서 공부하자.

Today's Grammar 현재분사와 과거분사

- 빈칸에 들어갈 분사가 현재분사인지 과거분사인지 구별할 것을 요구하는 문제가 출제된다. 일단 기본적으로 현재분사는 '능동', 과거분사는 '수동'의 의미가 있다는 것과 현재분사는 목적어를 취할 수 있지만, 과거분사는 그럴 수 없다는 사실을 기억하고 있어야 한다.

> 현재분사 ➡ 능동
> 과거분사 ➡ 수동
> 현재분사 + 목적어
> 과거분사 + No 목적어

출제 유형 1 ------- + 명사

- DAY 1에서 공부한 대로 명사 앞에 빈칸이 있으면 형용사가 들어가서 명사를 수식해야 한다. 만약 보기 중에 형용사가 없다면 분사를 선택하면 되는데, 현재분사와 과거분사가 모두 있을 때가 있다. 이런 경우에는 '수식받는 명사'와 '수식하는 분사'의 관계가 의미상 능동인지 수동인지 생각해야 한다.

Ex 1. Send the deposit within the ------- time frame in order to avoid losing the reservation.

(A) allot
(B) allotted
(C) allotting
(D) allotments

○ 명사 time frame 앞에 빈칸이 있어서 형용사가 정답인데, 보기 중 형용사가 없으므로 분사 (B)와 (C) 중에서 정답을 선택해야 한다. 수식받는 명사 time frame이 할당'되는' 것이므로 수동의 의미가 있는 과거분사 **(B)**가 정답이다.

VOCAB deposit 보증금 allot 할당하다 allotment 할당, 배당 time frame (어떤 일을 위해 주어지는) 시간, 기간

해석 예약이 취소되는 경우를 피하기 위해 할당된 기간 내에 보증금을 보내시기 바랍니다.

Ex 2. In a column published by *Holifax Courier*, Ms. Yoon makes a ------- argument for environmentally responsible agriculture practices.

(A) convince
(B) convincing
(C) convinced
(D) convincingly

○ 명사 argument 앞에 빈칸이 있어서 형용사가 정답인데, 보기 중 형용사가 없으므로 분사 (B)와 (C) 중에서 정답을 선택해야 한다. 수식 받는 명사 argument가 설득'하는' 것이므로 능동의 의미가 있는 현재분사 **(B)**가 정답이다.

VOCAB publish 게재하다, 싣다 courier (신문의 명칭으로서) ~신문, ~통신 make an argument for ~에 대한 찬성론을 펴다 argument 주장 convince 납득시키다, 확신시키다; 설득하다 convincing 설득력 있는 convinced 확신하는 convincingly 설득력 있게 environmentally responsible 환경적으로 책임감 있는 agriculture 농업 practice 관행, 관례

해석 *Holifax* 통신에 게재된 칼럼에서 Ms. Yoon은 환경적으로 책임감 있는 농업 관행에 대해 설득력 있는 주장을 펼친다.

출제 유형 2 be[become/remain/stay/seem/appear/prove] + -------

● DAY 1에서 배운 대로 be 동사를 비롯한 2형식 동사들 뒤에 빈칸이 있으면 형용사가 들어가서 주격 보어가 되어야 한다. 만약 보기 중에 형용사가 없다면 분사를 선택하면 되는데, 현재분사와 과거분사가 모두 보일 때가 있다. 이런 경우에는 '주어'와 '보어로 사용될 분사'의 관계가 의미상 능동인지 수동인지 보면 된다.

Ex 3. Lakeside City is ------- to introduce new quarterly parking discounts for its residents.

(A) pleasing
(B) pleasure
(C) please
(D) pleased

○ be 동사 뒤에 빈칸이 있어서 형용사가 정답인데, 보기 중 형용사가 없으므로 분사 (A)와 (D) 중에 정답을 선택해야 한다. 할인제도를 도입하게 되어 주어 Lakeside City가 기쁘게 '된' 것이므로 수동의 의미가 있는 과거분사 **(D)**가 정답이다. be pleased to-V는 자주 사용되는 표현이므로 '~하게 되어 기쁘다; 기꺼이 ~하다'라는 뜻으로 기억해두자.

VOCAB please 기쁘게 하다 pleasure 기쁨, 즐거움 introduce 도입하다 quarterly 분기별의

해석 Lakeside 시는 주민들을 위한 새 분기 주차 할인제도를 도입하게 되어 기쁩니다.

Ex 4. The state's rigid building codes have become too ------- for contractors to accommodate.

(A) frustrated
(B) frustration
(C) frustrate
(D) frustrating

be 동사처럼 become 뒤에 빈칸이 있으면 형용사가 정답인데, 보기 중 형용사가 없으므로 분사 (A)와 (D) 중에 정답을 선택해야 한다. 주어 The state's rigid building codes가 좌절감을 '주는' 것이므로 능동의 의미가 있는 현재분사 **(D)**가 정답이다.

VOCAB state 주(州) rigid 엄격한, 융통성 없는 building code 건축 (기준) 법규 frustrate 좌절감을 주다, 불만스럽게 만들다 frustration 불만, 좌절감 contractor 토건업자 accommodate 수용하다, 부응하다, 협조하다

해석 주(州)의 엄격한 건축법은 토건업자들이 부응하기에는 너무 좌절감을 주는 것이 되어 버렸다.

출제 유형 3 분사구문 완성하기

● 주절과 부사절로 구성된 문장은 부사절을 분사구문으로 변형할 수 있다. 예문을 통해 변형 과정을 잘 기억해두자.

The polling firm visited every resident in town when it conducted a survey last month.
그 여론조사 기관은 지난달 설문 조사를 시행할 때 마을의 모든 주민을 방문했다.

❶ 우선 부사절에서 접속사를 없앤다.

The polling firm visited every resident in town when it conducted a survey last month.

❷ 주절의 주어와 부사절의 주어가 같은 대상을 가리키는 것을 확인한 후 부사절의 주어도 없앤다. 서로 같지 않으면 그냥 놔둔다.

The polling firm visited every resident in town ~~when~~ it conducted a survey last month.

The polling firm = it

❸ 부사절의 동사를 현재분사로 바꾼다.

The polling firm visited every resident in town ~~when it~~ ~~conducted~~ a survey last month.
conducting

➡ The polling firm visited every resident in town, **conducting** a survey last month.

Once it is confirmed, your order will be shipped immediately from our factory.
귀하의 주문은 일단 확인되고 나면 즉시 저희 공장에서 출하될 것입니다.

❶ **우선 부사절에서 접속사를 없앤다.**

Once it is confirmed, your order will be shipped immediately from our factory.

❷ **주절의 주어와 부사절의 주어가 같은 대상을 가리키는 것을 확인한 후 부사절의 주어도 없앤다. 서로 같지 않으면 그냥 놔둔다.**

~~Once~~ it is confirmed, your order will be shipped immediately from our factory.

it = your order

❸ **부사절의 동사를 현재분사로 바꾼다.**

~~Once it~~ ~~is confirmed~~, your order will be shipped immediately from our factory.
being confirmed

➡ **Being confirmed**, your order will be shipped immediately from our factory.

● 이 상태로 놔두어도 아무 문제가 없지만, 대부분 being으로 시작하는 분사구문은 being을 생략하고 사용한다.

Being confirmed, your order will be shipped immediately from our factory.

➡ **Confirmed**, your order will be shipped immediately from our factory.

● 분사구문은 접속사와 주어가 생략되어 있어서 의미가 불분명하다. 문맥에 따라 어떤 접속사가 생략된 것인지 추측해야 하므로 글 쓴 사람과 읽는 사람 사이에 오해의 여지가 다분하다. 따라서 오해를 방지하기 위해 분사구문 앞에 원래 있었던 접속사를 다시 넣어서 사용하는 경우가 많다.

The polling firm visited every resident in town **when conducting** a survey last month.

Once confirmed, your order will be shipped immediately from our factory.

● 분사구문의 분사를 선택해야 할 때는, '주절의 주어'와 '목적어 유무'를 보고 판단한다. '주절의 주어'와 '분사'의 관계가 의미상 '능동이면서 목적어가 있으면 현재분사', '수동이면서 목적어가 없으면 과거분사'가 정답이다. 예제의 풀이 과정을 잘 이해하고 기억하자.

Ex 5. Please check to see if the spelling of Mr. Kamimura's name is correct when ------- the document.

(A) revising
(B) revises
(C) revised
(D) revise

○ 부사절 접속사 when 뒤에는 '주어 + 동사'가 있어야 하는데, 보기를 살펴보면 주어가 생략되었다는 것을 알 수 있다. 그렇다면 이 부사절은 분사구문이 된 것이므로 (A)와 (C) 중 정답을 선택해야 한다. 주절의 주어를 봐야 하는데, 명령문이므로 주어 you가 생략된 것이다. 의미상 you가 수정'하는' 것이고, 빈칸 뒤에 목적어 the document도 있어서 현재분사 **(A)**가 정답이다.

VOCAB spelling 철자 correct 맞는, 정확한 revise 수정하다

해석 문서를 수정할 때 Mr. Kamimura의 이름 철자가 맞는지 확인해주시기 바랍니다.

Ex 6. ------- in plain English, the novel is easy for students to read.

(A) Written
(B) Writing
(C) Writer
(D) Writes

○ 먼저 쉼표 뒤에 있는 '주어 + 동사(the novel is)'를 봐야 한다. 여기가 주절이다. 그렇다면 쉼표 앞은 부사절일 테니 '접속사 + 주어 + 동사'의 형태로 이루어져야 한다. 그런데 보기를 살펴보면 이 부분이 접속사와 주어가 사라진 분사구문으로 변형되었다는 것을 알 수 있다. 따라서 분사 (A)와 (B) 중에 정답을 선택해야 한다. 주절의 주어 the novel이 쓰여'지는' 것이고 빈칸 뒤에 목적어도 없으므로 수동의 의미가 있는 과거분사 **(A)**가 정답이다.

VOCAB plain 평이한, 알기 쉬운

해석 그 소설은 쉬운 영어로 쓰였기 때문에 학생들이 읽기 쉽다.

출제 유형 4 명사 뒤에서 수식하는 분사

● 명사 뒤 빈칸에 분사가 들어가서 명사를 수식해야 할 때는 '목적어의 유무'로 어느 분사를 쓸 것인지 판단한다.

Ex 7. Flu season has come again, so take advantage of the free flu vaccination ------- in the lobby.

(A) being offered
(B) to offer
(C) offering
(D) offers

○ DAY 6에서 공부한 내용을 기억하자. 절 안에 이미 take라는 동사가 있어서 동사 (D)는 제외한다. 빈칸에 들어갈 준동사가 앞에 있는 명사 the free flu vaccination을 수식해야 하는데, 능동태 to 부정사 (B)와 현재분사 (C)는 뒤에 목적어가 있어야 한다. 빈칸 뒤에 목적어가 없으므로 과거분사 **(A)**가 정답이다.

VOCAB flu 독감 take advantage of ~을 이용하다 vaccination 예방 접종

해석 독감 유행철이 돌아왔으니 로비에서 제공되고 있는 무료 독감 예방 접종을 이용하시기 바랍니다.

Ex 8. It is imperative that companies ------- large quantities of materials have adequate storage space.

(A) produced
(B) producing
(C) produce
(D) producer

DAY 6에서 공부한 내용을 기억하자. that 절 안에 have라는 동사가 있어서 동사 (C)는 제외한다. 빈칸 뒤에 large quantities of materials라는 목적어가 있는데 명사는 목적어를 취할 수 없으므로 (D)도 제외한다. 빈칸에 들어갈 분사 (A) 혹은 (B)가 앞에 있는 명사 companies를 수식해야 하는데, 빈칸 뒤에 목적어가 있어서 현재분사 **(B)**가 정답이다.

VOCAB imperative 반드시 해야 하는, 긴요한 large quantities of 대량의 material 재료, 원료, 자재 adequate 충분한, 적절한 storage 저장, 보관

해석 대량의 원료를 생산하는 기업들은 반드시 충분한 저장 공간이 있어야 한다.

Today's Grammar 비교

- 보통 정기 토익 3, 4회에 한 번 정도 출제되는 비교 문제는 대부분 매우 쉽게 해결할 수 있게 출제된다.

출제 유형 1 ------- + than

- 대부분 보기를 먼저 살펴보면 비교 문제라는 것을 알 수 있다. 비교 문제는 문장 속에 than이 들어 있으면 그냥 비교급 형용사나 부사를 선택하면 된다. 가끔은 역으로 than을 빈칸으로 출제하기도 하는데, 이럴 때는 문장 속에 비교급 형용사/부사가 보이면 그냥 than을 선택하자.

Ex 1. The blue packaging received ------- ratings among the members of the focus group than the purple one.

(A) higher
(B) highly
(C) highness
(D) highest

보기를 먼저 살펴보면 원급과 비교급, 최상급 등으로 이루어져 있어서 문제의 유형을 파악할 수 있다. 비교 문제에서는 문장 속에 than이 들어 있으면 그냥 비교급을 정답으로 선택하면 된다. **(A)**를 고르자.

VOCAB packaging 포장재, 포장 rating 순위, 평가, 평점 focus group 포커스 그룹(시장 조사나 여론 조사를 위해 각 계층을 대표하도록 뽑은 소수의 사람으로 이뤄진 그룹)

해석 포커스 그룹 참가자들 사이에서 파란색 포장재가 보라색 포장재보다 더 높은 평가를 받았다.

출제 유형 2 비교급을 강조하는 부사

● 비교급을 강조하도록 사용할 수 있는 부사로는 much, still, even, far, a lot, considerably, significantly 등이 있다. very, so, really, extremely, quite 같은 부사들은 원급을 수식할 때 쓰이므로 비교급 앞에 사용하면 안 된다.

Ex 2. Sales of our compact cars were good last quarter, but sales for our electric cars have been even -------.

(A) strong
(B) stronger
(C) strongly
(D) strongest

○ 보기를 먼저 살펴보면 원급과 비교급, 최상급 등으로 이루어져 있어서 문제의 유형을 파악할 수 있다. 빈칸 앞에 even은 비교급을 강조하는 부사이므로 **(B)**가 정답이다.

VOCAB compact car 소형차 quarter 분기(分期) electric car 전기 자동차 strong (수효가) 아주 많은

해석 지난 분기에는 소형차의 판매량이 좋았지만, 전기 자동차의 판매량은 훨씬 더 많았다.

출제 유형 3 최상급

● 비교 문제에서는 빈칸 앞에 정관사 the가 보이면 그냥 최상급을 선택하면 된다. 그밖에 최상급의 단서가 되는 표현들은 다음과 같다.
(that) ~ ever, one of ~, of all, 서수, in + 기준명사(예를 들어 in the world 같은 표현)

Ex 3. *Mumbai Tribune* is the third ------- distributed newspaper in the northwestern region.

(A) wide
(B) widen
(C) most widely
(D) more widely

○ 보기를 먼저 살펴보면 원급과 비교급, 최상급 등으로 이루어져 있어서 문제의 유형을 파악할 수 있다. 그리고 빈칸 앞에 정관사 the와 서수 third가 있는 것, 문장 끝에 in the northwestern region(in + 기준명사)이 있는 것을 보면 최상급 **(C)**가 정답이라는 것을 쉽게 알아낼 수 있다.

VOCAB wide 넓은; 활짝, 완전히 widen 넓히다 widely 널리 distribute 배부하다, 배급하다 northwestern 북서부의

해석 *Mumbai Tribune*은 북서부 지역에서 세 번째로 널리 배급되는 신문이다.

● 문제 유형별 공략법을 알았다면 우리에게 필요한 것은 무한 반복 연습이다.

Exercise

● 제한 시간: **3분**

문제를 풀기 전에 단어를 먼저 외우세요.

정답·해설 p. 110

VOCAB

propose 제안하다 **proposal** 제안(서), 기획안 **initiative** 계획, 프로젝트 **satisfaction** 만족 **satisfy** 만족시키다 **complaint** 불평, 항의 **handle** 처리하다, 다루다 **constantly** 끊임없이 **monitoring system** 감시 시스템 **ensure** 보장하다 **obtain** 얻다, 획득하다 **federal** 연방 정부의 **permit** 허가(증) **update** 최신의 것으로 만들다, 갱신하다; 갱신, 개정 **line** 제품군 **surveillance** 감시 **regulation** 규정 **govern** 제어[억제]하다 **importation** 수입 **frustrate** 좌절감을 주다, 불만스럽게 만들다

101. The ------- initiative aims to make public transportation more accessible to commuters living in the outer suburbs.

(A) proposed
(B) proposing
(C) proposal
(D) propose

102. If you are not ------- with the way your complaint was handled, you may be able to refer it to the local data protection regulator.

(A) satisfaction
(B) satisfying
(C) satisfied
(D) satisfy

103. We are constantly upgrading our monitoring systems, ------- you the highest level of security services available in the market today.

(A) ensured
(B) ensuring
(C) be ensured
(D) will ensure

104. Developers must obtain the federal permits ------- for any new construction projects in wetlands.

(A) required
(B) requiring
(C) requires
(D) will require

105. Even though ------- than the weather forecast, rain caused the baseball game to be delayed by two hours.

(A) light
(B) lighter
(C) lightly
(D) lightest

106. The newest version of Drag & Drop Editor makes it much ------- for business owners to create newsletters and brochures.

(A) easy
(B) easily
(C) easier
(D) ease

107. Turnout last year was the largest ------- in the history of the Business Ethics Conference.

(A) totally
(B) ever
(C) soon
(D) hardly

108. Thank you for your interest in our ------- line of surveillance cameras.

(A) update
(B) updated
(C) updates
(D) updating

109. Since the regulations governing importation became too ------- to accommodate, the Importers Association asked them to be revised.

(A) frustrating
(B) frustrated
(C) frustrate
(D) frustration

110. ------- for its simple and modern designs, Smythson Company is the largest producer of leather goods in the country.

(A) Know
(B) Known
(C) Having known
(D) Knowing

항상 짝으로 출제되는 어휘 문제 8

● DAY 8에서도 지난 40년 동안 꾸준히 짝으로 출제되어온 어휘 문제 두 개를 살펴보자.

❶ **be concerned[worried/anxious] about** ~에 대해 걱정하다

concerns[worries/anxiety] about ~에 대한 걱정

● 앞에 있는 형용사나 명사를 빈칸으로 출제하기도 하고, 전치사 어휘 문제로 출제하기도 한다. '걱정 3형제는 about과 함께!'라고 기억하자. about 대신 regarding을 정답으로 출제한 적도 있다.

Ex 1. ------- about the actual cost of the project have delayed the plans for expanding the stadium.

(A) Additions
(B) Manners
(C) Materials
(D) Concerns

○ '------- about the actual cost of the project'가 '프로젝트의 실제 비용에 대한 우려'라는 뜻이 되도록 **(D)** Concerns를 정답으로 선택해야 한다. 빈칸 뒤에 about이 보이면 항상 '걱정'이 정답이다.

VOCAB addition 추가(물); 증원 인력 manners 예의범절, 매너 material 재료, 자료 actual 실제의 cost 값, 비용 expand 확장하다 stadium 경기장, 스타디움

해석 프로젝트의 실제 비용에 대한 우려 때문에 경기장 확장 계획이 지연되었다.

❷

potential prospective probable	client customer buyer investor employer employee	잠재 고객 잠재 고객 잠재 구매자 잠재 투자자 지원 회사 입사 지원자

● 형용사 어휘 문제로 출제되며 정답은 주로 potential이나 prospective이다.

Ex 2. New sales associates are instructed to research the businesses of ------- customers thoroughly before contacting them for the first time.

(A) total
(B) potential
(C) equal
(D) factual

○ '고객' 앞에 빈칸이 있으면 항상 '잠재 고객'을 기억해야 한다. **(B)**를 정답으로 고르자.

VOCAB sales associate 영업사원 instruct 지시하다; 교육하다 research 조사하다 equal 동등한 factual 사실에 기반을 둔 thoroughly 철저히 contact 연락하다 for the first time 처음으로

해석 신입 영업사원들은 잠재 고객에게 처음으로 연락하기 전에 그들의 사업을 철저히 조사하라고 교육받는다.

PART 7

7가지의 문제 유형을 모두 알아봤다.

1. 주제, 목적 문제
2. 세부사항 문제
3. Not / True 문제
4. 추론 문제
5. 동의어 문제
6. 의도 파악 문제
7. 문장 삽입 문제

모든 문제는 이 7가지 중 한 유형으로 출제된다.

- 지문의 유형에는 가장 많이 출제되는 이메일을 비롯하여 편지, 광고문, 공지사항, 문자 메시지 대화, 온라인 채팅, 각종 안내문, 웹 페이지, 각종 양식(설문조사, 일정표, 영수증, 신청서, 계약서 등), 신문 기사 등이 있다.

유형 8 고난도 지문 - 기사

- 다른 유형의 지문들은 난이도에 큰 차이가 없지만, 유독 기사 지문만큼은 일반적으로 어렵게 출제된다. 수험생들이 모를 만한 어휘가 많이 등장하고 문장도 길고 복잡한 경우가 많다. 고득점을 원한다면 기사 지문을 정복하기 위해 노력해야 하며, 초보자라면 시험 때 시간 배분을 위해 다른 지문 문제들을 먼저 풀고 기사 지문은 마지막으로 미루는 것도 좋은 전략이다. 예제를 풀면서 긴 지문을 읽다가 좌절하지 않으려면 정리된 단어들을 반드시 잘 암기하고 시작하자. 해설 후에 나오는 문장 분석도 꼼꼼히 읽어보자.

Examples 1-4 refer to the following article.

정답•해설 p. 113

LOCAL NEWS

On Friday, Chatri Wattanasin noted with great satisfaction the large crowds of people who came to have a preview of Riverscape, a complex of 70 two- and three-bedroom houses; in a certain sense, this community brings his life full circle.

It was when he was a teenager that Chatri first helped his father put up the family's home on West Oak Street, having a hand in various aspects of the construction of the building. This experience eventually led to a job in the construction industry, which in turn allowed Chatri to cover his own architecture studies at Walailak University. Promptly after graduation, he joined the architecture firm Perkins and Merrill, where he worked for seven years, mainly assuming design works of parks, playgrounds, and other public spaces. Then he went on to teach architecture at the same university he graduated from.

Chatri founded his own company, Adarsh Builders, four years ago. Says Chatri, "Many people who currently reside in rental housing in the area are showing interest in home ownership, but they can't afford to purchase much of what's available in Eastbury. Or if they do find something, it often requires a lot of expensive renovations. Obviously, these people need some assistance."

Jasmine Santero, a real estate agent at Austin Real Estate, Inc., remarked "Mr. Wattanasin is probably the only builder in the Austin area who is genuinely dedicated to addressing the needs of people who seek reasonable housing."

Buyers who participated in the preview were able to save money by purchasing houses prior to Riverscape's grand opening in September. Notes Seong Gyeong Lee, Adarsh's sales director, "Preview participants were able to buy houses at prices as much as 12 percent lower than what the houses will later sell for. Furthermore, since only a limited number of each unit design will be built, customers who make purchases later might not have their first choice of design."

Evelina Zhao was among the event participants on Friday who decided to initiate the purchasing process that day. "I've been searching for an affordable home in Eastbury for some time," said Ms. Zhao. "Thanks to Riverscape, the dream I've had for a long time is about to come true."

Ex 1. What is the purpose of the article?

(A) To advertise rental properties
(B) To recommend a simplified procedure
(C) To profile a local entrepreneur
(D) To describe a new community park

주제나 목적을 묻는 문제는 대부분 도입부, 특히 첫 서너 줄 이내에서 정답을 알아낼 수 있지만, 이 지문의 경우에는 첫 문단에서서는 확실한 단서를 찾아내기 어렵다. 둘째 문단을 읽어보면 Chatri Wattanasin이 건축업계에 발을 들여놓게 된 계기인 십대 시절의 경험부터 대학 진학, 건축회사 근무, 대학 교수직 재직에 이르기까지의 과정이 그려져 있다. 이어지는 문단에서 4년 전에 자기 회사를 차렸다는 내용(Chatri founded his own company, Adarsh Builders, four years ago.)까지 읽어야 이 기사가 기업가의 인물 소개임을 알 수 있다. 이 부분에서 정답으로 **(C)**를 선택하자.

Ex 2. What is indicated about Mr. Wattanasin?

(A) He worked for his father's company after graduating from university.
(B) He has recently been promoted to sales director.
(C) He is the owner of Austin Real Estate, Inc.
(D) He has taught architecture at Walailak University.

1번 예제의 정답을 고른 후 이 문제를 풀기 위해 다시 지문을 읽을 필요가 없다. 1번을 풀 때 둘째 문단에서 Walailak 대학교에서 공부했다는 것과 회사에 다니다가 모교의 교수가 되었다는 내용을 읽었으므로 곧장 정답으로 **(D)**를 고르자.

Ex 3. What is indicated about Riverscape?

(A) It will be completed in September.
(B) It has houses that are affordably priced.
(C) It was designed by the architecture firm Perkins and Merrill.
(D) It is located on West Oak Street.

세 번째 문단에 있는 Chatri가 인터뷰에서 한 말부터 정답을 암시하고 있다. 그의 말의 요점은 Eastbury의 집들은 너무 비싸서 집을 사고 싶은 서민들에게 도움이 필요하다는 것이다. 네 번째 문단에 있는 Jasmine Santero의 말도 정답을 넌지시 알려준다. 그는 인터뷰에서 Mr. Wattanasin이 감당할 수 있을 만한 집을 찾는 사람들의 필요를 충족시키는 데 진심이라고 말한다. 최종적이고 결정적인 단서는 다섯 번째 문단에 있다. 공개 행사에 온 구매자들은 12퍼센트씩이나 낮은 가격에 집이 공급되었다는 Seong Gyeong Lee의 말을 통해 **(B)**가 정답이라는 것을 확실히 알 수 있다.

Ex 4. Who is purchasing a house in Riverscape?

(A) Evelina Zhao
(B) Chatri Wattanasin
(C) Seong Gyeong Lee
(D) Jasmine Santero

마지막 문단 첫 문장에서 Evelina Zhao가 금요일 공개 행사에 와서 당일에 주택 구매 절차를 시작하기로 했다고 알려주고 있어서 여기서 **(A)**를 정답으로 고르면 된다.

VOCAB

rental 임대용의 property 부동산; 건물 simplify 간소화하다 procedure 절차 profile ~의 인물 소개를 쓰다 entrepreneur 기업가 community park 근린공원 note ~에 주목하다, 주의하다; 언급하다 with great satisfaction 매우 만족하여 a crowd of people 많은 사람의 무리 preview 미리 보기, 공개 행사 complex (건물) 단지 in a certain sense 어떤 의미에서는 community 공동체 brings one's life full circle ~의 인생을 제자리로 되돌려 놓다 put up (건물 등을) 세우다, 짓다 have a hand in ~에 관여하다 various 다양한 aspect 측면 eventually 결국, 종래 lead to ~로 이어지다 industry ~업(業) in turn 결과적으로 allow 가능하게 하다 cover (비용을) 감당하다 promptly after ~ 직후에 architecture firm 건축회사 mainly 주로 assume (책임, 업무 등을) 맡다 playground 놀이터 public space 공공장소 go on to-V 이어서 ~하기 시작하다 architecture 건축학 graduate from ~를 졸업하다 found 설립하다 currently 현재 reside in ~에 거주하다 housing 주택 ownership 소유 can(not) afford to-V ~할 여유가 있다(없다) available 구할 수 있는 renovation 보수, 개조 obviously 확실히, 분명히 assistance 도움, 지원 indicate 나타내다, 보여주다 promote 승진[진급]시키다 sales director 영업부장 real estate 부동산 complete 완료하다 affordable (가격이) 알맞은, 감당할 수 있는 price 가격을 정하다 located ~에 위치한 real estate agent 부동산 중개인 remark 말하다, 발언하다 builder 건축업자 genuinely 진심으로 dedicated 전념하는, 헌신하는 address 고심하다, 다루다 seek 찾다 reasonable 가격이 적정한, 너무 비싸지 않은 participate in ~에 참가하다 prior to ~에 앞서 grand opening 개장, 개점 participant 참가자 as much as ~(씩이)나 later 나중에 sell for (가격) ~에 팔리다 furthermore 뿐만 아니라, 더욱이 a limited number of 한정된 수의 unit (공동주택의) 한 가구 initiate 시작하다 process 절차, 과정 search for ~을 찾다 for some time 한동안 be about to-V 막 ~하려는 참이다 come true 이루어지다, 실현되다

문장 분석

On Friday, Chatri Wattanasin noted (with great satisfaction) the large crowds of people (who came to have a preview of [Riverscape], = [a complex of 70 two- and three-bedroom houses]);

➡ with great satisfaction과 who came to ~ and three-bedroom houses는 각각 앞에 있는 동사 noted와 명사 people을 수식한다.

➡ Riverscape와 a complex of 70 two- and three-bedroom houses는 동격이다.

this community brings his life full circle.
S V I.O. D.O.

➡ bring은 4형식 동사이며 his life가 간접목적어, full circle이 직접목적어이다. 직역하면 "이 공동체가 그의 인생에 완전한 순환을 가져다주었다."이다.

It was when he was a teenager **that** Chatri first helped his father put up the family's home on West Oak Street, having a hand in various aspects of the construction of the building.

➡ 'It ~ that ~' 강조 구문이다. "that 이하는 그가 십대일 때였다."라는 뜻이다.

This experience eventually led to a job in the construction industry, which in turn allowed Chatri to cover his own architecture studies at Walailak University.

➡ 관계대명사 which의 선행사는 a job in the construction industry이다. 문장이 길어도 당황하지 말고 그냥 적혀 있는 순서대로 해석하면 이해할 수 있다.

Promptly after graduation, he joined the architecture firm Perkins and Merrill, where he worked for seven years, mainly assuming design works of parks, playgrounds, and other public spaces.

➡ 문장이 길어도 당황하지 말고 그냥 적혀 있는 순서대로 해석하면 이해할 수 있다. "졸업 직후에 / 건축회사 Perkins and Merrill에 입사했다 / 거기서 7년 동안 일했다 / 주로 공원, 놀이터, 기타 공공시설의 설계를 맡았다."

Then / he went on to teach architecture / at the same university (he graduated from).

➡ 목적격 관계대명사가 생략된 문장으로서 he graduated from이 앞에 있는 선행사 the same university를 수식한다.

Many people (who currently reside in rental housing in the area) are showing interest in home ownership

➡ 긴 문장에서는 수식어구가 어디까지인지 잘 파악해야 한다. 이 지문에는 관계대명사 who로 시작하는 수식어구가 유난히 많다. 한번 찾아서 괄호로 표시해보자. 문장의 구조가 훨씬 명확히 보일 것이다.

but they can't afford to purchase much of what's available in Eastbury.

➡ what's available in Eastbury(Eastbury에서 구할 수 있는 것)은 'Eastbury에서 시장에 나와 있는 집들'이라는 뜻이다.

Or if they do find something, it often requires a lot of expensive renovations.

➡ if they do find something(무언가를 찾는다고 할지라도)은 '감당할 만한 가격의 어떤 집을 찾아낸다고 할지라도'라는 뜻이다.

Preview participants were able to buy houses / at prices (as much as 12 percent lower than what the houses will later sell for).

➡ (as much as 12 percent lower than what the houses will later sell for가 앞에 있는 선행사 prices를 수식한다. prices 다음에 '주격 관계대명사 + be 동사(which are)' 구조가 생략되어 있다.

Thanks to Riverscape, the dream (I've had for a long time) is about to come true.

➡ 목적격 관계대명사가 생략된 문장으로서 I've had for a long time이 앞에 있는 선행사 the dream을 수식한다.

- 길고 어려운 지문을 만나도 어휘력만 제대로 갖춰진다면 겁낼 것이 없다. Today's Vocabulary를 잘 익히고 시간을 재면서 단축 실전 문제를 풀어보자.

Today's Vocabulary

involve 관련시키다, 참여시키다
welding operation 용접 작업
be equipped with ~을 갖추고 있다
branch 지사, 분점
hair salon 미용실
qualified 자격이 있는
global 세계적인, 지구의
climate 기후
alternate 대체 가능한, 대안이 되는
route 길, 경로
clearly 분명히, 알기 쉽게
noisily 요란하게, 소란스레
mark 표시하다
confused 혼란스러워하는
renovate 개조하다, 보수하다
prosecutor 검사, 검찰관
investigate 조사하다, 수사하다
case 사건, 문제
astonish 매우 놀라게 하다
uncover 적발하다, 알아내다
illegal 불법적인
transaction 거래, 매매
brief (시간이) 짧은, 잠깐의
proper 적절한, 제대로 된
earn 획득하다, 얻다
MBA 경영학 석사(Master of Business Administration)
degree 학위
consider (~을 ~으로) 여기다
locate (특정 위치에) 두다, 설치하다
misplaced 제자리에 있지 않은(그래서 찾을 수 없는)
inactive 사용되지 않는
unable (명사 앞에 안 씀) (to-V와 함께) ~할 수 없는
resigned 체념한
off-site 사외의
storage 보관소
massive 거대한
aim to-V ~하는 것을 목표로 하다
serve (식당 등에서 음식을) 제공하다
set up 준비하다
charity reception 자선 리셉션
new arrival 신착품
study 연구
reveal 드러내 보이다
complexity 복잡성
latest 최근의, 최신의
warehouse 창고
rental rate 임대료, 대여료
above ~보다 많은
indicate 나타내다, 보여주다
mass 대량의, 대규모의
influx 유입; 쇄도
firm 회사
generate 발생시키다, 만들어내다
demand 수요
simultaneously 동시에
uncertainty 불확실한 상황
discourage 막다, 의욕을 꺾다
(building) contractor 건설업체
undertake 착수하다
aircraft 항공기

committed 헌신적인, 열성적인
be entitled to ~에 대한 권리가 있다
previous 이전의, 먼젓번의
spacious 널찍한
constructive 건설적인
diverse 다양한
instinct 본능, 타고난 소질
occasion 경우, 때
approach 접근법
resolve 해결하다
mechanical problem 기계적 결함
swiftly 신속히, 빨리
avoidably 피할 수 있게
doubtfully 미심쩍게, 불확실하게
rigidly 융통성 없이, 완고하게
simmer 끓다
likewise 똑같이, 비슷하게
thicken 걸쭉해지다
experience 겪다, 경험하다
prolonged 오래 계속되는, 장기적인
wait 기다림
order 주문품
tend to-V ~하는 경향이 있다
apart 떨어져
hold 열다, 개최하다
fill 채우다
executive assistant 비서, 보좌관
position (일)자리, 직위
closure 폐쇄
northbound 북쪽으로 향하는
lane 차선

apparent 분명한
established 확실히 자리를 잡은
permanent 영구적인
reply 답장을 보내다
unsubscribe (메일링 서비스를) 취소하다
subject 제목, 주제
field 난(欄)
remain (없어지지 않고) 남다
mailing list 우편물 수신자 명단
piece 한 부분
contract 계약(서)
for instance 예를 들어
environmental 환경과 관련된
shortage 부족
commercial 상업용의
furthermore 뿐만 아니라, 더욱이
complete 완료하다
in part 부분적으로는, 어느 정도는
stringent 엄격한
regulation 규정; 규제
additional 추가의
building code 건축법
supply 공급
restrict 제한하다, 한정하다
rental price 임대 가격
raise 인상하다, 높이다
combination 결합, 조합
factor 요인, 인자
trend 동향, 추세
neighboring 이웃한, 인근의

Practice Test

• 제한 시간: 15분

PART 5

정답•해설 p. 114

101. In accordance with safety procedures, employees ------- in welding operations should be equipped with proper filter lenses.

(A) involve
(B) involved
(C) involving
(D) involves

102. Another branch ------- Shears Hair Salon will open in Rosaryville's business district.

(A) up
(B) of
(C) along
(D) in

103. The survey showed that customers aged 31 to 49 paid with a Sage credit card ------- than customers in any other age group.

(A) frequently
(B) frequent
(C) more frequently
(D) frequency

104. Ms. Chen ------- the clients ten different apartments in just one day.

(A) made
(B) opened
(C) passed
(D) showed

105. Confident that Mr. Cha Joon was ------- more qualified than other candidates, Brell Corporation hired him as the new CEO.

(A) much
(B) very
(C) rarely
(D) along

106. There is a recognized need for lowering greenhouse gas emissions in order to address concerns ------- global climate change.

(A) excluding
(B) during
(C) following
(D) regarding

107. Dressing in layers is the ------- choice for autumn so that you can shed one if it's warm.

(A) smart
(B) smartest
(C) smarter
(D) most smartly

108. Many ------- buyers have expressed intentions to take over the bankrupt company, but there has been no firm offer yet.

(A) prospective
(B) appreciable
(C) portable
(D) inevitable

109. Although the alternate route was ------- marked, many drivers were confused and ended up getting lost.

(A) never
(B) next
(C) clearly
(D) noisily

110. The couple were charmed by the skylights, the fireplace, and the beautifully ------- kitchen.

(A) renovated
(B) renovation
(C) renovate
(D) renovating

111. For one week -------, Pay Less Super Market is giving away a free movie ticket with every order of 60 dollars or more.

(A) often
(B) only
(C) over
(D) through

112. The prosecutors investigating the case have been ------- by the number of uncovered illegal transactions.

(A) astonished
(B) astonish
(C) astonishing
(D) astonishment

113. Alex Kaupa oversaw smelting operations in Cape Town for a ------- time before being reassigned to Durban.

(A) brief
(B) large
(C) slow
(D) proper

114. ------- an MBA degree, Ms. Hallett is considered one of the most promising candidates for the finance director position.

(A) Having earned
(B) Earned
(C) Being earned
(D) Earn

115. The Vietnamese restaurant ------- next to the subway station provides a variety of lunch dishes at affordable prices.

(A) locations
(B) locate
(C) locating
(D) located

116. The Sonoka washing machine was ranked higher ------- all other washing machines in its class.

(A) to
(B) past
(C) than
(D) by

117. Palmer Tomkinson Legal Services asks that ------- client files be kept in off-site storage for five years.

(A) misplaced
(B) inactive
(C) unable
(D) resigned

118. The human brain is larger than that of almost any other animal, including many animals that are ------- more massive than us in total.

(A) so
(B) very
(C) real
(D) far

119. Ting's Café in Macao ------- to serve the freshest possible seafood.

(A) aims
(B) catches
(C) provides
(D) produces

120. Please notify public relations if you are able to help set up the events room ------- the annual charity reception.

(A) since
(B) before
(C) into
(D) except

121. The aircraft's ------- flight had arrived late, so its originally scheduled 8:15 P.M. departure was delayed.

(A) committed
(B) entitled
(C) previous
(D) spacious

122. If SGX Machines merges with the Panda Corporation, the resulting conglomerate will be ------- of the largest technology firms in Europe.

(A) much
(B) some
(C) those
(D) one

123. This chapter explores newly ------- library buildings with an emphasis on features contributing to the user experience.

(A) constructing
(B) construct
(C) constructed
(D) constructive

124. Management of the Henkel Factory is planning to try diverse ------- to improving employee productivity.

(A) instincts
(B) decisions
(C) occasions
(D) approaches

125. Constant training enables our technicians to resolve most mechanical problems -------.

(A) swiftly
(B) avoidably
(C) doubtfully
(D) rigidly

126. The cooking directions call for turning down the heat and letting the sauce simmer ------- it thickens.

(A) whereas
(B) likewise
(C) instead
(D) until

127. Online customers who experience prolonged waits for their orders tend ------- the business low ratings.

(A) have given
(B) gave
(C) to give
(D) giving

128. The department's summer picnic is ------- held outside town, in Wiltshire County Riverside Park.

(A) apart
(B) always
(C) much
(D) far

129. Ms. Nadal wants to fill the executive assistant ------- as soon as possible.

(A) worker
(B) employment
(C) position
(D) experience

130. While the closure of Palm Street's northbound lane is not -------, it will not reopen until the end of the year.

(A) developed
(B) apparent
(C) established
(D) permanent

PART 6 **Questions 131-134** refer to the following e-mail.

You are receiving this e-mail -------(131.) we have records of your contacting Cozy Days in the past about our home decor products or visiting our website. If you no longer wish to receive our e-mails, you can be removed from our list easily. -------(132.). But do you really want to miss out on discount offers for items that will help turn your house into an -------(133.) home? We hope you will choose to remain on our mailing list so that we can continue to send -------(134.) for the most popular new arrivals for your home.

131. (A) even
(B) because
(C) during
(D) among

132. (A) Simply reply to this e-mail with the word "unsubscribe" in the subject field.
(B) The issue has not yet been resolved and discussions will continue.
(C) Please provide your order number to one of our customer service representatives.
(D) Our products are made mostly by local artisans using natural materials.

133. (A) invites
(B) invited
(C) inviting
(D) invitation

134. (A) pieces
(B) contracts
(C) samples
(D) coupons

PART 7 ▶ **Questions 135-138** refer to the following article.

Study Reveals Complexity

September 20—According to one of the latest reports, office and warehouse rental rates in the city of Point Crawford are almost 30 percent above the national average. –[1]–. The study indicates that, in recent years, a mass influx of technology firms has been generating the highest ever demand for space. Simultaneously, prolonged regional economic uncertainty has discouraged a lot of building contractors from undertaking new construction projects.
–[2]–. For instance, only two new developments have been completed in Point Crawford over the past year. –[3]–. Furthermore, construction projects are now taking even longer to complete, due in part to more stringent environmental regulations. –[4]–. Supply is being restricted and rental prices raised by the combination of factors.

Just behind Point Crawford in the trend are the neighboring cities of Laramie and Cheyenne. For the past six months, the two cities have seen 11 percent and 9.5 percent increases in commercial rental rates, respectively.

135. What does the article describe?
(A) A reduction in environmental restraints
(B) A shortage of commercial space
(C) Building projects left incomplete
(D) Apartments that are too expensive

136. According to the article, why does it take additional time to finish a building project in Point Crawford?
(A) Facilities need to be modernized.
(B) Contractors are already overloaded with work.
(C) Some building codes have been changed.
(D) Many construction sites are difficult to access.

137. What does the article imply about Point Crawford, Laramie, and Cheyenne?
(A) They have revenue growth above the national average.
(B) They are experiencing decreases in population.
(C) They have booming building industries.
(D) They are in the same region.

138. In which of the positions marked [1], [2], [3], and [4] does the following sentence best belong?

"The rates are the highest in the nation."

(A) [1]
(B) [2]
(C) [3]
(D) [4]

DAY

PART 5 & 6

시제 I 여러 가지 어형 1

PART 7

2중 / 3중 지문 문제

PART 5 & 6

배운 내용을 다른 사람에게 직접 설명해보거나 휴대전화로 촬영해서 자신에게 설명해보자.
누군가에게 설명할 수 있는 지식은 진짜 자기 지식이다.

- 시제와 여러 가지 어형을 다루어보자. 여러 가지 어형은 진짜 여러 가지라서 DAY 9 하루에 안 끝나고 DAY 10까지 이어진다.

Today's Grammar 시제

- 먼저 보기를 살펴보면 시제 문제라는 것을 알 수 있는데, 빈칸 앞뒤에 정답의 단서가 있는 경우가 거의 없다. 그러므로 이 유형을 만나면, 빈칸 앞뒤를 보는 첫 단계를 건너뛰고, 곧장 문장 맨 앞으로 가서 읽기 시작하자. 읽으면서 시제를 나타내는 키워드를 찾아내야 한다. 시험에서 자주 정답으로 출제되는 시제들의 키워드를 알아보자.

출제 유형 1 과거 시제

- 최근에는 과거 시제가 정답으로 가장 많이 등장하고 있는데, 대부분 **last, ago, yesterday**를 보여준다. 그밖에 'in + 과거연도[세기]', once(한때), at one time(일찍이), recently 같은 분명한 과거의 시점을 나타내는 표현이 키워드가 될 수 있다.

Ex 1. Sanctus Industrial ------- a 20 million-euro addition to its Hanoi factory last week.

(A) opened
(B) open
(C) was opened
(D) is opening

일단 [(A) 능동태 동사/준동사 (B) 능동태 동사 (C) 수동태 동사 (D) 능동태 동사]로 구성된 보기라는 것을 파악해야 한다. 문장에 동사가 없으므로 빈칸에 동사가 들어가야 하는데, 빈칸 뒤에 목적어 a 20 million-euro addition to its Hanoi factory가 있으므로 수동태인 (C)는 제외한다. 주어가 단수 명사이기 때문에 복수 동사인 (B)도 정답이 될 수 없다. (A)와 (D) 중에 올바른 시제의 동사를 선택해야 하는데, 문장 맨 끝에 last week이 있으므로 과거 시제인 **(A)**가 정답이다.

VOCAB addition 증축 부분

해석 Sanctus Industrial은 지난주에 2천만 유로를 들인 Hanoi 공장의 증축 시설의 문을 열었다.

출제 유형 2 미래 시제

- 'next + 시간', in the future, someday, sometime, 'in + 시간(~후에)', tomorrow, later today(오늘 나중에) 등이 보이면 미래 시제가 정답이다.

Ex 2. Mr. Warken ------- in Kyoto late tomorrow evening.

(A) arriving
(B) to arrive
(C) will arrive
(D) has arrived

문장에 동사가 없으므로 동사인 (C)와 (D) 중에 정답을 선택해야 한다. 올바른 시제를 선택해야 하는데, late tomorrow evening (내일 저녁 늦게)이라고 했으므로 미래 시제인 **(C)**가 정답이다.

해석 Mr. Warken은 내일 저녁 늦게 교토에 도착할 것이다.

출제 유형 3 현재완료 시제

- 문장 안에 'since + 시점'이나 'for[over/in] the last[past] + 기간'이 있으면 현재완료 시제를 정답으로 선택하자.

Ex 3. Since its release in 1992, OpenGL ------- the industry-leading graphics application programming interface with support for virtually all operating systems.

(A) becomes
(B) has become
(C) became
(D) had become

시제 문제이므로 빈칸 앞뒤가 아니라 문장 맨 앞으로 눈을 가져가야 한다. 그리고 Since its release in 1992를 보면서 현재완료 시제인 **(B)**를 정답으로 골라야 한다.

VOCAB release 출시 industry-leading 업계를 선도하는 application program(ming) interface 응용 프로그램 인터페이스 support 지원 virtually 사실상, 거의 operating system 운영 체제

해석 1992년 출시 이후 OpenGL은 사실상 모든 운영 체제를 지원하며 업계를 선도하는 그래픽 응용 프로그램 인터페이스가 되었다.

출제 유형 4 since, for

- 보기가 접속사나 전치사로 구성되어 있을 때 since나 for가 보인다면, 주절의 시제가 현재완료인지 확인해보자. 현재완료 시제 문장이라면 항상 since나 for가 정답이다. 이 둘이 함께 등장하는 예도 있는데, 이럴 때는 구별하는 방법을 알아야 한다. 우선 의미상 since 뒤에는 '시점', for 뒤에는 '기간' 표현이 나온다. 또한 since는 접속사와 전치사로 사용하기 때문에 뒤에 '주어 + 동사'가 올 수도 있고 '목적어'가 올 수도 있지만, for는 전치사로만 사용하기 때문에 뒤에 '주어 + 동사'가 올 수 없다.

Ex 4. All of the attorneys at the firm of Hoi-Tung Lai and Associates have practiced law ------- over ten years.

(A) since
(B) for
(C) of
(D) by

- 문장의 시제가 현재완료라면 항상 since나 for를 정답으로 선택하자. 여기서는 빈칸 뒤에 '기간'을 나타내는 표현이 있으므로 **(B)** for가 정답이다.

VOCAB attorney 변호사 firm 회사 practice law 변호사를 업으로 하다

해석 Hoi-Tung Lai and Associates 사(社)의 모든 변호사는 10년이 넘는 기간 동안 변호사 일을 해왔습니다.

출제 유형 5 미래완료 시제

- 'by + 미래 시점', 'as of + 미래 시점(~부(附), ~를 기(期)하여)', 'by the time + S + 현재 시제 동사'가 보이면 미래완료 시제가 정답이다. 특히 'by + 미래 시점'이 자주 출제된다.

Ex 5. By the time the creative director steps down from his position next month, he ------- with the company for 20 years.

(A) has served
(B) will have served
(C) had served
(D) served

- 시제 문제는 항상 문장을 맨 처음부터 읽어야 한다. 부사절이 'by the time + S + 현재 시제 동사(By the time the creative director steps down)'이므로 미래완료인 **(B)**가 정답이다.

VOCAB creative director 광고 담당 이사 step down (요직 등에서) 물러나다 serve (어떤 조직에서) 근무하다, 재직하다

해석 광고 담당 이사가 다음 달에 직위에서 물러날 때쯤이면 그는 회사에서 20년을 근무한 것이 된다.

출제 유형 6 시간/조건 부사절의 시제

- 5번 예제 문장을 다시 한번 살펴보자.

By the time the creative director steps down from his position next month, he will have served with the company for 20 years.

부사절에 next month라는 미래 시점 부사가 있는데 동사가 미래 시제인 will step down이 아닌 이유는 이 절이 시간 부사절이기 때문이다. 시간/조건 부사절에서 미래에 대해 말하려면 미래 시제 대신 '현재'나 '현재완료' 시제를 사용해야 한다. steps down이 빈칸으로 출제되었을 때 여기에 미래 시제를 정답으로 선택하지 않도록 주의해야 한다. 매우 자주 출제되는데, 너무나 많은 수험생이 함정에 빠진다.

Ex 6. Flower show volunteers may be required to work longer shifts if the need -------.

(A) arise
(B) arises
(C) had arisen
(D) will arise

일단 if 절의 주어 the need가 단수 명사이므로 복수 동사 (A)는 제외해야 한다. if 절은 '만약 필요가 발생한다면'이라는 뜻으로 미래 상황을 나타낸다. '조건 부사절'에서는 미래 이야기를 하고 싶으면 미래 대신 '현재'나 '현재완료' 시제를 사용해야 하므로 정답은 **(B)**이다.

VOCAB flower show 화훼 전시회 volunteer 자원봉사자 shift 교대 근무 (시간) arise 생기다, 발생하다

해석 화훼 전시회 자원봉사자들은 필요가 발생하는 경우 더 긴 시간을 일하도록 요구받을 수 있습니다.

Today's Grammar 여러 가지 어형 1

- 동사의 형태를 선택하라는 문제가 출제되는데 최근 토익 시험에 자주 출제된 것들로 10가지를 공부해보자. 이번엔 2개만 보고, 나머지는 다음번에 살펴보자.

출제 유형 1 have + -------

- 빈칸이 동사 자리라는 것을 알았는데 바로 앞에 have 동사가 있다면 완료형을 만들기 위해 과거분사를 정답으로 선택해야 한다.

Ex 1. If you have recently ------- a video editing software and want to learn how to use it, this channel is just for you.

(A) purchased
(B) purchase
(C) purchasing
(D) to purchase

빈칸 앞에 주어 you가 있고, 빈칸 뒤에 목적어 a video editing software가 있으므로 중간에는 동사가 있어야 하는데, 빈칸 바로 앞에 have가 붙어 있으므로 이 if 절의 동사는 현재완료형이다. 따라서 빈칸에는 과거분사 **(A)**가 들어가야 한다.

VOCAB edit 편집하다

해석 최근에 동영상 편집 소프트웨어를 구매하셨고 사용법을 배우고 싶으시다면, 이 채널이 바로 당신을 위한 것입니다.

출제 유형 2 병렬 구조

- and, or, but, so, yet 같은 등위접속사는 앞뒤에 같은 품사, 같은 어형, 같은 구조가 배치되어야 하며, 이런 구조를 병렬 구조라고 한다. 대부분 토익 시험에서는 and를 이용한 문제가 출제되므로 빈칸 앞뒤에 and가 보이면 수험생의 머릿속에는 '병렬 구조'라는 네 글자가 떠올라야 한다.

Ex 2. Candidates for the open position must have strong interpersonal skills and ------- in customer service working with a diverse population.

(A) experience
(B) experienced
(C) experiencing
(D) to experience

빈칸 앞에 and가 보이는 순간 머릿속에 '병렬 구조'라는 말이 떠올라야 한다. and 앞에 명사 interpersonal skills가 있으므로 and 뒤 빈칸에도 명사 **(A)** experience가 들어가야 한다.

VOCAB candidate 후보자, 지원자 open position 공석 interpersonal skill 대인관계 기술 diverse 다양한 population (특정 범주의) 사람들

해석 공석에 지원한 사람들은 훌륭한 대인관계 능력과 고객 서비스 분야에서 다양한 사람들을 상대해본 경력이 있어야 합니다.

- 연습 문제를 통해 문제 풀이 기술에 능숙해지자.

Exercise

• 제한 시간: **2분 40초**

문제를 풀기 전에 단어를 먼저 외우세요.

정답•해설 p. 126

VOCAB consult 상담하다 quit smoking 담배를 끊다 later today 오늘 나중에 so far 지금까지 assess 평가하다, 사정하다 acquire 매입하다, 취득하다 assist 돕다 expand 확대하다 logistics 물류 managerial 관리의 capability 능력, 역량 research 연구, 조사

101. Mr. Hirose ------- with a doctor yesterday about quitting smoking.

(A) consults
(B) is consulting
(C) to consult
(D) consulted

102. Later today, Mr. Chu ------- interview times for the job candidates.

(A) has been arranging
(B) will be arranging
(C) was arranged
(D) have arranged

103. So far, the Bellworth store ------- 30 percent more smartphones than it did last year.

(A) will sell
(B) was sold
(C) has sold
(D) are selling

104. ------- he arrived in Malaysia, financial risk analyst Steve Hulce has been assessing the spending of Kuala Lumpur's middle class.

(A) While
(B) During
(C) Since
(D) For

105. ------- this time next year, Hype Technology will have acquired another subsidiary.

(A) To
(B) By
(C) Quite
(D) Begin

106. Mr. Koizumi ------- Ms. Chang's clients while she is on a business trip to Tokyo.

(A) will assist
(B) assisted
(C) to assist
(D) is assisted

107. Since Mr. Annan and the new management took on operations, the company has ------- its logistics and managerial capabilities.

(A) expansively
(B) expanded
(C) expands
(D) expand

108. The ratio of spending on health research and basic research and ------- of energy is 30 to 1.

(A) develop
(B) developed
(C) developing
(D) development

109. Mr. Guo ------- at Second Street Financial three years ago.

(A) works
(B) worked
(C) working
(D) will work

110. We need to hire another graphic designer to join the team, which ------- during the meeting next week.

(A) is discussed
(B) will be discussed
(C) was discussed
(D) has been discussed

항상 짝으로 출제되는 어휘 문제 9

- 항상 짝으로 출제되는 어휘를 암기하는 것은 토익 문제도 가장 빠르고 정확하게 맞히면서 실제로 영어도 잘 구사하는 비결이다. 이번에도 두 가지를 외워보자.

❶ hold a press conference[meeting/conference/seminar/session/party]

기자회견을[회의를/회의를/세미나를/모임을/파티를] 열다

- 동사 어휘 문제로 출제될 수도 있고, 명사가 빈칸으로 나올 수도 있다.

Ex 1. Most of the afternoon ------- will be held on the ground floor, near the conference registration area.

(A) sessions
(B) conditions
(C) requests
(D) speakers

> 빈칸 뒤에 will be held가 보이는 순간 보기에 있는 **(A)** sessions가 눈에 들어와야 한다.

VOCAB session 모임; (특정 활동을 위한) 시간 condition 상태; (요구) 조건 hold 열다, 개최하다 ground floor 1층 conference 회의, 학회

해석 대부분의 오후 모임은 1층 학회 등록구역 가까이에서 열릴 것이다.

❷ 토익이 사랑하는 부사 promptly

handle[address/deliver/answer/report] promptly
즉시 처리하다[처리하다/배달하다/대답하다/보고하다]

promptly[exactly/precisely] at + 시각 정각 ~시에

- promptly를 빈칸으로 출제하는 문제는 DAY 7에서도 소개했다. 짝이 보이는 순간 주저 말고 정답으로 선택하자. 또한 promptly는 보기 중에 들어 있을 때 오답인 경우가 거의 없다고 했다. 도저히 정답을 모르겠다면 promptly를 찍어서 하나라도 더 맞힐 확률을 높이도록 하자.

Ex 2. Make sure you get to the station a few minutes early because Ms. Zhou's train will arrive ------- at 6:00 P.M.

(A) carefully
(B) unexpectedly
(C) promptly
(D) clearly

> 빈칸 뒤에 있는 at 6:00 P.M.을 보자마자 정답으로 **(C)** promptly를 선택해야 한다.

VOCAB make sure (that) 반드시 ~하다 carefully 주의 깊게 unexpectedly 뜻밖에 clearly 분명히

해석 Ms. Zhou가 타는 열차가 저녁 6시 정각에 도착할 예정이니 반드시 몇 분 일찍 역에 도착하시기 바랍니다.

PART 7

Part 7에서 출제되는 7가지의 문제 유형을 모두 다뤘고 DAY 8에서는 지문 유형 중 가장 어려운 기사 문제를 조금 더 공부했다.
Part 7 문제를 분류하는 또 다른 방식은 지문의 개수에 따른 것이다. 147-175번은 단일 지문 문제로서 지문 하나를 읽고 2-4문제를 풀어야 한다. 176-185번은 2중 지문 문제들로서 지문 두 개를 읽고 5문제를 풀어야 한다. 186-200번은 3중 지문 문제들이며 지문 세 개를 읽고 다섯 문제를 풀어야 한다.

유형 9 2중 / 3중 지문 문제

● 여기서 출제되는 문제 유형은 DAY 1-7에서 소개한 7가지와 같다. 시간을 아끼기 위해 문제를 먼저 읽은 후에 지문을 읽어야 한다는 기본 풀이 원칙도 똑같다. 한 가지 차이점은 2중/3중 지문 문제 중에는 반드시 연계 추론 문제, 즉 지문 하나로는 해결할 수 없고 다른 지문의 내용과 연계하여 추론해야 하는 문제가 출제된다는 것이다. 5문제 중 평균 2문제가 이런 식으로 출제된다. 3중 지문 예제 한 세트를 풀면서 익혀보자. 특히 2번 예제의 해설을 주의 깊게 읽어야 한다.

Examples 1-5 refer to the following notice and e-mails. 정답 • 해설 p. 129

Prepare for Winter Storms and Stay Safe!

Attention all Johnson Engineering employees:

We are entering the severest part of the season and weather conditions can become challenging. When a heavy snowstorm is forecast within a projected 24-hour period, make sure to take laptop computers and any critical paperwork home with you as you leave the workplace. This is in case road conditions become hazardous as a storm progresses.

Additionally, make every endeavor to reschedule meetings or plan to conduct video conferences. There are a few options that may be taken based on individual circumstances. The options are the following: travel to the office if it is safe to do so, work from home, or use an earned vacation day. Most of all, stay safe and keep your direct supervisor informed of your plan.

E-mail

To: Fareeda Attali <fattali@johnsonengineering.com>
From: Donovan Petterson <dpetterson@johnsonengineering.com>
Date: January 4
Subject: Schedule update

Hello, Ms. Attali,

Per company policy, I just wanted to let you know that due to the severe weather predicted for tomorrow, I am planning to work from home. By the way, how would you like to move forward with the staff meeting that we have scheduled for tomorrow? Would you like me to arrange a video conference, or do you want to postpone the meeting to another day? My schedule is open on Monday, Wednesday, Thursday, and Friday next week.

Also, I was wondering about the Barrow Valley project now that Nicholas Garvey has left our company. What is the status of hiring his replacement? Is the project on track to be finalized in June?

Thanks,
Donovan Petterson

E-mail

To: Donovan Petterson <dpetterson@johnsonengineering.com>
From: Fareeda Attali <fattali@johnsonengineering.com>
Date: January 4
Subject: RE: Schedule update

Hi, Mr. Petterson,

Let's plan to meet in person next week. I will be available only on Tuesday and Wednesday because I need to make several visits to construction sites. You asked a good question about the status of the Barrow Valley project. We have interviewed some job applicants and have narrowed the search down to three individuals. A job offer will be extended soon, so with a new project manager on board by the end of the month, the project will proceed as originally scheduled.

Fareeda Attali

Ex 1. What are employees asked to do in case of forecasts for inclement weather?

(A) Leave important documents at the office
(B) Plan to leave the office late
(C) Take computers home
(D) Use public transportation

공지사항 둘째 줄의 When a heavy snowstorm is forecast가 문제에서 in case of forecasts for inclement weather로 paraphrase 되어 있다는 것을 간파해야 한다. 노트북 컴퓨터는 집으로 가져가라고 (make sure to take laptop computers and any critical paperwork home with you) 지시했으므로 **(C)**가 정답이다.

Ex 2. Who most likely is Ms. Attali?

(A) A department supervisor
(B) A company intern
(C) A Johnson Engineering client
(D) A payroll administrator

수험자는 문제를 읽고 나서 우선 Ms. Attali라는 이름을 지문에서 찾으려고 할 것이다. 두 번째 지문의 수신자로 발견된다. 그렇다면 이 사람이 누구인지 알아내기 위해 자연스럽게 이 이메일을 읽고 싶은 마음이 든다. 여기서 주의할 점은 수험자가 1번 예제를 풀 때 아직 공지사항 전체를 다 읽지 않았다는 것이다. 출제자는 지금 수험자가 첫 지문의 상당 부분을 건너뛰고 다음 지문을 읽도록 유도하고 있다. 그러나 '정답은 건너뛴 부분에서 발견'되는 것이 대부분이다. 두 번째 지문을 먼저 읽은 수험자는 당황하면서 정답을 찾는 데 많은 시간을 낭비하게 된다. 이것은 전형적인 토익의 출제 전략이다. 수험생들은 이것을 기억해야 한다. 2중/3중 지문 문제를 풀 때 시간을 절약하는 방법은 '건너뛰거나 대충 읽는 부분 없이, 지문의 모든 부분을 꼼꼼하게 읽는 것'이다. 공지사항의 마지막 문장에 직속 상사에게 계획을 알리라는(keep your direct supervisor informed of your plan) 지시가 있고, 첫 이메일의 첫 문장에서 발신자의 계획을 알리고 있으므로(Per company policy, I just wanted to let you know that due to the severe weather predicted for tomorrow), 두 지문의 내용을 연계 추론하여 **(A)**를 정답으로 선택해야 한다.

Ex 3. What is indicated about Mr. Garvey?

(A) He will oversee work at a construction site.
(B) He is a former employee of Johnson Engineering.
(C) He has completed a lucrative project.
(D) He is interviewing prospective supervisors.

첫 이메일에서 Mr. Garvey가 회사를 그만뒀다고 말하고 있으므로(now that Nicholas Garvey has left our company) 정답이 **(B)**인 것을 어렵지 않게 알 수 있다.

Ex 4. When will Mr. Petterson and Ms. Attali most likely hold their next meeting?
연계

(A) On Monday
(B) On Wednesday
(C) On Thursday
(D) On Friday

보통 다섯 문제 중 두 개는 연계 추론 문제로 출제된다. 첫 이메일에서 Mr. Petterson의 스케줄이 비는 날은 월요일과 수요일, 목요일, 금요일이라고 했고(My schedule is open on Monday, Wednesday, Thursday, and Friday next week), 답장에서 Ms. Attali가 시간을 낼 수 있는 날은 화요일과 수요일뿐이라고(I will be available only on Tuesday and Wednesday) 했으므로, 회의를 열 수 있는 날은 **(B)** 수요일밖에 없다.

Ex 5. In the second e-mail, what is indicated about the Barrow Valley project?

(A) It will be completed on schedule.
(B) It has become more costly than originally expected.
(C) It involves an unique engineering design.
(D) It will commence in June.

Barrow Valley 프로젝트는 애초 예정대로 진행될 것이라고(the project will proceed as originally scheduled) 했으므로 **(A)**가 정답이다.

VOCAB

prepare for ~을 준비하다 severe 극심한, 심각한; 맹렬한 challenging 힘든 heavy snowstorm 폭설 forecast 예측하다, 예보하다; 예측, 예보 project 예상하다, 추정하다 make sure to-V 반드시 ~하다 critical 대단히 중요한, 중대한 paperwork 서류 workplace 직장, 업무 현장 in case of ~의 경우에 inclement weather 궂은 날씨, 악천후 leave 떠나다; 두고 오다[가다] public transportation 대중교통 in case ~할 경우에 대비해서 hazardous 위험한 progress 진행하다 make every endeavor to ~하기 위해 최선의 노력을 하다 video conference 화상 회의 based on ~에 근거하여 individual 특정인의, 개인의; 개인 circumstances 사정, 상황 earned vacation day 유급 휴가 most of all 무엇보다도 keep *sb* informed of ~에 대해 ~에게 계속 알려주다 direct supervisor 직속 상사 per ~에 의하여 supervisor 관리자 move forward with ~을 진행하다 staff meeting 직원 회의 arrange 마련하다, 주선하다 wonder 궁금하다, 궁금해하다 now that ~이므로, ~이기 때문에 oversee 감독하다 construction site 공사 현장 former 예전의, 이전의 lucrative 수익성이 좋은 prospective 가망이 있는, 유망한 status 상황 replacement 후임자 on track (원하는 결과를 향해) 착착 나아가다[진행 중이다] finalize 마무리 짓다, 완결하다 in person 직접, 몸소 available (사람들을 만날) 시간이 있는 make a visit to ~를 방문하다 hold 열다, 개최하다 job applicant 입사 지원자 narrow down 좁히다, 줄이다 search 탐색, 수색 extend a job offer 일자리를 제안하다 on board 승선한, 탑승한 proceed 진행되다 as originally scheduled 애초 예정대로 on schedule 예정대로, 일정대로 costly 큰 비용이 드는 involve 수반하다, 포함하다 unique 독특한 commence 시작되다

● Today's Vocabulary를 잘 외우고 시간을 재면서 단축 실전 문제를 풀어보자. 예제로 3중 지문 문제를 다루어봤기 때문에 실전 문제로는 2중 지문 문제를 준비해봤다.

Today's Vocabulary

board meeting 이사회 회의
protection officer 보안관
inform[advise] *sb* of *sth* ~에게 ~를 알리다
ask for ~를 요청하다
a panel of experts 전문가 위원회
agricultural 농업의
bring together 결성하다; 묶다, 합치다
rather than ~하지 말고, ~보다는
source 출처
likewise 똑같이, 비슷하게
quite 꽤, 상당히
awards banquet 시상식 연회
compact 소형의
wealthy 부유한
faithful 충실한
realistic 현실적인
quota 할당량
unavailable 이용할 수 없는
occupied 사용 중인
uneventful 특별한 일[사건]이 없는
plumbing 배관 (사업)

association 협회
a variety of 다양한
cover 다루다
licensure 면허 교부
price quote 가격 견적서
potential customer 잠재 고객
conference 회의, 학회
disrupt 방해하다, 지장을 주다
satellite (인공)위성
film company 영화사
treat 취급하다, 대우하다
fly (flew-flown) 날리다; (항공기를) 조종하다
spread 펼치다, 늘어놓다, 퍼뜨리다
merger 합병
fulfilling 성취감을 주는
recommendation letter 추천서
final draft 최종 원고, 최종안
apologize 사과하다
extend 연장하다
hours of operation 운영 시간
process 과정

tend to-V ~하는 경향이 있다, ~하기 쉽다

available to ~가 이용할 수 있는

exclusively 오로지 (~만)

prior to ~에 앞서

departure 출발

home country 본국, 고국

valid 유효한

constant 끊임없는

ordinary 보통의, 평범한

come with ~이 딸려 있다

full-color 전면 컬러 인쇄의

souvenir 기념품

guidebook 안내서

attachment (이메일의) 첨부 파일

confirm / verify 확인해주다

job offer 일자리 제의

be eligible[qualified] for ~의 자격이 있다

benefits package 복리 후생 제도

report to ~로 출두하다

human resources 인사부

level 층

past ~을 지나서

footwear 신발(류)

name tag[badge] 명찰

sales associate 영업 사원

recognize (공로를) 인정하다, 표창하다

performance 실적, 성과

outstanding 뛰어난, 걸출한

appreciate 진가를 알아보다[인정하다]

peer 지위가 동등한 사람

promote 촉진하다, 고취하다

morale 사기, 의욕

meet (필요, 요구 등을) 충족시키다

encounter 맞닥뜨리다

compete 경쟁하다

satisfy 충족시키다

assemble 모이다

certain 어떤, 무슨

qualifications 자격 요건

nominate (후보자로) 지명하다, 추천하다

honoree 수상자

location 지점

Practice Test

●제한 시간: 15분

PART 5

정답•해설 p. 130

101. Corporate restructuring will be discussed at the ------- board meeting.

(A) next
(B) always
(C) soon
(D) like

102. Over the past 20 years, Grantley Medical Clinic ------- Mihos protection officers for all security duties.

(A) is hiring
(B) were hiring
(C) has hired
(D) was hired

103. Mr. Halford ------- additional photographs of the office building he is interested in leasing.

(A) informed
(B) asked
(C) advised
(D) requested

104. A panel of agricultural experts will be brought ------- in an effort to increase crop harvests.

(A) because
(B) either
(C) between
(D) together

105. While the number of pedestrian fatalities has remained stable ------- 1998 at about 200 a year, 11,000 pedestrians are still injured by cars annually.

(A) for
(B) in
(C) since
(D) after

106. Rather than opening the links in the messages from unknown sources, please delete them -------.

(A) especially
(B) likewise
(C) quite
(D) instead

107. Mr. Ahmar decided to reserve a private room for the awards banquet ------- the restaurant was noisy.

(A) rather than
(B) in case
(C) such as
(D) unless

108. By next week, the Italian restaurant opposite the bank ------- in business for 10 years.

(A) was
(B) to be
(C) will have been
(D) had been

109. Every month, Acosta Exports sets a ------- sales quota for each staff member.

(A) compact
(B) wealthy
(C) faithful
(D) realistic

110. The product that Ms. Song ordered from our summer catalog is ------- until 26 August.

(A) unavailable
(B) occupied
(C) uneventful
(D) delivered

111. Children under 13 years of age are eligible ------- free eyesight tests.

(A) over
(B) down
(C) for
(D) out

112. The South India Plumbing Association ------- a variety of online courses covering licensure, safety, and technology.

(A) offers
(B) takes
(C) pays
(D) allows

113. Mr. Jones must send the price quote to the potential customer before he ------- for the conference.

(A) will leave
(B) leaves
(C) leaving
(D) left

114. Leonard Cohen is the most popular singer-songwriter ------- women in their 20s and 30s.

(A) among
(B) toward
(C) within
(D) along

115. Last night's storm ------- disrupted the services of the SES, Inc., satellite communications system.

(A) annually
(B) anytime
(C) whenever
(D) temporarily

116. Although Cabello Pictures and Maldonado Images make very different movies, ------- are successful film companies.

(A) several
(B) everybody
(C) some
(D) both

117. Jetways Vietnam and Blue Sky Airways have ------- a planned merger, which is under review by government authorities.

(A) treated
(B) flown
(C) announced
(D) spread

118. Some developing countries in Africa have ------- rapid economic growth in the past decade.

(A) experience
(B) experienced
(C) experiencing
(D) experiences

119. The public relations department will be ------- a lunch-and-learn session on Thursday.

(A) contacting
(B) collecting
(C) meeting
(D) holding

120. The new CEO is trying to make the company a ------- and more fulfilling place to work.

(A) healthiest
(B) healthier
(C) healthily
(D) health

121. Mr. Bach will write ------- letters only for interns who master every task required for a junior accountant.

(A) recommends
(B) recommendation
(C) recommended
(D) recommending

122. The ------- draft of the project proposal must be submitted by Thursday.

(A) total
(B) many
(C) final
(D) empty

123. Mr. Rodriguez made a phone call yesterday during which he ------- for the delay in the shipment of the heavy machinery order.

(A) to apologize
(B) apologized
(C) apologize
(D) will be apologizing

124. Starting next Monday, Winthrop Dental Office ------- its hours of operation until 8:00 P.M. daily.

(A) had extended
(B) was extending
(C) will be extended
(D) will be extending

125. Macmillan Publishers ------- an average annual growth of over 5 percent in sales since it went public ten years ago.

(A) experiences
(B) has experienced
(C) will experience
(D) experiencing

126. The O'Pake Institute produces helpful instructional videos, but the process ------- to take longer than expected.

(A) finds
(B) shows
(C) works
(D) tends

127. ------- fifteen years ago, Ekmekci Inc., has been the primary supplier of four-cylinder engines to our company.

(A) Since
(B) For
(C) During
(D) Rather

128. By the end of next month, executive chef Aria Suzuki ------- the kitchen at the Santorini Café for twenty years.

(A) has supervised
(B) will have supervised
(C) had been supervising
(D) is supervising

129. The marketing consultants have trained the call center staff members thoroughly to address any customer complaints -------.

(A) recently
(B) promptly
(C) speedy
(D) steady

130. The Seoul office of Deangelo Associates will be closed temporarily until renovations -------.

(A) will be completed
(B) have been completed
(C) being completed
(D) completing

PART 6 **Questions 131-134** refer to the following advertisement.

Greece has so much to offer – historic sites, beautiful scenery, great food and so forth. For one low price, the All–Greece Pass provides you with access to nearly a hundred popular attractions across the country. The more you -------(131.) it, the more value you will get. -------(132.). Passes must be purchased online prior to the departure from your home country and are activated automatically when you visit your first attraction. They will remain -------(133.) for three weeks.

Purchase of the pass -------(134.) comes with a full-color souvenir guidebook.

131. (A) will use
(B) using
(C) use
(D) used

132. (A) The offer is available exclusively to international visitors.
(B) Tourists cannot see all the sites in just a few days.
(C) The attractions are very crowded in the high season.
(D) Tour guides from several companies are available.

133. (A) open
(B) valid
(C) constant
(D) ordinary

134. (A) besides
(B) also
(C) after
(D) beyond

PART 7 ▶ **Questions 135-139** refer to the following e-mail and memo.

To:	Amelia Nouri <anouri@lightcast.com>
From:	Lily Godwin <lgodwin@aylesburys.com>
Subject:	Information
Date:	16 July
Attachment:	Aylesburys information

Dear Ms. Nouri:

It was a pleasure to meet you last week. I am happy to confirm the details of your part-time position at our Aylesburys store on Garfield Avenue in Rockford. As a part-time employee, you are not eligible for our benefits package, but you do receive a 30 percent employee discount on all merchandise in any Aylesburys store.

Training begins at 9:00 A.M. on 26 July. Please report to the human resources office on the lower level, just past men's and women's footwear. You will receive your employee name tag (which must be worn throughout working hours) and then learn how to use the cash registers. I have attached further information for new hires.

Sincerely,
Lily Godwin
Human Resources Manager

MEMO

To: All employees
From: Arvind Moreno
Subject: Important information
Date: 3 May

I am delighted to announce our sales associates of the year. Recognizing employees whose performances are outstanding and who are appreciated by their peers helps to promote employee morale in our store! As you know, employees must meet certain qualifications to be nominated, among which is that they must be full-time employees for at least six months.

Please join me in congratulating Beatrice Selby (Home Appliances), Liang Phan (Jewelry), and Amelia Nouri (Men's Clothing). All three will join honorees from other Aylesburys stores at a banquet in Vancouver next month.

135. Why did Ms. Godwin send the e-mail?

(A) To set up an interview
(B) To verify a job offer
(C) To complain about a new policy
(D) To request driving directions

136. What will Ms. Nouri be given on July 26?

(A) A name badge
(B) A paystub
(C) A parking permit
(D) Discount vouchers

137. In the memo, the word "meet" in paragraph 1, line 3, is closest in meaning to

(A) encounter
(B) compete
(C) satisfy
(D) assemble

138. What is suggested about Ms. Nouri?

(A) She is assigned to the home appliances department.
(B) She will be moving to Vancouver next year.
(C) She applied for the human resources manager position.
(D) She became qualified for an employee benefits package.

139. What is indicated about Aylesburys?

(A) It is not currently recruiting new employees.
(B) It sells only clothing and footwear.
(C) It has more than one location.
(D) It has a banquet facility.

DAY

PART 5 & 6

여러 가지 어형 2

PART 7

7가지 문제 유형 정리

PART 5 & 6

마지막 수업이다. 2주 동안 공부한 것들을 여러 번 반복해서 읽어보자. 문제도 다시 풀어보고, 해설도 꼼꼼하게 다시 읽자.

- 정기 토익에 출제되는 모든 유형을 다룬 것은 아니지만, 이 교재에서 언급하지 않은 유형들은 매우 드물게 출제되므로 독자가 시험에서 만나게 될 문제들은 대부분 이 책의 내용을 벗어나지 않을 것이다. 자, 이제 마지막 출제 유형들을 공부해보자.

Today's Grammar 여러 가지 어형 2

- 동사의 여러 가지 변화형 중 어느 것을 선택할지 묻는 문제다. 시험에 잘 나오는 것들을 10가지만 다루고 있는데, DAY 9에서 2개를 소개했다. 이제 나머지 유형들을 다 살펴보자.

출제 유형 3 to 부정사 목적어 VS 동명사 목적어

- to 부정사를 목적어로 사용하는 동사와 동명사를 목적어로 사용하는 동사를 잘 구별해서 기억해두자.

suggest 제안하다 recommend 권고하다 consider 고려하다 avoid 피하다 enjoy 즐기다 appreciate 고마워하다 mind 언짢아하다 keep 계속하다 finish 끝내다 quit 그만두다 discontinue 중단하다 give up 포기하다	+ V-ing (동명사)
want 원하다 wish 원하다 hope 바라다 decide 결정하다 plan 계획하다 expect 예상하다 intend 작정이다 aim 목표로 하다 fail 실패하다 ask 요청하다 agree 동의하다 promise 약속하다 pledge 서약하다 refuse 거절하다 decline 거절하다	+ to-V (to 부정사)

Ex 1. Mr. Jayson has just signed a five-year lease and is planning ------- the space next year.

(A) renovate
(B) being renovated
(C) renovates
(D) to renovate

○ 빈칸 앞에 동사 is planning이 있으므로 동사인 (A)와 (C)는 제외한다. is planning의 목적어로 동명사 (B)와 to 부정사 (D) 중 하나를 선택해야 하는데, plan의 목적어는 to 부정사이므로 **(D)**를 정답으로 고르자.

VOCAB lease 임대차 계약 renovate 개조하다, 보수하다

해석 Mr. Jayson은 막 5년짜리 임대 계약을 맺었으며 내년에 공간을 개조할 계획이다.

출제 유형 4 조동사 + -------

● 조동사 뒤에는 동사 원형이 필요하다.

Ex 2. The audience were impressed by how they could easily ------- to the characters emotionally despite the film's brevity.

(A) related
(B) relatable
(C) relating
(D) relate

○ 빈칸 앞에 있는 부사 easily는 수식어이므로 일단 지우자. 그 앞에 조동사 could가 있다. 조동사 뒤에 빈칸이 있으므로 동사 원형 **(D)**가 정답이다.

VOCAB audience 관람객 impressed 인상 깊게 생각하는 relate to ~에 공감하다, ~을 이해하다 relatable 공감대를 형성하는 character 등장인물 emotionally 감정적으로, 정서적으로 film 영화 brevity 간결성, 짧음

해석 관람객들은 영화가 짧음에도 불구하고 자기들이 얼마나 쉽게 감정적으로 등장인물들에 공감할 수 있었는지 보고 깊은 인상을 받았다.

출제 유형 5 to 부정사를 목적격 보어로 사용하는 5형식 동사

● 5형식 동사 중 목적격 보어로 항상 to 부정사를 사용하는 것들을 암기하자.

enable 가능하게 하다	allow 허용하다	permit 허용하다	encourage 장려하다
advise 권고하다	persuade 설득하다	expect 기대하다	ask 요청하다
request 요청하다	require 요청하다	invite 요청하다	cause 야기하다

Insulin enables the body to use and store sugar. 인슐린은 인체의 당 이용과 저장을 가능하게 한다.
S V O OC

Ex 3. Occupations that ------- employees to interact with the public may pose an increased risk of psychological distress.

(A) monitor
(B) require
(C) confirm
(D) include

○ 빈칸 뒤에 있는 목적어 employees와 목적격 보어 to interact를 보면서 목적격 보어로 to 부정사를 사용하는 동사 **(B)**를 정답으로 선택해야 한다.

VOCAB occupation 직업 monitor 추적 관찰하다, 감시하다 confirm 확인해주다 interact 소통하다 the public 사람들, 대중 pose a risk 위험을 불러오다 psychological distress 심리적 고통

해석 직원들에게 대중과 소통할 것을 요구하는 직업은 심리적 고통의 위험을 증가시킬 수 있다.

출제 유형 6 to + -------

- 토익 시험에서는 to 바로 뒤에 빈칸이 있으면 **대부분 to 부정사이므로 그냥 동사원형을 선택하면** 된다. 그러나 일부 예외적인 경우가 있으므로 외워두자.

예외

look forward to + (동)명사 ~을 고대하다
be used[accustomed] to + (동)명사 ~에 익숙하다
object[be opposed] to + (동)명사 ~에 반대하다
be subject to + (동)명사 ~을 필요로 하다; ~되기 쉽다
be committed[devoted/dedicated] to + (동)명사 ~에 헌신[전념]하다
contribute to ~에 공헌하다
prior to + (동)명사 ~하기 전에
when it comes to + (동)명사 ~에 관해서는

- 위의 경우에는 to가 전치사로 쓰여 명사형이 나오지만 시험에 잘 안 나오는 유형이다. **대부분 to가 보이면 to 부정사다.**

Ex 4. Duram Limited and Thavor LLC have entered into a strategic partnership to ------- their market share.

(A) increased
(B) increasing
(C) increases
(D) increase

○ "시장 점유율을 늘리기 위하여 전략적 제휴를 시작했다."라는 의미의 문장이므로, '~하기 위하여'라는 뜻의 to 부정사를 만들기 위해 빈칸에 동사 원형 **(D)**를 넣어야 한다. 문장의 내용이 다 이해되지 않더라도 토익 시험에서는 to 뒤에 빈칸이 보이면 거의 예외 없이 동사 원형이 정답이라는 사실을 기억하자.

VOCAB enter into partnership with ~와 제휴를 시작하다, ~와 동업을 하다 strategic 전략적인 market share 시장 점유율

해석 Duram Limited와 Thavor LLC는 시장 점유율을 늘리기 위하여 전략적 제휴를 시작했다.

출제 유형 7 to 부정사의 수식을 받는 명사 ability, effort

- ability(능력)와 effort(노력)는 항상 to 부정사와 함께 사용한다. to 부정사 없이 문장에 들어가면 매우 어색한 문장이 된다.

Ex 5. Information that might identify the author is deleted in an effort ------- confidentiality.

(A) ensured
(B) ensuring
(C) to ensure
(D) ensures

빈칸 앞에 effort가 보이는 순간 주저 말고 정답으로 **(C)** to ensure를 선택해야 한다.

VOCAB identify (신원 등을) 알아보게 하다 author 작성자 delete 삭제하다 in an effort to-V ~하려는 노력의 하나로 ensure 보장하다 confidentiality 기밀성, 비밀성

해석 기밀성을 보장하려는 노력의 일환으로 작성자를 알아보게 할 수도 있는 정보는 삭제되었다.

출제 유형 8 in order to-V

- 빈칸 뒤에 동사 원형이 있는데, 보기 중에 in order to가 보인다면 그냥 정답으로 선택하면 된다.

Ex 6. ------- assemble your Kanelek product, first read all instructions carefully and gather all required tools.

(A) For the purpose of
(B) To be sure
(C) In order to
(D) For example

빈칸 뒤에 동사 원형이 있는 것을 보고 곧장 (C)를 정답으로 선택해야 한다. 보기 중에 바로 뒤에 동사 원형을 쓸 수 있는 것은 **(C)** 밖에 없다.

VOCAB for the purpose of ~의 목적으로 to be sure 틀림없이, 분명히 assemble 조립하다 instructions 설명, 지시 carefully 주의 깊게 gather (여기저기 있는 것을) 챙기다, 모으다 require 필요로 하다

해석 구매하신 Kanelek 제품을 조립하기 위해 우선 설명서를 주의 깊게 읽으시고 필요한 모든 연장을 챙겨주세요.

출제 유형 9 help의 용법

help + (O) + (to)-V

- 5형식 동사 help는 매우 특이하게도 목적어 생략이 가능하며, 목적격 보어로 to 부정사와 동사원형을 모두 사용할 수 있다.

Ex 7. The government announced Friday that it would consider drawing up a supplementary budget to help ------- the recovery in domestic demand.

(A) boost
(B) to boosting
(C) boosting
(D) of boosting

> help의 용법을 기억하자. 이 문장에서는 목적어가 생략되어 있다. 보기 중 help의 목적격 보어로 사용할 수 있는 것은 동사 원형인 **(A)**이다.

VOCAB draw up 편성하다 supplementary budget 추경 예산 boost 북돋우다 recovery 회복 domestic demand 내수

해석 정부는 금요일에 내수 회복 진작에 도움을 주기 위해 추경 예산 편성을 고려할 것이라고 발표했다.

출제 유형 10 '요구, 주장, 권고/추천, 제안'의 동사

- '요구, 주장, 권고/추천, 제안'을 나타내는 동사 뒤에 있는 that 절에는 원래 'should + 동사원형'을 쓰게 되어 있지만, 현대 영어에서는 should를 생략하는 경향이 있다. 토익은 현대 영어 시험이므로 should 없이 동사원형을 사용한다. 이 자리가 빈칸으로 출제되면 동사원형을 선택하자. 그러려면 우선 '요구, 주장, 권고/추천, 제안'의 동사를 암기해야 한다. 굵은 글씨로 된 동사들이 특히 많이 출제된다.

요구	**request**, require, ask, demand + that + 주어 + 동사원형
주장	**insist** + that + 주어 + 동사원형
권고/추천	**recommend**, advise, urge + that + 주어 + 동사원형
제안	**suggest**, propose + that + 주어 + 동사원형

Ex 8. The advisory board recommended that the company ------- the production process to achieve better efficiency.

(A) streamline
(B) streamlines
(C) streamlining
(D) streamlined

> that 절에 넣을 동사를 선택해야 하는데, that 절 바로 앞에 recommended가 있는 것을 보고 정답으로 동사 원형인 **(A)** streamline을 선택해야 한다.

VOCAB advisory board 자문위원회, 고문단 streamline 간소화하다, 능률화하다 production process 생산 공정 achieve 얻다, 달성하다 efficiency 효율(성)

해석 자문위원회는 회사가 더 높은 효율성을 얻기 위해 생산 공정을 간소화할 것을 권고했다.

- 용법을 암기해야 하는 동사들이 많다. 시간을 들여 잘 외우고 연습 문제를 통해 익혀보자.

Exercise

● 제한 시간: **2분**

문제를 풀기 전에 단어를 먼저 외우세요.

정답·해설 p. 143

VOCAB ranger station 관리사무소 optimize 최적화하다 transport 수송하다

101. Governor Trang's popularity has soared since she ------- to reduce taxes and allocate more funding to schools.

(A) followed
(B) predicted
(C) invented
(D) promised

102. Written permission must ------- in order to use Vyber Corporation's logo.

(A) to obtain
(B) obtained
(C) be obtained
(D) obtaining

103. Hikers are invited ------- the ranger station for trail maps of Mount Zion National Park.

(A) visiting
(B) to visit
(C) visits
(D) having visited

104. Evensohn Biscuit Corp. is able to ------- good deals with its wholesale suppliers.

(A) negotiating
(B) negotiates
(C) negotiated
(D) negotiate

105. CEO Jin-Sook Kim has expressed complete confidence in KMTC's ------- to deliver the product on time.

(A) belief
(B) measure
(C) problem
(D) ability

106. ------- change your seating assignment, simply click on the reservations tab on the theater website.

(A) For
(B) Across
(C) With
(D) To

107. Busan Communications has the expertise to help you ------- your online presence.

(A) optimal
(B) optimize
(C) optimization
(D) optimum

108. The manufacturer ------- that the battery be replaced at least every other year for optimal performance.

(A) remembers
(B) recognizes
(C) recommends
(D) registers

109. Seminar attendees appreciated ------- ways to enhance the airport user's experience.

(A) to discuss
(B) discussing
(C) discuss
(D) discussion

110. Effective immediately, several major airlines will no longer ------- buffalo, elephant, leopard, lion or rhinoceros trophies.

(A) transport
(B) transporting
(C) transports
(D) transported

항상 짝으로 출제되는 어휘 문제 

● 항상 짝으로 출제되는 어휘 문제 중 지금까지 소개한 것들에 덧붙여 최근에 출제 빈도가 높았던 것들을 몇 개 더 모아서 암기해보자.

1. a(n) limited[large/great/good/significant/increasing/growing] number of
   한정된[많은/점점 더 많은] 수의

2. be responsible for ~을 담당하다, ~의 원인이 되다

3. complimentary meal[breakfast/lunch/coupon] 무료 식사[아침 식사/점심 식사/쿠폰]

4.

considerable substantial significant limited	amount of	effort money time	상당한 상당량의 상당량의 한정된	노력 돈 시간

5. innovative[creative] design[solution/marketing strategy]
   혁신적인[독창적인] 디자인[해결책/마케팅 전략]

6. in[for/over] the past[last/next/following] + 기간 지난[향후] ~동안

7. mounting[increasing] pressure 증가하는 압력

8. affordable[reasonable] price[rate] 저렴한 가격[요금]

9.

potential prospective probable	client customer buyer investor employer employee	잠재 고객 잠재 고객 잠재 구매자 잠재 투자자 지원 회사 입사 지원자

10. qualified[successful] candidate[applicant] 자격을 갖춘 지원자, 합격자

11. be eligible[qualified] to-V[for N] ~할[~의] 자격이 있다

12. be concerned[worried/anxious] about ~에 대해 걱정하다
concerns[worries/anxiety] about ~에 대한 걱정

13. handle[address/deliver/answer/report] promptly
즉시 처리하다[처리하다/배달하다/대답하다/보고하다]

14. promptly[exactly/precisely] at + 시각 정각 ~시에

15.

promptly shortly immediately right soon just	after afterward thereafter	직후에
	before	직전에

16. conveniently[perfectly/ideally] located[situated]
편리한 곳에[딱 좋은 곳에] 있는

17.

also	그리고 또한
then	그다음에
therefore	그래서, 따라서
thus	그래서, 따라서
so	그래서, 따라서

18. have always[already/recently/finally/consistently] p.p.
항상[이미/최근에/마침내/지속해서] ~했다

19. far too 너무, far beyond ~을 훨씬 뛰어넘는

20. be readily[easily/always/generally/usually/freely] available
쉽게[쉽게/항상/흔히/흔히/무료로] 이용할[구할] 수 있는

21.

increase	substantially	상당히	증가하다
rise	significantly		
expand	considerably		
decrease	dramatically	극적으로	감소하다
decline	markedly	현저하게	
reduce	sharply	급격히	
drop			
fall			

22. nearly[almost] 숫자[all/every/entire/complete(d)/finish(ed)]
거의 숫자[모든/모든/모든/완료된/완료된]

23. highly[strongly] recommend 강력히 추천하다

24. agenda for the meeting[conference/session] 회의 의사일정[의제]
itinerary for the trip 여행 일정

25. earn[gain/develop] reputation 명성을 얻다

26. written

written	notice[notification]	서면 통지
	consent	서면 동의

prior notice 사전 공지

until further notice 추후 공지가 있을 때까지

unless otherwise noted[specified/instructed/directed] 별다른 명시[명시/지시/지시]가 없는 한

in writing 서면으로

27. go[come] into effect(=become effective) 효력을 발생하다

28.

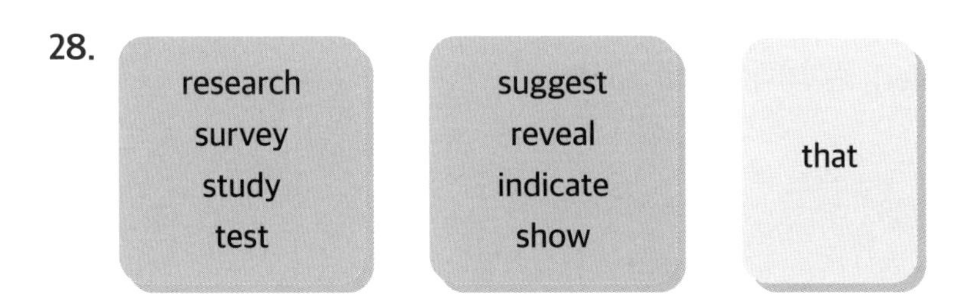

조사[조사/연구/실험]가 ~임을 시사하다[밝히다/나타내다/보여주다]

29. customer satisfaction 고객 만족

30. customer service representative[desk] 고객 서비스 직원[데스크]

31. sales representative[associate] 영업 사원

32. comply with ~을 준수하다, ~에 부합되다 / compliance with ~에 대한 부합 / deal with ~을 다루다

33. attribute[ascribe] A to B A를 B의 덕분으로[탓으로] 돌리다

34. hold a press conference[meeting/conference/seminar/session/party]
기자회견을[회의를/회의를/세미나를/모임을/파티를] 열다

35. notify[inform/advise/remind] A of B A에게 B에 관하여 알려 주다[상기시키다]
brief A on B A에게 B에 관하여 간략하게 알려 주다

36. beginning[starting/effective] + **시점** ~를 기하여

37. be comparable[equivalent] to ~와 필적할 만한

38.

증가(increase, rise, expansion) 감소(decrease, decline, reduction, fall, drop) 변화(change, fluctuation) 경험(experience)	in

39. concentrate[focus] on ~에 집중하다

40. depend[rely] on ~에 의지(의존)하다

41. from + **시점** + on(ward) ~ 이후로

42. noted[famous/known] for ~로 유명한

43. postpone[delay/put off/defer] (연기하다, 미루다) - until

PART 7

- 지금까지 알려준 것들을 정리해보면 다음과 같다.

◎ 문제 유형은 딱 7가지로 분류된다.

❶ **주제, 목적 문제** - 대부분 지문의 도입부에서(서너 줄 이내에) 정답을 알 수 있다.

❷ **세부사항 문제** - 문제에 있는 키워드를 지문에서 찾아내자. paraphrase 되는 경우가 많으므로 어휘력을 쌓는 데 최선을 다해야 한다.

❸ **Not / True 문제** - NOT이 들어 있는 문제에 주의하자. 속도를 늦추고 보기와 지문의 내용을 신중하게 대조해서 지문에 없는 내용을 찾아내야 한다.

❹ **추론 문제** - 반드시 지문에 있는 내용만을 근거로 추론해야 한다. 자기 경험이나 상식으로 하면 오답이 된다.

❺ **동의어 문제** - 주어지는 단어가 항상 다의어다. 단어를 암기할 때 여러 개의 뜻을 함께 기억하자.

❻ **의도 파악 문제** - 주어진 문장을 찾아서 바로 앞사람의 대사를 이해하면 문제가 해결된다.

❼ **문장 삽입 문제** - 주어진 문장에서 앞뒤 문장과의 연결고리가 될 만한 키워드를 생각해야 한다.

- 지문으로는 여러 종류의 실용문이 등장하는데, 특히 기사의 난이도가 높다. 고득점을 원한다면 높은 어휘력을 쌓으면서 기사를 읽는 데 익숙해져야 한다. 초보자라면 시간 배분을 위해 다른 지문 문제들을 먼저 풀고 기사 지문은 마지막으로 미루자.

2중/3중 지문 문제 세트에는 평균 2문제의 연계 추론 문제가 들어 있다. 지문 두 개의 내용을 연결시켜 생각하는 데 익숙해져야 한다. 2중/3중 지문 문제를 빨리 푸는 비결은 어느 한 부분도 빼먹지 않고 꼼꼼히 읽는 것이다. 출제위원은 항상 수험자가 중요하지 않아 보이는 어느 부분을 읽지 않고 넘어가도록 유도한다. 그러고 나서 건너뛴 바로 그 부분에 정답의 단서를 배치해서 수험자의 당황을 유도한다. DAY 10에서 공부한 Part 5 문제 유형들을 다시 한번 살펴보고 마지막 단축 실전 문제를 풀어보자. DAY 10의 Part 7에는 단일 지문 세트 두 개, 3중 지문 세트 하나가 들어 있다. 이 책을 시간이 허락하는 한 여러 번 읽어보기 바란다.

Today's Vocabulary

assembly line 조립 라인

productivity 생산성

be content with ~에 만족하다

be pleased to-V ~해서 기쁘다

tight 단단히, 꽉

sharp 예리하게

deserve ~을 받을 만하다, ~ 해야 마땅하다

recognize 인정하다

pay raise 급여 인상

enthusiastic 열렬한, 열광적인

casual 격식을 차리지 않는

exclusive 독점적인

customary 관례적인

leave 남겨 두다

gratuity 팁

housekeeping staff (호텔의) 객실 관리 직원

deal with ~을 처리하다, 다루다

year of employment 근무 연수

earn (자격, 자질이 되어서 무엇을) 얻다, 받다

oversee 감독하다

possess 소유하다

succeed ~의 뒤를 잇다

persist in[with] 끈질기게 계속하다

domestic 국내의

auto part 자동차 부품

greet 맞다, 환영하다

delegate 대표(자)

banquet 연회, 만찬

available 이용할 수 있는

leather 가죽

maintain 유지하다

proposed 제안된

structured 구조가[조직이] 있는

unlimited 무제한의

educated 교양 있는

site 부지

applicant 지원자

lead role 주인공 역할

film 영화

significantly 상당히, (비교급과 함께) 훨씬 (=considerably)

typically 일반적으로, 전형적으로

tightly 단단히, 꽉; 빽빽이

price quote 가격 견적서

fill out 작성하다, 기재하다

travel agency 여행사

brochure 안내 책자, 안내서

copy (책자) 한 부

attach 붙이다, 첨부하다

checkout 계산(대)

transaction 거래, 매매

pressing 긴급한

lately 최근에

process 처리하다

urgent 긴급한

excessive 과도한, 지나친

excess 잉여분, 초과량[액]

exceed 초과하다

application 지원[신청](서)

subject 주제, 대상

ingredient (요리 등의) 재료

factor 요인, 인자

dish 요리

shipper 운송 회사

shipment 수송, 수송품

shipping 운송, 배송

in advance 미리, 사전에

in contrast to ~와는 대조적으로

weather 날씨; 풍화하다, 풍화시키다

weatherability 악천후에 견디는 성질

weathering 풍화 (작용)

accommodating 남을 잘 돌보는, 친절한

monitor 추적하다, 감시하다

updated 최신의

board of directors 이사회

name 지명하다, 임명하다

grant 주다, 수여하다; 보조금

found 설립하다

prove (~임이) 드러나다; 증명하다

successor 후임자

budget 저가의, 저렴한

press statement 언론 발표문

spokesperson 대변인

confirm 확정하다, 공식화하다

luxury 호화로움, 사치

accommodations 숙박 시설

executive 간부, 중역

lodging 임시 숙소

grand opening 개점, 개업

the public 일반 사람들, 대중

charge up 충전하다

light 불을 켜다(lit-lit)

not even close 턱없이 부족한

run 작동하다

solar energy 태양 에너지

be in need of ~가 필요하다

address 고심하다, 다루다

layout 지면 배정

list 열거하다

separately 따로따로

arrange 배열하다

rather than ~ 보다는

modification 수정, 변경

Practice Test

● 제한 시간: 15분

PART 5

정답·해설 p. 146

101. The state-of-the-art manufacturing process allowed the assembly line workers ------- their productivity considerably.

(A) improve
(B) to improve
(C) improved
(D) improving

102. Yash Raj Studios will raise all monthly and annual fees ------- its movie channel subscriptions.

(A) along
(B) onto
(C) for
(D) about

103. If you are not content with your order ------- PCB Electronics, return it within two weeks from the date of receipt for a full refund.

(A) to
(B) out
(C) from
(D) along

104. Gessen Cosmetics is pleased to ------- Yoshiro Kasai, a new vice president of product development.

(A) welcoming
(B) welcome
(C) welcomed
(D) welcomes

105. Because Ms. Schlosser worked so ------- for the past year, she deserves to be recognized with a pay raise.

(A) bright
(B) hard
(C) tight
(D) sharp

106. It is ------- for the guest to leave a gratuity for the housekeeping staff.

(A) enthusiastic
(B) casual
(C) exclusive
(D) customary

107. The new manager has demonstrated his ability ------- with a tremendous amount of information in a short period of time.

(A) to deal
(B) dealing
(C) of dealing
(D) dealt

108. Employees with ten or more years of employment ------- 0.10 hours of vacation time for every hour worked.

(A) reserve
(B) earn
(C) continue
(D) find

109. The management selected two final candidates who worked in Ohio and Kentucky, respectively, ------- domestic sales of auto parts.

(A) overseeing
(B) possessing
(C) succeeding
(D) persisting

110. Written consent was obtained from survey participants ------- use their data for the purpose of publication.

(A) in contrast to
(B) in order to
(C) as a result
(D) as well

111. The president greeted foreign delegates ------- a banquet last night in Seoul.

(A) at
(B) had
(C) such
(D) where

112. Ultra Trail's new hiking boots will be available in gray ------- black leather.

(A) nor
(B) yet
(C) and
(D) so

113. Resolving customer complaints in a timely and effective manner helps a company ------- a good image.

(A) maintained
(B) be maintained
(C) maintain
(D) is maintaining

114. To expand its global presence, Amangiri Spas will ------- open its franchise opportunities to international prospects.

(A) soon
(B) almost
(C) recently
(D) already

115. Zadro Products has been evaluating the benefits of building a manufacturing plant at the ------- site.

(A) proposed
(B) structured
(C) unlimited
(D) educated

116. *Mintner Photography Magazine* requests that applicants ------- a test piece of no more than 500 words that they think could appear in the magazine.

(A) to submit
(B) submitted
(C) submit
(D) would submit

117. Mr. Lee's schedule is ------- open for interviews from 4:00 P.M. to 6:00 P.M. on Wednesdays.

(A) usually
(B) during
(C) several
(D) longer

118. The lead role ------- the film *Second Chance* was created especially for Ms. Absher.

(A) by
(B) at
(C) in
(D) as

119. The information technology department ------- to purchase two new servers next month.

(A) announces
(B) thinks
(C) predicts
(D) plans

120. Rekey Dynamics has just opened a new production facility that is ------- larger than its existing one.

(A) expertly
(B) significantly
(C) originally
(D) historically

121. Ms. Cho has excelled at ------- processing urgent orders this month.

(A) typically
(B) tightly
(C) quickly
(D) lately

122. The combined amount of a grant and loan may not ------- 75% of a project's total cost.

(A) excessive
(B) excess
(C) exceeding
(D) exceed

123. At Rochelle's Fine Dining, we use only the freshest ------- available to prepare all our dishes.

(A) applications
(B) subjects
(C) ingredients
(D) factors

124. The researchers are still waiting for a ------- date for the new digital microscopes that were ordered two weeks ago.

(A) shipper
(B) ships
(C) shipments
(D) shipping

125. D. P. Company marketers are ------- to become familiar with competitors' products and advertising.

(A) encourage
(B) encourages
(C) encouraged
(D) encouraging

126. Ms. Dowell was able to attend the popular summer budgeting seminar in Porto ------- she bought her tickets in advance.

(A) unless
(B) finally
(C) because
(D) although

127. In contrast to the ------- outside, the inside of Talbott's Bakery was warm and accommodating.

(A) to weather
(B) weatherability
(C) weathering
(D) weather

128. KidsSafe is a mobile tracking service that allows parents to ------- their children's locations using GPS software on their cell phones.

(A) monitoring
(B) monitors
(C) monitored
(D) monitor

129. Hayes Theater will ------- allow customers to purchase tickets on its updated website.

(A) yet
(B) since
(C) ever
(D) soon

130. The board of directors ------- Mr. Park's successor at the meeting yesterday.

(A) named
(B) granted
(C) founded
(D) proved

PART 6 Questions 131-134 refer to the following article.

SEOUL (29 March) — The Malaysian budget hotel chain Furama ------- (131.) plans to bring its brand to Korea. According to a press statement by company spokesperson Sufi Yusuff, Seoul has been confirmed as the first location for the expansion.

------- (132.). The new structure will have 180 rooms that are simple, ------- (133.), and affordably priced. Amenities will include a casual restaurant and a rooftop swimming pool. Like Furama's other properties, the Seoul hotel will be designed to appeal to younger travelers. ------- (134.) is scheduled to begin early next year.

131. (A) canceled
(B) managed
(C) announced
(D) received

132. (A) Furama is the most recognized name in luxury accommodations.
(B) Furama executives will be meeting next week to make a decision.
(C) Furama Seoul will give travelers a new lodging option in the city center.
(D) Furama Seoul's grand opening next weekend is open to the public.

133. (A) comfort
(B) comforts
(C) comforted
(D) comfortable

134. (A) Construction
(B) Research
(C) Assistance
(D) Discussion

PART 7 ▶ **Questions 135-136** refer to the following review.

http://www.productreviews.com/lighting/outdoor-lights

Outdoor Lighting | Garden & Exterior Lighting - B&Q

Posted by: Trevor Wilkins

My neighbor pays $40 every month for size-C batteries to operate his Duotono motion sensor lights. Although they emit plenty of light, I was surprised at the cost of operation. As an alternative, I thought I'd try out B&Q lights, which provide a money-back guarantee. To experiment, I purchased only one outdoor wall light just to test it out. I put it out in the sun to charge up for two hours, and that was enough for it to stay lit during the whole night long! It was also very sensitive to any motion. I've made my choice, and it wasn't even close. I'm sure I'll be happy with more.

135. What is implied about B&Q Lights?

(A) They cannot be used outdoors.
(B) They run on solar energy.
(C) They are costly to operate.
(D) They are not activated by motion detectors.

136. What did Mr. Wilkins most likely do after writing his review?

(A) He asked B&Q for a refund.
(B) He visited his neighbor.
(C) He bought additional B&Q lights.
(D) He tried out a Duotono light.

Questions 137-139 refer to the following online form.

Alphaphasic Solutions

854 Grand Boulevard
Springfield, IL 60629

Customer Type: New
Customer Name: Hyun-Ji Kim
Phone Number: 217-555-0288
E-mail Address: hjkim@caravantravel.com
Project Name: Brochures
Contact Preference: E-mail
Attach specifications document here: CARAVANTRAVEL_AD

Add any additional information here:
I recently started a travel agency called Caravan Travel, and I will participate in a trade fair next month to promote my business. I will need 300 copies of the file I've attached on 80# Gloss Text paper so that they can be displayed at our booth. Please provide me with a price quote for this job.

137. Why did Ms. Kim fill out the online form?

(A) To ask for information
(B) To obtain a reimbursement
(C) To provide a testimonial
(D) To sign up for an event

138. What is indicated about Ms. Kim?

(A) She is a new business owner.
(B) She has concerns about a recent shipment.
(C) She is not satisfied with her current job.
(D) She used to work at Alphaphasic Solutions.

139. What kind of business most likely is Alphaphasic Solutions?

(A) A travel agency
(B) A trading company
(C) A printing company
(D) A real estate agency

Questions 140-144 refer to the following chart and e-mail.

Ubuy.com Website - Visitor Analysis Week of December 1

Webpage	Percentage of guests who left website after this page	Probable reasons guests did not visit other pages
Home	56%	Too many links to advertisements on the home page
Products	39%	Poor layout
Contact Us	36%	Limited customer service hours
Sales	15%	No follow-up with customers who leave items unpurchased
Checkout	4%	Successful transactions

E-mail

To: ethan.bramley@ubuy.com
From: lserrano@ubuy.com
Date: December 12
Subject: RE: Website visitor analysis

Dear Ethan,

Thanks for forwarding your website visitor analysis report. I'd like to offer some insights I can derive from the data. We can talk about these observations at the meeting tomorrow.

- I think we are in pressing need of addressing the links issue. It seems we are alienating our visitors by sending them to other sites rather than keeping them with us. I could communicate with our marketing department about this.
- One possible solution to the products page problem would be to list items separately rather than arranging similar products together. For example, on our products page for mobile phone accessories, we could list wall chargers and portable chargers separately. I'll have our web designer, Vairat Kumar, make modifications to the page.
- I'd like to request that web developer Umi Terasawa add a pop-up message to the sales page to remind customers that they have items in their virtual shopping cart when they try to leave the webpage.

Looking forward to our discussion,
Lucy Serrano

140. What percent of visitors to the website purchase something?

(A) 56 percent
(B) 39 percent
(C) 36 percent
(D) 4 percent

141. What webpage is Ms. Serrano most concerned about?

(A) Home
(B) Products
(C) Contact Us
(D) Sales

142. What does Ubuy, Inc., most likely sell?

(A) Clothing and accessories
(B) Electronic devices
(C) Kitchen appliances
(D) Sporting equipment

143. What will Mr. Kumar most likely do?

(A) He will create some advertisements.
(B) He will redesign a page layout.
(C) He will revise a proposal.
(D) He will conduct market research.

144. What will Ms. Terasawa be asked to create?

(A) An FAQ section
(B) An eye-catching logo
(C) A secure payment method
(D) An automated alert

Memo

저자 선생님과 함께 공부하기

- 우측 QR코드로 접속하셔서 저자 선생님이 올려 주신 부가학습자료와 질문 코너를 이용해 보세요.
- 단어 시험지, 추가 어휘 문제 등을 다운받을 수 있습니다.
- 저자에게 질문하는 코너를 통해 교재에서 궁금했던 내용을 바로 질문하고 답변 받을 수 있습니다.

Memo

저자 소개

2009년에 강남에서 강의를 시작하며 정기 토익에 응시해서 10회 만점을 달성했다. 가장 효율적인 문제풀이 방식을 제시하는 깔끔한 강의로 수강생들의 호응을 얻었으며, 각종 인터넷 강의로도 수많은 수험생들과 만났다. 강사이자 저자로서 끊임없이 축적해온 연구의 결실을 '토익 마법 - 2주의 기적'을 통해 함께 즐겨보자.

약력

- 학원

광주광역시 제제 외국어학원 대표 강사
파고다 외국어학원 토익 일타 강사(신촌, 종로)
현, 안산 이지어학원 토익 대표 강사

- 인터넷 강의

ujeje.com
Cracking TOEIC
파고다스타 '이교희의 탑토익 족보공개'

- 저서

시나공 토익 950 실전 모의고사(2012)
파고다 외국어학원 월간 모의고사 해설
토익마법 2주의 기적 RC(2022)
토익마법 2주의 기적 LC(2022)
토익마법 2주의 기적 990 RC(2024)

토익 마법 2주의 기적 RC

2022. 11. 16. 초 판 1쇄 발행
2024. 8. 7. 초 판 2쇄 발행

지은이 | 이교희
펴낸이 | 이종춘
펴낸곳 | BM (주)도서출판 성안당
주소 | 04032 서울시 마포구 양화로 127 첨단빌딩 3층(출판기획 R&D 센터)
10881 경기도 파주시 문발로 112 파주 출판 문화도시(제작 및 물류)
전화 | 02) 3142-0036
031) 950-6300
팩스 | 031) 955-0510
등록 | 1973. 2. 1. 제406-2005-000046호
출판사 홈페이지 | www.cyber.co.kr
ISBN | 978-89-315-5861-6 (13740)
정가 | 19,800원

이 책을 만든 사람들
책임 | 최옥현
진행 | 김은주, 송은주
편집 · 교정 | 송은주, 이경복, 함동은, 송지우, 김수민
영문 검수 | Stephanie Berry
본문 디자인 | 임혜정, 임흥순
표지 디자인 | 임혜정, 박성하, 박원석
홍보 | 김계향, 임진성, 김주승
국제부 | 이선민, 조혜란
마케팅 | 구본철, 차정욱, 오영일, 나진호, 강호묵
마케팅 지원 | 장상범
제작 | 김유석

■ **도서 A/S 안내**

성안당에서 발행하는 모든 도서는 저자와 출판사, 그리고 독자가 함께 만들어 나갑니다.
좋은 책을 펴내기 위해 많은 노력을 기울이고 있습니다. 혹시라도 내용상의 오류나 오탈자 등이 발견되면 "좋은 책은 나라의 보배"로서 우리 모두가 함께 만들어 간다는 마음으로 연락주시기 바랍니다. 수정 보완하여 더 나은 책이 되도록 최선을 다하겠습니다.
성안당은 늘 독자 여러분들의 소중한 의견을 기다리고 있습니다. 좋은 의견을 보내주시는 분께는 성안당 쇼핑몰의 포인트(3,000포인트)를 적립해 드립니다.

잘못 만들어진 책이나 부록 등이 파손된 경우에는 교환해 드립니다.

케임브리지 대학 출판부의 베스트셀러 문법 교재 <GRAMMAR IN USE> 시리즈!

초급 Basic Grammar in use 4/e

전 세계 수백만 명의 학습자가 사용하는 영문법 교재입니다. 이 책의 구성은 스스로 공부하는 학생과 영어 수업의 필수 참고서로 적합한 교재입니다. 학습가이드를 통하여 영문법을 익히고 연습문제를 통하여 심화학습 할 수 있습니다. 쉽고 간결한 구성으로 Self-Study를 원하는 학습자와 강의용으로 사용하는 모두에게 알맞은 영어교재입니다.

- Book with answers and Interactive eBook 978-1-316-64673-1
- Book with answers 978-1-316-64674-8

초급 Basic Grammar in use 한국어판

한국의 학습자들을 위하여 간단 명료한 문법 해설과 2페이지 대면 구성으로 이루어져 있습니다. 미국식 영어를 학습하는 초급 단계의 영어 학습자들에게 꼭 필요한 문법을 가르치고 있습니다. 또한 쉽게 따라 할 수 있는 연습문제는 문법 학습을 용이하도록 도와줍니다. 본 교재는 Self-Study 또는 수업용 교재로 활용이 가능합니다.

- Book with answers 978-0-521-26959-9

초급 Essential Grammar in use 4/e

영어 초급 학습자를 위한 필수 문법교재 입니다. 학습가이드와 연습문제를 제공하며 Self-Study가 가능하도록 구성되어 있습니다.

- Book with answers and Interactive eBook 978-1-107-48053-7
- Book with answers 978-1-107-48055-1

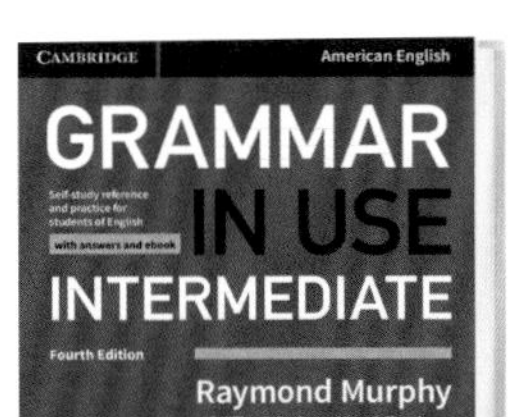

중급 Grammar in use Intermediate 4/e

미국식 영어학습을 위한 중급 문법교재입니다. 간단한 설명과 명확한 예시, 이해하기 쉬운 설명과 연습으로 구성되어 Self-Study와 강의용 교재 모두 사용 가능합니다.

- Book with answers and interactive eBook 978-1-108-61761-1
- Book with answers 978-1-108-44945-8

READING 당신이 찾던 토익책!

토익 마법

저자 이교희

2주의 기적

"토익 점수 수직 상승의 비법"

정답 및 해설

정답 및 해설

p.20 Part 5&6 Exercise

101	b	103	a	105	c	107	b	109	d
102	c	104	d	106	b	108	b	110	a

● 정답을 맞힌 문제도 해설을 읽어보자.

101. Candidate Radcliff's views on environment problems ------- established him as a front-runner in the mayoral election.
(A) firmer
(B) firmly
(C) firmed
(D) firmest

빈칸 앞에 있는 on environment problems 같은 전치사구는 수식어구이므로 일단 지우고 시작하는 게 좋다. 빈칸 앞뒤 Candidate Radcliff's views와 established가 주어와 동사이므로 그 사이 빈칸에는 부사가 들어가야 한다.

VOCAB view (개인적인) 견해 environment (자연) 환경 firm 확고한, 변치 않을, 확실한; 다지다, 단단하게 하다 establish 확립하다 front-runner 선두 주자 mayoral election 시장 선거

해석 Radcliff 후보의 환경 문제에 대한 견해가 시장 선거에서 그를 선두 주자로 확립시켰다.

102. The training course on how to develop and write ------- policies and procedures starts next Monday.
(A) effect
(B) effects
(C) effective
(D) effectively

빈칸 앞뒤 develop and write ------- policies and procedures을 보면서 정답을 선택해야 한다. 명사 앞에 빈칸이 있으므로 형용사가 정답이다.

VOCAB effect 영향; 결과, 효과 effective 효과적인 policy 정책, 방침 procedure 절차, 방법

해석 효과적인 정책과 절차를 개발하고 작성하는 법에 대한 교육 과정은 다음 주 월요일에 시작된다.

103. Ensure that the entire area is ------- of dirt or debris as this can cause infections.
(A) clear
(B) clearing
(C) clearly
(D) clears

빈칸 앞뒤 is ------- of을 보면서 be 동사 뒤에는 항상 형용사가 정답이라는 것만 기억하면 된다.

VOCAB ensure 반드시 ~하게 하다 entire 전체의, 온 clear of ~이 없는; 치우다 clearly 분명히 dirt 먼지, 때, 흙 debris 쓰레기, 잔해 cause ~을 일으키다, 초래하다 infection 전염병, 감염

해석 전염병을 일으킬 수 있으므로 반드시 구역 전체에 먼지나 쓰레기가 없게 해주세요.

104. The petitioners ------- ask that the currently proposed excessive development plan for the Bordon area be stopped.
(A) respects
(B) respected
(C) respectful
(D) respectfully

빈칸 앞뒤 The petitioners ------- ask만 보고 정답을 알 수 있다. '주어 + ------- + 동사'가 보이면 부사가 정답이다.

VOCAB petitioner 청원자 respectful 정중한 currently 현재, 지금 propose 제안하다 excessive 지나친, 과도한

해석 청원자들은 Bordon 지역에 현재 제안된 과도한 개발 계획이 중단될 것을 정중히 요구하는 바입니다.

105. The renowned author Yui Nakasone will discuss her latest ------- novel at Jacksonville Public Library on Friday night.
(A) publisher
(B) publish
(C) published
(D) publishes

빈칸 앞뒤 her latest ------- novel을 보면서 풀자. 명사 앞에는 형용사가, 형용사가 없을 때는 분사가 정답이다.

VOCAB renowned 유명한, 명성 있는 author 작가, 저자 latest 최신의, 가장 최근의 publish 출판하다, 발행하다 publisher 출판인, 출판사 public library 공립 도서관

해석 유명 작가 Yui Nakasone는 금요일 저녁에 Jacksonville 공립 도서관에서 자신의 최신 출간 소설에 대해 논할 것이다.

106. O'Neal Graphics' proposed logo designs are by far the most ------- we have seen thus far.
(A) innovate
(B) innovative
(C) innovations
(D) innovatively

the most가 붙으면 형용사나 부사의 최상급이 되므로 (B) 아니면 (D)가 정답이다. 앞에 있는 부사 by far는 수식어이므로 지우자. 그러면 be 동사 뒤에 빈칸이 있는 것이므로 형용사가 정답이다.

VOCAB proposed 제안된 by far 단연코 innovative 혁신적인, 획기적인 innovate 혁신하다, 쇄신하다 thus far 지금까지

해석 O'Neal Graphics가 제안한 로고 디자인이 지금까지 우리 본 것 중 단연 가장 혁신적이다.

107. New recruits may find themselves ------- on their colleagues for information.
(A) dependence
(B) dependent
(C) dependently
(D) depend

빈칸 앞에서 5형식 동사 find를 발견해야 한다. find, make, keep, consider 등의 5형식 동사가 등장했을 때 목적격 보어 자리가 빈칸이면 형용사가 정답이다.

VOCAB (new) recruit 신입 사원 depend 의존하다, 의지하다 dependent 의존하는, 의지하는 dependence 의존, 의지 colleague 동료

해석 신입 사원들은 정보를 얻기 위해 동료들에게 의지하게 된다.

108. The newly appointed director brings with him ------- experience in community planning and development.
(A) extent
(B) extensive
(C) extensively
(D) extensiveness

빈칸 앞뒤 brings with him ------- experience를 보면 명사 앞에 빈칸이 있으므로 형용사가 정답인 것을 알 수 있다.

VOCAB appoint 임명하다 director 담당자, 책임자 extent 정도, 범위, 한계, 한도 extensive 폭넓은 community 지역 사회

해석 새로 임명된 담당자는 지역 사회 계획 및 개발 분야에서 폭넓은 경험을 갖추고 있습니다.

109. The new self check-in kiosks at Mumbai International Airport have been working ------- since they were installed last month.
(A) reliable
(B) to rely
(C) more reliable
(D) reliably

1형식 자동사 work 뒤에 빈칸이 있으므로 부사가 정답이다. 정기 토익에서 이 유형에 사용되는 자동사로 가장 흔하게 등장하는 것이 work이므로 'work 뒤 빈칸에는 일단 부사가 정답'이라고 기억해두는 것도 좋다.

VOCAB reliable 믿을[신뢰할] 수 있는 rely 의지하다; 신뢰하다

해석 Mumbai 국제공항의 새 셀프 체크인 키오스크는 지난달 설치된 이후 확실히 작동해왔다.

110. Please submit each purchase requisition ------- according to its category, as instructed by procurement director last week.
(A) separately
(B) separateness
(C) separates
(D) separate

'submit each purchase requisition -------'는 '타동사 + 목적어 + -------'의 구조이므로 빈칸에는 부사가 들어가야 한다.

VOCAB purchase requisition 구매 청구서 separate 분리된, 따로 떨어진; 분리하다, 나누다 category 범주 instruct 지시하다 procurement (특히 정부, 기관의 물품) 조달, 입수 director (활동, 부서 등의) 책임자

해석 지난주 조달 담당자에 의해 지시받으신 대로, 각 구매 청구서를 범주에 따라 개별적으로 제출해 주세요.

p.23 Part 7 Example 1

해석 ● 1번 예제는 다음 이메일에 관한 것입니다.

수신: Abdullah Alharbi <abdullah.alharbi@creekschools.org>
발신: Sonia Retina <sretina@mansfordsports.com>
제목: Donation
날짜: April 7

Mr. Alharbi께,

Creek 학구를 대표하여 연락 주셔서 고맙습니다. 아시다시피, Benson Wells 스포츠는 우리 자치구 내의 많은 청소년 및 스포츠 활동의 자랑스러운 후원사입니다. 요청하신 대로, 기꺼이 학구에 100개의 무료 축구공을 제공해 드리겠습니다. 5월 15일 금요일 오후 4시에, Fulfillment 로(路) 1번지에 있는 저희 본점에서 축구공들을 찾으러 오시면 됩니다. 도착하셔서 제 내선 번호로 전화를 주시면, 안내데스크에서 뵙겠습니다.

이만 줄입니다.

Benson Wells 스포츠
마케팅 담당 Sonia Retina

예제 1. 이메일의 목적은 무엇인가?
(A) 기부를 요청하는 것
(B) 요청에 응답하는 것
(C) 실수에 대해 사과하는 것
(D) 신제품을 홍보하는 것

Practice Test

● 정답을 맞힌 문제도 해설을 읽어보자.

101	b	105	b	109	c	113	c	117	c	121	b	125	c	129	a	133	b
102	b	106	b	110	c	114	c	118	a	122	b	126	c	130	d	134	a
103	d	107	d	111	a	115	a	119	c	123	b	127	a	131	b	135	c
104	d	108	d	112	b	116	a	120	a	124	c	128	b	132	c		

p.27 Part 5

101. The ------- video conference will take place every Wednesday at 10:00 A.M.
(A) daily
(B) weekly
(C) monthly
(D) annual

'매주 수요일에' 열린다고 했으므로 weekly video conference라고 부르는 게 알맞다.

VOCAB video conference 화상 회의, 영상 회의 take place (회의, 행사 등이) 열리다

해석 주간 화상 회의는 매주 수요일 오전 10시에 열립니다.

102. Mr. Jacobs ------- accepted the job offer he received from Sol Invictus Motorcycle Co.

(A) quicken
(B) quickly
(C) quicker
(D) quickness

Mr. Jacobs ------- accepted를 보면서 '주어 + ------- + 동사'는 부사가 들어가는 자리라는 것을 기억하며 재빨리 정답을 선택해야 한다.

VOCAB quicken 빨라지다, 더 빠르게 하다 accept 받아들이다 job offer 일자리 제의

해석 Mr. Jacobs는 Sol Invictus Motorcycle Co.로부터 받은 일자리 제의를 빠르게 수락했다.

103. Reports must be submitted ------- the department manager on the first Monday of every month.

(A) up
(B) in
(C) off
(D) to

must be submitted ------- the department manager를 보면서 "부서장'에게' 제출되다"라는 뜻이 되도록 (D)를 정답으로 선택해야 한다.

VOCAB report 보고서 submit 제출하다 department manager 부서장

해석 보고서는 매달 첫번째 월요일에 부서장에게 제출되어야 합니다.

104. The hotel offers an ------- one-night stay at no cost when guests book two or more consecutive nights.

(A) eager
(B) easy
(C) earliest
(D) extra

offers an ------- one-night stay at no cost를 보면 "[(A) 열렬한 (B) 쉬운 (C) 가장 이른 (D) 추가의] 하루 투숙을 무료로 제공한다" 중 (D)가 가장 자연스럽다는 것을 알 수 있다.

VOCAB eager 열렬한, 간절히 바라는 extra 추가의, 가외의 at no cost 무료로 book 예약하다 consecutive 연이은

해석 그 호텔은 투숙객이 연이어 이틀 이상을 예약하는 경우 추가로 하루의 투숙을 무료로 제공한다.

105. The agreement ------- states that Elia Colao will be the main contractor for the Hussmann project.

(A) specific
(B) specifically
(C) specifiable
(D) specified

The agreement ------- states만 보면 정답을 알 수 있다. '주어 + ------- + 동사'가 보이면 부사가 정답이다.

VOCAB agreement 계약서 specific 구체적인; 특정한 specifically 분명히, 명확하게 specifiable 명시[특정/구별]할 수 있는 specify 명시하다 state 말하다, 진술하다 contractor 계약자, 도급업자

해석 계약서에는 Elia Colao가 Hussmann 프로젝트의 주계약자가 될 것이라고 분명히 명시되어 있다.

106. Trees narrow the motorists' line of vision, making them drive more ------- through the woods.

(A) caution
(B) cautiously
(C) cautious
(D) cautiousness

drive more ------- through the woods를 보면서 풀자. 빈칸에 들어갈 단어가 more와 함께 사용되어 비교급이 되게 해야 하므로 빈칸에는 형용사 (C)나 부사 (B)가 들어가야 하는데, drive는 여기서 자동사이므로 뒤에 부사가 들어가야 한다.

VOCAB narrow 좁히다 motorist 운전자 line of vision 시야, 가시 범위 caution 경고, 주의; 주의를 시키다, 경고하다 cautious 조심스러운, 신중한

해석 나무들은 운전자들의 시야를 좁게 해서 숲을 통과하면서 더 조심스럽게 운전하게 한다.

107. The 60th branch of the Brooklyn Public Library is located ------- Adams Street, directly across from the Manhattan Bridge.

(A) in
(B) among
(C) until
(D) on

is located ------- Adams Street만 보면 풀 수 있는데, 위치를 말할 때 길 이름 앞에는 on을 사용해야 한다는 사실을 알아야 한다.

VOCAB locate (특정 위치에) 두다, 설치하다 directly across from ~의 바로 맞은편에

해석 Brooklyn 공립 도서관의 60번째 지점은 Manhattan교(橋) 바로 맞은편 Adams 가(街)에 있다.

108. We kindly ask for your patience as we process an ------- high number of service requests.

(A) effectively
(B) exactly
(C) informally
(D) unusually

an ------- high number of service requests를 보면 '[(A) 효과적으로 (B) 정확히 (C) 비공식적으로 (D) 이례적으로] 많은 수의 서비스 요청' 중 가장 자연스러운 (D)를 정답으로 선택할 수 있다.

VOCAB We kindly ask for your patience 너그러운 양해 부탁드립니다 process (문서, 요청 사항 등을 공식적으로) 처리하다 informally 비공식적으로, 약식으로 unusually 이례적으로, 특이하게 a high number of 많은 수의

해석 저희가 이례적으로 많은 수의 서비스 요청을 처리하는 동안 너그러운 양해 부탁드립니다.

109. All ------- earned from next week's auction of antiques will be donated to the Carson City Art Museum.

(A) profited
(B) profiting
(C) profits
(D) profitability

문법 문제처럼 보이지만, 어휘 문제다. earned from next week's auction of antiques는 빈칸에 들어갈 명사를 수식하는 부분이므로 지운 후에 All ------- will be donated to를 보면서 "모든 수익은 기부할 예정입니다"라는 뜻이 되도록 (C)를 정답으로 선택해야 한다.

VOCAB **profit** 이익, 이윤; 이득[이익]을 얻다[주다] **profitability** 수익성 **auction** 경매 **antique** 골동품

해석 다음 주 골동품 경매에서 얻는 모든 수익은 Carson 시립 미술관에 기부할 예정입니다.

110. Typically, the majority of spectators leave the Ariake Stadium promptly after the results of the tournament are -------.
(A) reduced
(B) removed
(C) announced
(D) continued

'promptly after the results of the tournament are -------'를 보면 '토너먼트 결과가 [(A) 감소된 (B) 제거된 (C) 발표된 (D) 지속된] 직후에' 중 문장을 자연스럽게 만들어주는 것은 (C)라는 것을 알 수 있다.

VOCAB **typically** 보통, 일반적으로 **the majority of** 대다수의 **spectator** (특히 스포츠 행사의) 관중 **promptly after** ~ 직후에

해석 보통 관중의 대다수는 토너먼트 결과가 발표된 직후에 Ariake 경기장을 떠난다.

111. Taste test surveys indicate that most consumers ------- Dairygold's black-sesame-flavored ice cream very appetizing.
(A) find
(B) feel
(C) take
(D) like

that 절에서 Dairygold's black-sesame-flavored ice cream이 목적어이고, appetizing이 목적격 보어이므로 형용사를 목적격 보어로 사용하는 5형식 동사 (A)를 정답으로 선택해야 한다. feel도 5형식 문장에 사용할 수는 있지만, 신체적이거나 정신적 지각(知覺)을 나타내기 때문에 의견을 나타내는 이 문장에서는 알맞지 않다.

VOCAB **indicate** 나타내다, 보여주다 **find** ~라고 여기다[생각하다] **black sesame** 검은깨, 검정깨 **flavored** ~ 맛이 나는, ~ 맛의 **appetizing** 구미를 동하게 하는

해석 시음 설문조사에 따르면 소비자 대부분은 Dairygold의 검은깨 맛 아이스크림이 매우 구미가 당기게 한다고 여긴다.

112. ------- the past fifteen years, Mr. Sanchez has organized several fund-raising events for charitable institutions and community services.
(A) Despite
(B) Over
(C) Between
(D) Beneath

'for[over/in] the last[past/next/following] + 기간'은 최근 토익 시험에서 정말 자주 출제되고 있다. '------- the past fifteen years'가 보이자마자 머뭇거리지 말고 경쾌하게 정답을 선택하자.

VOCAB **organize** 준비하다, 조직하다 **fund-raising event** 기금 마련 행사 **charitable institution** 자선 단체 **community service** 지역 봉사 활동

해석 지난 15년 동안 Mr. Sanchez는 자선 단체들과 지역 봉사 활동을 위한 여러 기금 마련 행사들을 준비해왔다.

113. The upgraded operating system will enable us to migrate our client data -------.
(A) simple
(B) simpler
(C) simply
(D) simplicity

'migrate our client data -------'를 보면서 '타동사 + 목적어 + -------'이 보이면 부사가 정답이라는 원칙을 기억하자.

VOCAB operating system (컴퓨터) 운영 체제 migrate 옮기다

해석 업그레이드된 운영 체제는 우리 고객 데이터를 간단히 옮길 수 있게 해줄 것입니다.

114. To avoid unforeseen -------, ask the hotel receptionist to clarify which services are complimentary.
(A) breaks
(B) returns
(C) charges
(D) departures

문장 뒷부분에서 '어느 서비스가 무료인지' 물어보라고 했으므로 앞부분은 '예기치 못한 요금을 피하기 위해'라는 뜻이 되는 것이 알맞다.

VOCAB unforeseen 예기치 못한, 뜻밖의 charge (상품, 서비스에 대한) 요금 departure 출발 receptionist (호텔, 사무실, 병원 등의) 접수 담당자 clarify 명확하게 하다, 분명히 말하다 complimentary 무료의

해석 예기치 못한 요금을 피하기 위해서는, 호텔 접수 담당자에게 어느 서비스가 무료인지 명확히 해달라고 요청하세요.

115. Sending an invoice as a file attached to an e-mail can be a ------- way to charge your clients.
(A) secure
(B) securely
(C) securest
(D) secures

a ------- way만 보면 해결할 수 있다. 명사 앞에는 형용사가 정답이므로 (A)와 (C) 중에서 골라야 하는데, 최상급 형용사 앞에는 관사 the를 써야 하므로 여기서는 원급 (A)가 정답이다. 그러나 secure가 무슨 뜻인지 모르면 문제를 풀 수 없으니 언제나 어휘력 향상에 최선을 다하는 것을 잊지 말자.

VOCAB invoice 송장(送狀), 청구서 attach 첨부하다, 붙이다 secure 안전한; 확보하다; (단단히) 고정하다 charge (요금, 값을) 청구하다

해석 송장을 이메일에 첨부된 파일로 보내는 것은 고객에게 요금을 청구하는 안전한 방식이 될 수 있다.

116. Customers are sure to find that the updated assembly instructions for the Sauder Palladia office furniture are not ------- complicated.
(A) overly
(B) usefully
(C) distantly
(D) properly

(A) 지나치게, (B) 유용하게, (C) 멀리서, (D) 적절히 중 complicated(복잡한)를 수식하기에 적당한 부사는 (A)이다.

VOCAB be sure to-V ~하게 마련이다, 틀림없이 ~할 것이다 find 알게 되다, 발견하다 update 개정하다, 갱신하다 assembly 조립 instructions 설명(서) overly 너무, 몹시 distantly 멀리, 떨어져서 properly 제대로, 적절히 complicated 복잡한

해석 고객들은 Sauder Palladia 사무용 가구의 개정된 조립 설명서가 너무 복잡하지는 않다는 것을 반드시 알게 될 것입니다.

117. Minerva Beauty Supply is offering a discount voucher with the purchase of ------- Milner's men's skin care product.
(A) numerous
(B) including
(C) any
(D) mainly

전치사 다음에 또 전치사가 나올 수는 없다. (B)는 제외하자. 명사(Milner's men's skin care product) 앞에 빈칸이 있어서 부사인 (D)도 알맞지 않다. 형용사이기는 하지만 의미상 numerous 뒤에는 복수 명사가 있어야 하므로 (C)를 선택해서 'Milner 남성용 피부 관리 제품 중 어느 것을 구매하시든'이라는 의미가 되게 하는 것이 자연스럽다.

VOCAB supply 용품, 비품 voucher 쿠폰, 상품권 numerous 많은 including ~을 포함하여 mainly 주로

해석 Minerva 미용용품점은 Milner 남성용 피부관리 제품 중 어느 것을 구매하시든 할인 쿠폰을 제공해 드립니다.

118. The government has decided to freeze state spending in preparation for a projected ------- in tax revenue.
(A) decline
(B) method
(C) rejection
(D) outlet

재정 지출을 동결하는 이유는 예상되는 세입 '감소'인 것이 자연스러우므로 (A)를 정답으로 선택해야 한다. 참고로 '증가, 감소, 경험, 변화'의 의미를 지닌 명사 뒤에는 항상 전치사 in이 붙는다는 사실을 기억하면 더 쉽게 문제를 해결할 수 있다. 전치사 in 자리를 빈칸으로 만든 문제도 자주 출제된다.

VOCAB freeze (자산, 예금 등을) 동결하다 spending (정부, 조직체의) 지출 in preparation for ~의 준비[대비]로 project 예상하다, 추정하다 decline 감소, 하락, 축소 method 방법 rejection 거절 outlet 할인점, 아울렛, (액체, 기체의) 배출구, 콘센트 tax revenue 세입, 세수

해석 정부는 예상되는 세입 감소를 대비하여 재정 지출을 동결하기로 결정했다.

119. Hotel guests are invited to enjoy a charity concert in the atrium every evening ------- 7:00 P.M.
(A) of
(B) for
(C) at
(D) on

시간 앞에는 전치사 at을 사용해야 하므로 (C)가 정답이다.

VOCAB charity concert 자선 콘서트 atrium 아트리움, 중앙 홀

해석 호텔 투숙객들은 매일 저녁 7시 중앙 홀에서 자선 콘서트를 즐기도록 초대됩니다.

120. Test takers must report to the test center ------- 40 minutes prior to the scheduled testing time.
(A) at least
(B) as much
(C) in case
(D) by then

보기 중 40 minutes prior to(40분 전에)를 수식할 수 있는 것은 (A)밖에 없다.

VOCAB test taker 수험자 report to ~에 도착을 보고하다 at least 적어도, 최소한 as much 그것과 동일한 것 in case ~할 때를 대비해서 by then 그때까지는 prior to ~에 앞서 scheduled 예정된

해석 수험자는 예정된 시험 시간의 최소 40분 전에 테스트 센터에 도착했다고 보고해야 한다.

121. *The Life and Law* magazine recently featured a story of an area lawyer who ------- keeps blogs.

(A) activating
(B) actively
(C) active
(D) activate

빈칸 앞에 주격 관계대명사가 있으므로 who ------- keeps를 보면서 '주어 + ------- + 동사'에서는 부사가 정답이라는 것을 기억해야 한다.

VOCAB feature 특집으로 하다 active 활발한 activate 작동시키다, 활성화하다

해석 The Life and Law 지(誌)는 최근 활발히 블로그를 운영하는 지역의 어느 변호사의 이야기를 특집으로 다루었다.

122. In light of our expected growth, it will be ------- to hire more administrative assistants by March 1.

(A) necessitating
(B) necessary
(C) necessarily
(D) necessities

will be ------- to hire만 보면 된다. be 동사 뒤에 빈칸이 있으므로 형용사를 정답으로 선택해야 한다.

VOCAB in light of ~을 고려하여 necessitate ~을 필요하게 만들다 necessarily 필연적으로 necessity 필요(성) administrative assistant 업무 (총괄) 비서

해석 예상되는 성장을 고려하여 3월 1일까지 업무 총괄 비서를 더 고용할 필요가 있다.

123. The September shipment to Incheon can fit an ------- fifteen containers.

(A) adding
(B) additional
(C) addition
(D) add

an ------- fifteen containers에서 빈칸 뒤의 명사가 복수형임에도 불구하고 앞에 관사 an이 붙어 있다는 것은 fifteen containers를 한 묶음의 명사로 취급한다는 것을 의미한다. 빈칸이 명사 앞에 있을 경우 형용사가 들어가는 것이 정답이다.

VOCAB shipment 수송 fit ~에 들어맞다, 알맞다 additional 추가의

해석 인천으로의 9월 수송 물량은 추가로 15개의 컨테이너에 들어맞을 수 있다.

124. The saving from avoided fraud of all kinds would be, on a ------- estimate, 3.5 billion dollars.

(A) conserve
(B) conserves
(C) conservative
(D) conservatively

a ------- estimate만 보면서 명사 앞에 빈칸이 있으므로 빠른 속도로 형용사 (C)를 정답으로 선택해야 한다. 모르는 단어가 등장했을 때는 -ive로 끝나는 단어는 대부분 형용사라는 점을 활용하자.

VOCAB saving 절약 fraud 사기(죄) conserve 아껴 쓰다; 보호[보존]하다 conservative (실제 수나 양보다) 적게 잡은 estimate 추정(치), 추산 on[at] a conservative estimate 낮춰 잡아, 줄잡아

해석 온갖 종류의 사기를 방지함으로써 절약되는 금액은 낮춰 잡아도 35억 달러는 될 것이다.

125. Samina Automotive hired an ------- new system analyst last month.
(A) approximate
(B) angular
(C) exceptional
(D) eventual

analyst는 사람이므로 수식하기에 알맞은 형용사는 (C) 밖에 없다.

VOCAB hire 고용하다 approximate 대략의, 근사치인 angular 각이 진, 모난 exceptional 특출한, 이례적으로 우수한, 예외적인 eventual 궁극적인, 최종적인 analyst 분석가

해석 Samina 자동차사(社)는 지난달 특출난 새 시스템 분석가를 고용했다.

126. Ms. Winckler's ------- duties and responsibilities include auditing and analyzing financial performance of corporate clients.
(A) accounts
(B) accounted
(C) accounting
(D) accountable

명사 앞에 빈칸이 있다고 해서 형용사 accountable을 선택하면 의미상 어색한 문장이 된다. 이 단어는 항상 be 동사 뒤 보어로만 사용하고 명사 앞에는 사용하지 않는다. 문장 전체의 의미를 자연스럽게 만들어주는 명사 (C)를 선택해야 한다.

VOCAB account 고객, 거래처; 간주하다, 여기다 accounting 회계(학/업무) accountable 책임이 있는 duties and responsibilities 업무, 직무 내용 audit 회계를 감사하다 financial performance 재정 상태; 재무 성과 corporate client 기업 고객

해석 Ms. Winckler의 회계 업무에는 기업 고객들의 재정 상태를 감사하고 분석하는 일이 포함된다.

127. Nye Research Center hired nearly 100 new technicians ------- the past three years.
(A) over
(B) while
(C) somewhere
(D) ideally

항상 짝으로 출제되는 문제들을 기억하고 '------- the past three years'를 보자마자 고르자. 'over[for/in] + the past[last/next/following] + 기간'은 시험에 가장 많이 출제되는 문제 중 하나다.

VOCAB nearly 거의 ideally 이상적으로

해석 Nye 연구소는 지난 3년 동안 거의 100명의 신입 기술자들을 채용했다.

128. The hotel's ------- shuttle bus that takes guests to Kowloon's major landmarks is available every 20 minutes.
(A) compliments
(B) complimentary
(C) compliment
(D) complimenting

The hotel's ------- shuttle bus만 보면 명사 앞에 빈칸이 있으므로 형용사 (B)가 정답이다. 형용사와 분사가 보기에 모두 있을 때는 우선 형용사를 선택하자.

VOCAB compliment 칭찬(의 말), 찬사; 칭찬하다 complimentary 무료의 landmark 명소, 역사적 건물[장소] available 이용할 수 있는

해석 투숙객을 Kowloon의 주요 명소로 데려다주는 호텔 무료 셔틀버스는 20분마다 이용할 수 있습니다.

129. In response to customer -------, Unilever Organics will launch a new natural line of shampoos and soaps.

(A) demand
(B) permit
(C) arrival
(D) account

In response to customer ------- (고객의 [(A) 요구, (B) 허가증, (C) 도착, (D) 계좌]에 부응하여)의 의미를 자연스럽게 만들어주는 것은 (A)이다.

VOCAB in response to ~에 응하여 demand 요구, 수요 permit 허가증 arrival 도착 account 고객, 거래처; 계좌; (정보 서비스) 이용 계정 launch (상품을) 출시하다 line 제품군

해석 고객들의 요구에 부응하여 Unilever Organics는 샴푸와 비누의 새로운 천연 제품군을 출시할 것이다.

130. Ms. Leung has ------- requested additional funding for renovations to the airport's Terminal 6.

(A) ever
(B) shortly
(C) yet
(D) already

항상 짝을 이루어 출제되는 have ------- p.p.를 기억하자. 언제나 already, always, recently, finally, consistently 중 하나가 정답이다.

VOCAB shortly (시간상으로) 얼마 안 되어, 곧 additional 추가의 funding 자금 지원, 재정 제공 renovation 보수, 수리

해석 Ms. Leung은 이미 공항 6번 터미널의 보수공사를 위한 추가 자금 지원을 요청했다.

p.30 Part 6

Questions 131-134 refer to the following job listing.

Sales and Marketing Manager - Southwest Region

Green Dream Foods is searching for a new sales and marketing manager to help expand its presence in the Southwest Region. The selected candidate will be responsible for 131. increasing sales by promoting our products at local grocery stores. 132. The candidate will also be required to develop our regional marketing strategy. Extensive knowledge of the brand and main competitors in the market is therefore 133. desirable. The chosen candidate is expected to meet monthly sales goals and increase the exposure of the Green Dream Foods brand. Our sales and marketing manager 134. will support our company's mission of making it easier for everyone to have a healthy, balanced diet. Please contact Stephen Kibwana at skibwana@gdf.com for further information about the position.

131-134번 문제는 다음 구인 목록에 관한 것입니다.

영업 및 마케팅 부장 - 남서지역 담당

Green Dream 식품은 남서 지역에서 입지를 넓히도록 도와줄 새로운 영업 및 마케팅 부장을 찾고 있습니다. 선발된 지원자는 지역의 식료품점들에서 우리 제품을 홍보함으로써 판매량을 증가시키는 일을 담당하게 될 것입니다. 지원자에게는 또한 지역의 마케팅 전략을 개발하는 일도 요구될 것입니다. 그러므로 브랜드와 시장 내 주요 경쟁업체들에 대한 폭넓은 지식이 있는 것이 바람직합니다. 선발된 지원자가 월간 영업 목표를 달성하고 Green Dream 식품 브랜드의 언론 노출을 늘려줄 것을 기대합니다. 우리의 영업 및 마케팅 부장은 모든 사람이 건강에 좋고 균형 잡힌 식습관을 더 쉽게 갖도록 한다는 우리 회사의 사명을 뒷받침해줄 것입니다. 이 자리에 대한 추가적인 정보를 받으시려면 Stephen Kibwana에게 skibwana@gdf.com으로 연락하시기 바랍니다.

문장 분석

Our sales and marketing manager will support our company's mission of making it easier for everyone to have a healthy, balanced diet.

➡ mission과 making it easier for everyone to have a healthy, balanced diet는 동격 관계이다. 이때 사용되는 of를 '동격의 of'라고 부른다.

➡ making의 목적어 it은 가목적어이며, 진목적어는 to have a healthy, balanced diet이다.

➡ for everyone을 '의미상의 주어'라고 부른다. to 부정사 앞에 있는 'for + 명사'를 의미상의 주어라고 부르는데 이것은 to 부정사의 행위자를 나타낸다.

VOCAB job listing 구인 목록 search for (~을) 찾다, 구하다 presence 입지, 영향력 communicate 의사소통을 하다, (정보 등을) 전달하다 compete 경쟁하다 proceed 진행하다, 진행되다 promote 홍보하다 grocery store 식품점, 슈퍼마켓 renovation 개조, 보수, 수리 manufacturing plant 제조 공장 forward (물건, 정보를) 보내다, 전달하다 cover letter 자기소개서 reference (취업 등을 위한) 추천인, 신원 보증인 regional 지역의 marketing strategy 마케팅 전략 process 과정, 절차 extensive 광범위한, 폭넓은 competitor 경쟁자 therefore 그러므로, 그러니 desirable 바람직한 desire 바라다, 원하다 expect 요구하다, 기대하다, 바라다 meet (필요, 요구 등을) 충족시키다 exposure (언론을 통해) 알려짐, 다뤄짐 diet 식사, 음식, 식습관 contact 연락하다 further information 자세한 정보 position (일)자리, 직위

131. (A) communicating
(B) increasing
(C) competing
(D) proceeding

will be responsible for ------- sales(판매량을 [(A) 전달하는 (B) 증가시키는 (C) 경쟁하는 (D) 진행하는] 일을 담당할 것입니다)를 자연스럽게 해주는 것은 (B)이다. (C)는 자동사이기 때문에 목적어를 취하는 이 자리에 들어갈 수 없다.

132. (A) We are discussing the renovation of our manufacturing plant.
(B) Please forward your résumé, a cover letter, and a list of three references.
(C) The candidate will also be required to develop our regional marketing strategy.
(D) The interviewing process will start in February.

(A) 우리는 제조 공장의 개조 작업에 대해 의논하고 있습니다.
(B) 이력서와 자기소개서, 그리고 세 명의 추천인 명단을 보내주시기 바랍니다.
(C) 지원자에게는 또한 지역의 마케팅 전략을 수립하는 일도 요구될 것입니다.
(D) 면접 과정은 2월에 시작됩니다.

해설 앞 문장에서 선발된 지원자의 담당 업무를 소개하고 있으므로, 업무 하나를 추가 설명하는 (C)가 문맥상 자연스럽다. 또한 마케팅 전략 수립을 담당해야 한다는 것은 뒤 문장에서 브랜드와 시장 내 주요 경쟁업체들에 대한 폭넓은 지식을 요구하는 자연스러운 이유가 된다.

133. (A) desirably
(B) desirable
(C) desires
(D) desire

is therefore ------- 에서 빈칸 앞에 있는 부사 therefore를 지우면 be 동사 뒤에 빈칸이 있으므로 형용사 (B)를 정답으로 선택해야 한다.

134. **(A) will support**
(B) has supported
(C) is supporting
(D) had supported

앞으로 선발될 영업 및 마케팅 부장이 할 일을 설명하고 있으므로 미래 시제인 (A)가 문맥에 적합하다.

p.31 Part 7

Questions 135 refers to the following flyer.

Lowry Travel Agency

We have a new branch in the historic Great Hills Shopping Center.
Join us at our grand opening!

Saturday, 3 April
10:00 A.M. to 5:00 P.M.
25 River Park Road, Cape Town

Drop by to meet our highly professional travel agents and see how you can find the trip you've always wanted at a competitive price. Enjoy complimentary beverages and snacks. We will also be giving away free shoulder bags while supplies last.

135번 문제는 다음 전단에 관한 것입니다.

Lowry 여행사

역사적인 Great Hills 쇼핑센터에
새 지점이 생겼습니다.
개점 축하 행사에 와주세요!

4월 3일 토요일
오전 10시 - 오후 5시
Cape Town, River Park로(路) 25번지

한번 들르셔서 매우 전문적인 저희 직원들을 만나보시고 저렴한 가격에 당신이 늘 원해왔던 여행 상품을 찾는 법을 알아보세요. 무료 음료와 간식도 드실 수 있습니다. 물량 소진 시까지 무료 숄더백도 증정합니다.

문장 분석

see [how you can find the trip (you've always wanted) / at a competitive price]

➡ how you can find the trip you've always wanted at a competitive price가 동사 see의 목적어인 명사절이다.

➡ you've always wanted는 앞에 있는 명사 the trip을 수식하는 부분이다. 사이에 목적격 관계대명사 which(혹은 that)가 생략되어 있다.

VOCAB flyer (광고, 안내용) 전단 travel agency 여행사 grand opening 개장, 개점 (축하) drop by 잠깐 들르다, 불시에 찾아가다 highly 크게, 대단히, 매우 professional 전문적인 travel agent 여행사 직원 competitive price 경쟁력 있는[저렴한] 가격 complimentary 무료의 give away (사은품 등을) 증정하다 supply 공급[비축](량) last 지속[존속]하다

135. What is being advertised?
(A) A travel package
(B) A new product
(C) A special event
(D) A training course

무엇을 광고하고 있는가?
(A) 여행 상품
(B) 신제품
(C) 특별 행사
(D) 교육 과정

해설 주제를 묻는 문제는 대부분 지문의 도입부에서 정답을 알 수 있다. Join us at our grand opening! 까지만 읽고 (C)를 정답으로 선택하자.

Day 02

p.36 Part 5 & 6 Exercise

101	a	103	d	105	b	107	b	109	c
102	d	104	d	106	d	108	c	110	b

● 정답을 맞힌 문제도 해설을 읽어보자.

101. The manuscript has been revised -------, but the editor in chief may still require additional changes to be made.
(A) significantly
(B) significance
(C) significant
(D) significancy

빈칸 앞에 있는 has been revised만 보고 정답을 선택하자. 수동태 동사 뒤에는 부사가 정답이다.

VOCAB manuscript 원고 revise 수정하다 significantly 상당히 significance 중요성 editor in chief 편집장 additional 추가의

해석 원고는 상당히 수정되었지만, 편집장이 여전히 추가적인 변경이 이루어지기를 요구할 수도 있습니다.

102. Mr. Okada was ------- hired as an associate analyst, but he was soon promoted to head of the marketing research team.
(A) originality
(B) original
(C) originals
(D) originally

was ------- hired를 보면서 정답을 알아내야 한다. 'be + ------- + p.p.'에서는 부사가 정답이다.

VOCAB associate 준(準)[부/조]

해석 Mr. Okada는 원래 준(準) 분석원으로 채용되었으나, 곧 마케팅 연구팀장으로 승진했다.

103. Prices at Newburgh City Books are ------- lower than at any other online bookstore.
(A) more significant
(B) significant
(C) significance
(D) significantly

are ------- lower를 보면 정답을 알 수 있다. 'be + ------- + 형용사'가 보이면 부사가 정답이다.

VOCAB significantly 상당히, 두드러지게 significance 중요성

해석 Newburgh City 서점의 가격은 다른 어떤 인터넷 서점보다도 상당히 더 낮다.

104. Major airlines have ------- been using self-serve kiosks for ticketing to reduce wait times.
(A) increases
(B) increasing
(C) increased
(D) increasingly

빈칸 앞뒤 have ------- been using만 보자. 'have + ------- + p.p.'가 보이면 부사가 정답이다.

VOCAB airline 항공사 increasingly 점점 더 ticketing 발권

해석 주요 항공사들은 대기 시간을 줄이기 위해 발권하는 데 셀프서비스 키오스크를 점점 더 사용해왔다.

105. The road connecting the cities of Marshfield and Whitneyville will be closed ------- from Friday to Wednesday.
(A) temporal
(B) temporarily
(C) temporary
(D) temporality

빈칸 앞에 will be closed가 있다. 수동태 뒤에는 부사가 정답이다.

VOCAB temporal 속세의; 시간의 temporary 일시적인, 임시의 temporality 일시적임, 일시성

해석 Marshfield 시와 Whitneyville 시를 연결하는 도로는 금요일부터 수요일까지 일시적으로 폐쇄됩니다.

106. The company is ------- recruiting a new manager who will focus on training and professional development.
(A) active
(B) activity
(C) activate
(D) actively

빈칸 앞뒤 is ------- recruiting이 정답을 알려준다. 'be + ------- + V-ing'가 보이면 부사가 정답이다.

VOCAB active 적극적인 activate 작동시키다, 활성화하다 recruit 모집하다 focus on ~에 주력하다 professional development 전문성 개발

해석 회사는 교육과 전문성 개발에 주력할 새 매니저를 적극적으로 모집하고 있다.

107. All shelves in the school supplies section need to remain ------- stocked.
(A) full
(B) fully
(C) fuller
(D) fullest

빈칸 앞에 remain이 보이면 be 동사와 같다고 생각해야 한다. 'be + ------- + p.p.'가 보이면 부사가 정답이다.

VOCAB school supplies 학용품 section 구역, 구획 fully 완전히, 충분히 stock (상품을) 채우다, 갖추다

해석 학용품 판매 구역의 모든 선반은 완전히 채워진 상태로 유지되어야 합니다.

108. Even if there's a fleet of lawyers present, buyers and sellers should ------- educate themselves about what will take place during a real estate transaction.
(A) fill
(B) fuller
(C) fully
(D) filled

빈칸 앞뒤 should ------- educate를 보면서 조동사와 동사원형 사이의 빈칸에는 부사가 들어간다는 사실을 기억해야 한다.

VOCAB a fleet of 한 무리의 lawyer 변호사 present 참석한 fill 채우다 fully 완전히, 충분히 educate oneself 수양하다; 독학하다 take place 일어나다 real estate 부동산 transaction 거래

해석 변호사들이 많이 참석해 있더라도, 구매자와 판매자는 부동산 거래에서 어떤 일이 일어날지 스스로 충분히 알고 있어야 한다.

109. The deposit is ------- refundable up to two weeks prior to your scheduled check-in date.
(A) fullest
(B) fuller
(C) fully
(D) full

is ------- refundable를 보고 정답을 선택하자.
'be + ------- + 형용사'는 상당히 자주 출제되는 부사 자리다.

VOCAB deposit 보증금 fully 완전히, 충분히 refundable 환급 가능한 up to ~까지 prior to ~에 앞서 scheduled 예정된

해석 보증금은 예정된 체크인 날짜 2주 전까지 전액 환급 가능합니다.

110. Due to the maintenance work on Burnside Avenue, employees will ------- need to take a detour.
(A) probable
(B) probably
(C) probability
(D) probabilities

빈칸 앞뒤 will ------- need to take를 보면서 조동사와 동사원형 사이의 빈칸에는 부사가 들어간다는 사실을 기억해야 한다.

VOCAB maintenance 유지 보수 probable 있을 것 같은, 개연성 있는 probability 개연성 take a detour 우회하다

해석 Burnside 가(街)의 보수 작업 때문에, 직원들은 아마도 우회해야 할 것이다.

p.39 Part 7 Example 1

해석

- 1번 예제는 다음 계약서에 관한 것입니다.

강사 계약서

이 계약은 초청 강사 근무를 위해 Tayal 협회와 독립 계약자인 Finnegan Woods 간에 7월 27일에 체결되었다. Mr. Woods는 8월 28일 오전 10부터 정오까지 St. Xaviers 대학교 Fenland 관(館)에서 타가 수분에서 꿀벌의 역할에 대해 프레젠테이션을 하는 데 동의한다.

Tayal 협회는 Mr. Woods에게 근무에 대한 700달러를 지급하는 데 동의한다. 지급금은 강연 날짜로부터 30일 이내에 처리될 것이다. 추가로, Mr. Woods의 이동 경비는 250달러까지 환급될 수 있다. 환급을 위해서는 모든 이동 경비 영수증이 요구된다.

Mr. Woods는 프레젠테이션이 녹화되고 사진 촬영되는 것에 동의한다. 이 자료들은 Tayal 협회에 의해 온라인으로 게재될 수 있다.

계약자:

Finnegan Woods	7월 20일
강사	날짜
Emiel Regis	7월 20일
Tayal 협회 대표	날짜

예제 1. Mr. Woods는 무엇을 하는 데 동의하는가?
(A) 강연이 촬영된다
(B) 프레젠테이션 자료의 사본을 제출한다
(C) 기사를 낸다
(D) 행사의 사진을 촬영한다

Practice Test

- 정답을 맞힌 문제도 해설을 읽어보자.

101	c	105	d	109	b	113	d	117	c	121	c	125	b	129	a	133	a	137	d
102	b	106	a	110	d	114	d	118	b	122	b	126	d	130	d	134	d		
103	c	107	b	111	d	115	c	119	d	123	a	127	c	131	c	135	b		
104	d	108	a	112	a	116	d	120	b	124	a	128	c	132	b	136	d		

p.43 Part 5

101. Each of the Madisson Computer products will be described ------- within the catalogue.
(A) separates
(B) separator
(C) separately
(D) separation

빈칸 앞에 있는 will be described를 보면서 수동태 동사 뒤에 있는 빈칸에는 부사가 정답이라는 사실만 기억하자.

VOCAB describe 서술하다, 묘사하다 separate 분리하다, 나누다 separator 분리기, 선별기 separately 개별적으로

해석 각각의 Madisson Computer 제품들은 카탈로그 안에 개별적으로 설명될 것입니다.

102. Ancient Greek and Roman sculptures are ------- featured in the Vatican Museum.

(A) prominent
(B) prominently
(C) prominence
(D) prominences

빈칸 앞뒤 are ------- featured를 보면 정답을 알 수 있다. 'be + ------- + p.p.'가 보이면 부사를 정답으로 선택하자.

VOCAB ancient 고대의 Greek 그리스의 Roman 로마의 sculpture 조각품 prominent 눈에 잘 띄는, 두드러진 prominence 중요성; 명성 feature ~을 (특징으로) 갖추다

해석 바티칸 미술관에는 고대 그리스와 로마 조각품들이 눈에 잘 띄게 갖춰져 있다.

103. The initial response to the updated version of the software allows us to be ------- optimistic about future sales growth.

(A) fairness
(B) fairest
(C) fairly
(D) fair

be ------- optimistic가 핵심이다. 'be + ------- + 형용사'가 보이면 부사를 선택해야 한다. (C)와 (D) 모두 부사지만, '공정하게 낙관적인'보다는 '상당히 낙관적인'이 의미상 더 자연스럽다.

VOCAB initial 초기의, 최초의 response 반응 updated 최신의 fairness 공정성 fairly 상당히, 꽤 fair 공정한, 공평한; 공정하게, 타당하게 optimistic 낙관적인 sales growth 매출액 증가

해석 소프트웨어의 최신 버전에 대한 초기 반응은 우리가 앞으로의 매출액 증가에 대해 상당히 낙관하게 해주었다.

104. We regret to announce that Ms. Rachel Carson has resigned her position as Vice President of Sales, ------- next Monday.

(A) effect
(B) effected
(C) effectiveness
(D) effective

보기가 품사를 묻는 문제처럼 구성되어 있지만, 아무리 문법을 따져 봐도 정답을 알 수 없을 것이다. 빈칸 뒤에 어떤 시점이 나오면 항상 effective가 정답이다.

VOCAB regret 유감스럽게 생각하다 resign 사직하다, 사임하다 vice president 부사장 effect 영향; (어떤 결과를) 가져오다 effectiveness 유효성 effective ~를 기하여

해석 다음 주 월요일을 기하여 Ms. Rachel Carson이 영업부 부사장의 지위를 사임한다는 소식을 전해드리게 되어 유감입니다.

105. ------- summer arrives, rooftop gardens will be installed on all the city government buildings to prevent urban flooding.
(A) Whether
(B) Besides
(C) Whereas
(D) Before

도시의 홍수를 예방하려면 여름이 오기 전에 옥상 정원을 설치해야 하므로 문장 전체의 의미상 (D)가 알맞다.

VOCAB besides ~ 외에; 게다가 whereas ~인 반면에 rooftop (건물의) 옥상 urban 도시의, 도회지의 flooding 홍수, 범람

해석 여름이 오기 전에, 도시의 홍수를 예방하기 위하여 모든 시 정부 청사에 옥상 정원이 설치될 것이다.

106. The first batch of Ms. Wackefield's order from Wilson Athletics is scheduled for ------- this afternoon.
(A) delivery
(B) question
(C) supply
(D) training

주문이 들어왔으면 당연히 배달해야 하므로 (A)를 정답으로 선택해야 한다.

VOCAB batch 한 회분(한 번에 만들어 내는 음식, 기계 등의 양) supply 공급[비축](량)

해석 Wilson Athletics에서 Ms. Wackefield가 주문한 첫 생산물량은 오늘 오후로 배송이 예정되어 있다.

107. The team's contributions to the study of a high-fat diet in mice were very ------- acknowledged.
(A) favor
(B) favorably
(C) favorable
(D) favored

were very ------- acknowledged에서 'be + ------- + p.p.'에서는 항상 부사가 정답이라는 것을 기억하고 재빨리 정답을 선택한다.

VOCAB contribution 기여, 이바지 high-fat diet 고지방식 mice mouse (쥐)의 복수 favor 호의, 친절 favored 호의[호감]를 사고 있는 favorable 호의적인; 유리한 acknowledge (권위나 자격을) 인정하다

해석 쥐의 고지방 식단 연구에 대한 팀의 기여는 매우 각별하게 인정받았다.

108. Haworth Ltd. is the area's leading ------- for furniture, carpets, and office equipment.
(A) source
(B) role
(C) plan
(D) machine

Haworth Ltd.는 회사 이름이므로 일류 '공급업체'라고 일컫는 게 알맞다.

VOCAB leading 일류의, 선두의 source 공급자, 출처

해석 Haworth Ltd.는 가구와 카펫, 사무 용품에 있어 지역의 일류 공급업체이다.

109. Sales of Auraine Cosmetics have ------- improved since the launch of the new advertising campaign at the end of last year.

(A) steady
(B) steadily
(C) steadiest
(D) steadied

have ------- improved를 보고 정답을 알아내자. 'have + ------- + p.p.'에서는 부사가 정답이다.

VOCAB cosmetics 화장품 steady 꾸준한 launch 개시

해석 Auraine 화장품의 판매량은 작년 말 새 광고 캠페인의 개시 이후 꾸준히 향상되었다.

110. As of Wednesday, the employee lounge on the second floor is ------- open.

(A) busily
(B) eventually
(C) precisely
(D) officially

[(A) 바쁘게, (B) 결국, (C) 정확히, (D) 정식으로] 중 문장 전체의 의미를 자연스럽게 만들어주는 것은 (D)이다.

VOCAB as of ~부로, ~을 기하여 employee lounge 직원 휴게실 eventually 결국, 마침내 precisely 정확히 officially 정식으로, 공식적으로

해석 수요일 부로, 2층의 직원 휴게실이 정식으로 개방됩니다.

111. While Kivale Corporation is not a large ------- of silver and copper, its compensation package is better than that of its competitors.

(A) productive
(B) produce
(C) production
(D) producer

명사 앞 빈칸에는 형용사가 정답이라고 배웠으므로, 당연히 형용사 뒤 빈칸에는 명사가 들어가야 한다. (B), (C), (D)가 모두 명사인데, 주어 Kivale Corporation을 가리키는 것을 선택해야 하므로 '생산업체'라는 뜻인 (D)가 정답이다.

VOCAB productive 생산적인 produce 농산물 copper 구리 compensation package (급여와 복리 후생을 포함한) 보수 competitor 경쟁업체

해석 Kivale 사(社)가 은과 구리의 대형 생산업체는 아니지만, 보수만큼은 경쟁업체들보다 낫다.

112. The waiting area is more welcoming and ------- for patients now that some artworks and potted plants have been placed there.

(A) comfortable
(B) competent
(C) peculiar
(D) familiar

대기실에 미술 작품과 화분이 있으면 더 편안하게 느껴지는 것이 자연스러우므로 (A)를 선택해야 한다.

VOCAB welcoming 안락해 보이는, 마음을 끄는 competent 유능한 peculiar 고유의, 특유의 familiar 익숙한, 친숙한 now that ~이기 때문에 potted plant 화분

해석 미술 작품과 화분 몇 점을 갖다 놓았더니 대기실은 환자들에게 더 안락하고 편안해 보인다.

113. At Eco-Modern Ltd., we are ------- researching the best ways to minimize our own carbon footprint.

(A) continual
(B) continues
(C) continue
(D) continually

빈칸 앞뒤 are ------- researching을 보면서 정답을 파악하자. 'be + ------- + V-ing'가 보이면 부사를 선택해야 한다.

VOCAB continual 끊임없는, 부단한 research 연구하다, 조사하다 minimize 최소화하다 carbon footprint 탄소 발자국(온실 효과를 유발하는 이산화탄소의 배출량)

해석 저희 Eco-Modern에서는, 탄소 발자국을 최소화하기 위한 최선의 방법을 끊임없이 연구합니다.

114. When Ms. Jasvir reviewed her bank statement, she ------- the monthly service fee had not been deducted.

(A) started
(B) glanced
(C) postponed
(D) noticed

빈칸 뒤의 절 the monthly service fee had not been deducted(월 수수료가 제해지지 않았다)를 목적어로 쓸 만한 동사는 (D)이다.

VOCAB bank statement (은행 계좌의) 입출금 명세서 glance 흘낏 보다 notice 알아차리다 service fee 수수료, 서비스 요금 deduct 제하다, 공제하다

해석 Ms. Jasvir는 은행 입출금 명세서를 확인했을 때, 월 수수료가 제해지지 않은 것을 알았다.

115. Despite the advances in technology, users can ------- see blurring from fast moving objects.

(A) ease
(B) easy
(C) easily
(D) easier

조동사와 동사원형 사이에 빈칸이 있으면 부사가 정답이라는 것을 기억하고 빠른 속도로 (C)를 정답으로 선택해야 한다.

VOCAB advance 발전, 진전 blurring 번짐, 흐려짐 object 물건, 물체

해석 기술의 발전에도 불구하고 사용자들은 빠르게 움직이는 물체에서 쉽게 번짐 현상을 볼 수 있다.

116. Please report and return any bicycle parts broken ------- repair during shipment promptly.
(A) into
(B) of
(C) except
(D) beyond

bicycle parts broken ------- repair가 '수리할 수 없을 정도로 망가진 자전거 부품'이라는 뜻이 되도록 (D)를 정답으로 선택해야 한다. beyond repair(수리할 수 없을 정도로)를 덩어리로 기억하자.

VOCAB part 부품, 부분 beyond repair 수리할 수 없을 정도로 shipment 운송, 수송 promptly 바로, 곧

해석 운송 중 수리할 수 없을 정도로 망가진 자전거 부품은 어느 것이든 바로 알려주시고 반품하시기 바랍니다.

117. Mr. Jacobs has assured the management team that the prototype will be ------- functional by November 19.
(A) complete
(B) completing
(C) completely
(D) completion

빈칸 앞뒤 will be ------- functional를 보면서 정답을 알아내자. 'be + ------- + 형용사'가 보이면 부사가 정답이다.

VOCAB assure 장담하다, 확약하다 management team 경영진 prototype 시제품 complete 완료하다; 완전한 functional 가동되는

해석 Mr. Jacobs는 경영진에게 시제품이 11월 19일까지는 완전히 가동될 것이라고 장담했다.

118. We should verify qualifications ------- a new recruit takes up a post.
(A) without
(B) before
(C) until
(D) except

신입 사원의 자격을 확인하는 것은 직책을 맡기기 전에 할 일이므로 (B)가 정답이다. until은 '~까지 어떤 일을 지속[계속]한다'고 말할 때 쓰는 접속사이므로 우리말처럼 생각해서 정답으로 선택하면 안 된다.

VOCAB verify 확인하다 qualification 자격, 자질, 능력 (new) recruit 신입 사원 take up a post 직책[자리, 직무]을 맡다

해석 우리는 신입 사원이 직책을 맡기 전에 자격을 확인해야 합니다.

119. At Terrabusi Foods, we are aware that a healthy and balanced diet is ------- important to modern consumers.
(A) increase
(B) increases
(C) increased
(D) increasingly

be 동사와 형용사 사이 빈칸에 부사가 들어가야 한다는 것을 기억해야 한다.

VOCAB aware (~을) 알고 있는 diet 식습관, 식사 increasingly 점점 더, 갈수록 더 modern 현대의

해석 저희 Terrabusi 식품은 건강에 좋고 균형 잡힌 식습관이 현대 소비자들에게 점점 더 중요해지고 있음을 알고 있습니다.

120. Before the machines leave the assembly plant, they are ------- meticulously to ensure they have no flaws.
(A) selected
(B) inspected
(C) attached
(D) managed

완제품이 공장에서 출하되기 전에 할 일은 마땅히 세심한 검사이므로 (B)가 정답이다.

VOCAB assembly plant 조립 공장 inspect 검사하다 attach 붙이다, 첨부하다 meticulously 꼼꼼하게 ensure 반드시 ~하게[이게] 하다, 보장하다 flaw 결함

해석 기계들은 조립 공장을 떠나기 전에, 결함이 없다는 것을 보장하기 위해 꼼꼼하게 검사받는다.

121. The non-profit organization Gracepoint is launching a new program ------- to mental health problems in children.
(A) allowed
(B) prepared
(C) dedicated
(D) introduced

동사 dedicate의 의미와 용법을 기억하자. dedicate A to B는 'A에게 B를 전담시키다'라는 뜻이다. 따라서 a new program ------- to mental health problems in children이 '어린이들의 정신 건강 문제를 전문으로 하는 새로운 프로그램'이라는 뜻이 되도록 (C)를 정답으로 선택해야 한다.

VOCAB non-profit organization 비영리 단체 launch 출시하다, 시작하다 dedicate (특정 목적, 역할을 위해) 전임시키다

해석 비영리 단체인 Gracepoint는 어린이들의 정신 건강 문제를 전문으로 하는 새로운 프로그램을 출시한다.

122. The Ambient digital hygrometer is ------- accurate in measuring the level of humidity in the atmosphere.
(A) surprising
(B) surprisingly
(C) surprised
(D) surprises

is ------- accurate만 보고 정답을 알아내자. 'be + ------- + 형용사'는 매우 자주 출제되는 부사 자리다.

VOCAB hygrometer 습도계 surprising 놀라운 surprise 놀라게 하다 accurate 정확한 measure 측정하다 humidity 습도 atmosphere 대기, 공기

해석 Ambient 디지털 습도계는 대기 중의 습도를 측정하는 데 있어서 놀라울 정도로 정확하다.

123. Ms. Maladatta politely ------- the job offer from Larmex Cargo Company.
(A) declined
(B) decreased
(C) prevented
(D) converted

politely ------- the job offer(일자리 제안을 정중히 [(A) 거절했다 (B) 감소시켰다 (C) 예방했다 (D) 전환했다])를 자연스럽게 만들어주는 것은 (A)이다.

VOCAB decline (정중히) 거절하다, 사양하다 convert 전환시키다, 개조하다 job offer 일자리 제의 cargo 화물

해석 Ms. Maladatta는 Larmex 화물 회사의 일자리 제의를 정중히 거절했다.

124. Please complete this form correctly so that you may be reimbursed ------- for last month's travel expenses.
(A) promptly
(B) prompt
(C) promptness
(D) prompts

빈칸 앞에 수동태 동사 may be reimbursed가 있다는 것만 파악하면 된다. 수동태 뒤 빈칸에는 부사가 정답이다.

VOCAB complete 작성하다, 기입하다 form 양식, 서식 correctly 올바르게, 정확히 so that ~하도록 reimburse 배상하다, 변제하다 prompt 즉각적인, 지체 없는; 유도하다, 촉발하다 travel expense 출장비

해석 지난달 출장비를 즉시 환급받을 수 있도록 이 양식을 올바르게 작성해주세요.

125. All sensitive information about the company must be removed from a document before it can be shared -------.
(A) certainly
(B) externally
(C) deeply
(D) utterly

회사의 민감한 정보를 제거하는 것은 외부로 유출되는 것을 예방하기 위한 것이므로 문장의 의미상 (B)가 정답으로 알맞다.

VOCAB sensitive (정보, 주제 등이) 민감한, 신중을 요하는 externally 외부적으로 utterly 완전히, 순전히, 아주

해석 회사에 대한 모든 민감한 정보는 외부적으로 공유되기 전에 문서에서 삭제되어야 한다.

126. The agenda for next year's online gaming forum is yet to be -------.
(A) concluded
(B) prevented
(C) invited
(D) decided

The agenda ~ is yet to be ------- (의제가 아직 [(A) 결론이 나지 (B) 예방되지 (C) 초대되지 (D) 결정되지] 않고 있다)를 자연스럽게 만들어주는 (D)를 정답으로 선택해야 한다.

VOCAB agenda 의제 forum 포럼, 토론회 be yet to-V 아직 ~하지 않고 있다 conclude 결론[판단]을 내리다

해석 내년 온라인 게임 토론회의 의제는 아직 결정되지 않았다.

127. Although they usually leave for the day at 5:00 P.M., the day shift employees are ------- in the shop preparing for the CEO's visit tomorrow.
(A) almost
(B) less
(C) still
(D) easily

employees are ------- in the shop(직원들이 [(A) 거의 (B) 덜 (C) 아직도 (D) 쉽게] 가게에 있다) 중 in the shop을 수식하기에 알맞은 (C)가 정답이다.

VOCAB leave for the day 퇴근하다 day shift 주간 근무조

해석 주간 근무조 직원들은 보통 오후 5시면 퇴근하지만, 내일 있을 CEO의 방문을 준비하느라 아직도 가게에 있다.

128. Mr. Uemura considers himself fortunate to have worked ------- many influential figures in finance while at Makati Bank.

(A) throughout
(B) where
(C) with
(D) despite

to have worked ------- many influential figures는 "많은 영향력 있는 인물들과 함께 일했다" 외에 적절히 해석할 방법이 없으므로 (C)를 정답으로 선택해야 한다.

VOCAB fortunate 운 좋은 throughout 곳곳에; ~ 동안 쭉, 내내 influential 영향력 있는, 영향력이 큰 figure 인물

해석 Mr. Uemura는 Makati 은행에서 근무하는 동안 금융 분야의 많은 영향력 있는 인물들과 함께 일했기 때문에 자신이 운이 좋다고 생각한다.

129. The merger with Sando Publishing will not lead to changes ------- editorial staff.

(A) in
(B) again
(C) positions
(D) ultimately

빈칸 앞에 있는 명사 changes가 눈에 들어와야 한다. '증가, 감소, 변화, 경험'의 명사 뒤에는 항상 전치사 in이 들어간다.

VOCAB merger 합병 lead to (결과적으로) ~에 이르다[~하게 되다] ultimately 궁극적으로, 결국 editorial staff 편집부원, 편집진

해석 Sando 출판사와의 합병은 편집진의 변화로 이어지지 않을 것이다.

130. The board of directors sent out a reminder to department heads that all contracts must be ------- reviewed by the in-house counsel before they are signed.

(A) rigor
(B) rigors
(C) rigorous
(D) rigorously

빈칸 앞뒤 must be ------- reviewed를 보면서 정답을 선택하자. 'be + ------- + p.p.'가 보이면 부사가 정답이다.

VOCAB board of directors 이사회 send out 보내다, 발송하다 reminder 독촉장, 상기시켜 주는 편지[메모] department head 부서 책임자 contract 계약서 rigor 엄격함 rigorous 철저한, 엄격한 review 검토하다 in-house (회사, 조직) 내부의 counsel 변호인(단)

해석 이사회는 부서장들에게 모든 계약서는 서명하기 전에 사내 변호사에 의해 철저히 검토되어야 한다는 안내문을 발송했다.

p.46 Part 6

Questions 131-134 refer to the following instructions.

Your DM300 microwave oven can be placed conveniently in your kitchen, living room, or office. Set the oven on an even surface such as a kitchen countertop or a sturdy table. It is imperative to enable air to flow **131.** freely around the oven. Allow at least 4 inches of space around the sides, top, and back of the microwave oven. Do not **132.** install the oven in an enclosed area. Do not place it above a gas or electric range. **133.** Keep all vents clear when preparing food using it. The reason for this is that blocked air outlets will cause the oven to shut off automatically **134.** after it is turned on.

131-134번 문제는 설명서에 관한 것입니다.

DM300 전자레인지는 주방이나 거실, 사무실 등에 편리하게 설치될 수 있습니다. 전자레인지를 주방 조리대나 튼튼한 테이블 같은 평평한 표면 위에 놓으세요. 반드시 전자레인지 주위에 공기가 자유롭게 흐르게 해주어야 합니다. 전자레인지 옆면과 윗면, 뒷면 주위에 공간을 최소 4인치는 잡아주세요. 전자레인지를 폐쇄된 공간에 설치하지 마세요. 전자레인지를 가스레인지나 전기레인지 위에 놓지 마세요. 전자레인지를 사용해서 음식을 조리할 때는 모든 환기구가 뚫려 있도록 해주세요. 이렇게 하는 이유는 전자레인지가 켜진 후에 막혀버린 공기 배출구는 전자레인지를 자동으로 꺼지게 하기 때문입니다.

문장 분석

The reason for this is that blocked air outlets will cause the oven to shut off automatically after it is turned on.

➡ cause는 5형식 동사로서 목적격 보어로 to 부정사를 사용한다. 이런 종류의 동사로 enable, allow, expect, ask, request, require, persuade, encourage, advise, invite 등이 있다.

➡ enable, allow, expect, ask, request, require, persuade, encourage, advise, invite + O + to-V

VOCAB instructions 설명 microwave oven 전자레인지 place 두다, 놓다, 설치하다 conveniently 편리하게 set 두다, 놓다 even 평평한, 반반한 surface 표면 countertop (주방) 조리대 sturdy 튼튼한 imperative 반드시 해야 하는, 긴요한 enable 가능하게 하다 flow 흐르다 allow (특정한 목적을 위해 계산하여) 잡다, 정하다 enclosed 에워싸인, 둘러싸인 above ~ 위에 gas range 가스레인지 electric range 전기레인지 vent 통풍구, 환기구 clear 훤히 뚫린, 막혀 있지 않은 package 포장하다 boil 끓이다 liquid 액체 microwave 전자레인지에 요리하다 at a time 한 번에 blocked 막힌, 폐쇄된 outlet 배출구 cause 얘기하다, 초래하다 shut off 꺼지다, 멈추다 automatically 자동으로 turn on 켜다

131. (A) freedom
(B) freer
(C) freely
(D) freeing

빈칸 앞뒤 to enable air to flow ------- around the oven에서 정답을 알 수 있다. 자동사 flow 뒤에 빈칸이 있으므로 부사를 넣어야 한다.

132. (A) remove
(B) install
(C) choose
(D) purchase

'전자레인지를 폐쇄된 공간에 [(A) 제거하지 (B) 설치하지 (C) 선택하지 (D) 구매하지] 마세요'를 자연스럽게 만들어 주는 동사를 선택해야 한다.

133. **(A) Keep all vents clear when preparing food with it.**
(B) Follow all instructions carefully when preparing packaged meals.
(C) Do not boil any liquids using the oven.
(D) Do not microwave more than two dishes at a time.

(A) 전자레인지를 사용해서 음식을 조리할 때는 모든 환기구가 뚫려 있도록 해주세요.
(B) 포장 식품을 조리할 때는 모든 지시 사항을 주의 깊게 따르세요.
(C) 어떤 액체도 전자레인지를 사용해서 끓이지 마세요.
(D) 전자레인지에서 한 번에 두 접시 이상을 조리하지 마세요.

뒤 문장에서 The reason for this(이렇게 해야 하는 이유는)가 있다. "막혀버린 공기 배출구는 전자레인지를 자동으로 꺼지게 한다(blocked air outlets will cause the oven to shut off automatically)"는 것이 이유라면 바로 앞 문장에는 공기 배출구가 막히지 않도록 하는 조치가 지시 사항으로 나오는 것이 알맞다.

134. (A) from
(B) next
(C) like
(D) after

빈칸 뒤에 '주어 + 동사(it is turned on)'가 있으므로 빈칸에는 접속사가 들어가야 한다. 접속사로 사용할 수 있는 것은 (D) 밖에 없고 내용상으로도 after가 알맞다.

p.47 Part 7

Questions 135-137 refer to the following form.

We at Behring International are grateful for your trust in us as your relocation service provider. [135.] We would like you to tell us more about your experience, as we are constantly striving to enhance our services. Please help us by filling out this form and returning it to us in the enclosed pre-addressed envelope. Your responses will be kept confidential.

First Name: **Nawazuddin**
Family Name: **Murad**

Origin: Sydney, Australia
Destination: Delhi, India

Rate the services you used from 1 = not at all satisfied to 5 = extremely satisfied. NA = not applicable.

Packing personal belongings 5
Moving 2
Vehicle shipping NA
Relocation assistance 4

135-137번 문제는 다음 양식에 관한 것입니다.

저희 Behring International은 이사 서비스 제공 업체로서 저희에게 보내주신 고객님의 신뢰에 감사드립니다. 저희는 서비스 향상을 위해 끊임없이 애쓰고 있기 때문에, 고객님의 경험에 대해 더 말씀해 주시기를 바랍니다. 이 양식을 작성하셔서 동봉해드린 회신용 봉투로 다시 보내주심으로써 저희를 도와주십시오. 응답은 비밀로 유지됩니다.

이름: **Nawazuddin**
성: **Murad**

출발지: 호주 시드니
도착지: 인도 델리

사용하신 서비스를 1점(매우 불만족)부터 5점(매우 만족)까지 평가해주세요. NA=해당 사항 없음

개인 물품 포장 5
운송 2
차량 운송 해당 사항 없음
이사 지원 4

Please explain your ratings in the box below.

136. I appreciate your team's effort to let me have a positive relocation experience as I **moved to Delhi to assume my new work assignment**. All furniture and clothing arrived in good condition. Thanks to the care you took packing and labeling all of our belongings, settling into our new home was much easier. It was very considerate of you to provide us with the welcome packet of information on local shops and schools. It was disappointing that it took longer than scheduled to receive our possessions, although I'm aware that you did what you could to make this move as smooth as possible. 137. I will definitely **use your services again** when my assignment in India comes to a close **in three years** and we transfer to our next location.

아래 빈칸에 평점에 관해 설명해주시기를 바랍니다.

새 업무를 맡기 위해 델리로 이사할 때 긍정적인 이사 경험을 갖도록 해주기 위한 귀사 팀의 노력에 감사합니다. 모든 가구와 의류가 좋은 상태로 도착했습니다. 저희의 모든 물건을 포장하고 라벨을 붙여주시며 조심해주신 덕분에, 새집에 자리 잡는 일이 훨씬 더 쉬워졌습니다. 지역의 상점들과 학교들에 대한 정보를 담은 환영 자료집을 제공해주신 것은 참 사려 깊게 느껴졌습니다. 이 이사를 되도록 원활하게 해주시기 위해 최선을 다하셨다는 것을 알고 있지만, 소지품들을 받는 데 예정보다 오래 걸린 것은 아쉬웠습니다. 3년 후에 인도에서 저의 업무가 끝나고 다음 장소로 이전할 때 반드시 귀사의 서비스를 다시 이용하겠습니다.

문장 분석

I appreciate your team's effort (to let me have a positive relocation experience / as I moved to Delhi / to assume my new work assignment).

➡ 귀사 팀의 노력에 감사합니다 (긍정적인 이사 경험을 갖도록 해주기 위한 / 델리로 이사할 때 / 새 업무를 맡기 위해)

➡ (to let me have a positive relocation experience / as I moved to Delhi / to assume my new work assignment)가 앞에 있는 명사 effort를 수식한다.

Thanks to the care (you took packing and labeling all of our belongings), [settling into our new home] was much easier.

➡ (you took packing and labeling all of our belongings)가 앞에 있는 명사 care를 수식한다. 직역하면 '저희의 모든 물건을 포장하고 라벨을 붙여주시며 해주신 조심 덕분에'이다.

➡ 동명사구 [settling into our new home]가 주절의 주어다.

It was very considerate of you to provide us with the welcome packet of information on local shops and schools.

➡ 'It is + 형용사 + of you to-V'는 '~하다니 참 ~하기도 하다'라는 뜻의 구문이다. 직역하면 '지역의 상점들과 학교들에 대한 정보를 담은 환영 자료집을 제공해주시다니 참 사려 깊기도 하셨군요.'이다.

It was disappointing / that it took longer than scheduled / to receive our possessions, / although I'm aware / that you did what you could / to make this move as smooth as possible.

➡ 아쉬웠습니다 / 예정보다 오래 걸린 것은 / 물건들을 받는 데 / 알고 있지만 / 최선을 다하셨다는 것을 / 이 이사를 되도록 원활하게 해주시기 위해

VOCAB grateful 고마워하는, 감사하는 relocation 이전 constantly 끊임없이 strive 노력하다, 애쓰다 enhance 향상시키다 fill out 작성하다, 기재하다 enclose 동봉하다 pre-addressed envelope 회신용 봉투 response 응답 confidential 비밀[기밀]의 rate 평가하다 applicable 해당[적용]하는 packing 짐 싸기 personal belongings 개인 소지품 shipping 운송 rating 평점 assume (권력, 책임을) 맡다 work[job] assignment 업무 take care 조심하다 label 라벨[상표/표]을 붙이다 settle into 자리 잡다 considerate 사려 깊은, 배려하는 packet 자료집 aware 알고 있는 smooth 순조로운 definitely 분명히, 확실히 comes to a close 끝나다 transfer 이동하다 apply for 신청하다 reimbursement 변제, 상환 gather 모으다 comment 의견 relative 친척 conference 회의, 학회 urban 도시의 establish 설립하다 resign 사직[사임]하다 property 부동산 hire (단기간 특정한 일을 하도록 사람을) 쓰다

135. What is the purpose of the form?
(A) To apply for a reimbursement
(B) To improve customer service
(C) To gather comments to use in advertisements
(D) To request relocation services

양식의 목적은 무엇인가?
(A) 환급을 신청하는 것
(B) 고객 서비스를 개선하는 것
(C) 광고에 사용할 의견을 모으는 것
(D) 이사 서비스를 요청하는 것

주제나 목적을 묻는 문제는 대부분 지문의 도입부에서 정답이 나온다. We would like you to tell us more about your experience, as we are constantly striving to enhance our services.까지만 읽으면 정답을 알 수 있다.

136. According to the form, why did Mr. Murad move to Delhi?
(A) To meet his relatives
(B) To attend a conference
(C) To enjoy life in an urban area
(D) To begin a new job assignment

양식에 따르면 Mr. Murad는 왜 델리로 이동했는가?
(A) 친척을 만나기 위해
(B) 회의에 참석하기 위해
(C) 도시 지역 생활을 즐기기 위해
(D) 새 업무를 시작하기 위해

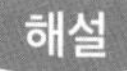

move to Delhi가 문제의 키워드인데 지문 후반부에서 I moved to Delhi to assume my new work assignment.에서 이 키워드를 발견할 수 있다. 이 부분이 패러프레이즈 되어 있는 것을 간파하고 (D)를 정답으로 선택해야 한다.

137. According to the form, what will Mr. Murad probably do in three years?
(A) Establish his own company
(B) Resign from his position
(C) Buy a property in Delhi
(D) Hire Behring International

양식에 따르면 Mr. Murad는 3년 후에 무엇을 할 것 같은가?
(A) 자신의 회사를 설립한다
(B) 직책에서 사임한다
(C) 델리에 부동산을 산다
(D) Behring International을 고용한다

do in three years가 문제의 키워드이며 지문의 마지막 문장 I will definitely use your services again when my assignment in India comes to a close in three years and we transfer to our next location.에서 발견할 수 있다. Behring International의 서비스를 반드시 다시 이용하겠다고 했으므로 (D)가 정답이다.

p.52 Part 5&6 Exercise

101	c	103	b	105	d	107	a	109	d
102	d	104	b	106	c	108	c	110	d

● 정답을 맞힌 문제도 해설을 읽어보자.

101. Researchers of LumenDB, Inc., are planning to ------- redesign some old models with their colleagues in France to develop better products.
(A) collaboration
(B) collaborative
(C) collaboratively
(D) collaborate

빈칸 앞뒤로 to 부정사 to redesign이 나뉘어서 배치되어 있다. 준동사를 수식하는 것은 부사다.

VOCAB researcher 연구원 collaborative 공동 연구의 collaborate 공동으로 작업하다 colleague 동료

해석 LumenDB 사(社)의 연구원들은 더 좋은 제품을 개발하기 위해 프랑스의 동료들과 공동으로 몇몇 오래된 모델들을 다시 디자인할 계획이다.

102. The TV commercial for Chinese Taste was ------- Kingsmen Agency's best advertisement yet.
(A) easy
(B) ease
(C) easiest
(D) easily

빈칸 뒤에 소유격 Kingsmen Agency's를 수식할 단어를 골라야 한다. 관사나 소유격 (대)명사 같은 한정사를 수식하는 것은 부사다.

VOCAB commercial (텔레비전, 라디오의) 광고 ease 쉬움, 용이함, 편의성 easily 확실히, 단연 agency 대행사 yet 이제[지금]까지

해석 Chinese Taste의 TV 광고는 단연 지금까지 Kingsmen 대행사의 것 중 최고의 광고였다.

103. The Callingwood Theater took a ------- short amount of time to be restored.
(A) surprise
(B) surprisingly
(C) surprising
(D) surprised

'------- + 형용사 + 명사(a ------- short amount)'가 보이면 부사가 정답이다.

VOCAB take (시간이) 걸리다 amount (시간, 물질의) 양 restore 복원[복구]하다

해석 Callingwood 극장은 복구하는 데 놀라울 정도로 짧은 시간이 걸렸다.

104. The National Football League's young players are ------- in favor of Olympic participation.
(A) overwhelm
(B) overwhelmingly
(C) overwhelming
(D) overwhelms

빈칸 앞뒤 are ------- in favor of를 보고 정답을 선택하자. 뒤에 있는 전치사구 in favor of를 수식할 부사가 필요하다.

VOCAB overwhelm (격한 감정이) 휩싸다, 압도하다 overwhelming 압도적인 in favor of ~에 찬성하는 participation 참가, 참여

해석 내셔널 풋볼 리그의 젊은 선수들은 올림픽 참가에 압도적으로 찬성한다.

105. Historically, the farming sector has reacted ------- slowly to change, having been sheltered by the subsidy regime from market forces.
(A) relative
(B) relate
(C) relativeness
(D) relatively

빈칸 앞뒤 has reacted ------- slowly를 보고 정답을 선택하자. 뒤에 있는 부사 slowly를 수식할 또 다른 부사가 필요하다.

VOCAB historically 역사적으로 farming 농업 sector 부문, 분야 react 반응하다 relative 비교상의, 상대적인 relate 관련시키다, 결부시키다 relativeness 관련성; 상대성 shelter 보호하다 subsidy 보조금 regime 제도, 체제 market forces 시장의 힘, 자유 시장 방식

해석 역사적으로 농업 분야는 보조금 제도에 의해 자유 시장 방식으로부터 보호받기 때문에 변화에 느리게 반응해왔다.

106. -------, our sales have increased slightly over the last three months.
(A) Fortuneless
(B) Fortunate
(C) Fortunately
(D) Fortune

-------, our sales have increased까지만 보면 된다. '-------, 주어 + 동사'가 보이면 부사가 정답이다.

VOCAB fortuneless 불운한; 재산이 없는, 가난한 fortune 운; 재산

해석 다행히도 지난 3개월 동안 우리의 판매량이 약간 증가했습니다.

107. Changing a career path is ------- a complicated decision, but it can be rewarding.
(A) understandably
(B) understanding
(C) understood
(D) understand

빈칸이 바로 뒤에 있는 관사를 수식해야 한다. 관사나 소유격 (대)명사 같은 한정사를 수식하는 것은 부사다.

VOCAB career path (직업상의) 진로 understandably 당연하게도, 당연히 complicated 복잡한 rewarding 보람 있는

해석 직업의 진로를 변경하는 것은 당연히 복잡한 결정이지만, 보람 있을 수도 있다.

108. Director Felizia Wolfmeier's proposal for an additional professional development course for managers was approved in a ------- short time.

(A) surprised
(B) surprise
(C) surprisingly
(D) surprising

빈칸 앞뒤 a ------- short time에서 정답을 알 수 있다. '------- + 형용사 + 명사'가 보이면 항상 부사가 정답이며 매우 자주 출제되는 유형이다.

VOCAB director 이사, 중역 proposal 제안, 제의; 기획안 additional 추가의 professional development 전문성 개발

해석 매니저들을 위한 추가적인 전문성 개발 코스에 대한 Felizia Wolfmeier 이사의 제안은 놀라울 정도로 빨리 승인되었다.

109. Mitochondrial DNA is passed down ------- through the female line.

(A) exclusive
(B) exclusivity
(C) exclusiveness
(D) exclusively

빈칸 뒤 전치사구 through the female line를 수식하도록 부사를 선택해야 한다.

VOCAB mitochondrial DNA 미토콘드리아 DNA pass down (후대에) ~을 물려주다 exclusive 독점적인, 전용의 exclusivity 독점, 독점권 exclusiveness 배타성, 독점성, 유일성 exclusively 독점적으로, 오로지 (…만) line 가계, 혈통

해석 미토콘드리아 DNA는 오직 모계를 통해서만 전해진다.

110. Compared to other synthetic fiber options, a ------- processed bamboo fiber would be far superior and preferable.

(A) nature
(B) natures
(C) natural
(D) naturally

빈칸 앞뒤 a ------- processed bamboo fiber에서 정답을 알아내자. '------- + 형용사 + 명사'가 보이면 부사가 정답이다.

VOCAB compared to ~에 비해 synthetic 합성한, 인조의 fiber 섬유 processed 가공한, 처리한 bamboo 대나무 far 훨씬 superior 더 우수한 preferable 바람직한

해석 다른 합성 섬유보다 천연 가공 대나무 섬유가 훨씬 더 우수하고 바람직할 것이다.

p.55 Part 7 Examples 1-2

해석

WAKEFIELD & ASSOCIATES

933 Hingham Street Rockland, Massachusetts 02370 (339) 555-0153

28년 동안
신뢰할 만한 세무 상담과 회계 서비스를 제공해왔습니다.

우리 회사 직원들은 아래 고객들을 위한 서비스의 전문가들로 구성되어 있습니다:
- 개인과 가계
- 소규모 사업체
- 법인

긍지를 가지고 비영리 기관들에 할인 요금을 제공합니다.

저희 서비스들과 각 서비스에 관련된 시간당 요금 구성에 대한 모든 정보를 보시려면 오늘 저희 웹사이트를 방문하세요. 살펴보시고 이름과 연락처를 입력해 주세요. 2영업일 이내에 다시 연락 드려서 경험이 풍부한 저희 세무사와 하는 무료 첫 상담 일정을 잡아드리겠습니다.

www.wakefieldandassociates.com

예제 1. Wakefield and Associates에 대해 무엇이라고 진술되어 있는가?
(A) 30년 이상 영업해왔다.
(B) 모든 고객에게 같은 시간당 요금을 부과한다.
(C) 개인과 기업 모두에게 서비스를 제공한다.
(D) 첫 상담에 명목상의 요금을 부과한다.

예제 2. 회사 웹사이트에서 이용할 수 있는 것으로 언급되지 않은 것은 무엇인가?
(A) 회사 기존 고객들의 명단
(B) 제공되는 서비스 유형에 대한 세부사항
(C) 각 유형의 서비스 비용
(D) 전문가와 만날 약속을 잡는 방법

Practice Test

● 정답을 맞힌 문제도 해설을 읽어보자.

101	b	105	a	109	d	113	d	117	c	121	d	125	c	129	b	133	b	137	d
102	c	106	c	110	d	114	d	118	a	122	d	126	b	130	c	134	a	138	c
103	b	107	d	111	a	115	c	119	b	123	d	127	c	131	d	135	b		
104	d	108	a	112	c	116	d	120	c	124	d	128	b	132	d	136	a		

p.59 Part 5

101. ------- speaking, it is best to use filtered or bottled water to improve the taste of your coffee.
(A) General
(B) Generally
(C) Generalize
(D) Generalization

빈칸 뒤 speaking이 동명사인지 현재분사인지 구분하지 못해도 괜찮다. 어쨌든 준동사다. 준동사를 수식하는 것은 부사다.

VOCAB generalize 일반화하다 generally speaking 일반적으로 말하자면 filtered water 여과수 bottled water 병에 든 생수

해석 일반적으로 말해서 커피의 맛을 향상시키기 위해서는 여과수나 병에 든 생수를 사용하는 것이 가장 좋다.

102. The performance will continue after a ------- fifteen-minute intermission.

(A) narrow
(B) deep
(C) brief
(D) sharp

'(A) 좁은, (B) 깊은, (C) 짧은, (D) 날카로운' 중 fifteen-minute intermission(15분간의 휴식 시간)을 수식할 수 있는 형용사는 (C)이다.

VOCAB narrow 좁은 brief 잠깐의 intermission (연극, 영화 등의) 중간 휴식 시간

해석 공연은 짧은 15분 동안의 휴식 시간 후에 계속됩니다.

103. Recruiters were ------- with Mr. Webber's work experience despite his young age.

(A) impressive
(B) impressed
(C) impressing
(D) impressively

be 동사 뒤에 빈칸이 있다고 해서 (A)를 정답으로 고르면 빈칸 앞뒤의 단어들과 의미상 어울리지 않게 되므로 속지 않도록 주의해야 한다. "인사담당자들이 Mr. Webber의 경력에 깊은 인상을 받았다."가 자연스러운 문장이므로 (B)가 정답이다.

VOCAB recruiter 모집 담당자 impressive 인상적인 impressed 좋은 인상을 받은

해석 인사담당자들은 Mr. Webber의 젊은 나이에도 불구하고 그의 경력에 깊은 인상을 받았다.

104. ------- a small festival commemorating the city's cultural heritage, the Clareville Fair has become one of the biggest annual events in the area.

(A) Origin
(B) Originate
(C) Originated
(D) Originally

빈칸 바로 뒤에 있는 관사 a를 수식해야 한다. 관사나 소유격 (대)명사 같은 한정사를 수식하는 것은 부사다.

VOCAB origin 기원, 출신 originate 비롯되다, 유래하다 originally 원래, 본래 commemorate 기념하다 heritage (국가, 사회의) 유산 cultural heritage 문화 유산 fair 축제 마당

해석 원래 시의 문화 유산을 기념하는 작은 축제였던 Clareville Fair는 지역에서 가장 큰 연례행사 중 하나가 되었다.

105. We offer a wide ------- of database management software products for virtually all your administrative, accounting and client data management needs.

(A) selection
(B) group
(C) type
(D) program

a wide[large] selection of(다양한)의 의미와 토익에서 매우 자주 사용되는 표현이라는 사실만 알면 매우 쉽게 풀 수 있다. (B), (C), (D)는 a wide ------- of의 형태로 사용하지 않는다.

VOCAB a wide[large] selection of 다양한 virtually 사실상, 거의 administrative 관리[행정]상의 management 관리

해석 저희는 거의 모든 당신의 행정 및 회계, 고객 데이터 관리상의 필요에 맞는 다양한 데이터베이스 관리 소프트웨어 제품들을 제공합니다.

106. The second International Tourism Conference will be held ------- the Grand Hotel.

(A) with
(B) for
(C) at
(D) from

"Grand 호텔에서 열립니다."라는 뜻이 되도록 전치사 at을 넣어야 한다.

VOCAB tourism 관광업 conference 회의, 학회 hold 열다, 개최하다

해석 제2차 국제 관광산업 회의는 Grand 호텔에서 열립니다.

107. Please arrive at the conference venue by 9:00 A.M. ------- you are scheduled to make a presentation.

(A) so
(B) until
(C) in
(D) if

문장 전체의 의미를 자연스럽게 해주는 접속사 if가 빈칸에 알맞다.

VOCAB conference 회의, 학회 venue 장소 make a presentation 발표[프레젠테이션]하다

해석 프레젠테이션을 하시도록 일정이 잡혀 있으시다면 오전 9시까지 학회 장소에 도착하시기 바랍니다.

108. Last week, Jack Dee, president of Blandford Financial, ------- on a special episode of the *Hamada Zahera Show*.

(A) appeared
(B) seemed
(C) approved
(D) numbered

------- on a special episode of the *Hamada Zahera Show*가 "*Hamada Zahera* 쇼의 특별편에 출연했다."라는 의미가 되도록 동사 (A)를 선택해야 한다.

VOCAB appear 출연하다 seem (~인[하는] 것처럼) 보이다 approve 찬성하다 number 번호를 매기다; 모두[총] ~이 되다

해석 지난주에 Blandford Financial의 회장 Jack Dee는 *Hamada Zahera* 쇼의 특별편에 출연했다.

109. U.S. LNG exports will provide ------- priced supplies that could be a major source of economic relief to some countries.

(A) competing
(B) competition
(C) competitive
(D) competitively

빈칸 앞뒤 will provide ------- priced supplies를 보고 정답을 알아내자. '------- + 형용사 + 명사'가 보이면 부사를 정답으로 골라야 한다.

VOCAB LNG(liquefied natural gas) 액화 천연가스 export 수출 compete 경쟁하다 competition 경쟁, 대회 competitive 경쟁력 있는, 뒤지지 않는 priced (~한) 가격의 supply 공급, 비축 source 원천, 근원 economic 경제의 relief 완화, 경감

해석 미국의 LNG 수출은 일부 국가들에 경제적 안정의 주요 원천이 될 수 있는 저렴한 가격의 공급이 되어줄 것이다.

110. Because the delivery of office supplies was ------- by a week, we ran short of ink cartridges.

(A) proceeded
(B) included
(C) intended
(D) delayed

우선 자동사는 수동태로 만들 수 없다는 사실을 알고 (A)는 제외해야 한다. the delivery of office supplies was ------- by a week(사무용품의 배송이 일주일 [(B) 포함되었다 (C) 의도되었다 (D) 지연되었다]) 중 의미가 자연스러운 것은 (D)이다.

VOCAB office supplies 사무용품 proceed (일이) 행해지다, 진척되다 intend 의도하다, 작정하다 run short of ~이 다 떨어지다

해석 사무용품의 배송이 일주일 지연되었기 때문에 잉크 카트리지가 다 떨어졌습니다.

111. Thanks ------- to pastry chef Ji Hyun Park, Losilly's Restaurant has become a favorite with local patrons.

(A) largely
(B) larger
(C) large
(D) largest

빈칸 뒤에 있는 전치사구 to pastry chef Ji Hyun Park을 수식하려면 부사가 필요하다.

VOCAB largely 대체로, 주로 thanks to ~의 덕분에 pastry chef 파티시에 favorite 특히 좋아하는 것 patron 고객

해석 Losilly's 식당은 대부분 파티시에 Ji Hyun Park 덕분에 지역 고객들이 가장 좋아하는 곳이 되었다.

112. Alternative energy sources are making their way into the highly competitive ------- of electricity production.

(A) avenue
(B) benefit
(C) field
(D) demand

the highly competitive ------- of electricity production(경쟁이 매우 심한 전기 생산 [(A) 거리 (B) 혜택 (C) 분야 (D) 수요]) 중 의미를 자연스럽게 만들어 주는 (C)를 선택해야 한다.

VOCAB alternative energy source 대체 에너지원 make one's way into ~로 나아가다 highly competitive 경쟁이 치열한 avenue (도시의) 거리, -가 benefit 혜택 field 분야 demand 수요

해석 대체 에너지원들이 경쟁이 치열한 전기 생산 분야로 진출하고 있다.

113. "Platinum Member" status is awarded to those who shop with us ------- frequently.
(A) except
(B) exception
(C) exceptional
(D) exceptionally

빈칸 앞뒤 shop with us ------- frequently를 보고 정답을 알아내야 한다. 빈칸 뒤에 있는 부사를 수식할 말이 필요한데, 부사는 또 다른 부사가 수식한다.

VOCAB status 신분, 자격 award 수여하다, 부여하다 those who ~하는 사람들 shop 사다, 쇼핑하다 exception 예외 exceptional 우수한, 특출한 frequently 자주, 빈번히

해석 '플래티넘 회원' 자격은 특출하게 자주 저희 서비스를 이용하여 쇼핑하시는 분들에게 부여됩니다.

114. On a ------- day, there are 15 million people coming and going through the city.
(A) constant
(B) loyal
(C) practical
(D) typical

On a ------- day([(A) 끊임없는 (B) 충성스러운 (C) 실용적인 (D) 보통의] 하루에) 중 의미가 자연스럽게 되는 것은 (D)이다.

VOCAB constant 끊임없는 loyal 충실한, 충성스러운 practical 실용적인 typical 보통의, 일반적인

해석 보통 하루에 이 도시를 오고 가는 사람이 1,500만 명이다.

115. -------, the firm is going to enlarge its international presence by establishing another foreign subsidiary.
(A) Presumption
(B) Presumable
(C) Presumably
(D) Presumed

-------, the firm is going to enlarge까지만 읽으면 된다. '-------, 주어 + 동사'가 보이면 부사가 정답이라고 기억하고 있어야 한다.

VOCAB presumption 추정(되는 것) presumable 있음 직한 presumably 아마, 짐작건대 presume 추정하다 firm 회사 enlarge 확대하다, 확장하다 presence 입지, 존재감 establish 설립하다 foreign 외국의 subsidiary 자회사

해석 짐작건대 그 회사는 또 다른 해외 자회사를 설립함으로써 국제적인 입지를 확대할 것이다.

116. The executives will track the progress of the Tiago project ------- to evaluate the impact of the measures taken.
(A) aside
(B) longer
(C) anymore
(D) closely

will track the progress of the Tiago project -------(Tiago 프로젝트의 진행을 [(A) 한쪽으로 비켜서 (B) 더 길게 (C) 더 이상 (D) 자세히] 추적하다)를 자연스럽게 만들어주는 (D)가 정답이다.

VOCAB executive 간부, 이사, 중역 track 추적하다 progress 진행 aside 한쪽으로 closely 자세히 evaluate 평가하다 impact 영향 take measures 조치를 취하다

해석 간부들은 Tiago 프로젝트의 진행을 자세히 추적하여 취해진 조치의 영향을 평가할 것이다.

117. Refreshments will be available ------- the day at the concession stand.
(A) to
(B) among
(C) throughout
(D) within

문장의 의미를 자연스럽게 해주는 것은 (C)이다. (A)는 전치사의 의미상 알맞지 않고, (B)는 뒤에 항상 복수 명사가 있어야 한다. (D)를 사용하려면 the day가 가리키는 날이 언제인지 확실히 나와 있어야 한다.

VOCAB refreshments 다과 available 이용할 수 있는 throughout the day 온종일 within the day 그날 중으로 concession stand 구내매점

해석 구내매점에서 일정 내내 다과를 이용하실 수 있습니다.

118. A market analysis indicates that sales of electric vehicles have increased ------- over the past few years.
(A) considerably
(B) durably
(C) concisely
(D) expressively

항상 짝으로 출제되는 어휘 문제는 반드시 암기해두자. '증가/감소' 동사가 보이면 일단 보기 중 '많이'를 찾아보는 게 가장 빠르고 정확한 풀이 방식이다. 빈칸 앞에 have increased가 보이자마자 곧장 정답을 골라야 한다.

VOCAB analysis 분석 indicate 나타내다, 보여 주다 electric vehicle 전기자동차 considerably 많이, 상당히 durably 튼튼하게, 내구력으로 concisely 간결하게 expressively 의미심장하게, 의미 있게

해석 한 시장 분석 자료가 전기자동차의 판매량이 지난 수년에 걸쳐 상당히 증가해왔음을 보여 준다.

119. Judging from ticket sales, Jessica Krause's first attempt to direct a blockbuster film was ------- a success.
(A) clear
(B) clearly
(C) clearer
(D) clearing

여기서 빈칸은 뒤에 있는 명사 success를 수식하는 것이 아니라 관사 a를 수식하는 것이다. 관사나 소유격 (대)명사 같은 한정사는 부사가 수식한다.

VOCAB judging from ~으로 판단하건대[미루어 보아] attempt 시도 direct (연극, 영화를) 감독하다, 연출하다 film 영화 clear 확실한; 치우다

해석 티켓 판매량으로 판단하건대 블록버스터 영화를 연출하려는 Jessica Krause의 첫 시도는 확실히 성공이었다.

120. Our most recent online survey was conducted just last week, ------- it is too soon to ask clients to participate in another one.
(A) when
(B) since
(C) so
(D) finally

빈칸 앞뒤 문장들의 내용이 인과관계로 보는 것이 적절하므로 '따라서, 그래서'라는 뜻의 so가 알맞다.

VOCAB recent 최근의 conduct 실시하다 participate in ~에 참가[참여]하다

해석 가장 최근의 온라인 설문조사가 바로 지난주에 실시되었습니다. 따라서 고객들에게 또 한 번 참여해달라고 요구하는 것은 너무 이릅니다.

121. Timbi, Inc., has been producing state-of-the-art smartphones with ------- long battery runtime.
(A) has increased
(B) increases
(C) increased
(D) increasingly

빈칸 앞뒤 with ------- long battery run times를 보면서 정답을 파악하자. '------- + 형용사 + 명사'는 부사 자리로 매우 자주 출제되는 것 중 하나다.

VOCAB state-of-the-art 최첨단의, 최신식의 increasingly 점점 더, 갈수록 더 runtime 가동 시간

해석 Timbi 사(社)는 점점 더 긴 배터리 가동 시간을 가진 최첨단 스마트폰을 생산해왔다.

122. Sporting goods manufacturers have been reporting ------- strong sales of skiwear for this time of year.
(A) surprised
(B) surprises
(C) to surprise
(D) surprisingly

빈칸 앞뒤 have been reporting ------- strong sales에서 정답을 알아내자. '------- + 형용사 + 명사'는 부사 자리로 매우 자주 출제되는 것 중 하나다.

VOCAB sporting goods 스포츠용품 manufacturer 제조사, 생산 회사 report 기록하다 strong (수효가) 아주 많은 skiwear 스키복

해석 스포츠용품 제조업체들은 매년 이맘때 놀라울 정도로 많은 스키복 판매량을 기록해왔다.

123. Farmers in regions close to the equator tend to focus ------- on rice production because rice grows well in hot and humid climates.
(A) exclude
(B) exclusion
(C) exclusive
(D) exclusively

빈칸 앞뒤 to focus ------- on rice production를 보자. 빈칸은 뒤에 있는 전치사구 on rice production을 수식하도록 부사여야 한다.

VOCAB equator 적도 tend to-V ~하는 경향이 있다 exclude 제외하다, 배제하다 exclusive 독점적인, 전용의 exclusively 오로지 (~만) humid 습한 climate 기후

해석 적도에 가까운 지역의 농장주들은 쌀이 덥고 습한 기후에서 잘 자라기 때문에 쌀 생산에만 집중하는 경향이 있다.

124. School nurses are ------- effective at getting children into healthy eating habits, and are indispensable in the fight against childhood obesity.
(A) once
(B) far
(C) early
(D) very

(A)는 과거시제 문장에 알맞은 부사이며, (B)는 비교급 형용사나 부사를 수식한다. (C)는 의미상 빈칸 뒤에 있는 effective와 어울리지 않는다. effective를 수식할 만한 부사는 (D) 밖에 없다.

VOCAB school nurse 보건교사 once (과거) 한때 far (비교급, 최상급을 수식하여) 훨씬, 몹시 effective 유능한 get ~ into (특정한 상태에) 처하게 만들다 indispensable 없어서는 안 될 childhood obesity 소아 비만

해석 보건교사들은 어린이들이 건강한 식습관을 갖게 하는 데 매우 유능하며, 소아 비만과의 싸움에 없어서는 안 된다.

125. Mr. Appiah has been ------- recommended by all three of his references.
(A) high
(B) higher
(C) highly
(D) highest

빈칸 앞뒤 has been ------- recommended를 보면 'be + ------- + p.p.'이기 때문에 빈칸에는 부사가 들어가야 하지만, 안타깝게도 네 개의 보기가 모두 부사다. 이 문제는 언뜻 보기에는 품사 문제 같지만, 항상 짝으로 출제되는 부사 어휘 문제다. 빈칸 앞이나 뒤에 recommend가 보이면 정답은 언제나 highly 아니면 strongly이다.

VOCAB high 높이, 높은 곳에 highly 매우, 대단히 reference 추천인, 신원 보증인

해석 Mr. Appiah는 세 명의 추천인 모두에 의해 적극적인 추천을 받았다.

126. Last year, many part-time workers ------- the number of hours on the job.
(A) needed
(B) increased
(C) joined
(D) asked

the number of hours on the job을 목적어로 취하기에 가장 자연스러운 동사는 (B)이다.

VOCAB on the job 근무 중의

해석 작년에 많은 시간제 근로자들이 근무 시간을 늘렸다.

127. Even the executives themselves had to admit that Takana Designs' success was ------- the result of fortunate timing.
(A) parts
(B) parted
(C) partly
(D) parting

빈칸 앞뒤 was ------- the result에서 정답을 알아내야 한다. 명사 result 앞에 빈칸이 있다고 해서 형용사가 정답이라고 생각하면 안 된다. 빈칸은 관사 the를 수식한다. 관사나 소유격 (대)명사 같은 한정사를 수식하는 것은 부사다.

VOCAB executive 중역, 간부 admit 인정하다, 시인하다 part 부품, 부분 parted 나뉜, 갈라진 partly 부분적으로, 어느 정도 parting 이별(의), 작별(의) fortunate 운 좋은 timing 시기 선택

해석 중역들 자신조차도 Takana Designs의 성공은 어느 정도 운 좋은 시기 선택의 결과라는 점을 인정해야만 했다.

128. The company's first international workshop will be held ------- the Jefferson Convention Center on June 7.

(A) to
(B) at
(C) down
(D) of

워크숍이 개최되는 장소를 나타내는 데는 전치사 at이 알맞다.

VOCAB hold 열다, 개최하다

해석 회사의 첫 국제 워크숍이 6월 7일에 Jefferson 컨벤션 센터에서 열릴 것이다.

129. She would read her compositions ------- in the process of revision, which was a habit to help herself to refine and polish her writings.

(A) slightly
(B) aloud
(C) meanwhile
(D) significantly

read aloud(낭독하다)라는 표현을 알고 있으면 쉽게 정답을 선택할 수 있다.

VOCAB would ~하곤 했다 composition (음악, 미술, 시) 작품 read aloud 낭독하다 slightly 약간, 조금 meanwhile 그동안 significantly 상당히 in the process of ~의 과정에서 revision 수정 refine (문장 따위를) 다듬다 polish ~을 세련되게 하다 writing (책, 기사 등을 통칭하는) 글

해석 그녀는 자기 작품을 수정하는 과정에서 낭독하곤 했는데, 이것은 글을 다듬어 세련되게 하도록 돕기 위한 습관이었다.

130. The International Year of African Descent was launched in honor of Brazil's most ------- known and respected novelist, Joaquim Maria Machado de Assis.

(A) widen
(B) wider
(C) widely
(D) wide

빈칸 앞뒤 most ------- known and respected novelist에서 정답을 알아내자. '------- + 형용사 + 명사'가 보이면 부사가 정답인데, (B)와 (C), (D)가 모두 부사다. 그런데 빈칸 앞에 있는 most를 붙여 최상급이 되게 해야 하는데 비교급 (B) wider 앞에 most를 붙일 수는 없고, (D) wide의 최상급은 most wide가 아니라 widest이므로 (C)가 정답이다.

VOCAB descent 혈통, 가문, 가계 launch 시작하다, 개시하다 in honor of ~을 기념하여 widen 넓어지다, 넓히다 widely 널리 wide 넓은; 완전히, 활짝

해석 국제 아프리카 혈통의 해는 브라질에서 가장 널리 알려지고 존경받는 소설가 Joaquim Maria Machado de Assis를 기념하여 시작되었다.

p.62 Part 6

Questions 131-134 refer to the following advertisement.

California's CA7-TV encourages you to utilize the newest version of our traffic app for your smartphone. The app [131.] supplements the station's traffic reports. You can obtain traffic information when you are unable to watch our regular traffic news. [132.] The app's major features include frequent updates. Additionally, the app tracks your daily commute to provide personalized alerts [133.] directly on your smartphone when there are any traffic accidents or road improvement projects along your route. You don't need to worry about traffic delays anymore by downloading the CA7-TV traffic app today, [134.] or tune in to our live broadcast starting at 6:00 A.M. and 5:00 P.M. daily.

131-134번 문제는 다음 광고에 관한 것입니다.

캘리포니아 CA7-TV는 저희 스마트폰용 교통 앱 최신 버전을 이용하실 것을 권장합니다. 이 앱은 방송국의 교통 방송을 보완합니다. 정규 교통 뉴스를 보실 수 없을 때 교통정보를 얻으실 수 있습니다. 앱의 주요 기능에는 잦은 업데이트가 포함됩니다. 그뿐만 아니라 이 앱은 통근을 추적하여 경로상에 교통사고나 도로 개선 프로젝트가 있을 때 개인 맞춤화된 알림을 스마트폰으로 직접 제공하기도 합니다. 오늘 CA7-TV 교통 앱을 내려받으시면 더는 차량 정체에 대해 염려하실 필요가 없습니다. 혹은 매일 오전 6시와 오후 5시에 시작하는 생방송에 채널을 맞춰 주세요.

문장 분석

California's CA7-TV encourages you to utilize the newest version of our traffic app for your smartphone.

➡ encourage는 5형식 동사로서 목적격 보어로 to 부정사를 사용한다. 이런 종류의 동사로 enable, allow, expect, ask, request, require, persuade, encourage, advise, invite 등이 있다.

enable, allow, expect, ask, request, require, persuade, encourage, advise, invite + O + to-V

VOCAB utilize 활용[이용]하다 displace 대신[대체]하다 command 명령하다, 지시하다 supplement 보완하다, 보충하다 station 방송(국) obtain 얻다 regular 정식의, 정규의 rapid 빠른 be subject to ~의 대상이다 minimal 아주 적은, 최소의 feature 특징 frequent 잦은, 빈번한 track 추적하다 commute 통근 personalize (개인의 필요에) 맞추다 alert 알림 tune in to (라디오 다이얼, TV 채널을) ~에 맞추다 broadcast 방송

131. (A) displaces
(B) observes
(C) commands
(D) supplements

다음 문장이 You can obtain traffic information when you are unable to watch our regular traffic news(정규 교통 뉴스를 보실 수 없을 때 교통정보를 얻으실 수 있습니다).이므로 이 앱은 교통방송을 보완하는 것이다.

132. (A) Rapid population growth is expected for our city.
(B) Text messages are subject to minimal service charges.
(C) We send our reporters to all areas in and around the city.
(D) The app's major features include frequent updates.

(A) 우리 시의 빠른 인구 증가가 예상됩니다.
(B) 문자메시지에는 소정의 서비스 요금이 부과됩니다.
(C) 저희는 시내와 주변의 모든 지역에 기자들을 보냅니다.
(D) 앱의 주요 기능에는 잦은 업데이트가 포함됩니다.

해설 빈칸 다음 문장을 Additionally(그뿐만 아니라)로 시작하면서 앱의 또 다른 기능을 설명하고 있음을 나타내고 있으므로, 빈칸에도 앱의 기능을 알려주는 (D)가 들어가는 게 알맞다.

133. (A) direction
(B) directly
(C) directing
(D) directs

------- on your smartphone'에서 빈칸 뒤에 있는 전치사구를 수식하는 것은 부사이므로 (B)를 정답으로 선택해야 한다.

134. **(A) or**
(B) well
(C) quick
(D) only

빈칸 앞뒤의 두 문장이 각각 차량 정체에 대비하는 방법을 알려주고 있으므로 이것들을 연결하려면 접속사 (A)가 알맞다.

p.63 Part 7

Questions 135-138 refer to the following news article.

New Zealand Herald

Wednesday, January 22

Christchurch — Evergreen, Inc., has announced that its Westfield Shopping Center redevelopment project has been completed. Evergreen, a Melbourne-based retail management firm, manages two other shopping malls in Christchurch in addition to Westfield. Evergreen spent approximately NZ$20 million on its year-long redevelopment efforts. One section of the shopping complex was torn down and replaced with a movie theater which will be operated by General Cinemas Corporation. The other two sections have been renovated, and a new four-story parking structure with space for 800 vehicles has been built.

In addition to featuring a new movie theater and additional parking, the complex also houses a variety of new retail shops. New tenants include Champs Sporting Goods and Spendless Shoes. Says Evergreen's managing director for New Zealand operations, Ayesha Mayer, "Westfield now has everything from luxury goods stores and specialty food shops to shops offering

135-138번 문제는 다음 뉴스 기사에 관한 것입니다.

뉴질랜드 헤럴드

1월 22일 수요일

Christchurch — Evergreen 사(社)는 자사가 운영하는 Westfield 쇼핑센터 재개발 프로젝트가 완료되었다고 발표했다. 멜버른에 본사를 두고 있는 소매 운영업체 Evergreen은 Christchurch에서 Westfield 외에도 두 개의 쇼핑몰을 더 운영하고 있다. Evergreen은 이 1년짜리 재개발 프로젝트에 대략 2천만 뉴질랜드 달러를 썼다. 쇼핑 복합단지의 한 구획이 철거되었으며 General Cinemas 사(社)에 의해 영화 극장으로 대체되었다. 나머지 두 구획은 개조되었으며, 차량 800대가 들어갈 공간이 있는 새 4층짜리 주차 건물이 지어졌다.

새 영화 극장과 추가적인 주차공간을 포함하게 된 것 외에 이 복합단지는 다양한 새 소매상점들에도 공간을 제공하고 있다. 새 입주업체에는 Champs 스포츠용품점과 Spendless 제화도 포함된다. Evergreen의 뉴질랜드 영업 담당 전무이사 Ayesha Mayer는 말한다. "Westfield는 이제 명품 판매장과 특선 식품점부터 가격에 신경 쓰는 쇼핑객들을 위해 의류를 저렴하게 판매하는 상점들에 이르기까지 모든

good bargains on clothing for price-conscious shoppers." Herman Briggs, browsing the shelves of best sellers in the newly opened Treadwell's Bookstore yesterday, agrees: "Before, I wasn't really interested in coming here to shop; there were only a limited number of shops, and I had to waste much time looking for a parking spot." Bum Soo Yoo, manager of a children's clothing store, Kidswear Collective, has seen a sharp increase in the number of customers since completion of the redevelopment project. Notes Yoo, "Many of them have commented on how much more pleasant it is to shop at Westfield now."

것을 갖추고 있습니다." 새로 문을 연 Treadwell 서점에서 어제 베스트셀러 코너를 둘러보던 Herman Briggs도 동의한다. "전에는 정말이지 여기 와서 쇼핑하는 것에는 관심이 없었어요. 제한된 수의 가게들만 있었고, 주차할 자리를 찾느라 많은 시간을 낭비해야 했거든요." 아동복 판매장 Kidswear Collective를 운영하는 Bum Soo Yoo는 재개발 프로젝트의 완료 이후 고객 수의 급증을 경험했다. Yoo가 말한다. "많은 분이 이제 Westfield에서 쇼핑하는 것이 얼마나 더 즐거워졌는지 말씀하세요."

문장 분석

Westfield now has everything / from Ⓐ[luxury goods stores and specialty food shops] to Ⓑ[shops (offering good bargains on clothing for price-conscious shoppers).]

"Ⓐ부터 Ⓑ까지 모든 것을 갖추고 있다."의 구조인데, 의미상 고가의 제품부터 저렴한 것들까지 모든 것을 판매한다는 뜻이다.
Ⓑ 안에서는 분사구문 offering good bargains on clothing for price-conscious shoppers가 앞에 있는 명사 shops를 수식하고 있다.

VOCAB (지명)-based ~에 본사를 둔 retail 소매의 firm 회사 approximately 대략 effort 활동, 프로젝트 section 부분, 구획 complex 복합단지 tear down (tear-tore-torn) 철거하다, 헐다 operate 운영하다, 경영하다 renovate 개조하다, 보수하다 (숫자)-story ~층으로 된 structure 구조물 feature 특별히 포함하다 parking 주차 공간 house 수용하다, 장소를 제공하다 tenant 세입자, 임차인 managing director 상무이사, 전무이사 operation 사업, 영업 luxury goods store 명품 판매장 specialty food 특선 식품 offer a good bargain on ~을 싸게 팔다 clothing 의류 (명사)-conscious ~을 의식한 browse 둘러보다 parking spot 주차 공간 sharp increase 급증 note 언급하다 comment 의견을 말하다 pleasant 즐거운, 기분 좋은 review 논평하다, 비평하다 fund 자금을 대다 own 소유하다 headquarters 본사 executive 간부, 중역 attract 끌어들이다, 유치하다

135. What is the purpose of the article?
(A) To note that a firm will no longer be managing a shopping center
(B) To report that the redevelopment of a shopping center is complete
(C) To review the quality of customer service at stores in a shopping center
(D) To announce that a company has been funded to construct a shopping center

기사의 목적은 무엇인가?
(A) 어떤 회사가 더는 쇼핑센터를 운영하지 않을 것이라고 언급하는 것
(B) 어떤 쇼핑센터의 재개발이 완료되었다고 보도하는 것
(C) 어떤 쇼핑센터 상점들의 고객서비스 품질을 평가하는 것
(D) 어떤 회사가 자금 지원을 받아 쇼핑센터를 건립했다고 발표하는 것

해설 주제나 목적을 묻는 문제는 대부분 지문의 도입부에서 정답을 알 수 있다. 첫 문장 Evergreen, Inc., has announced that its Westfield Shopping Center redevelopment project has been completed.을 읽고 곧바로 (B)를 정답으로 선택하면 된다.

136. What is indicated about Evergreen, Inc.?

(A) It increased the number of retail tenants at Westfield Shopping Center.

(B) It owns two shopping centers in Christchurch.

(C) It will operate the new movie theater at Westfield Shopping Center.

(D) Its headquarters are in Christchurch.

Evergreen 사(社)에 대해 무엇이 나타나 있는가?

(A) Westfield 쇼핑센터에서 소매 입주업체의 수가 늘어났다.

(B) Christchurch에서 두 개의 쇼핑센터를 소유하고 있다.

(C) Westfield 쇼핑센터에서 새 영화 극장을 운영할 것이다.

(D) 본사가 Christchurch에 있다.

해설

맞는 내용 찾기는 틀린 것 찾기에 비해 수월하게 해결된다. 둘째 문단의 첫 문장에서 다양한 새 소매점들이 들어왔다고 알려주고 있고(the complex also houses a variety of new retail shops.), 이어지는 문장에서 대표적인 새 입주업체 두 군데를 소개하고 있으므로(New tenants include Champs Sporting Goods and Spendless Shoes.) 쇼핑센터의 입주업체 수가 늘었다는 것을 알 수 있다.

137. Who is Ayesha Mayer?

(A) A customer at a children's clothing shop

(B) The manager of a bookstore

(C) The owner of a luxury goods store

(D) An executive at a management firm

Ayesha Mayer는 누구인가?

(A) 아동복 판매장의 고객

(B) 서점 운영자

(C) 명품 판매장 소유주

(D) 어떤 회사의 중역

해설

세부사항을 찾는 문제로써 지문에서 Ayesha Mayer라는 이름만 찾아내면 된다. Evergreen's managing director for New Zealand operations(뉴질랜드 영업 담당 전무이사)라고 소개하고 있으므로 (D)가 정답이다.

138. What is NOT indicated about Westfield Shopping Center?

(A) It has attracted stores that sell food.

(B) The number of parking spaces there has increased.

(C) It was closed for one year during a remodeling project.

(D) An increased number of customers have recently visited there.

Westfield 쇼핑센터에 대해 나타나 있지 않은 것은 무엇인가?

(A) 식품을 판매하는 상점들을 유치했다.

(B) 주차공간의 수가 증가했다.

(C) 리모델링 프로젝트 동안 1년간 문을 닫았다.

(D) 증가한 수의 고객들이 최근 방문했다.

해설

NOT이 들어 있는 문제는 주의가 필요하다. 절대 서두르지 말고 지문을 자세히 읽으면서 보기 하나하나의 내용과 대조해야 한다. 우선 Ayesha Mayer의 인터뷰 내용에서 쇼핑센터에 특선 식품 판매장(specialty food shops)이 있다는 것을 알 수 있으므로 (A)를 제외한다. 첫 문단 마지막 문장에는 주차 건물이 새로 지어졌다는 내용이 들어 있으므로(and a new four-story parking structure with space for 800 vehicles has been built.) (B)도 지운다. Bum Soo Yoo라는 이름이 등장하는 지문 마지막 부분에는 재개발 프로젝트가 완료된 후 고객 수가 증가했다는 내용이 있으므로(has seen a sharp increase in the number of customers since completion of the redevelopment project.) (D)도 제외해야 한다.

p.70 Part 5&6 Exercise

101	a	103	b	105	b	107	d	109	a
102	d	104	d	106	d	108	a	110	b

● 정답을 맞힌 문제도 해설을 읽어보자.

101. ------- to the fitness room is included with your three-day stay at the Upperbay Hotel.
(A) Access
(B) Accessed
(C) Accessing
(D) Accessible

빈칸 뒤에 있는 전치사구 to the fitness room는 수식어구이므로 지운다. 그 뒤에 동사 is included가 있으므로 빈칸은 주어 자리이다. 명사 (A)와 동명사 (C)가 들어갈 수 있는데, 빈칸 뒤에 목적어가 없으므로 명사가 정답이다.

VOCAB access 입장; 들어가다, 이용하다 accessible 접근[입장/이용] 가능한

해석 Upperbay 호텔에서의 3일간의 투숙에는 운동실 이용이 포함되어 있습니다.

102. Little Bird Bistro is expanding and will open its first suburban ------- in Lombard next month.
(A) locating
(B) locate
(C) located
(D) location

'its first suburban -------'를 보면서 소유격 대명사와 형용사들 뒤에 빈칸이 있으므로 명사를 선택한다.

VOCAB bistro 작은 식당 suburban 교외의 locate ~의 정확한 위치를 찾아내다; 두다 location (사업체의) 지점(支店)

해석 Little Bird 식당은 확장하고 있으며 다음 달 Lombard에 첫 교외 지점을 연다.

103. The password does not contain enough characters to meet the strong password criteria specified by the domain ------- policy.
(A) secure
(B) security
(C) securely
(D) secured

빈칸 앞뒤 by the domain ------- policy를 보면서 명사 뒤 빈칸에는 명사를 넣어야 한다는 사실을 기억하고 명사를 정답으로 선택한다.

VOCAB contain ~이 들어 있다 character 글자, 부호 criteria(pl.) 기준 (s. criterion) specify 명시하다 secure 안전한; 확보하다; (단단히) 고정하다 security 보안

해석 그 비밀번호는 도메인 보안 정책에 명시된 강력한 비밀번호의 기준을 충족할 충분한 글자 수를 포함하고 있지 않다.

104. The sales manager's ------- on the new products is scheduled for 4:00 P.M.
(A) present
(B) presented
(C) presentable
(D) presentation

The sales manager's ------- on the new products를 보면서 정답을 고른다. 명사의 소유격 뒤에 빈칸이 있으므로 명사 (A)나 (D)가 정답인데, 의미상 '신제품들에 대한 영업 부장의 프레젠테이션'이 자연스럽다.

VOCAB present 현재의; 참석한; 선물; 현재; 수여하다; 제시[제출]하다; 발표하다 presentable 받아들여질 만한

해석 신제품들에 대한 영업 부장의 프레젠테이션은 오후 4시로 예정되어 있습니다.

105. Ms. Patel explained the ------- of public ownership of the postal system at the panel discussion.
(A) beneficial
(B) benefits
(C) benefited
(D) benefiting

관사와 전치사 사이에는 명사가 들어가야 정답이다.

VOCAB beneficial 유익한, 이로운 benefit 이점; ~에게 도움이 되다; (from) 이익을 얻다 public ownership 공유(제), 국유(화) postal system 우편제도 panel discussion 공개 토론회

해석 Ms. Patel은 공개 토론회에서 우편 제도 국유제의 이점을 설명했다.

106. We apologize for the defects in the laser-guided cutting machines and will deliver ------- on Monday.
(A) replacing
(B) replaces
(C) replaced
(D) replacements

타동사 deliver의 목적어가 필요하므로 명사를 선택해야 한다.

VOCAB defect 결함 laser-guided cutting machine 레이저 절삭기

해석 레이저 절삭기의 결함에 대해 사과드리며 월요일에 교체 제품을 배송해드리겠습니다.

107. Please consult page 15 of this manual or call our customer service center for further information on ------- a password.
(A) creation
(B) create
(C) created
(D) creating

빈칸에는 전치사 on의 목적어가 들어가야 하므로 명사 (A)와 동명사 (D) 중에서 정답을 선택해야 한다. 빈칸 뒤에 있는 a password를 목적어로 취할 수 있는 동명사가 정답이다.

VOCAB consult 참고하다, 찾아보다 further information 자세한 정보

해석 비밀번호 생성에 대한 자세한 정보를 얻으시려면 이 설명서의 15페이지를 참고하시거나 고객 서비스 센터에 전화하세요.

108. If we can be of ------- to you, we guarantee that we will provide you with our expertise and advanced technology accumulated over the last 20 years.

(A) service
(B) servicing
(C) serviceable
(D) serviced

빈칸에 전치사 of의 목적어가 들어가야 하므로 명사 (A)나 동명사 (B)가 정답이 될 수 있는데, 빈칸 뒤에 목적어가 없을 때는 명사를 선택해야 한다.

VOCAB be of service to ~에게 도움이 되다 service 서비스, 도움; 서비스를 제공하다 serviceable 쓸 만한 guarantee 보장하다, 약속하다 provide *sb* with *sth* ~에게 ~을 제공하다 expertise 전문 지식 advanced 고급의 accumulate 모으다, 축적하다

해석 저희가 서비스를 제공해 드릴 수 있게 된다면, 20년 동안 축적된 전문 지식과 고급의 기술을 제공해 드릴 것을 약속 드립니다.

109. ------- for the fundraising event usually begin in August.

(A) Preparations
(B) Prepare
(C) Preparatory
(D) Prepares

빈칸 뒤에 있는 전치사구 for the fundraising event와 부사 usually는 모두 수식어구이므로 일단 지워보자. 그러면 그 뒤에 동사 begin이 있으므로 빈칸은 주어 자리다. 주어에는 명사를 사용해야 한다.

VOCAB preparation 준비 prepare 준비하다, 준비시키다 preparatory 준비[대비]를 위한 fundraising event 모금 행사

해석 모금 행사를 위한 준비는 대개 8월에 시작한다.

110. Experience the finest in sound ------- with a Gospel hearing aid.

(A) technical
(B) technology
(C) technological
(D) technologically

빈칸 앞뒤 in sound ------- with를 보면서 정답을 알아내자. 명사 뒤에 빈칸이 있으면 명사를 한 번 더 써서 복합명사를 만들어야 한다.

VOCAB experience 경험하다 technical 기술의, 기법의; 전문적인 technological 기술상의 hearing aid 보청기

해석 Gospel 보청기로 최고의 음향 기술을 경험해보세요.

p.73 Part 7 Example 1

해석

● 1번 예제는 다음 광고에 관한 것입니다.

Asian Teletalk

아시아에 있는 동안 고객과 연락하기를 바라세요? Asian Teletalk은 어떤 계약도 숨겨진 요금도 없이 당신에게 즉각적인 모바일 서비스를 제공합니다! 최저 30달러부터 시작하는 요금제와, 다양한 예산에 맞는 옵션들이 있습니다.

asianteletalk.us에 가셔서 계정을 활성화하시고 간단히 당신의 출장 필요 사항에 알맞은 요금제를 선택하시는 것으로 시작하세요. 그런 다음 2.99달러짜리 앱을 휴대전화에 내려받으셔서 해외에서 사업을 하시는 동안 사용자 프로필에도 접속하시고 Asian Teletalk의 통화, 문자, 데이터 패키지의 편리함도 즐겨보세요. 요금 납부를 놓치는 번거로운 상황을 피하기 위해 계정을 자동 이체로 설정하세요. 취소 수수료를 낼 필요 없이 언제든지 취소하세요.

www.asianteletalk.us

예제 1. 광고는 누구를 대상으로 하는가?
(A) 공대생들
(B) 비즈니스 여행객들
(C) 정부 직원들
(D) 휴가 중인 사람들

Practice Test

● 정답을 맞힌 문제도 해설을 읽어보자.

101	c	105	a	109	c	113	c	117	d	121	a	125	a	129	d	133	c	137	a
102	d	106	d	110	a	114	b	118	d	122	d	126	d	130	b	134	a		
103	c	107	c	111	c	115	c	119	d	123	a	127	a	131	b	135	d		
104	a	108	d	112	c	116	d	120	d	124	a	128	d	132	a	136	c		

p.77 Part 5

101. Lecturers now face rigorous ------- required by the university before they teach undergraduates.
(A) trainee
(B) trains
(C) training
(D) trained

타동사 face의 목적어가 되면서 형용사 rigorous의 수식을 받을 명사를 선택해야 하므로 (A), (B), (C)가 빈칸에 들어갈 수 있다. 그런데 (A)는 보통명사이기 때문에 사용하려면 앞에 관사가 있어야 한다. (B)를 넣으면 '엄격한 기차'라는 말도 안 되는 표현이 된다. '엄격한 교육'이라는 뜻이 되도록 (C)를 정답으로 선택해야 한다.

VOCAB lecturer 강사 face 직면하다 rigorous 엄격한 trainee 교육을 받는 사람 undergraduate 학부생

해석 강사들은 이제 학부생들을 가르치기 전에 대학 측에서 요구하는 엄격한 교육을 받아야 한다.

102. All customer service representatives are asked to acknowledge their ------- in Thursday's workshop.
(A) participate
(B) participates
(C) participated
(D) participation

their ------- in에서 정답을 알아내자. 소유격 대명사 their 뒤에 빈칸이 있으므로 명사가 정답이다.

VOCAB customer service representative 고객 서비스 상담원 acknowledge (사실로) 인정하다

해석 모든 고객 서비스 상담원 여러분은 목요일 워크숍에 참석 여부를 알려주시기 바랍니다.

103. In order to facilitate loading and unloading, each of our moving trucks is equipped ------- a wide loading ramp.
(A) at
(B) on
(C) with
(D) about

토익에 자주 등장하는 be equipped with를 기억하고 있다가 빠르게 정답을 선택하자.

VOCAB facilitate 쉽게 하다 loading and unloading 화물 상하차 be equipped with ~을 갖추고 있다 loading ramp (화물용) 이동 계단

해석 화물 상하차를 쉽게 하기 위해 저희의 모든 이삿짐 트럭은 넓은 이동 계단을 갖추고 있습니다.

104. The magazine has seen an ------- in the number of subscribers who read the online edition.
(A) increase
(B) increases
(C) increasingly
(D) increased

관사와 전치사 사이에는 명사가 정답이므로 (A)와 (B)가 빈칸에 들어갈 수 있는데, 관사가 an이므로 단수 명사가 정답이다.

VOCAB increasingly 점점 더, 갈수록 더 subscriber 구독자 online edition 온라인 판

해석 그 잡지는 온라인 판을 읽는 구독자의 수가 증가했다.

105. The travel agency ------- in full everybody the price of the ticket when the flight was canceled due to the inclement weather.
(A) refunded
(B) accepted
(C) divided
(D) deposited

'The travel agency ------- in full everybody the price of the ticket(여행사는 모든 사람에게 티켓 가격을 전액 [(A) 환급해줬다 (B) 수락했다 (C) 나눴다 (D) 예금했다])를 자연스럽게 만들어주는 것은 (A)이다.

VOCAB travel agency 여행사 deposit 예금하다 in full 전부, 빠짐없이 inclement weather 궂은 날씨

해석 궂은 날씨로 인해 비행이 취소되자 여행사는 모든 사람에게 티켓 가격을 전액 환급해줬다.

106. With dozens of community kiosks located ------- Erie County, it's easy to properly dispose of medications and needles.

(A) among
(B) besides
(C) between
(D) throughout

dozens of community kiosks located ------- Erie County은 'Erie 카운티 곳곳에 놓인 수십 개의 공공 키오스크들'이라고 해석하는 것이 자연스러우므로 (D)가 정답이다.

VOCAB dozens of 수십의, 많은 besides ~ 외에 throughout ~ 곳곳에 properly 제대로, 적절히 dispose of ~을 없애다, 처리하다 medication 약(물) needle 바늘

해석 Erie 카운티 곳곳에 놓인 수십 개의 공공 키오스크들을 이용하면 약과 주삿바늘들을 제대로 없애는 것은 쉽다.

107. Newly hired support personnel are asked to register ------- for the online data entry training course.

(A) quietly
(B) patiently
(C) promptly
(D) unexpectedly

register ------- for the online data entry training course([(A) 조용히 (B) 참을성 있게 (C) 즉시 (D) 예상치 못하게] 온라인 데이터 입력 교육 코스에 등록하다)를 자연스럽게 만들어주는 것은 (C)이다. promptly는 토익이 매우 사랑하는 부사다. 이 단어가 보기에 있을 때 정답이 아닌 경우는 거의 없으므로, 도저히 정답을 알 수 없을 때는 확률을 높이기 위해 이것을 찍자.

VOCAB support personnel 지원 업무 직원들 promptly 즉시 entry 입력

해석 새로 채용된 지원 업무 직원들은 즉시 온라인 데이터 입력 교육 코스에 등록하시기 바랍니다.

108. This leaflet is intended to give drivers information about ------- on bridge travel for oversized vehicles.

(A) restricts
(B) restricting
(C) restrictive
(D) restrictions

빈칸 앞뒤 about ------- on에서 정답을 알아내자. 전치사 about의 목적어로 명사 (D)와 동명사 (B)를 사용할 수 있는데, 빈칸 뒤에 목적어가 없으므로 명사가 정답이다.

VOCAB leaflet (광고나 선전용) 전단 intend 의도하다, 작정하다 restrict 제한하다, 한정하다 restrictive 제한하는 travel 이동 oversized 특대의, 너무 큰

해석 이 전단은 운전자들에게 대형 차량의 교량 통행 제약에 대한 정보를 주도록 의도되었습니다.

109. Part-time working is one of several ways in which the department offers its staff ------- in their working patterns.

(A) flexible
(B) flex
(C) flexibility
(D) flexed

빈칸 앞뒤 offers its staff ------- in their working patterns를 보면서 정답을 알아내자. offer는 4형식 문장에 사용할 수 있는데, 여기서는 its staff가 간접목적어, 빈칸이 직접목적어다. 명사가 들어가야 하므로 (B)와 (C) 중 정답을 선택해야 한다. 그런데 (B)는 보통명사이기 때문에 빈칸에 들어가려면 앞에 관사가 있어야 한다. 게다가 빈칸 뒤의 in their working patterns를 보면 의미상으로도 알맞지 않다.

VOCAB offer (~을 ~에게) 제공하다 flexible 융통성 있는, 유연한 flex (준비 운동으로) 몸을 풀다; 전선, 코드 flexibility 유연성, 융통성

해석 시간제 근무는 부서가 직원들에게 근무 패턴의 유연성을 제공하는 몇 가지 방법 중 하나이다.

110. The Garfield Park is the area's second largest venue, located just 4 kilometers ------- downtown.
(A) from
(B) since
(C) under
(D) here

located just 4 kilometers ------- downtown이 '시내로부터 겨우 4㎞ 떨어진 곳에 있는'이라는 의미가 되는 것이 자연스러우므로 from이 알맞다.

VOCAB venue 장소 located ~에 위치한 downtown 시내에, 중심가

해석 Garfield 공원은 지역에서 두 번째로 큰 장소로, 시내에서 겨우 4㎞ 떨어진 곳에 있다.

111. Tuna is a ------- source of the nutrients that are essential to healthy and balanced diets.
(A) long
(B) various
(C) rich
(D) careful

a ------- source of the nutrients(영양분들의 [(A) 긴 (B) 다양한 (C) 풍부한 (D) 주의 깊은] 원천)를 자연스럽게 만들어주는 것은 (C)이다.

VOCAB tuna 참치 various 다양한 rich 풍부한 source 원천 nutrient 영양분 diet 식사

해석 참치는 건강에 좋고 균형 잡힌 식사에 필수적인 영양분들의 풍부한 원천이다.

112. Among the ------- in the book are patent drawings for the car that carry the words "Inventor, Virgil M. Exner."
(A) illustrates
(B) illustrators
(C) illustrations
(D) illustrated

관사와 전치사 사이에는 명사가 정답이므로 (B) 아니면 (C)가 정답이다. Among the ------- in the book are patent drawings가 "책 속의 삽화 중에는 특허가 설정된 그림들이 있다"는 의미가 되도록 (C)를 정답으로 고르자.

VOCAB illustrate 삽화를 넣다 illustrator 삽화가 illustration 삽화 patent 특허의 drawing 그림 carry (라벨, 안내문 등이) 붙어 있다 inventor 고안자

해석 책 속의 삽화 중에는 '고안자, Virgil M. Exner'라는 문구가 붙어 있는 특허가 붙은 자동차 그림들이 있다.

113. Accused of being full of violence, the movie was ------- acclaimed for a realistic portrayal of historical figures.
(A) plus
(B) else
(C) also
(D) less

Accused of와 acclaimed가 키워드다. 비난도 받았지만, 또한 호평도 받았다는 내용이므로 빈칸에 알맞은 부사는 also다.

VOCAB accuse A of B A를 B라는 이유로 비난하다 violence 폭력 plus 게다가 acclaim 칭송하다 realistic 사실적인 portrayal 묘사 figure 인물

해석 그 영화는 폭력이 가득찼다고 비난을 받았지만, 역사적 인물들에 대한 사실적인 묘사로 찬사도 받았다.

114. Resources for petroleum-based fuels are plentiful and ------- inexpensive compared to the other options currently being discussed.

(A) thoroughly
(B) relatively
(C) early
(D) minimally

and ------- inexpensive compared to를 보면서 정답으로 찾으면 된다. "~에 비해 [(A) 철저히 (B) 상대적으로 (C) 일찍 (D) 최소한으로] 덜 비싸다"를 자연스럽게 해주는 것은 (B)이다. 참고로 부사 어휘 문제가 '------- + 형용사'의 형태로 출제되었을 때 만약 보기에 relatively나 increasingly가 보인다면 웬만하면 이것들이 정답이라는 것도 알아두자.

VOCAB resource 자원 petroleum-based fuel 석유계 연료 plentiful 풍부한 thoroughly 철저히 relatively 비교적, 상대적으로 minimally 최소로 inexpensive 비싸지 않은 compared to ~에 비해 currently 현재

해석 석유를 원료로 하는 연료 자원은 풍부하며 현재 논의되고 있는 다른 옵션들에 비해 상대적으로 덜 비싸다.

115. The ------- members of the board of directors began their term just six weeks ago.

(A) ready
(B) possible
(C) current
(D) entire

'겨우 6주 전에' 임기를 시작했다고 했으므로 시간과 관련된 형용사 current가 빈칸에 알맞다. entire는 어떤 집단의 구성원 전체가 관련되어 있음을 강조할 때 쓰는 단어이므로 이 문장에 들어가기에는 자연스럽지 않다.

VOCAB current 현재의 entire 전체의 board of directors 이사회 term 기간, 임기

해석 이사회의 현 임원들은 겨우 6주 전에 임기를 시작했다.

116. The bidding results for the two major orders are now ------- awaited.

(A) perfectly
(B) evenly
(C) rapidly
(D) eagerly

are now ------- awaited(현재 [(A) 완벽히 (B) 균등하게 (C) 급속히 (D) 간절히] 기다려진다)를 자연스럽게 만들어주는 (D)가 정답이다.

VOCAB bidding 입찰 evenly 균등하게 rapidly 급속히 eagerly 간절히 await 기다리다

해석 두 건의 주요 주문의 입찰 결과가 현재 간절히 기다려진다.

117. ------- will have to assume Ms. Valdez' duties while she is out of the office.

(A) Something
(B) Whoever
(C) Each other
(D) Someone

복합관계대명사가 이끄는 절은 명사절이나 부사절이 되기 때문에 주절 앞인 빈칸에 Whoever가 들어갈 수는 없다. ------- will have to assume Ms. Valdez' duties는 "누군가가 Ms. Valdez의 업무를 맡아야 한다"가 자연스러운 해석이므로 (D)가 정답이다.

VOCAB assume (업무, 책임 등을) 맡다 duty 직무, 업무

해석 Ms. Valdez가 사무실을 비우는 동안 누군가가 그녀의 업무를 맡아야 한다.

118. In response to the enormous housing problem, the government has ------- a massive new house-building program.

(A) confided
(B) resolved
(C) surrounded
(D) initiated

the government has ------- a massive new house-building program(정부는 대규모 신규 주택 건설 프로그램에(을) [(A) 털어놓았다 (B) 해결했다 (C) 둘러쌌다 (D) 착수했다])을 자연스럽게 만들어주는 (D)를 선택해야 한다.

VOCAB in response to ~에 대응하여 enormous 막대한, 거대한 housing 주택 공급 confide (비밀을) 털어놓다 resolve 해결하다 surround 둘러싸다, 에워싸다 initiate 개시되게 하다, 착수시키다 massive 대량의, 대규모의

해석 정부는 심각한 주택 공급 문제에 대한 대응으로 대규모 신규 주택 건설 프로그램에 착수했다.

119. As educators, our mission is to contribute to our graduates' ------- in any career path.

(A) succeed
(B) successful
(C) successfully
(D) success

명사의 소유격 our graduates' 뒤에 빈칸이 있으므로 명사를 정답으로 선택하자.

VOCAB contribute 기여하다, 이바지하다 graduate 졸업생 career path 진로

해석 교육자로서, 우리의 사명은 어떤 진로에서든 우리 졸업생들의 성공에 이바지하는 것이다.

120. Please send me ------- information regarding the software, including pricing, discount, service warranties, and upgrade options.

(A) every
(B) entire
(C) whole
(D) complete

every 뒤에는 셀 수 있는 명사의 단수형이 와야 하므로 information 같은 추상명사는 사용할 수 없다. entire나 whole은 항상 앞에 관사나 소유격 같은 한정사를 붙여서 사용한다. complete information은 시험에서 매우 자주 등장하는 표현이므로 덩어리로 기억해두자.

VOCAB entire[whole] (the나 소유격과 함께) 전체의 regarding ~에 관하여 pricing 가격 책정 warranty 품질 보증

해석 가격 책정과 할인, 서비스 품질 보증, 업그레이드 옵션을 포함하여 그 소프트웨어에 대한 모든 정보를 보내주시기 바랍니다.

121. Invented over a century ago, oscilloscopes are laboratory ------- used to observe the waveforms of electronic signals.

(A) instruments
(B) instrumental
(C) instrumentally
(D) instrumented

'oscilloscopes are laboratory -------'를 보면서 명사 뒤 빈칸에는 명사가 정답이라는 것을 기억해야 한다.

VOCAB invent 발명하다 oscilloscope 오실로스코프(전류 변화를 화면으로 보여주는 장치) instrument 기구; 기구를 설치하다 instrumental 중요한 instrumentally 방편[수단]으로서 waveform 파형 signal 신호

해석 한 세기 전에 발명된 오실로스코프는 전기 신호의 파형을 관찰하는 데 사용되는 실험실 기구이다.

122. The research is sound ------- for us to use the findings in our promotional materials.

(A) forward
(B) even
(C) ahead
(D) enough

The research is sound ------- for us to use가 "조사는 우리가 사용할 수 있을 만큼 충분히 믿을 만하다"라는 의미가 되도록 (D)를 정답으로 선택하는 것이 알맞다.

VOCAB sound 믿을 만한 forward 앞으로 ahead 앞으로, 앞에 findings (조사, 연구 등의) 결과 promotional material 홍보 자료

해석 조사는 우리가 그 결과를 홍보 자료에 사용할 수 있을 만큼 충분히 믿을 만하다.

123. The lecture hall on the building's second ------- is scheduled to be renovated next month.

(A) floor
(B) floors
(C) floored
(D) flooring

'The lecture hall on the building's second -------'가 '건물 2층에 있는 강의실'이라는 의미가 되도록 (A)를 선택해야 한다.

VOCAB lecture hall 강의실 flooring 바닥재 be scheduled to-V ~할 예정이다 renovate 개조하다, 보수하다

해석 건물 2층에 있는 강의실은 다음 달에 개조될 예정이다.

124. Markley Landscaping announced that the design for the Mayfield building complex is ------- complete.

(A) almost
(B) nearby
(C) anytime
(D) yet

항상 짝으로 출제되는 어휘 문제를 꼭 암기하자. 빈칸 뒤에 complete가 보이자마자 자동으로 almost를 정답으로 선택해야 한다. 이 유형의 문제는 매우 자주 출제된다.

VOCAB landscaping 조경 complex (건물) 단지 nearby 인근에, 가까운 곳에 anytime 언제든지 complete 완료된

해석 Markley 조경은 Mayfield 건물 단지를 위한 디자인이 거의 완료되었다고 발표했다.

125. Once ------- of e-mail delivery has been received, print and staple it to your copy of the letter.

(A) confirmation
(B) confirmed
(C) confirms
(D) confirm

접속사 뒤에는 주어와 동사가 필요하다. 빈칸 뒤 전치사구 of e-mail delivery를 지우면 그 뒤에 동사 has been received가 있으므로 빈칸은 주어가 들어갈 자리다. 주어 자리에는 명사가 정답이다.

VOCAB once 일단 ~하면 confirm 확인하다 confirmation 확인 staple 스테이플러로 고정하다

해석 일단 이메일 전송 확인 메시지를 받는다면, 인쇄해서 당신의 편지 사본에 스테이플러로 고정해 주세요.

126. Small businesses that do not have defined hiring ------- are prone to making wrong decisions when choosing the right people for their teams.

(A) purposes
(B) intents
(C) assemblies
(D) policies

defined hiring -------(규정된 채용 [(A) 목적 (B) 의도 (C) 모임 (D) 정책]) 중 의미가 자연스럽게 되는 것은 (D)이다.

VOCAB define 규정하다, 분명히 밝히다 intent 의도 assembly 집회 be prone to ~하기 쉽다

해석 규정된 채용 정책이 없는 소규모 사업체들은 팀에 맞는 사람을 뽑을 때 잘못된 결정을 내리기 쉽다.

127. The country's economy was rather sluggish in 2020, in ------- with other emerging African economies.

(A) comparison
(B) compare
(C) comparing
(D) comparative

전치사 in의 목적어가 필요하므로 빈칸에는 명사 (A)와 동명사 (C)가 들어갈 수 있는데, 빈칸 뒤에 목적어가 없으므로 명사가 정답이다. in comparison with는 '~에 비해'라는 뜻으로 덩어리로 기억해두자.

VOCAB rather 약간 sluggish 부진한 comparison 비교 comparative 비교의; 상대적인, 비교적 emerging 신흥의 economy 경기, 경제

해석 2020년에 그 나라의 경기는 다른 신흥 아프리카 국가들과 비교해 보면 다소 부진했다.

128. According to Mr. Reinhardt, there was never any written consent ------- the sale of his songs digitally.
(A) replacing
(B) investing
(C) commenting
(D) authorizing

written consent ------- the sale of his songs digitally(그의 노래의 디지털 판매를 [(A) 교체하는 (B) 투자하는 (C) 논평하는 (D) 인가하는] 서면 동의)를 자연스럽게 만들어주는 것은 (D)이다.

VOCAB written consent 서면 동의 comment 논평하다, 견해를 밝히다 authorize 인가하다

해석 Mr. Reinhardt의 말에 따르면 그의 노래의 디지털 판매를 인가하는 어떤 서면 동의도 없었다.

129. Mr. Lewis was ------- retirement when he was asked to assume the position of production manager at the new facility.
(A) under
(B) ahead of
(C) nearby
(D) close to

ahead of는 시간이나 순서상 '~보다 앞선'이라는 뜻이며, nearby는 장소 전치사다. '------- retirement'가 '은퇴가 얼마 남지 않은'이라는 뜻이 되도록 (D)를 선택하는 것이 알맞다.

VOCAB ahead of ~보다 앞선 nearby ~의 바로 옆에 close to ~가 얼마 남지 않은 assume (업무, 책임 등을) 맡다

해석 Mr. Lewis는 새 시설에서 생산 책임자의 지위를 맡아달라고 요구받았을 때 은퇴를 얼마 남겨두지 않고 있었다.

130. All organizations are ------- to recycle their used furniture through the city's recycling program.
(A) systematic
(B) eligible
(C) familiar
(D) successful

항상 짝으로 출제되는 어휘 문제를 기억하자. 빈칸 앞에 be 동사가, 뒤에 to 부정사가 보이는 순간 보기에서 eligible이 눈에 들어와야 한다.

VOCAB organization 기관, 단체 systematic 체계적인, 조직적인 familiar 익숙한, 친숙한 recycle 재활용하다 used 중고의 recycling 재활용

해석 모든 기관은 시의 재활용 프로그램을 통해 자기들이 사용하던 가구를 재활용할 수 있다.

p.80 Part 6

Questions 131-134 refer to the following letter.

131-134번 문제는 다음 편지에 관한 것입니다.

March 7
Talulah Sahner
9562 Schoolhouse Circle
Warrington, PA 73815

Dear Ms. Sahner,

Thank you for contacting us about the appliance you purchased recently. We are very sorry that the microwave oven you received yesterday was not in working order. We will meet your 131. expectations by sending a sales associate to provide you a replacement and bring your faulty product back at no additional cost. 132. The new one will be the exact same model. Please call our customer service center at 106-555-1232 to 133. arrange your delivery time.

We are dedicated to ensuring customer satisfaction and hope that you find this 134. resolution acceptable.

Thank you.

Toshiaki Murata
Customer Service
Fisko Electronics

3월 7일
Talulah Sahner
9562 Schoolhouse Circle
펜실베이니아 주, 워링턴 73815

Ms. Sahner께,

최근에 구매하신 기기에 관련하여 저희에게 연락해 주셔서 고맙습니다. 어제 받으신 전자레인지가 작동하지 않는 상태였다니 대단히 죄송합니다. 저희 영업 사원을 보내서 추가 비용 없이 교체 제품을 제공해드리고 결함이 있는 제품은 다시 가져옴으로써 고객님의 기대에 응하겠습니다. 새 제품은 정확히 같은 모델입니다. 저희 고객 서비스 센터(106-555-1232)로 전화 주셔서 배송 시간을 정해주시기 바랍니다.

저희는 고객 만족 보장에 전념하며 고객님께서 이 해결책을 그런대로 괜찮은 것으로 생각해 주시기 바랍니다.

고맙습니다.

고객 서비스부
Fisko 전자
Toshiaki Murata

문장 분석

Thank you for contacting us about the appliance (you purchased recently).

➡ 목적격 관계대명사가 생략된 채로 you purchased recently가 앞에 있는 명사 the appliance를 수식하고 있다.

We are very sorry that the microwave oven (you received yesterday) was not in working order.

➡ 목적격 관계대명사가 생략된 채로 you received yesterday가 앞에 있는 명사 the microwave oven을 수식하고 있다.

We will meet your expectations / by sending a sales associate / to provide you a replacement and bring your faulty product back / at no additional cost.

➡ 동사 meet와 함께 사용하는 명사들을 기억해두자.

meet the	needs	필요를	충족시키다
	demand	수요를	충족시키다
	requirements	요구조건을	충족시키다
	deadline	마감기한을	지키다
	expectations	기대치를	충족시키다
	standards	기준에	부합되다
	goal	목표를	달성하다

➡ to provide ~ at no additional cost가 앞에 있는 동명사 sending을 수식하고 있는데, 이런 경우 to 부정사는 의미상 '결과'를 나타내는 부사적 용법이다.

VOCAB contact 연락하다 appliance (가정용) 기기 microwave oven 전자레인지 in working order 정상적으로 작동하고 있는 meet expectations 기대에 응하다 sales associate 영업 사원 faulty 결함이 있는 at no additional cost 추가 비용 없이 arrange 정하다 be dedicated to ~에 전념하다 ensure 보장하다 customer satisfaction 고객 만족 find ~라고 여기다 resolution 해결 acceptable 그런대로 괜찮은 come with ~이 딸려 있다 energy efficiency 에너지 효율 certificate 증서, 증명서 verify 확인하다 under warranty 보증 기간 중인 demonstration (제품) 시연

131. (A) expecting
(B) expectations
(C) expects
(D) expected

소유격 대명사 뒤에 빈칸이 있으므로 명사가 정답이다

132. **(A) The new one will be the exact same model.**
(B) The serial number can be found at the bottom of the product.
(C) All our microwave ovens come with an energy efficiency certificate.
(D) We need to verify if the product is still under warranty.

(A) 새 제품은 정확히 같은 모델입니다.
(B) 일련번호는 제품 밑면에서 찾을 수 있습니다.
(C) 저희의 모든 전자레인지에는 연료 효율성 인증서가 딸려 있습니다.
(D) 제품이 아직 품질 보증 기간인지 확인해야 합니다.

해설 앞 문장에서 교체 제품을 제공해주겠다고(provide you a replacement) 했으므로 제공되는 제품은 애초에 구매한 것과 같은 모델이라는 부연 설명이 뒤이어 나올 문장으로 알맞다.

133. (A) cancel
(B) change
(C) arrange
(D) sign

영업 사원의 방문 날짜와 시간을 아직 말하지 않았으므로 고객에게 일정을 정해달라고 요구하는 것이 문맥상 자연스럽다.

134. **(A) resolution**
(B) discount
(C) advertisement
(D) demonstration

문맥상 hope that you find this ------- acceptable(이 [(A) 해결책을 (B) 할인을 (C) 광고를 (D) 제품 시연을] 그런대로 괜찮은 것으로 생각해 주시기 바랍니다)의 의미를 자연스럽게 만들어주는 것은 (A)이다.

p.81 Part 7

Questions 135-137 refer to the following article.

BAC TO BE REORGANIZED

MELBOURNE (27 January)—B. A. Cramer (BAC) announced today that its board of directors has approved a reorganization plan. **135. The measure will be taken to reduce the company's debts**, which have increased steadily as competitors have entered into the market.

The plan entails selling off the company's computer and home appliance divisions, which have been challenged by the growth of online retailers. **136.** The company has decided to focus instead on its **clothing lines, which earn the company most of its revenue**.

137. BAC's reorganization plan will be overseen by the company's current **CFO, Soo-Jin Kang**. In March, **Ms. Kang will assume the position of CEO**, replacing James Ferriby, who is retiring after leading the company for over a decade.

BAC currently operates 60 stores across Australia and more than 20 stores overseas.

135-137번 문제는 다음 기사에 관한 것입니다.

BAC, 조직 개편 예정

멜버른 (1월 27일) - B. A. Cramer(BAC)는 오늘 이사회가 조직 개편 계획을 승인했다고 발표했다. 이 조치는 경쟁업체들이 시장에 진출함에 따라 꾸준히 증가해온 회사의 부채를 줄이기 위해 취해지는 것이다.

이 계획은 컴퓨터와 가전제품 부서의 매각을 수반하는데, 이 부문들은 온라인 소매업체들의 성장에 고전해왔다. 대신 회사는 대부분의 수입을 벌어다 주는 의류 제품군에 집중하기로 결정했다.

BAC의 조직 개편 계획은 현 CFO Soo-Jin Kang이 감독할 것이다. Ms. Kang은 3월에 CEO 자리를 맡아, 10년이 넘도록 회사를 이끌고 나서 은퇴하는 James Ferriby를 대신할 것이다.

BAC는 현재 호주 전역에 걸쳐 60개, 해외에서 20개 이상의 매장을 운영하고 있다.

VOCAB reorganize 재편성하다 board of directors 이사회 approve 승인하다 take a measure 조치를 취하다 debt 빚, 부채 enter into ~에 진출하다 overseas 해외의 presence 입지 current 현재의 steadily 꾸준히 competitor 경쟁업체 entail 수반하다 sell off 매각하다 home appliance 가전제품 division 부서, 과; 분배 challenge 도전하다 retailer 소매상 line 제품군 earn 얻게 하다 revenue 수입 generate 발생시키다 substantial 상당한 income 소득, 수입 stationery 문구류 oversee 감독하다 CFO (chief financial officer) 최고 재무 책임자 assume (업무, 책임 등을) 맡다 CEO (chief executive officer) 최고 경영자 take on (일 등을) 맡다, (책임을) 지다 relocate 이주하다 currently 현재 operate 운영하다 across ~ 전역에 걸쳐 overseas 해외에서

135. According to the article, what does BAC plan to do?
(A) Enter into a new market
(B) Remodel its overseas stores
(C) Expand an online presence
(D) Reduce its current debt

기사에 따르면 BAC는 무엇을 할 계획인가?
(A) 신규 시장에 진출한다
(B) 해외 매장들을 리모델링한다
(C) 온라인 인지도를 증가시킨다
(D) 현재의 부채를 감소시킨다

해설 둘째 문장에서 조직 개편을 하는 이유가 부채를 줄이기 위한 것이라고(~ a reorganization plan. The measure will be taken to reduce the company's debts) 했으므로 (D)가 정답이다.

136. What items generate substantial income for BAC?
(A) Televisions and refrigerators
(B) Computers and printers
(C) Shirts and dresses
(D) Books and stationery

어느 제품들이 BAC에 상당한 수익을 가져다주었는가?
(A) 텔레비전과 냉장고
(B) 컴퓨터와 프린터
(C) 셔츠와 드레스
(D) 서적과 문구류

해설 둘째 문단에 BAC의 수익 대부분은 의류 제품군에서 나온다는(~ its clothing lines, which earn the company most of its revenue.) 내용이 있으므로 (C)가 정답이다.

137. What is suggested about Ms. Kang?
(A) She will take on new responsibilities.
(B) She has worked for a number of companies.
(C) She recently relocated to Melbourne.
(D) She plans to retire soon.

Ms. Kang에 대해 무엇이 암시되어 있는가?
(A) 새 업무를 맡을 것이다.
(B) 여러 회사에서 근무했다.
(C) 최근에 멜버른으로 전근했다.
(D) 곧 은퇴할 계획이다.

해설 셋째 문단을 읽어보면 Soo-Jin Kang은 현재 회사의 CFO인데, 3월에 CEO 자리를 맡을 것이라고 했으므로(~ the company's current CFO, Soo-Jin Kang. In March, Ms. Kang will assume the position of CEO,) 여기서 Ms. Kang이 새 업무를 맡을 것이라고 쉽게 추론할 수 있다.

p.88 Part 5&6 Exercise

101	a	103	c	105	c	107	d	109	b
102	d	104	a	106	c	108	b	110	b

- 정답을 맞힌 문제도 해설을 읽어보자.

101. Ms. Pasha has scheduled a meeting with ------- managing director, Mr. Chabeaux.
(A) her
(B) she
(C) herself
(D) hers

빈칸 앞뒤 with ------- managing director만 보면 된다. 명사 앞 빈칸에는 소유격 대명사가 정답이다.

VOCAB schedule ~의 일정을 잡다 managing director 상무이사

해석 Ms. Pasha는 상무이사 Mr. Chabeaux와의 회의 일정을 잡았다.

102. Mr. Shim has decided that he will employ a payroll service rather than manage the payroll accounts -------.
(A) him
(B) he
(C) his
(D) himself

빈칸 앞 manage the payroll accounts를 보면 '타동사 + 목적어'로 3형식 구문이 완성되어 있음을 알 수 있다. 완전한 문장 구조가 보이면 재귀대명사가 정답이다.

VOCAB payroll service (기업체를 위한) 급여 관리 서비스 rather than ~보다는, ~ 대신에 payroll account (기업의) 급여 관리 계좌

해석 Mr. Shim은 급여 관리 계좌를 직접 관리하는 대신 급여 관리 서비스를 이용하기로 결정했다.

103. Here at PBC Buyers Club, ------- help members find quality merchandise at the lowest possible prices.
(A) us
(B) our
(C) we
(D) ourselves

빈칸 뒤에 동사가 있으므로 빈칸에는 당연히 주어가 될 수 있는 주격 대명사가 들어가야 한다.

VOCAB quality 고급의, 양질의 merchandise (상점에서 판매하는) 상품

해석 이곳 PBC Buyers Club에서는 회원이 가능한 가장 낮은 가격으로 양질의 상품을 찾도록 도와드립니다.

104. Sisense analytics software can help ------- identify problems, predict trends, and improve business.
(A) you
(B) your
(C) yours
(D) yourself

동사 can help의 목적어로 목적격 (A)와 소유대명사 (C), 재귀대명사 (D)가 들어갈 수 있다. 소유대명사의 단서가 되는 '소유격 + 명사'도 보이지 않고, help라는 행위의 주체인 software가 목적어와 같지도 않다. 따라서 목적격 (A)가 정답이다.

VOCAB analytics 분석, 분석 정보 identify 찾다, 발견하다 trend 동향, 추세 improve 개선하다, 향상시키다

해석 Sisense 분석 소프트웨어는 당신이 문제를 발견하고 동향을 예측하고 사업을 개선하도록 도와드릴 수 있습니다.

105. An interview with author Randall Lee about ------- new book will be broadcast this evening.
(A) himself
(B) him
(C) his
(D) he

빈칸 앞뒤 about ------- new book만 보면 된다. 명사 앞 빈칸에는 소유격 대명사가 정답이다.

VOCAB author 작가, 저자 broadcast 방송하다

해석 Randall Lee의 신간 서적에 대한 저자 본인과의 인터뷰가 오늘 저녁에 방송될 것이다.

106. Ms. Topher prefers Mr. Hearst's new office furniture to -------.
(A) she
(B) her
(C) hers
(D) herself

전치사 to의 목적어가 필요하므로 빈칸에는 목적격 (B)뿐만 아니라 소유대명사 (C)와 재귀대명사 (D)도 들어갈 수 있다. 문장 앞부분에 '소유격 + 명사(Mr. Hearst's new office furniture)' 구조가 보이면 대부분 소유대명사가 정답이다. 이런 경우 단어의 중복을 피하기 위해 빈칸에는 her new office furniture를 대신하여 소유대명사를 사용한다.

VOCAB prefer A to B B보다 A를 선호하다

해석 Ms. Topher는 자신의 새 사무실 가구보다 Mr. Hearst의 것을 더 좋아한다.

107. Ms. Williams considered ------- to be the best person for the sales manager position.
(A) she
(B) her
(C) hers
(D) herself

동사 considered의 목적어가 필요하므로 빈칸에는 목적격 (B)와 소유대명사 (C), 재귀대명사 (D)가 들어갈 수 있다. 행위의 주체인 Ms. Williams를 인칭 대명사로 바꾸면 she이므로 빈칸에 들어갈 목적어와 동일 대상이라는 것을 알 수 있다. 이럴 때는 재귀대명사가 정답이다.

VOCAB consider (~을 ~로) 여기다[생각하다] sales manager 영업부장 position (일)자리, 직위

해석 Ms. Williams는 자신을 영업부장 자리에 최고 적임자로 여겼다.

108. ------- who would like to obtain a copy of the presentation delivered at the pharmacology conference should contact Ms. Cha.
(A) Whichever
(B) Anyone
(C) Other
(D) Themselves

빈칸 뒤에 who로 시작하는 구문이나 분사구문이 보이면 보기 중에 those나 anyone이 있는지 살펴보자. '------- who would like to obtain a copy of the presentation delivered at the pharmacology conference'라는 긴 주어가 '약리학 학회에서 있었던 프레젠테이션 사본을 얻고자 하는 사람'이라는 뜻이 되도록 anyone이 빈칸에 들어가야 한다.

VOCAB obtain 얻다, 구하다 copy 사본 deliver a presentation 프레젠테이션을 하다 pharmacology 약리학 conference 학회, 회의 contact 연락하다

해석 약리학 학회에서 있었던 프레젠테이션 사본을 입수하고자 하는 사람은 누구나 Ms. Cha에게 연락해야 합니다.

109. Ms. Yeager had worked on the budget report by ------- until Mr. Rao came back from vacation.
(A) her
(B) herself
(C) she
(D) hers

빈칸 앞뒤 by ------- until만 보면 정답을 알 수 있다. by 뒤에 빈칸이 있다면 더 이상 아무 생각도 하지 말고 무조건 재귀대명사를 정답으로 선택하자.

VOCAB work on ~에 애쓰다, 공들이다 budget 예산

해석 Ms. Yeager는 Mr. Rao가 휴가에서 돌아올 때까지 혼자 예산 보고서를 작성해야 했다.

110. Every year, the relationship between what people eat and ------- health status is more deeply understood.

(A) they
(B) their
(C) theirs
(D) them

빈칸 앞뒤 and ------- health status를 보면서 명사 앞에 빈칸이 있으므로 소유격 대명사가 정답인 것을 알아야 한다.

VOCAB relationship 관계 status 상태

해석 해마다 사람들이 먹는 것과 그들의 건강 상태 사이의 관계는 더 깊이 이해되고 있다.

p.90 Part 7 Examples 1-3

해석

● 1-3번 예제는 다음 공지사항에 관한 것입니다.

Aquarion 수도 회사
수도 계량기 읽기

Aquarion 수도 회사의 고객 여러분은 필요할 때는 언제든 계량기 눈금을 읽을 수 있습니다. 이것은 공과금이 정확한지 확인하고 다가오는 고지서 금액이 얼마나 될지 예측하는 데 도움이 될 수 있습니다. 계량기를 읽으시려면 청구 기간 첫날(일반적으로 매월 1일)에 보이는 수치를 적어두세요. 그런 다음 청구 기간의 마지막 날에 보이는 수치를 적으세요. 두 번째 수치에서 첫 번째 것을 빼면 사용된 단위의 수를 얻게 됩니다. 물이 필요한 다양한 활동에서 어느 정도의 물이 사용되었는지 알아보시려면 매일이나 일주일에 한 번 눈금을 읽어보시는 것도 괜찮습니다.

계량기를 읽는 데 어떤 어려움이 있으시다면(예를 들어 계량기가 긁혀 있거나 수치를 알아보기 힘들다면), 지체 말고 저희 고객서비스 센터에 연락 주시기 바랍니다. 혼자서는 계량기를 조정하려고 시도하지 마세요.

예제 1. 고객이 수도계량기를 읽는 이유로 언급되지 않은 것은 무엇인가?
(A) 고지서가 정확한지 확인하기 위해
(B) 물 사용량을 알아내기 위해
(C) 앞으로 올 고지서의 비용을 추산하기 위해
(D) 언제 계량기가 조정되어야 하는지 알기 위해

예제 2. 둘째 문단 셋째 줄의 단어 'adjust'와 의미상 가장 가까운 것은?
(A) (논쟁 등을) 해결하다
(B) 수리하다
(C) 균형을 잡다
(D) 적응시키다

예제 3. 공지사항에 따르면 고객은 왜 고객서비스 부서에 연락해야 하는가?
(A) 수도 계량기를 읽는 데 도움을 받기 위해
(B) 새 수도 계량기를 구입하기 위해
(C) 월 고지서에 대해 문의하기 위해
(D) 물이 새는 수도관에 대해 알리기 위해

Practice Test

● 정답을 맞힌 문제도 해설을 읽어보자.

101	a	105	a	109	a	113	d	117	b	121	b	125	b	129	d	133	d	137	c
102	b	106	a	110	c	114	a	118	c	122	c	126	d	130	a	134	a	138	a
103	b	107	b	111	c	115	a	119	c	123	b	127	b	131	a	135	c		
104	a	108	c	112	a	116	d	120	b	124	d	128	b	132	c	136	b		

p.94 Part 5

101. Judi Dench was honored with the Golden Seagull Award for ------- contribution to world theater.
(A) her
(B) hers
(C) she
(D) herself

for ------- contribution을 보면서 명사 앞에 빈칸이 있으니 소유격 대명사가 정답이라는 것을 알아야 한다. 대명사 문제에서는 소유격이 정답으로 가장 많이 출제된다.

VOCAB honor (훈장, 작위 등을) 수여하다 contribution 기여, 이바지 theater 연극계, 연극 분야

해석 Judi Dench는 세계 연극계에 대한 기여로 Golden Seagull 상을 수여받았다.

102. A going-away party was ------- in honor of a teacher who was leaving.
(A) meant
(B) held
(C) taken
(D) built

어떤 행사를 '열다, 개최하다'라는 뜻으로는 동사 hold를 사용한다.

VOCAB going-away party 고별 파티 hold 열다, 개최하다 in honor of ~에게 경의를 표하여

해석 퇴직하는 교사에게 경의를 표하여 송별회가 열렸다.

103. Grant proposals will be accepted ------- September 5 through October 5.
(A) past
(B) from
(C) sometime
(D) in

'9월 5일부터 10월 5일까지'라는 의미가 되도록 빈칸에 from이 들어가는 것이 알맞다.

VOCAB grant (정부나 단체에서 주는) 보조금 proposal 기획안 through ~까지

해석 보조금 신청 기획안은 9월 5일부터 10월 5일까지 받습니다.

104. Creation Software moved last month ------- a larger facility located on Mountain Road.

(A) to
(B) at
(C) out
(D) over

'더 큰 시설로' 옮긴 것이므로 방향을 나타내는 전치사 to가 필요하다.

VOCAB located ~에 위치한

해석 Creation Software는 지난 달 Mountain 가(街)에 위치한 더 큰 시설로 옮겼다.

105. Juliana Thorne, the chief procurement officer, requested that ------- be given complete responsibility for all invoice approvals.

(A) she
(B) her
(C) hers
(D) herself

that ------- be given을 보면 빈칸이 주어 자리라는 것을 알 수 있으므로 주격 대명사를 정답으로 선택해야 한다. 주어 자리에 소유대명사가 들어갈 수 있지만, 문장 앞부분에 소유대명사의 단서가 되는 '소유격 + 명사' 같은 표현이 없으므로 고르면 안 된다. 토익에서 주어 자리 빈칸에 소유대명사가 정답으로 출제되는 경우는 거의 없다.

VOCAB chief procurement officer (CPO) 최고 조달 책임자 invoice 송장(送狀) approval 승인

해석 최고 조달 책임자 Juliana Thorne은 자신에게 모든 송장 승인의 전적인 책임을 주라고 요구했다.

106. The hotel is conveniently located ------- walking distance of the beach.

(A) within
(B) along
(C) below
(D) down

문제를 보자마자 정답을 선택할 수 있게 within walking distance of(~에서 걸어서 갈 수 있는 곳에)를 암기해두자.

VOCAB conveniently 편리하게 located ~에 위치한 within walking distance of ~에서 걸어서 갈 수 있는 곳에

해석 그 호텔은 해변에서 걸어서 갈 수 있는 편리한 곳에 위치해 있다.

107. Ms. Anderson asked for temporary workers to help ------- with increased shipping volumes during the holiday season.

(A) she
(B) her
(C) hers
(D) herself

빈칸에 help의 목적어가 들어가야 하는데, 목적어 자리에는 목적격뿐만 아니라 소유대명사와 재귀대명사까지 사용될 수 있다. 우선 앞부분에 '소유격 + 명사' 같은 단서가 보이지 않으므로 소유대명사 (C)는 정답이 아니다. help라는 행위의 주체는 temporary workers인데, 이것은 대명사로 바꾸면 they이므로 빈칸에 들어갈 목적어와 일치하지 않으므로 재귀대명사 (D)도 오답이다. 목적격 대명사 (B)를 정답으로 선택해야 한다.

VOCAB ask for ~을 요청하다 temporary worker 임시 직원 shipping 운송 volume 양 holiday season 명절철

해석 Ms. Anderson은 명절 기간 동안 자신을 도와 늘어나는 운송 물량 처리를 맡아줄 임시 직원을 요청했다.

108. The committee aims to assess the effectiveness of the corporate bylaws and provide ------- for improvement.
(A) renewals
(B) registrations
(C) recommendations
(D) reimbursements

회사 내규의 유효성을 평가한 후에는 개선을 위한 '권고(recommendations)'를 하는 것이 이치에 맞다.

VOCAB committee 위원회 aim to-V ~할 작정이다 assess 평가하다 effectiveness 유효성 corporate 회사의 bylaw 내규 renewal 갱신 registration 등록 reimbursement 상환, 변제

해석 위원회는 회사 내규의 유효성을 평가하고 개선을 위한 권고를 할 작정이다.

109. Although the actors ------- were not available after the performance, the director was willing to be interviewed.
(A) themselves
(B) they
(C) theirs
(D) them

the actors ------- were not available를 보면 '주어 + 동사 + 보어'로 2형식 문장이 완성되었다는 것을 알 수 있다. 완전한 문장에 빈칸이 있을 때는 재귀대명사가 정답이다.

VOCAB available (사람들을 만날) 시간[여유]이 있는 director 감독 be willing to-V 흔쾌히 ~하다

해석 비록 배우들 자신은 공연 후에 시간을 낼 수 없었지만, 감독이 흔쾌히 인터뷰에 응했다.

110. Customers can claim their money back ------- they are not completely satisfied with their purchase.
(A) while
(B) and
(C) if
(D) then

만족하지 않는'다면' 환급을 요구하는 것이므로 접속사 if가 필요하다.

VOCAB claim *sth* back ~을 돌려 달라고 요구하다 purchase 구입품

해석 고객은 구입품에 완전히 만족하지 않을 경우 돈을 돌려달라고 요구할 수 있다.

111. The lecture will start promptly at 10:00 A.M. and will be brief, so attendees are advised to be -------.
(A) rapid
(B) sudden
(C) punctual
(D) instant

강연이 짧게 끝날 것이라면 참석자에게는 시간을 꼭 지키라고 조언하는 것이 알맞다.

VOCAB promptly 딱, 정확히 brief 짧은, 간단한 attendee 참석자 rapid 빠른 punctual 시간을 엄수하는 instant 즉각적인

해석 강연은 정각 오전 10시에 시작하며 짧게 진행할 것이오니 참석자 여러분은 시간을 엄수해 주시기 바랍니다.

112. All travel requests must be made to the department head ------- the requested date.

(A) prior to
(B) except for
(C) previously
(D) because

빈칸에는 the requested date를 목적어로 취할 전치사가 필요하므로 부사 (C)나 접속사 (D)는 들어갈 수 없다. 출장 신청은 출장을 가고자 하는 날짜 전에 하는 것이 상식이므로 (A)를 선택한다.

VOCAB make a request 요청을 하다 department head 부서장 prior to ~에 앞서 previously 이전에(는)

해석 모든 출장 신청은 신청할 날짜보다 앞서 부서장에게 해야 한다.

113. Clients of our bank can choose between the options of receiving their statements electronically or ------- mail.

(A) from
(B) of
(C) in
(D) by

'우편으로'라고 할 때는 by mail이라고 한다는 것만 알고 있으면 쉽게 해결할 수 있다.

VOCAB statement 입출금 내역서 electronically 이메일로, 온라인으로 by mail 우편으로

해석 저희 은행 고객들은 입출금 내역서를 이메일로 혹은 우편으로 받는 선택사항 중 하나를 고를 수 있습니다.

114. The office building designed by Varitek Corporation will be constructed in phases, so some offices might be available before the expected ------- date.

(A) completion
(B) selection
(C) decision
(D) option

'완공 날짜, 선택 날짜, 결정 날짜, 선택사항 날짜' 중 문장의 의미를 자연스럽게 해주는 것은 (A)이다.

VOCAB construct 건설하다 in phases 단계적으로 available 이용할 수 있는 expected 예상되는

해석 Varitek 사(社)가 설계하는 사무실 건물은 단계적으로 건설될 것이기 때문에 일부 사무실들은 예상 완공 날짜 전에 이용 가능할 수도 있다.

115. They are leveling the site ------- the construction of the second largest Kormek Motors assembly plant.

(A) for
(B) so
(C) to
(D) more

조립 공장의 건설을 '위한' 부지이므로 전치사 for가 필요하다.

VOCAB level 평평[반반]하게 하다 site 현장, 부지 assembly plant 조립 공장

해석 두 번째로 큰 Kormek 자동차 조립 공장의 건설을 위한 부지의 평탄화 작업이 진행 중이다.

116. At KVC Industries, we pride ------- not only on the quality of products we make, but also on the high standards of customer service.
(A) oneself
(B) yourselves
(C) itself
(D) ourselves

인칭대명사의 수와 성을 판단하는 문제는 앞부분을 잘 읽어서 빈칸이 가리키는 대상을 찾아내야 한다. 빈칸에 재귀대명사가 들어간다는 것은 행위의 주체 we와 목적어가 동일 대상이라는 것을 의미하므로 ourselves가 정답이다.

VOCAB pride oneself on ~을 자랑스러워하다, ~에 자부심을 갖다 standard 기준

해석 우리 KVC Industries는 우리가 만드는 제품의 품질뿐만 아니라 높은 수준의 고객서비스에 대해서도 자부심을 갖고 있습니다.

117. Mining activities must ------- with water quality standards established by the federal government and the states.
(A) associate
(B) comply
(C) compare
(D) bring

항상 짝으로 출제되는 어휘 문제다. 빈칸 뒤에 with가 있을 때는 보기 중 comply가 눈에 확 들어와야 한다. (A)도 associate with의 형태로 사용할 수는 있지만 뒤에 사람이 나와야 한다. (C)도 전치사 with와 함께 사용할 수는 있지만 그런 경우는 대부분 부정문이나 의문문이다. 일단 빈칸 뒤에 with가 보이면 comply를 선택하자.

VOCAB mining 채굴, 채광; 광(산)업 associate 결부시키다, 연관 짓다; (사람과) 어울리다 compare 비교하다; (부정문, 의문문에서) 필적하다 establish 설정하다 federal government 연방 정부 state (미국, 호주 등의) 주(州)

해석 채굴 활동은 연방 정부와 주에 의해 설정된 수질 기준에 부합되어야 한다.

118. Her work style is similar to ------- except that she tends to use larger canvases for her oil paintings.
(A) me
(B) myself
(C) mine
(D) my

전치사 to의 목적어로 목적격 (A)와 재귀대명사 (B), 소유대명사 (C)를 사용할 수 있다. "그녀의 작업 스타일은 나의 작업 스타일과 유사하다"는 의미의 문장이므로 my work style을 대신해서 소유대명사 (C)가 들어가야 한다. 이렇게 문장 앞부분에 '소유격 + 명사'의 구조가 있을 때 대부분 소유대명사가 정답이다.

VOCAB similar to ~와 유사한 except that S+V ~라는 점을 제외하면 tend to-V ~하는 경향이 있다 oil painting 유화

해석 그녀의 작업 스타일은 유화에 더 큰 캔버스를 사용하는 경향이 있다는 점을 제외하면 나와 유사하다.

119. According to *AARP The Magazine*, most people in their 60s today do not consider ------- to be old.
(A) it
(B) their
(C) themselves
(D) itself

동사 consider의 목적어로 목적격 (A)와 재귀대명사인 (C)와 (D)를 사용할 수 있다. 행위의 주체와 목적어가 같은 대상을 가리키면 재귀대명사가 정답이므로 most people과 가리키는 대상이 같은 재귀대명사 themselves가 정답이다.

VOCAB consider (~을 ~로) 여기다, 생각하다

해석 *AARP The Magazine*에 따르면 요즘 60대인 대부분의 사람들은 자신이 나이가 많다고 생각하지 않는다.

120. ------- who would like to view the statistics included in the presentation to the board of directors should contact Mr. Dominguez.
(A) Whichever
(B) Anyone
(C) Other
(D) Themselves

------- who would like to ~ to the board of directors가 주어인데, '이사회에서 할 프레젠테이션에 포함될 통계 자료를 보고자 하시는 분'이라는 의미가 되도록 Anyone를 선택해야 한다. 빈칸 뒤에 who 구문이나 분사구문이 보이면 항상 those나 anyone이 정답이다.

VOCAB view 보다 statistics 통계 자료 board of directors 이사회 contact 연락하다

해석 이사회에서 할 프레젠테이션에 포함될 통계 자료를 보고자 하시는 분은 누구든지 Mr. Dominguez에게 연락해야 합니다.

121. Please contact the manufacturer of the product, not the retailer, if ------- need replacement parts.
(A) your
(B) you
(C) yourself
(D) yours

빈칸 앞뒤 if ------- need를 보고 정답을 선택하자. 빈칸 뒤에 동사가 있으므로 주어 자리인 빈칸에는 주격 대명사를 넣어야 한다.

VOCAB contact 연락하다 manufacturer 제조업체 retailer 소매업자, 소매상 replacement part 교체 부품

해석 교체 부품이 필요하시다면 소매상이 아니라 제품의 제조업체에 연락하시기 바랍니다.

122. Mr. Carpenter is most pleased when ------- press releases are published unedited.
(A) he
(B) him
(C) his
(D) himself

빈칸 앞뒤 when ------- press releases를 보고 정답을 선택해야 한다. 명사 앞 빈칸에는 소유격 대명사가 정답이다.

VOCAB pleased 기쁜, 기뻐하는 press release 대언론 공식 발표 publish (신문, 잡지에) 싣다, 게재하다 unedited 편집되지 않은

해석 Mr. Carpenter는 자신의 대언론 공식 발표가 편집되지 않은 채 게재될 때 가장 기쁘다.

123. Travelers must fill out the visa application by ------- and not rely on travel agents to perform this task.
(A) they
(B) themselves
(C) them
(D) their

빈칸 앞뒤 by ------- and를 보면서 곧장 by 뒤 빈칸에는 재귀대명사가 정답이라는 사실을 기억해내야 한다.

VOCAB traveler 여행자 fill out 작성하다 application 신청서 by oneself 도움을 받지 않고 rely on ~에 의지하다 travel agent 여행사 직원 perform 행하다, 수행하다 task 일, 과제

해석 여행자는 비자 신청서를 도움 없이 직접 작성해야 하며 이 일을 행하는 데 여행사 직원에게 의존해서는 안 된다.

124. We are ------- reviewing the terms of the offer in light of discussions with the advisory committee.
(A) smoothly
(B) probably
(C) legibly
(D) thoroughly

We are ------- reviewing the terms of the offer (우리는 제안의 조건을 [(A) 순조롭게 (B) 아마도 (C) 읽기 쉽게 (D) 철저히] 검토하고 있습니다.)를 자연스럽게 만들어주는 것은 (D)이다.

VOCAB smoothly 순조롭게 legibly 읽기 쉽게 thoroughly 철저히 review 검토하다 terms (합의, 계약 등의) 조건 offer 제의, 제안 in the light of ~을 고려하여 advisory committee 자문위원회

해석 우리는 자문위원회와의 논의를 고려하여 제안의 조건을 철저히 검토하고 있습니다.

125. To avoid the price increase, place the order for your custom furniture ------- the first of next month.
(A) despite
(B) before
(C) inside
(D) when

일단 when은 접속사라서 뒤에 '주어 + 동사'가 있어야 하므로 제외한다. ------- the first of next month(다음 달 1일 [(A)에도 불구하고 (B) 전에 (C) 안쪽에])의 의미가 자연스러워지는 것은 (B)이다.

VOCAB place an order for ~을 주문하다 custom 주문하여 만든, 맞춤의

해석 가격 인상을 피하기 위해 맞춤 가구를 다음 달 1일 전에 주문해주시기 바랍니다.

126. You can find websites that provide members with information and estimates for ------- repairs on the car in your local area.
(A) dark
(B) broken
(C) cleaning
(D) common

------- repairs([(A) 어두운 (B) 망가진 (C) 청소하는 (D) 흔한] 수리) 중 말이 되는 것은 (D)뿐이다.

VOCAB estimate 견적 common 흔한

해석 당신이 사는 지역에서 회원들에게 흔한 자동차 수리에 대한 정보와 견적을 제공해주는 웹사이트가 있습니다.

127. Two job seekers have recently applied for the editing position, and ------- are impressive.
(A) some
(B) both
(C) any
(D) either

두 명의 지원자가 있다고 했으므로 '둘 다' 인상적이라고 말하는 게 자연스럽다.

VOCAB job seeker 구직자 apply for ~에 지원하다 editing position 편집직 impressive 인상적인

해석 두 명의 구직자가 최근 편집직에 지원했는데, 둘 다 인상적이다.

128. Studies have ------- that employees spend an average of $5,000 annually in the area where they work, whereas residents spend about $19,000 a year.

(A) prepared
(B) shown
(C) outgrown
(D) funded

항상 짝으로 출제되는 문제다. 주어로 research, survey, study, test가 보이고 빈칸 뒤에 that절이 있으면, 정답은 항상 suggest, reveal, indicate, show이다.

VOCAB study 연구 outgrow ~보다 더 커지다 fund 자금을 대다 whereas ~에 반하여, 그런데 resident 거주자, 주민

해석 연구에 따르면 직원들은 자기들이 근무하는 지역에서 매년 평균 5,000달러를 쓰는 데 반해 주민들은 매년 약 19,000달러를 쓴다.

129. Marketo Brand cookies, delicious by -------, are even better when paired with a cup of coffee.

(A) they
(B) theirs
(C) them
(D) themselves

빈칸 앞에 전치사 by가 있다는 것만 보고 곧장 재귀대명사를 선택하자.

VOCAB by oneself 혼자, 다른 사람 없이 even (비교급을 강조) 훨씬 pair 짝을 짓다

해석 Marketo 브랜드의 쿠키는 그 자체로도 맛있지만, 커피 한 잔이 곁들여지면 훨씬 더 좋다.

130. The design ------- of Yamato Corporation has been relocated to the main office of the company to accommodate the additional staff.

(A) division
(B) specification
(C) allowance
(D) construction

The design ------- of Yamato Corporation has been relocated to the main office(Yamato 사(社)의 디자인 [(A) 부서 (B) 명세 사항 (C) 허용량 (D) 공사]는 본사로 이동되었다.)의 의미를 자연스럽게 해주는 것은 (A)이다.

VOCAB division 부서 specification 명세 사항 allowance 허용량 relocate 이동시키다 main office 본사 accommodate 수용하다 additional 추가의

해석 Yamato 사(社)의 디자인 부서는 추가된 직원들을 수용하기 위해 회사 본사로 이동되었다.

p.97 Part 6

Questions 131-134 refer to the following information.

The Design Current Conference is a yearly event held in Brisbane for those engaged in the graphic design industry. The conference is steadily gaining in popularity. Last year, it 131. attracted over 4,000 participants from Australia and around the globe. The next Design Current Conference, which will take place from 10 to 13 August, will present more than 100 seminars, as well as keynote presentations and plenary sessions. This year, diverse opportunities for professional and personal networking will be added. Participants will have the chance to market 132. themselves to firms in many diverse industries. Periods for networking will be included in the 133. schedule for each day. Whether you are an enthusiastic amateur, student, new entrant to the industry, freelancer, or entrepreneur, Design Current has something for you. 134. Registration period is from 23 June to 8 August.

131-134번 문제는 다음 정보에 관한 것입니다.

Design Current 콘퍼런스는 Brisbane에서 열리는 그래픽 디자인 산업에 종사하는 사람들을 위한 연례행사입니다. 이 콘퍼런스는 인기가 꾸준히 늘고 있습니다. 작년에는 호주와 전 세계로부터 4,000명 이상의 참가자들을 끌어들였습니다. 다음 Design Current 콘퍼런스는 8월 10일부터 13일까지 열리며, 기조 발표와 총회뿐만 아니라 100회 이상의 세미나도 제공합니다. 올해는 공적으로나 사적으로 인적 네트워크를 형성할 다양한 기회가 추가됩니다. 참가자들은 여러 다양한 산업의 기업들에 자기 자신을 홍보할 기회를 얻게 될 것입니다. 인적 네트워크 형성을 위한 시간은 매일 일정에 포함될 것입니다. 당신이 열렬한 아마추어이든, 학생이든, 업계의 신인이든, 프리랜서이든, 혹은 기업가이든, Design Current에는 당신을 위한 무언가가 있습니다. 등록 기간은 6월 23일부터 8월 8일까지입니다.

문장 분석

The Design Current Conference is a yearly event (held in Brisbane) / for those (engaged in graphic design industry).

➡ those engaged in graphic design industry에서 those를 빈칸으로 하는 문법 문제가 출제될 수 있다. 빈칸 뒤에 who 구문이나 분사구문이 보이면 those나 anyone이 정답이다.

VOCAB yearly 해마다 있는 hold (회의, 시합 등을) 열다, 개최하다 engaged in ~에 종사하는 steadily 꾸준히 gain 증가하다 attract 끌어들이다, 유치하다 enter (~를 ~에) 참가시키다 award 수여하다 promote 홍보하다; 승진시키다 participant 참가자 from around the globe 전 세계로부터 take place 개최되다 present 제공하다 keynote 주안점, 기조 plenary session 총회 diverse 다양한 opportunity 기회 networking 인적 네트워크 형성 market (상품을) 내놓다, 광고하다 firm 회사, 기업 enthusiastic 열렬한, 열광적인 entrant 갓 들어온 사람 entrepreneur 기업가 guest lecturer 초청 강사 acclaimed 호평받는 upcoming 다가오는 previous 이전의

131. **(A) attracted**
(B) entered
(C) awarded
(D) promoted

it ------- over 4,000 participants에서 it은 앞문장의 The conference를 가리킨다. "콘퍼런스가 4,000명 이상의 참가자들을 [(A) 끌어들였다 (B) 참가시켰다 (C) 수여했다 (D) 승진시켰다]."를 자연스럽게 만들어주는 것을 선택해야 한다.

132. (A) they
(B) them
(C) themselves
(D) theirs

market의 목적어가 들어가야 하는 자리이므로 목적격 (B)와 재귀대명사 (C), 소유대명사 (D)가 모두 들어갈 수 있다. 행위의 주체가 Participants인데 목적어와 같은 대상을 가리키므로 재귀대명사가 정답이다.

133. (A) location
(B) situation
(C) machine
(D) schedule

Periods for networking will be included in the ------- for each day(인적 네트워크 형성을 위한 시간은 매일 [(A) 위치에 (B) 상황에 (C) 기계에 (D)일정에] 포함될 것입니다).를 자연스럽게 만들어주는 것은 당연히 (D)이다.

134. **(A) The registration period is from 23 June to 8 August.**
(B) This guest lecturer is an acclaimed graphic designer.
(C) The conference will be held in New Zealand in the upcoming year.
(D) We would like your feedback on the previous year's conference.

(A) 등록 기간은 6월 23일부터 8월 8일까지입니다.
(B) 이 초청 강사는 호평받는 그래픽 디자이너입니다.
(C) 내년에는 콘퍼런스가 뉴질랜드에서 열릴 것입니다.
(D) 전년도의 콘퍼런스에 대한 여러분의 피드백을 원합니다.

해설 콘퍼런스를 소개하고 참가를 유도할 목적으로 쓴 홍보글이므로 등록 기간을 안내하는 것으로 마무리 짓는 것이 자연스럽다.

p.98 Part 7

Questions 135-138 refer to the following advertisement.

135-138번 문제는 다음 광고에 관한 것입니다.

135. **TRY POWERHOUSE FITNESS EQUIPMENT BEFORE YOU PURCHASE!**

136. Regardless of whether you are a **seasoned athlete** or an enthusiastic novice, new fitness products can be a costly investment. But now rest assured that, with Powerhouse Fitness's hassle-free equipment lease program, you can experience what it's like to work out in your own personal gym without the long-term commitment and significant down payment. You can lease numerous types of workout machines, such as treadmills, stationary bikes, and rowing machines from top-notch brand names, and use them from the comfort of your own home.

Some other great advantages of our exclusive program:

- Flexible lease agreements, with terms starting at just three months
- 137.(B) **An option of** either purchasing equipment or **extending the duration of the agreement at any time**
- 137.(D) **Previous lease payments are counted toward purchase**.
- 137.(A) **A team of experts available to transport and install your equipment**
- Extended warranty and service options available with equipment purchase

We have a full range of products to offer that will help you meet your health and fitness goals. 138. **Browse our inventory online today at www.powerhouse.co.nz!**

POWERHOUSE 운동기구를 구입하기 전에 체험해보세요!

당신이 노련한 운동선수이든 열정적인 초보자이든 상관없이 새 운동 제품은 비용이 많이 드는 투자일 수 있습니다. 그러나 이제 안심하세요. Powerhouse Fitness의 번거로운 상황을 만들어드리지 않는 임대 프로그램으로 장기 약정이나 큰 계약금 없이 당신의 개인 운동실에서 운동하는 것이 어떤 것인지 경험하실 수 있습니다. 최고 브랜드의 러닝머신이나 헬스 자전거, 로잉머신 같은 여러 유형의 운동 기계들을 임대해서 자기 집에서 편안하게 사용해보실 수 있습니다.

저희만이 제공하는 프로그램의 몇몇 기타 훌륭한 이점은:

- 기간을 단 3개월부터 시작하는 유연한 임대 계약
- 아무 때나 장비를 구입하거나 계약 기간을 연장할 수 있는 옵션
- 이전에 내신 임대료 납입대금은 구매대금에 포함됩니다.
- 전문가 팀의 서비스를 받아 장비를 수송하고 설치
- 장비 구입 시 연장된 품질 보증과 서비스 옵션 이용 가능

당신의 건강과 신체 단련 목표 달성을 돕도록 제공하는 다양한 제품들이 있습니다. 오늘 www.powerhouse.co.nz에서 온라인으로 보유 제품들을 둘러보세요!

문장 분석

you can experience what it's like [to work out in your own personal gym without the long-term commitment and significant down payment].

➡ what it's like에서 it은 가주어, 뒤에 있는 긴 to 부정사 구문이 진주어다.

We have a full range of products to offer (that will help you meet your health and fitness goals).

➡ 관계대명사 that의 선행사는 앞에 있는 a full range of products to offer(제공하는 다양한 제품들)이다.

VOCAB try 시험 삼아 써보다 fitness equipment 운동기구 regardless of ~에 상관없이 seasoned 경험 많은, 노련한; 양념을 한 athlete 운동을 잘 하는 사람, 운동선수 enthusiastic 열렬한, 열광적인 novice 초보자 costly 많은 비용이 드는 rest assured that ~이니 안심하십시오 hassle 귀찮은[번거로운] 상황[일] lease 임대 (제도); 임대하다 work out 운동하다 long-term 장기적인 commitment 약속; 의무, 책임 significant 상당한, 커다란 down payment 착수금, 계약금 numerous 많은 workout 운동 treadmill 러닝머신 stationary bike 헬스 자전거 rowing machine 로잉 머신 top-notch 일류의, 최고의 comfort 안락, 편안 advantage 이점, 장점 exclusive 독점의, 전용의 flexible 유연한, 마음대로 바꿀 수 있는 lease agreement 임대(임차) 계약 term 기간 extend 연장하다 duration 지속, 기간 previous 이전의 count A toward B A를 B에 포함하여 계산하다 expert 전문가 available 이용[사용, 채용]할 수 있는 transport 수송하다 warranty 품질 보증 a full range of 다양한 offer 제공하다 fitness 신체 단련 browse 둘러보다 inventory 재고(품) personal trainer 개인 트레이너 in search of ~을 찾고 있는 register for ~에 등록하다(= sign up for) flavored 양념을 친 experienced 경험이 풍부한 periodic 주기적인 softened 부드러운 feature 특징 length 길이; 기간 rental 임대, 임차 guide 지도하다 session (특정 활동을 위한) 시간 apply 쓰다, 적용하다 access 접속하다 showroom 전시실 line (특정 번호의) 전화 mailing list 우편물 수신자 명단

135. Who is the intended audience of the advertisement?
(A) Personal trainers who are in search of new clients
(B) People who have just registered for a gym
(C) People who are interested in trying new fitness products
(D) People who have requested a product catalog

광고가 대상으로 하는 독자는 누구인가?
(A) 신규 고객을 찾고 있는 개인 트레이너들
(B) 막 헬스클럽에 등록한 사람들
(C) 새 운동 제품을 체험해보는 데 관심이 있는 사람들
(D) 상품 카탈로그를 요청한 사람들

제목 TRY POWERHOUSE FITNESS EQUIPMENT BEFORE YOU PURCHASE!만 읽어봐도 쉽게 정답을 추론할 수 있다.

136. The word "seasoned" in paragraph 1, line 1, is closest in meaning to
(A) flavored
(B) experienced
(C) periodic
(D) softened

첫 문단 첫 줄의 단어 'seasoned'와 의미상 가장 가까운 것은?
(A) 양념을 친
(B) 경험이 풍부한
(C) 주기적인
(D) 부드러운

해설

seasoned는 '경험이 많은'과 '양념을 한'이라는 의미를 지닌 다의어인데, athlete(운동선수)를 수식하기에는 '경험이 많은'이 알맞으므로 (B)를 정답으로 선택해야 한다.

137. What is NOT mentioned as a feature of the program?
(A) Equipment is delivered to homes.
(B) The length of the rental can easily be extended.
(C) Personal trainers are available to guide workout sessions.
(D) Rental payments can be applied to purchase prices.

프로그램의 특징으로 언급되지 않은 것은 무엇인가?
(A) 장비가 가정으로 배달된다.
(B) 임대 기간이 쉽게 연장된다.
(C) 개인 트레이너가 운동 지도를 할 수 있다.
(D) 납입된 임대료가 구매 대금으로 사용될 수 있다.

해설

NOT이 들어 있는 문제는 신중을 기해서 보기 하나하나를 지문의 내용과 대조해야 한다. 우선 An option of either purchasing equipment or extending the duration of the agreement at any time을 읽고 (B)를 제거할 수 있다. 그리고 지문 바로 다음 줄에 있는 Previous lease payments are counted toward purchase.에서 (D)를, 바로 그 다음 줄에 있는 A team of experts available to transport and install your equipment에서 (A)를 지운다.

138. According to the advertisement, how can information about products be obtained?
(A) By accessing a website
(B) By visiting a store showroom
(C) By calling a customer service line
(D) By signing up for a mailing list

광고에 따르면 제품에 대한 정보를 어떻게 얻을 수 있는가?
(A) 웹사이트에 접속함으로써
(B) 매장 전시실을 방문함으로써
(C) 고객서비스 회선에 전화함으로써
(D) 우편물 수신자 명단에 등록함으로써

해설

광고를 마무리하는 부분에서 제공할 수 있는 제품이 다양하다고 말하면서(We have a full range of products to offer) 웹사이트에 들어가면 품목을 둘러볼 수 있다고 알려주고 있다(Browse our inventory online today at www. powerhouse.co.nz!).

p.108 Part 5&6 Exercise

101	c	103	a	105	b	107	c	109	b
102	c	104	c	106	a	108	b	110	d

- 정답을 맞힌 문제도 해설을 읽어보자.

101. ------- the top culinary award had been presented, she expressed her gratitude to the staff for all of their support.
(A) During
(B) Then
(C) After
(D) Next

[(A) 전치사 (B) 부사 (C) 전치사/접속사 (D) to가 생략된 전치사]이다. 빈칸 뒤에 '주어 + 동사'가 있으므로 접속사가 정답이다. 이 유형에서 부사는 항상 오답이므로 일단 지우고 시작하자.

VOCAB culinary 요리의 present 수여하다 gratitude 감사

해석 최우수 요리상이 수여된 후 그녀는 직원들에게 그들의 모든 지원에 대해 감사를 표했다.

102. ------- the success of the movie, he became the most sought-after actor for various programs.
(A) Because
(B) When
(C) After
(D) Already

[(A) 접속사 (B) 접속사 (C) 전치사/접속사 (D) 부사]이다. 빈칸 뒤에 명사구가 있으므로 이것을 목적어로 취할 전치사가 정답이다. 이 유형에서 부사는 항상 오답이므로 일단 지우고 시작하자.

VOCAB sought-after 많은 사람들이 찾는, 인기가 높은

해석 그 영화의 성공 이후 그는 각종 프로그램에서 가장 많은 사람들이 찾는 배우가 되었다.

103. The Blackbox wireless stereo speaker system not only produces exceptional audio performance ------- boasts cutting-edge design as well.
(A) but
(B) and
(C) however
(D) besides

not only가 보이면 항상 짝으로 but (also)가 있는지 확인해야 한다.

VOCAB exceptional 특출한 performance 성능 boast 자랑하다 cutting-edge 최첨단의

해석 Blackbox 무선 스테레오 스피커 시스템은 특출한 오디오 성능을 보일 뿐만 아니라 최첨단의 디자인도 자랑한다.

104. Please inform our manager if any of your members have any dietary restrictions ------- we can accommodate them.
(A) whenever
(B) as much as
(C) so that
(D) however

빈칸 뒤에 '------- + S + can[may / will] + V(we can accommodate)'가 보일 때는 언제나 so (that)이 정답이다.

VOCAB inform 알리다 dietary restriction 식이 제한 accommodate 맞추다, 수용하다

해석 일행 중 누구라도 식이 제한 사항이 있다면 저희가 맞출 수 있도록 저희 매니저에게 알려주세요.

105. The Ministry of Road Transport and Highways ------- an online list of current road closures across the country.
(A) maintenance
(B) maintains
(C) maintaining
(D) is maintained

[(A) 명사 (B) 능동태 동사 (C) 준동사 (D) 수동태 동사]이다. 문장에 동사가 없으므로 빈칸에는 동사 (B)나 (D)가 들어가야 하는데, 빈칸 뒤에 목적어 an online list가 있으므로 능동태가 정답이다.

VOCAB ministry (정부의 각) 부처 road transport 도로 교통 maintain 유지 관리하다 maintenance 유지 보수 current 현재의 closure 폐쇄 across the country 전국의

해석 도로교통부는 현재 전국 도로 폐쇄 상황의 온라인 목록을 유지 관리하고 있다.

106. A special sale on office supplies ------- on Muji Bookstore's website yesterday.
(A) was announced
(B) announced
(C) was announcing
(D) to announce

[(A) 수동태 동사 (B) 능동태 동사/준동사 (C) 능동태 동사 (D) 준동사]이다. 문장에 동사가 없으므로 빈칸에는 동사가 들어가야 하므로 준동사 (D)는 일단 제외한다. 빈칸 뒤에 목적어가 없으므로 수동태 동사가 정답이다.

VOCAB office supplies 사무용품

해석 사무용품 특별 할인 판매가 어제 Muji 서점의 웹사이트에 공지되었다.

107. NSI Innovations marketers are ------- to become familiar with competitors' products and marketing strategies.
(A) encourage
(B) encourages
(C) encouraged
(D) encouraging

be 동사 뒤에는 분사를 사용해야 하므로 (C)나 (D) 중에 정답을 선택해야 한다. (C)를 사용하면 수동태 동사, (D)를 사용하면 능동태 동사가 된다. encourage는 to 부정사를 목적격 보어로 사용하는 5형식 동사이므로 빈칸 뒤에 있는 to become은 목적격 보어다. 그렇다면 목적어가 없으므로 수동태가 정답이다.

VOCAB marketer 마케팅 담당자 become familiar with 친숙해지다 competitor 경쟁업체 marketing strategy 마케팅 전략

해석 NSI Innovations의 마케팅 담당자들은 경쟁업체들의 제품과 마케팅 전략에 친숙해지도록 권장된다.

108. After Mr. Kim ------- some adjustments, the engine worked more efficiently than it had before.
(A) to make
(B) made
(C) is making
(D) having made

[(A) 준동사 (B) 동사/준동사 (C) 동사 (D) 준동사]이다. 부사절의 주어 Mr. Kim과 목적어 some adjustments 사이에 동사가 있어야 하므로 (B)와 (C) 중에서 정답을 선택해야 하는데, 이 부사절은 현재진행 시제가 동사가 들어가면 해석할 수 없으므로 (B)가 정답이다.

VOCAB make an adjustment 조정하다 efficiently 효율적으로

해석 Mr. Kim이 약간의 조정을 한 후에는 엔진이 이전보다 더 효율적으로 작동했다.

109. The staff of the Zeng Hotel will do ------- they can to make your stay as pleasant as possible.
(A) some
(B) whatever
(C) above
(D) each

'------- they can'이 앞에 있는 동사 will do의 목적어가 되도록 명사절 접속사로 만들어 주어야 하므로 빈칸에는 명사절 접속사로 사용할 수 있는 복합관계대명사를 선택해야 한다. can 뒤에는 do가 중복되지 않게 생략되어 있다.

VOCAB staff (전체) 직원 stay 머무름, 방문 pleasant 즐거운, 기분 좋은

해석 Zeng 호텔의 직원들은 고객님의 투숙을 가능한 한 즐겁게 해드리기 위해 할 수 있는 것은 무엇이든 할 것입니다.

110. Mr. Pan requested a refund ------- the toaster oven he received was damaged.
(A) despite
(B) why
(C) concerning
(D) because

[(A) 전치사 (B) 명사절 접속사 (C) 전치사 (D) 부사절 접속사]이다. 빈칸 앞에서 3형식 문장이 완성되어 있으므로 빈칸부터는 부사절이다. 빈칸에는 부사절 접속사가 들어가야 한다.

VOCAB concerning ~에 관한

해석 Mr. Pan은 그가 받은 토스터 겸용 오븐이 손상되어 있었기 때문에 환급을 요구했다.

p.110 Part 7 Example 1

해석

● 1번 예제는 다음 문자 메시지 대화에 관한 것입니다.

Peter Saberton (오전 9:06)
안녕, Giselle. 나 오늘 승차 공유 서비스에서 운전하는 새 일자리를 시작했어! 벌써 고객 예약이 세 건이나 잡혔어.

Giselle Carling (오전 9:08)
잘 됐다. 첫날 행운을 빌어.

Peter Saberton (오전 9:11)
너한테 질문이 있어. 네 경험상 차량 세차는 얼마마다 한 번씩 해야 하니?

Giselle Carling (오전 9:13)
나는 매주 해. Somerset 가(街)에 매우 저렴한 세차장이 있거든. 거기서는 40달러에 내부와 외부를 모두 해주는데, 거기 용품을 사서 훨씬 더 적은 비용으로 네가 직접 할 수도 있지.

Peter Saberton (오전 9:14)
훌륭한 팁이네. 정말 고마워.

예제 1. 오전 9시 14분에 Mr. Saberton이 "훌륭한 팁이네"라고 쓴 것은 어떤 의미이겠는가?
(A) 고객으로부터 팁을 받았다.
(B) Ms. Carling의 회사가 자신에게 일자리를 제안해서 기쁘다.
(C) Ms. Carling이 자신에게 조언해준 것에 감사하다.
(D) 오늘 더 많은 고객을 태울 시간이 있다.

Practice Test

● 정답을 맞힌 문제도 해설을 읽어보자.

101	d	105	d	109	d	113	b	117	c	121	b	125	b	129	c	133	a
102	a	106	a	110	c	114	d	118	b	122	b	126	c	130	c	134	a
103	d	107	a	111	b	115	a	119	a	123	d	127	a	131	a	135	b
104	b	108	c	112	c	116	b	120	d	124	b	128	a	132	c	136	d

p.114 Part 5

101. The renovation of the boardroom has been postponed until this weekend ------- that the plumbing work can be finished.
(A) also
(B) when
(C) than
(D) so

------- that the plumbing work can be finished를 보고 정답을 선택해야 한다. '------- + 주어 + can[may/will] + 동사'가 보이면 언제나 so (that)이 정답이다. 이 문제에서는 빈칸 뒤에 that이 있으므로 so를 선택하면 된다.

VOCAB renovation 보수, 개조 boardroom 이사회실 plumbing work 배관 작업

해석 이사회실의 보수 작업은 배관 공사가 끝날 수 있도록 이번 주말로 연기되었다.

102. Contents of the book cannot be reproduced ------- permission has been given to do so.
(A) unless
(B) rather
(C) instead
(D) otherwise

[(A) 접속사 (B) 부사 (C) 부사 (D) 부사]이다. 빈칸 앞에서 cannot be reproduced로 주절이 마무리되고 빈칸 뒤에 다시 주어와 동사가 나오고 있으므로 부사절을 이끌어줄 접속사가 필요하다.

VOCAB content 내용 reproduce 복제하다, 복사하다 rather 좀, 약간 otherwise 그렇지 않으면 permission 허가, 허락

해석 책의 내용은 복제하도록 허가가 내려지지 않는 한 그렇게 할 수 없다.

103. ------- a prototype product has been completed by the designer, the rest of the team will be invited to critique it.
(A) So that
(B) Whether
(C) From
(D) After

So that은 '주어 + can[may/will] + 동사' 앞에 사용하므로 제외한다. [(B) 접속사 (C) 선치사 (D) 전치사/접속사]이다. 빈칸 뒤에 '주어 + 동사'가 있으므로 접속사 (B)나 (D)를 선택해야 하는데, whether는 부사절에 사용할 때는 반드시 짝으로 or (not)가 있어야 한다.

VOCAB prototype (product) 시제품 the rest of ~의 나머지 invite 요청하다 critique 비평하다, 분석하다

해석 시제품이 디자이너에 의해 완성되고 나면 나머지 팀원들에게 요청해서 그것을 비평할 것입니다.

104. Bainbridge Street Market is Mar Vista's largest retailer of groceries ------- around the world.
(A) toward
(B) from
(C) above
(D) plus

from around the world(전 세계에서 온)라는 표현을 알고 있으면 groceries ------- around the world만 보고 어렵지 않게 정답을 선택할 수 있다.

VOCAB retailer 소매상 groceries 식료품 및 잡화 from around the world 전 세계에서 온

해석 Bainbridge Street Market은 전 세계에서 온 식료품 및 잡화를 판매하는 Mar Vista에서 가장 큰 소매점이다.

105. Apparently, neither Ms. Chang ------- Mr. Gillingham had been informed that the board meeting was rescheduled.
(A) or
(B) and
(C) with
(D) nor

상관접속사 문제는 짝만 기억하면 된다. neither의 짝은 nor이다.

VOCAB apparently 듣자[보아] 하니 inform 알리다, 통지하다 board meeting 이사회 회의 reschedule 일정을 변경하다

해석 듣자 하니 Ms. Chang과 Mr. Gillingham이 모두 이사회 회의 일정이 변경되었다는 통보를 받지 못한 것 같다.

106. ------- signing up for online banking is not required, we highly recommend it to all of our customers.
(A) Although
(B) Instead
(C) Regardless
(D) Despite

[(A) 접속사 (B) 부사 (C) 부사 (D) 전치사]이다. 이 유형에서 부사는 항상 오답이므로 일단 지우고 시작한다. 빈칸 뒤에 '주어 + 동사(signing up for online banking is not required)'가 있으므로 접속사가 정답이다.

VOCAB regardless (부사) 그럼에도 불구하고, 여하튼 sign up for 가입하다, 신청하다 required 필수의 highly recommend 강력히 권고[추천]하다

해석 온라인 뱅킹에 가입하는 것이 필수는 아니지만 모든 고객님께 강력히 권장되는 바입니다.

107. Because experts ------- a longer than usual yellow dust season, Bayview Pharmacy has increased its stock of dust protective masks.
(A) predict
(B) prediction
(C) are predicted
(D) predictably

[(A) 능동태 동사 (B) 명사 (C) 수동태 동사 (D) 부사]이다. Because로 시작하는 부사절에 동사가 없으므로 빈칸에는 동사가 들어가야 하는데, 빈칸 뒤에 목적어 a longer than usual yellow dust season이 있으므로 능동태가 정답이다.

VOCAB expert 전문가 predictably 예상대로 longer than usual 평소보다 긴 yellow dust 황사 stock (상점의) 재고(품) dust protective mask 방진 마스크

해석 Bayview 약국은 전문가들이 예년보다 긴 황사철을 예상하고 있으므로 방진 마스크의 재고량을 늘렸다.

108. Please ------- that vehicles registered in Texas are required to pass an annual inspection.
(A) proceed
(B) secure
(C) note
(D) keep

proceed는 자동사라서 목적어를 취할 수 없고, secure(확보하다; 고정하다)와 keep은 의미상 that 절을 목적어로 사용할 수 없다.

VOCAB proceed 진행되다 secure 확보하다; (단단히) 고정하다 note 유의하다, 주목하다 inspection 검사

해석 텍사스에 등록된 차량은 매년 검사를 통과해야 한다는 점 유의하시기 바랍니다.

109. Madeline Bae ------- by the management team to head the new branch office in Singapore.
(A) chose
(B) choose
(C) was choosing
(D) was chosen

[(A) 능동태 동사 (B) 능동태 동사 (C) 능동태 동사 (D) 수동태 동사]이다. 빈칸 뒤에 목적어가 없으므로 수동태가 정답이다.

VOCAB management team 경영진 head ~을 이끌다, 책임지다 branch office 지점, 지사

해석 Madeline Bae는 싱가포르에서 새 지사를 이끌도록 경영진에 의해 발탁되었다.

110. The Eroica 5 home theater system is Taekwang Electronics' most ------- priced configuration.
(A) closely
(B) sparsely
(C) reasonably
(D) absolutely

항상 짝으로 출제되는 문제다. 빈칸 앞뒤 most ------- priced만 보면서 1초 만에 정답을 알아내자. price가 보이면 항상 정답은 reasonably나 affordably이다.

VOCAB closely 밀접하게; 자세히 sparsely 드문드문, 희박하게 reasonably 적정하게, 너무 비싸지 않게 absolutely 절대적으로 priced ~한 가격의 configuration (시스템의) 구성

해석 Eroica 5 홈시어터 시스템은 Taekwang 전자의 가장 저렴한 가격의 구성이다.

111. Seo-Jeong Lee ------- to Assistant Attorney General after last week's performance appraisal.
(A) is promoting
(B) was promoted
(C) promotes
(D) to promote

[(A) 능동태 동사 (B) 수동태 동사 (C) 능동태 동사 (D) 준동사]이다. 문장에 동사가 없으므로 빈칸에는 동사가 들어가야 하는데, 빈칸 뒤에 목적어가 없으므로 수동태가 정답이다.

VOCAB promote 승진[진급]시키다 Assistant Attorney General 법무부 차관 performance appraisal 인사 고과, 업무 평가

해석 Seo-Jeong Lee는 지난주의 인사 고과 후에 법무부 차관으로 승진했다.

112. YBH Motors recommends having the oil changed in your vehicle at ------- intervals.
(A) heavy
(B) genuine
(C) regular
(D) immediate

at ------- intervals의 의미를 자연스럽게 만들어 줄 수 있는 것은 (C)밖에 없다. at regular intervals(규칙적인 간격을 두고)를 덩어리로 기억해두자.

VOCAB genuine 진짜의, 진품의 regular 규칙적인, 정기적인 interval 간격 at regular intervals 규칙적인 간격을 두고

해석 YBH Motors는 규칙적인 간격을 두고 오일을 교환하실 것을 권장합니다.

113. Mr. Sobolev ------- a positive review of his stay at the Oceania Hotel.
(A) write
(B) wrote
(C) writing
(D) was written

[(A) 능동태 동사 (B) 능동태 동사 (C) 준동사 (D) 수동태 동사]이다. 빈칸 앞에 주어가 있고 빈칸 뒤에 목적어 a positive review가 있으므로 빈칸에는 동사가 들어가야 하는데, 목적어가 있으므로 능동태 동사 (A)와 (B) 중에 정답을 골라야 한다. 주어가 단수 명사이기 때문에 복수 동사인 (A)는 정답이 될 수 없다.

VOCAB positive 긍정적인 review 평가, 논평 stay 머무름, 방문

해석 Mr. Sobolev는 Oceania 호텔 투숙에 대해 긍정적인 평가를 썼다.

114. Please review the sales projections in the spreadsheets that ------- to the e-mail.
(A) is attaching
(B) had attached
(C) attachment
(D) are attached

빈칸에 명사 (C) attachment가 들어가면 that attachment(그 첨부 파일)이라는 명사구가 생기는데, 앞뒤의 구조상 주어로도, 목적어나 보어로도 사용할 수 없으므로 제외한다. [(A) 능동태 동사 (B) 능동태 동사 (D) 수동태 동사]이다. 빈칸 뒤에 목적어가 없으므로 수동태가 정답이다.

VOCAB review 검토하다 sales projections 예상 매출액 attach 첨부하다 attachment 첨부 파일

해석 이메일에 첨부된 스프레드시트에서 예상 매출액을 검토해주시기 바랍니다.

115. There is an automatic teller machine ------- located on the ground floor of the Wyckshire Building.
(A) conveniently
(B) slightly
(C) considerably
(D) eventually

항상 짝으로 출제되는 문제다. 빈칸 뒤에 located나 situated가 보이면 정답은 항상 conveniently, perfectly, ideally이다.

VOCAB automatic teller machine 현금 자동 인출기 conveniently 편리하게 slightly 약간 considerably 많이, 상당히 eventually 결국, 종래 located ~에 위치한 ground floor 1층

해석 Wyckshire 건물 1층에는 편리한 곳에 자리 잡은 현금 자동 인출기가 있다.

116. ------- from customers is invaluable in determining what aspects of our service need to be improved.
(A) Inventory
(B) Feedback
(C) Possibility
(D) Distribution

------- from customers is invaluable은 "고객들로부터의 피드백은 매우 유용하다"라고 해석되어야 자연스럽다.

VOCAB inventory 물품 목록, 재고(품) possibility 가능성 distribution 배포, 분배 invaluable 매우 유용한, 귀중한 determine 알아내다, 밝히다 aspect 측면

해석 고객들로부터의 피드백은 우리 서비스의 어느 측면이 개선되어야 하는지 알아내는 데 매우 유용하다.

117. Many businesses promote carpooling ------- traffic and parking problems.
(A) is prevented
(B) prevent
(C) to prevent
(D) prevented

이 문장에는 promote라는 동사가 있으므로 동사인 (A)와 (B)는 빈칸에 들어갈 수 없다. 과거분사 (D)를 선택하면 prevented traffic and parking problems라는 또 하나의 목적어가 생기는데, promote는 4형식 동사가 아니므로 2개의 목적어를 가질 수 없다.

VOCAB promote 장려하다 carpool 승용차 함께 타기를 하다

해석 많은 사업체가 교통 및 주차 문제를 예방하기 위해 승용차 함께 타기를 장려한다.

118. It is advisable to provide as many ------- as possible when leaving a message for the technical support team.
(A) items
(B) details
(C) programs
(D) individuals

어떤 기술적 도움이 필요해서 메시지를 남길 때는 많은 '상세한 정보'를 제공하는 게 원활한 해결을 위해 바람직하다.

VOCAB advisable 바람직한 item (목록상의) 항목 details (무엇에 대한) 상세한 정보 individual 개인 leave 남기고[전하고] 가다 technical support 기술지원

해석 기술 지원팀에 메시지를 남길 때는 되도록 많은 상세한 정보를 제공하는 것이 바람직하다.

119. Please be advised ------- we have been forced to cancel your order because of a difficulty with our shipping agent.
(A) that
(B) of
(C) whether
(D) between

전치사인 (B)와 (D)는 '주어 + 동사' 앞에 쓸 수 없으므로 일단 제외한다. 빈칸 이후의 절이 목적어, 즉 명사절이 되도록 명사절 접속사 (A)나 (C)를 선택해야 한다. "고객님의 주문을 취소할 수밖에 없었다는 소식을 알려드립니다"가 자연스러운 해석이므로 (A)가 알맞다. (Please) be advised that(~임을[라는 소식을] 알려드립니다)은 자주 사용되는 표현이므로 기억해두자.

VOCAB be forced to-V 하는 수 없이 ~하다 shipping agent 선박 대리점

해석 선박 대리점에 생긴 어려움 때문에 고객님의 주문을 취소할 수밖에 없었다는 소식을 알려드립니다.

120. You can view your water usage ------- logging on to your online service account.

(A) for
(B) at
(C) over
(D) by

by + V-ing가 '~함으로써'라는 의미라는 것만 알면 문장의 의미상 쉽게 정답을 알 수 있다.

VOCAB view (특히 세심히 살피며) 보다 usage 사용량 by + V-ing ~함으로써 account 이용 계정

해석 온라인 서비스 계정에 로그인함으로써 당신의 물 사용량을 볼 수 있다.

121. Fashion designer Su-Im Shin knows ------- to update her line in response to changing trends.

(A) and
(B) when
(C) need
(D) for

'------- to update her line in response to changing trends'가 동사 knows의 목적어가 되도록 명사절로 만들어줘야 한다. 따라서 바로 뒤에 to 부정사를 붙여 사용할 수 있는 명사절 접속사인 의문사 when을 선택해야 한다.

VOCAB line 제품군 in response to ~에 대응하여 trend 유행, 트렌드

해석 패션 디자이너 Su-Im Shin은 변화하는 유행에 대응하여 언제 제품군을 업데이트해야 하는지 알고 있다.

122. Statistical studies reveal that an online marketing strategy is crucial for survival in the ------- competitive athletic apparel market.

(A) skillfully
(B) increasingly
(C) accidentally
(D) meaningfully

competitive(경쟁이 심한)를 수식하기에 알맞은 것은 increasingly(점점 더)이다. 토익 RC에서 부사 어휘 문제가 '------- + 형용사'의 형태로 출제되었을 때 보기 중 increasingly나 relatively(상대적으로, 비교적)가 있으면 거의 정답이다.

VOCAB statistical study 통계적 연구 reveal 드러내 보이다 marketing strategy 마케팅 전략 crucial 중대한, 결정적인 survival 생존 skillfully 솜씨 있게 accidentally 우연히 meaningfully 의미심장하게 competitive 경쟁적인 athletic 운동용의 apparel 의류

해석 여러 통계적 연구가 점점 더 경쟁이 심해지고 있는 운동복 시장에서 생존하는 데는 온라인 마케팅 전략이 중요하다는 점을 보여주고 있다.

123. Payments to the White Sand Lake Association will be considered late ------- they are received after July 11.

(A) so
(B) by
(C) to
(D) if

빈칸 앞에 있는 완성된 문장은 주절, 빈칸부터는 부사절이므로, 빈칸에는 부사절 접속사가 들어가야 한다. by와 to는 전치사, so는 부사 혹은 등위접속사이다.

VOCAB association 협회 consider (~을 ~로) 여기다

해석 White Sand 호수 협회에 보내는 납부금은 7월 11일 이후에 접수될 경우 연체된 것으로 여겨질 것입니다.

124. Professor Bénichou will present his latest paper ------- the art history conference next week.

(A) by
(B) at
(C) of
(D) on

학회'에서' 논문을 발표하는 것이므로 전치사 at이 필요하다.

VOCAB present 발표하다 latest 최신의 paper 논문 conference 학회

해석 Bénichou 교수는 다음 주 미술사 학회에서 자신의 최신 논문을 발표할 것이다.

125. ------- the kiln's temperature is set too high, the ceramic objects inside may be cracked.

(A) So
(B) If
(C) But
(D) Why

[(A) 부사/등위접속사 (B) 명사절/부사절 접속사 (C) 등위접속사 (D) 명사절 접속사]이다. 쉼표 앞은 부사절, 쉼표 뒤는 주절이므로 빈칸에는 부사절 접속사가 들어가야 한다.

VOCAB kiln (벽돌 등을 굽는) 가마 temperature 온도 set (특정한 상태에 있게) 하다 ceramic 도자기의 object 물건, 물체 crack 금이 가게 하다

해석 가마 온도가 너무 높게 설정되면, 안에 있는 도자기 제품에 금이 갈 수 있다.

126. Mr. Choi works ------- with our internal team members as well as diverse regional sales representatives.

(A) mildly
(B) nearly
(C) closely
(D) narrowly

works ------- with our internal team members(내부 팀원들과 [(A) 부드럽게 (B) 거의 (C) 긴밀히 (D) 가까스로] 협력한다)를 자연스럽게 만들어 주는 것은 (C)이다.

VOCAB mildly 부드럽게 nearly 거의 closely 긴밀히, 자세히 narrowly 가까스로, 좁게 internal 내부의 diverse 다양한 sales representative 판매 대리점[인]

해석 Mr. Choi는 지역의 여러 판매 대리점들뿐만 아니라 내부 팀원들과도 긴밀히 협력한다.

127. Air Astana ------- free snacks on all of its domestic flights starting next March.

(A) will be offering
(B) are offered
(C) offering
(D) to offer

[(A) 능동태 동사 (B) 수동태 동사 (C) 준동사 (D) 준동사]이다. 문장에 동사가 없으므로 빈칸에는 동사가 들어가야 하는데, 빈칸 뒤에 목적어가 있으므로 능동태 동사가 정답이다.

VOCAB offer 제공하다 snack 간식 domestic flight 국내선

해석 Air Astana는 내년 3월부터 모든 국내선 비행편에서 무료 간식을 제공할 것이다.

128. The K-pop dance class was so well ------- that the Yaamba Dance School decided to make the course a permanent offering.

(A) attended
(B) educated
(C) gathered
(D) protected

수업을 상설 강좌로 만드는 이유는 수강생이 많기 때문인 것이 자연스럽다. well attended는 종종 시험에 등장하는 표현이므로 기억해두자.

VOCAB well attended 많은 사람이 참석한 well educated 교양 있는 gather 모이다, 모으다 permanent 영구적인, 상설의 offering (학교의) 강의 과목, 강좌

해석 K-pop 댄스 수업은 참석자가 매우 많아서 Yaamba 댄스 학교는 그 코스를 상설 강좌로 하기로 결정했다.

129. Mr. Noh regularly inspects the factory floor to determine ------- it conforms to company safety standards.

(A) because
(B) so
(C) whether
(D) while

[(A) 부사절 접속사 (B) 부사/등위접속사 (C) 명사절/부사절 접속사 (D) 부사절 접속사]이다. determine은 타동사이므로 목적어가 필요한데, 빈칸 뒤에 it conforms to company safety standards라는 절이 있다. 이 부분이 목적어가 되어야 하므로 명사절이다. 따라서 빈칸에는 명사절 접속사가 필요하다. 명사절 접속사로 사용될 수 있는 것은 that과 whether, 의문사, 복합관계대명사다.

VOCAB regularly 정기적으로 inspect 점검하다 floor 작업장 determine 결정하다; 판단하다 conform to (규칙, 법 등에) 따르다, 부합되다

해석 Mr. Noh는 정기적으로 공장 작업장을 점검하여 회사 안전 기준에 부합되는지 판단한다.

130. Customers can wait in the lounge area ------- our mechanics complete the vehicle repairs.

(A) whether
(B) except
(C) while
(D) during

[(A) 명사절/부사절 접속사 (B) 전치사 (C) 부사절 접속사 (D) 전치사]이다. 빈칸 뒤에 '주어 + 동사(our mechanics complete)'가 있으므로 접속사인 (A)나 (C)가 정답이다. 그런데 빈칸 앞에 Customers can wait in the lounge area라는 1형식 문장이 완성되어 있으므로 이 부분이 주절, 빈칸 이후는 부사절이 된다. 따라서 빈칸에는 부사절 접속사가 들어가야 하는데, whether는 부사절에 사용할 경우 짝으로 or (not)이 필요하다.

VOCAB lounge 라운지, 휴게실 mechanic 정비공

해석 저희 정비공들이 차량 수리를 마무리하는 동안 고객님들은 라운지에서 기다리시면 됩니다.

Questions 131-134 refer to the following memo.

From: Soo-Mi Chong
To: Kramer Marketing Group employees
Date: March 15
Subject: Entryway enhancements

As you might have noticed, the front entrance of our office building is in [131] poor condition. It is in urgent need of attention. Accordingly, starting at 5 P.M. on Friday, the front entrance [132] will be closed for more or less three weeks while it is being renovated. The entire entrance hall is expected to have a more streamlined and contemporary appearance through the changes.

[133] While the front entrance is closed, employees and visitors may have access to the building by using the side entrances. [134] All ground floor offices and facilities will remain available.

131-134번 문제는 다음 사내의 전언에 관한 것입니다.

발신: Soo-Mi Chong
수신: Kramer 마케팅 그룹 사원들
날짜: 3월 15일
제목: 입구 통로 개선 작업

아마 알고 계시겠지만, 우리 사무실 건물의 정문은 상태가 좋지 않습니다. 시급하게 손질이 필요한 상황이죠. 따라서 금요일 오후 5시부터, 보수 작업이 진행되는 약 3주 동안 정문은 폐쇄될 것입니다. 입구 홀 전체는 이 변화를 통해 더 효율적이고 현대적인 외관을 갖추게 될 것으로 기대됩니다.

정문이 폐쇄되는 동안 직원 여러분과 방문객들은 옆문을 사용하여 건물에 출입하실 수 있습니다. 모든 1층 사무실들과 시설들은 계속 이용 가능합니다.

VOCAB entryway 입구의 통로 enhancement 개선 notice 인지하다 poor (질적으로) 좋지 못한 stable 안정된 physical 물질[물리]적인 be in need of ~가[이] 필요하다 urgent 긴급한 attention (기계 따위의) 손질 accordingly 그런 이유로, 그래서 more or less 약, 대략 renovate 보수하다 entire 전체의, 온 streamlined 효율적인, 간소화된 contemporary 현대의, 당대의 appearance 외관 in the meantime 그 동안에 have access to ~에 출입하다 ground floor 1층 available 이용할 수 있는 building contractor 시공업체 prestigious 명망 있는 board of directors 이사회 feasibility 타당성

131. **(A) poor**
(B) stable
(C) physical
(D) excellent

이어지는 문장에서 "정문에 시급하게 손질이 필요하다"라고 (It is in urgent need of attention) 말하고 있으므로 "정문 상태가 좋지 않다"라는 의미의 문장이 되도록 (A)를 정답으로 선택해야 한다.

132. (A) close
(B) was closing
(C) will be closed
(D) had been closed

시제를 선택해야 하는 문제다. 문맥상 앞으로 수리 작업을 할 예정이라는 이야기이므로 미래 시제인 (C)가 정답이다.

133. **(A) While**
(B) During
(C) Sometimes
(D) In the meantime

'(A) 접속사, (B) 전치사, (C) 부사, (D) 부사'이다. 이 유형에서 부사는 항상 오답이므로 일단 제외하고 생각한다. 빈칸 뒤에 '주어 + 동사(the front entrance is closed)'가 보이므로 접속사가 정답이다.

134. (A) All ground floor offices and facilities will remain available.
(B) The building contractor has won several prestigious awards.
(C) The building was constructed more than 50 years ago.
(D) The board of directors is discussing the feasibility of the project.

(A) 모든 1층 사무실들과 시설들은 계속 이용 가능합니다.
(B) 건설 시공사는 여러 명망 있는 상들을 받았습니다.
(C) 건물이 지어진 지 50년도 넘었습니다.
(D) 이사회는 프로젝트의 타당성을 논의하고 있습니다.

해설
옆문을 통해 출입하라(may have access to the building by using the side entrances)고 했으므로 옆문을 통해 들어오면 모든 시설을 이용할 수 있다고 말해주는 (A)가 부연 설명으로 알맞다.

p.118 Part 7

Questions 135-136 refer to the following text-message chain.

Ashley Kwan [03:00 P.M.]
Hello, Kevin. I just wanted to let you know that the latest surveys have just been sent out to our customers.

Kevin Scheinert [03:03 P.M.]
Great! 135. The last time we did a survey, we received **high ratings for having a wide range of items in stock, particularly our kitchen utensils and apparel**. Our fitting rooms were described as so small that customers feel confined and can hardly have a full view of their appearance, though.

Ashley Kwan [03:04 P.M.]
Let's see the ratings now that the remodeling has been completed. Management assured me that they would not cut corners.

Kevin Scheinert [03:05 P.M.]
136. **The fitting rooms do look very nice and spacious now.**

Ashley Kwan [03:06 P.M.]
That's what I've heard. I haven't seen them yet myself.

Kevin Scheinert [03:07 P.M.]
This morning, I walked through the entire place, from the cosmetics area to home appliances. It all looks great!

135-136번 문제는 다음 문자 메시지 대화에 관한 것입니다.

Ashley Kwan [오후 03:00] 안녕, Kevin. 최신 설문 조사가 지금 막 고객들에게 발송되었다는 사실 알려드려요.

Kevin Scheinert [오후 03:03] 좋아요! 지난번 설문 조사를 했을 때는 다양한 제품들, 특히 주방용품과 의류의 재고가 있는 것으로 높은 점수를 받았죠. 하지만 탈의실은 너무 작아서 고객들이 좁고 사방이 막혀 있는 느낌이 들고 외모를 전체적으로 보기도 어렵다고 묘사되었어요.

Ashley Kwan [오후 03:04] 이제 리모델링이 완료되었으니까 점수가 어떤지 보자고요. 경영진이 대충 하지 않겠다고 장담했어요.

Kevin Scheinert [오후 03:05] 탈의실은 확실히 이제 매우 멋지고 널찍해 보여요.

Ashley Kwan [오후 03:06] 저도 그렇게 들었어요. 아직 직접 보지는 못했네요.

Kevin Scheinert [오후 03:07] 오늘 오전에 내가 화장품 구역부터 가전제품까지 전체를 돌아다녀 봤어요. 모두 아주 좋아 보여요!

문장 분석

Our fitting rooms were described as so small / that customers feel confined and can hardly have a full view of their appearance, though.

➡ 5형식 동사 describe의 용법이 과거에 Part 5 문제로 출제된 적이 있으므로 알아두자. 목적격 보어로 형용사를 사용하는데 특이하게 앞에 as를 붙여서 사용한다.

describe + O + as + 형용사
Customers described our fitting rooms as too small.

VOCAB latest 최신의 survey 설문 조사 rating 평점, 등급 a wide range of 광범위한, 다양한 have *sth* in stock ~의 재고가 있다 particularly 특히, 특별히 kitchen utensils 주방용품 apparel 의류 fitting room (옷가게의) 탈의실, 옷 입어 보는 곳 confined 좁고 사방이 막힌 can hardly 거의 ~할 수가 없다 have a full view of ~의 전체가 보이다 appearance 외모 though (문장 끝에 와서) 그렇지만, 하지만 now that ~이므로, ~이기 때문에 management 경영진 assure 장담하다, 확언[확약]하다 cut corners (시간, 돈 등을 절약하기 위해) 대충 하다 spacious 널찍한 entire 전체의 cosmetics 화장품 home appliances 가전제품 dress code 복장 규정 conduct 실시하다 enhance 향상하다

135. For what type of business do the writers most likely work?
(A) A clothing store
(B) A department store
(C) An interior design company
(D) A construction firm

대화하는 이들은 어떤 유형의 사업체에서 근무하겠는가?
(A) 의류 판매장
(B) 백화점
(C) 인테리어 디자인 회사
(D) 건설 회사

해설
오후 3시 3분의 대사를 통해 주방용품과 의류를 비롯한 다양한 종류의 상품을 취급하고 있음을 알 수 있으므로 (we received high ratings for having a wide range of items in stock, particularly our kitchen utensils and apparel) 이들이 근무하는 곳은 백화점이라고 추론할 수 있다.

136. At 3:06 P.M., what does Ms. Kwan most likely mean when she writes, "That's what I've heard"?
(A) She heard that the company dress code has been changed.
(B) She knows that the customer surveys have been conducted.
(C) She believes that the managers will make some investment decisions.
(D) She understands that the fitting rooms have been enhanced.

오후 3시 6분에 Ms. Kwan이 "저도 그렇게 들었어요"라고 쓴 것은 어떤 의미이겠는가?
(A) 회사 복장 규정이 변경되었다고 들었다.
(B) 고객 설문 조사가 시행되었다는 것을 알고 있다.
(C) 관리자들이 어떤 투자 결정을 내릴 것으로 믿는다.
(D) 탈의실이 개선되었다고 알고 있다.

해설
화자의 의도를 묻는 문제는 바로 앞 대사를 이해하면 쉽게 해결할 수 있다. The fitting rooms do look very nice and spacious now(탈의실은 확실히 이제 매우 멋지고 널찍해 보여요)에 대한 대답으로 알맞은 것을 빠른 속도로 선택해서 시간을 절약하자.

p.127 Part 5&6 Exercise

101	b	103	d	105	a	107	b	109	d
102	d	104	a	106	c	108	d	110	d

- 정답을 맞힌 문제도 해설을 읽어보자.

101. Customers ------- wish to return a defective item may do so within two weeks of the date of purchase.
(A) whose
(B) who
(C) which
(D) whichever

선행사가 사람이기 때문에 (C)를 제외하고, 복합관계대명사는 선행사가 없어야 하므로 (D)도 제외해야 한다. 빈칸 뒤에 동사로 시작하는 주어가 없는 문장이 있으므로 주격 관계대명사가 정답이다.

VOCAB defective 결함이 있는

해석 결함이 있는 제품을 반품하고자 하시는 고객께서는 구입 날짜로부터 2주 이내에 반품하실 수 있습니다.

102. Last month Piramal Corporation ------- a disagreement with its main competitor regarding patent infringement.
(A) settling
(B) settler
(C) settle
(D) settled

빈칸 앞에 주어 Piramal Corporation이 있고, 빈칸 뒤에 목적어 a disagreement가 있으므로 빈칸에는 동사 (C)나 (D)가 들어가야 한다. 주어가 단수 명사이므로 복수 동사 (C)는 사용할 수 없다.

VOCAB settle 해결하다, 끝내다 settler 정착민 disagreement 의견 충돌, 다툼 competitor 경쟁업체 regarding ~에 관하여 patent 특허권 infringement 침해

해석 Piramal 사(社)는 지난 달 특허권 침해와 관련하여 주요 경쟁업체와의 의견 충돌을 해결했다.

103. The teams ------- members finish the tasks by 2:30 P.M. should report to the head office to receive their next projects.
(A) its
(B) that
(C) which
(D) whose

일단 관계사가 아닌 (A)는 제외하고 관계대명사들만 가지고 생각하자. 빈칸 앞에 선행사가 있고 빈칸 뒤에 3형식 문장 members finish the tasks by 2:30 P.M.이 완성되어 있다. 완성된 문장 앞에는 소유격 관계대명사가 들어가야 한다.

VOCAB task 일, 과업, 과제 head office 본사

해석 팀원들이 오후 2시 30분까지 업무를 끝마치는 팀들은 본사에 보고해서 다음 프로젝트를 받아야 합니다.

104. The documents in the second file drawer ------- to be organized in alphabetical order.
(A) need
(B) needs
(C) to need
(D) needless

문장에 동사가 없기 때문에 동사인 (A)나 (B)가 정답이다. 빈칸 앞에 있는 전치사구 in the second file drawer를 지우면 문제 풀이가 쉬워진다. 주어 The documents가 복수 명사이므로 복수 동사 (A)를 선택해야 한다.

VOCAB organize 정리하다 in alphabetical order 알파벳순으로

해석 두 번째 파일 서랍에 들어 있는 서류들은 알파벳 순서로 정리되어야 합니다.

105. The assessment board issued a list of companies ------- considers to be the most charitable.
(A) it
(B) its
(C) itself
(D) its own

빈칸 뒤에 동사 considers의 목적어가 없는 것을 보면서 companies which it considers to be the most charitable에서 목적격 관계대명사 which가 생략되었다는 것을 눈치채고 considers의 주어가 될 it을 선택해야 한다.

VOCAB assessment 평가 board 위원회 issue 발표하다 charitable 자선(사업)의

해석 평가 위원회는 가장 자선 활동을 많이 하는 회사라고 여기는 기업들의 명단을 발표했다.

106. A free bicycle lock is offered to anyone who ------- a Kawamura bike before February 1.
(A) purchase
(B) purchaser
(C) purchases
(D) purchasing

빈칸 앞에 주격 관계대명사 who가 있으므로 빈칸에는 동사 (A)나 (C)가 들어가야 한다. 이 동사는 선행사와 수가 일치되어야 하므로 단수 대명사 anyone에 맞게 단수 동사를 정답으로 선택해야 한다.

VOCAB lock 자물쇠

해석 2월 1일 전에 Kawamura 자전거를 구입하는 모든 분께 무료 자전거 자물쇠가 제공됩니다.

107. Attached please find the notes from yesterday's marketing strategy seminar ------- you requested.
(A) then
(B) that
(C) what
(D) when

일단 관계사가 아닌 (A)는 제외하고 관계사들만 가지고 생각하자. 빈칸 앞에 the notes from yesterday's marketing strategy seminar라는 선행사가 있으므로 선행사가 없을 때만 사용할 수 있는 what은 오답이다. 빈칸 뒤에 목적어가 없는 문장 you requested가 있으므로 목적격 관계대명사가 정답이다.

VOCAB attached please find ~을 첨부합니다 notes 필기한 것, 노트 marketing strategy 마케팅 전략

해석 요청하신 어제 마케팅 세미나에서 한 필기본을 첨부합니다.

108. ------- jewelry item that is shipped from Glibury Designers is put through a thorough quality inspection.
(A) Whenever
(B) Also
(C) All
(D) Each

jewelry item을 수식하는 부분 that is shipped from Glibury Designers를 지우면 이 문장에는 주어와 동사 하나씩(jewelry item, is put) 있는 문장이라는 것을 확실히 파악할 수 있다. 따라서 부사절 접속사 Whenever는 빈칸에 들어갈 수 없고, 앞 문장이 없으므로 의미상 부사 Also도 들어갈 수 없다. All 뒤에는 셀 수 있는 복수 명사가 있어야 하므로, 셀 수 있는 단수 명사 jewelry item 앞 빈칸에는 Each가 정답이다.

VOCAB ship 출하하다, 수송하다 put A through B A가 B를 거치게 하다 thorough 빈틈없는, 철두철미한 inspection 검사

해석 Glibury Designers에서 출하되는 각 보석류 제품은 빈틈없는 품질 검사를 거친다.

109. The Scandic Hotel remodeled its restaurant in 2020 ------- two more chefs were hired.
(A) that
(B) what
(C) who
(D) when

일단 선행사 2020이 있기 때문에 선행사가 없을 때만 사용할 수 있는 what은 제외하고, 선행사가 사람이어야 하는 who도 제외한다. 빈칸 뒤에 수동태 문장이 있는데, 수동태는 완성된 문장이다. 완성된 문장 앞에는 관계부사가 있어야 한다.

VOCAB remodel 개조하다

해석 Scandic 호텔은 두 명의 요리사가 추가로 채용된 2020년에 식당을 개조했다.

110. The employee handbook explains ------- new employees need to know regarding company benefits.
(A) which
(B) where
(C) how
(D) what

일단 빈칸 앞에 선행사가 없을 때 사용할 수 있는 것은 (B)와 (C), (D)이다. 굳이 몰라도 문제를 풀 수 있어서 앞에서는 설명하지 않았지만, how 외의 관계부사도 선행사를 생략하고 사용할 수 있다. 빈칸 뒤에 동사 need to know의 목적어가 없는 불완전한 문장이 있어서 빈칸에는 관계대명사가 (D)가 들어가야 한다.

VOCAB employee handbook 직원 안내서 regarding ~에 관하여 benefits (회사에서 직원에게 제공하는) 복리 후생

해석 직원 안내서에는 회사 복리 후생에 관하여 신규 직원들이 알아야 하는 것들이 설명되어 있다.

p.130 Part 7 Examples 1-3

해석

- 1-3번 예제는 다음 편지에 관한 것입니다.

Genworth 보험
33 Schultz 대로(大路)
오리건 주, Birchwood 01925

1월 4일

Mr. John Laban
652 Oak Arbor Drive
오리건 주, 애플턴 01891

Mr. Laban께,

이제 Genworth 보험의 월 청구서를 온라인으로 이용하실 수 있습니다. 1월 자동차 보험료 86달러를 2월 4일까지 납입해 주시기 바랍니다. 이미 요금을 납부하셨다면 추가 조치는 필요하지 않습니다.

명세서의 인쇄용 버전을 이용하시거나, 종이 청구서를 요청하시거나, 계정 납입 설정을 변경하시거나 자동 이체를 신청하시려면, www.genworthinsurance.com/mypolicy를 방문하시기 바랍니다. 계정에 로그인하시라는 안내가 있을 것입니다. 아직 등록하지 않으셨다면 새 사용자 프로필을 만드셔야 하실 수도 있습니다.

Genworth 보험을 선택해 주셔서 고맙습니다.

진심을 담아,

Darby Halladay
Genworth 보험 청구서 발부 관리자

예제 1. Ms. Halladay는 왜 Mr. Laban에게 연락했는가?
(A) 대금 납입을 상기시켜주기 위해
(B) 청구서 발부상의 문제를 알리기 위해
(C) 새 금융상품을 권유하기 위해
(D) 누락된 계정 정보를 요청하기 위해

예제 2. 편지에 따르면 Mr. Laban이 온라인으로 할 수 있는 일이 아닌 것은 무엇인가?
(A) 청구서 인쇄용 버전을 본다.
(B) 청구서 종이 사본을 요청한다.
(C) 자동이체 제도에 등록한다.
(D) 보험 계약을 종료한다.

예제 3. 다음 문장은 [1]과 [2], [3], [4]로 표시된 자리들 중 어디에 가장 알맞은가?

"아직 등록하지 않으셨다면 새 사용자 프로필을 만드셔야 하실 수도 있습니다."

(A) [1]
(B) [2]
(C) [3]
(D) [4]

Practice Test

● 정답을 맞힌 문제도 해설을 읽어보자.

101	a	105	b	109	d	113	a	117	a	121	b	125	c	129	d	133	c	137	a
102	c	106	a	110	c	114	c	118	c	122	b	126	b	130	a	134	d		
103	a	107	c	111	b	115	d	119	a	123	c	127	a	131	b	135	d		
104	b	108	d	112	a	116	d	120	d	124	b	128	b	132	a	136	c		

p.134 Part 5

101. The panel discussion is set to begin ------- after the keynote speaker wraps up his speech.

(A) promptly
(B) assertively
(C) especially
(D) cordially

항상 짝으로 출제되는 어휘 문제를 기억하자. 빈칸 뒤에 after가 보이는 순간 정답을 알아차려야 한다.

VOCAB panel discussion 공개 토론회 be set to-V ~하도록 예정되어 있다 promptly 바로 assertively 단정적으로 especially 특히 cordially 다정하게, 진심으로 keynote speaker 기조연설자 wrap up 마무리 짓다

해석 공개 토론회는 기조연설자가 연설을 마무리 지은 직후에 시작될 예정입니다.

102. A recent survey indicates that those ------- regularly read labels on food items tend to be healthier.

(A) what
(B) where
(C) who
(D) when

빈칸 앞에 선행사 those가 있으므로 관계대명사 what은 사용할 수 없다. 빈칸 뒤에 동사 read가 있으므로 빈칸에는 주격 관계대명사가 들어가야 한다.

VOCAB survey (설문) 조사 indicate 보여 주다, 시사하다 those who ~하는 사람들 regularly 자주, 종종 tend to-V ~하는 경향이 있다

해석 최근의 한 설문 조사는 식품 라벨을 자주 읽는 사람들이 더 건강한 경향이 있다는 점을 보여준다.

103. Mi-Sun Park is retiring after 20 years of ------- with SSEK Legal Consultants.

(A) service
(B) profession
(C) knowledge
(D) relationship

retiring after 20 years of ------- (20년간의 [(A) 근무 (B) 직업 (C) 지식 (D) 관계] 후에 은퇴한다)의 의미가 자연스러워지는 명사를 선택해야 한다.

VOCAB service with ~에서의 근무 profession 직업, 직종

해석 Mi-Sun Park은 SSEK Legal Consultants에서 20년간 근무한 후에 은퇴한다.

104. Next month, our department will assume a new task, ------- is to review design portfolios.

(A) although
(B) which
(C) after
(D) because

[(A) 접속사 (B) 관계대명사 (C) 접속사 / 전치사 (D) 접속사]이다. 접속사 뒤에는 '주어 + 동사'가, 전치사 뒤에는 목적어가 될 명사(구)나 동명사 같은 것이 있어야 한다. 즉 접속사나 전치사 바로 뒤에 동사가 있을 수는 없다. 동사 is 앞에 들어갈 수 있는 것은 주격 관계대명사로 사용할 수 있는 which뿐이다.

VOCAB assume (업무, 책임을) 맡다 task 일, 과업 review 평가하다, 검토하다

해석 다음 달에 우리 부서는 새 업무를 맡을 것인데, 디자인 포트폴리오를 평가하는 일이다.

105. Reed Staffing can provide your business ------- temporary workers during the busy holiday season.

(A) rom
(B) with
(C) about
(D) into

동사 provide의 용법 provide A with B만 알면 쉽게 정답을 선택할 수 있다.

VOCAB staffing 인력 공급 provide A with B A에게 B를 제공하다 temporary 임시의, 일시적인 holiday season 휴가철

해석 Reed Staffing은 바쁜 휴가철에 당신의 사업체에 임시 근로자들을 제공해드릴 수 있습니다.

106. A record number of textile and clothing ------- came into the Port of Yeosu last quarter.

(A) shipments
(B) shipping
(C) shipment
(D) shipped

빈칸 앞에 명사 textile and clothing이 있다. Day 3에서 공부한 내용을 기억해야 한다. 명사 뒤 빈칸에는 명사가 정답이다. 그렇다면 (A)와 (B), (C) 중에 선택해야 하는데, 앞에 있는 a number of는 반드시 복수 명사 앞에 사용하게 되어 있으므로 (A)가 정답이다. 수의 일치 유형은 이렇게 다른 유형과 결합한 형태로 자주 출제된다.

VOCAB record 기록적인 textile 직물, 옷감 clothing 의류, 의복 shipment 수송품 shipping 운송, 탁송 ship 수송하다; 출하하다 port 항구

해석 지난 분기에는 기록적인 수의 직물과 의류 수송품이 Yeosu 항에 들어왔다.

107. Benson Foods, a wholesale distributor of organic produce, ------- more than 200 grocery stores on the West Coast.

(A) contracts
(B) affords
(C) supplies
(D) travels

Benson Foods ------- more than 200 grocery stores(Benson 식품은 200개 이상의 식료품점에(을) [(A) 약정한다 (B) 제공한다 (C) 제품을 공급한다 (D) 여행한다])의 의미가 자연스러우려면 (C)를 선택해야 한다.

VOCAB wholesale 도매의 distributor 유통업체 organic 유기농의 produce 농산물 contract 약정하다, 계약하다 afford ~을 제공하다 supply ~에 공급하다, 배달하다

해석 유기농 농산물 도매 유통업체인 Benson 식품은 West Coast 내의 200개 이상의 식료품점에 제품을 공급한다.

108. Free wireless Internet service ------- available in the guest rooms but not in the lobby.
(A) being
(B) to be
(C) are
(D) is

문장에 동사가 없으므로 빈칸에는 동사가 들어가야 한다. 동사 (C)와 (D)가 들어갈 수 있는데, 주어가 단수 명사 Free wireless Internet service이므로 단수 동사가 정답이다. 수의 일치 유형은 이렇게 다른 유형과 결합한 형태로 자주 출제된다.

VOCAB available 이용할 수 있는 guest room 객실

해석 무료 무선 인터넷 서비스가 객실에서는 이용 가능하지만 로비에서는 안 된다.

109. CFO Ramon will not make ------- decisions until more statistical materials are gathered.
(A) whether
(B) what
(C) over
(D) any

부정문에서 명사 앞에 any를 붙이면 '아무[어떤] ~도'라는 의미가 된다는 것만 알면 "CFO Ramon은 어떤 결정도 내리지 않을 것이다"라는 의미가 되게 (D)를 선택해야 한다는 것을 알 수 있다.

VOCAB CFO (chief financial officer) 재무 담당 최고 책임자 make a decision 결정을 내리다 statistical 통계적인 materials 자료 gather 모으다

해석 CFO Ramon은 더 많은 통계 자료가 모일 때까지 어떤 결정도 내리지 않을 것이다.

110. If you have placed an order for more than two items, be advised they may arrive in separate -------.
(A) payments
(B) sequences
(C) packages
(D) receipts

물건을 여러 개 주문하면 상자 하나에 다 담을 수 없어서 개별적으로 포장되어 배송될 수 있다는 내용이므로 (C)가 정답이다.

VOCAB place an order for ~을 주문하다 be advised (that) ~임을 알려드립니다 separate 각기 다른, 별도의 sequence (사건, 행동 등의) 순서, 차례 package 소포, 꾸러미

해석 두 개 이상의 제품을 주문하신다면, 개별 소포로 도착할 수도 있다는 사실을 알려드립니다.

111. The conference registration fee ------- admittance to more than twenty workshops, seminars, and panel discussions.
(A) include
(B) includes
(C) is included
(D) including

Day 6에서 공부한 내용을 기억해야 한다. [(A) 능동태 동사 (B) 능동태 동사 (C) 수동태 동사 (D) 준동사]이다. 빈칸 앞에 주어 The conference registration fee가 있고, 빈칸 뒤에 목적어 admittance가 있으므로 능동태 동사 (A)나 (B)가 정답인데, 주어가 단수 명사이므로 단수 동사를 선택해야 한다. 수의 일치 유형은 이렇게 다른 유형과 결합한 형태로 자주 출제된다.

VOCAB conference 학회 registration fee 등록비 admittance 입장, 들어감 panel discussion 공개 토론회

해석 학회 등록비에는 20개 이상의 워크숍과 세미나, 공개 토론회 입장이 포함됩니다.

112. Survey ------- analyze the layout of urban areas based on their demographic size.
(A) technicians
(B) technically
(C) technical
(D) technicality

Day 3에서 공부한 내용을 복습해보자: 명사 뒤 빈칸에는 명사가 정답이다. 그런데 analyze는 복수 동사이므로 주어 자리인 빈칸에는 복수 명사가 들어가야 한다. 수의 일치 유형은 이렇게 다른 유형과 결합한 형태로 자주 출제된다. 가끔 이 문제의 정답으로 부사 (B)를 고르는 사람이 있는데, 그렇게 되면 보통명사 Survey 앞에 관사가 없다는 문제가 발생하며, 또한 단수 명사인 주어 Survey와 동사 analyze의 수가 맞지 않게 된다.

VOCAB survey (설문) 조사 technicality 세부적인 내용; 세부 조항 layout (토지, 도로의) 구획 urban 도시의 based on ~에 근거하여 demographic 인구 통계학(상)의, 인구 통계학적인; 인구의

해석 조사 전문가들이 도심 지역들의 구획을 인구 규모에 근거하여 분석한다.

113. Once the product return has been processed, a refund will appear on your credit card statement ------- three business days.
(A) within
(B) during
(C) since
(D) when

수험생들이 흔히 for와 during을 구별하지 못하는데, for는 어떤 것의 지속 기간을 수치로 표현하고자 할 때 사용하고 (ex. for three days), during은 어떤 일이 일어나는 특정한 때를 말하고자 할 때 사용한다(ex. during the weekend). 이 문장에서는 3 days라는 기간이 있으므로 during이 사용될 수 없다. since 뒤에는 특정 시점을 나타내는 표현이 와야 하므로 이것도 오답이다. when은 접속사이므로 뒤에 '주어 + 동사'가 있어야지, 명사구는 올 수 없다.

VOCAB once 일단 ~하면 process 처리하다 appear 나타나다 statement 명세서

해석 일단 반품이 처리되고 나면 3영업일 이내에 신용카드 명세서에서 환급 사항이 나타날 것입니다.

114. The printer on the third floor will be out of ------- until the technician arrives on Thursday.
(A) purpose
(B) variety
(C) service
(D) repair

out of와 함께 사용할 수 있는 명사는 service와 repair이다. out of repair는 주로 건물이 관리가 되어 있지 않아 많이 망가진 상태를 나타내므로 여기서는 '프린터를 사용할 수 없다'라는 의미가 되도록 (C)를 정답으로 선택해야 한다.

VOCAB out of service 사용할 수 없는 variety 다양성 out of repair (건물 등이) 관리가 되어 있지 않은

해석 3층 프린터는 목요일에 기술자가 올 때까지 사용할 수 없습니다.

115. Due to the unexpected lack of funding, the completion of the shopping complex has been postponed ------- another source of funds has been secured.
(A) while
(B) during
(C) upon
(D) until

항상 짝으로 출제되는 어휘 문제를 기억하자. '연기하다(postpone, delay, put off, defer)'가 보이면 언제나 정답은 until이다.

VOCAB unexpected 예상 밖의, 뜻밖의 lack 부족, 결핍 funding 자금, 자금 제공 shopping complex 복합 상가 postpone 연기하다, 미루다 source of funds 자금원(資金源) secure 확보하다

해석 예상치 못한 자금 부족 때문에 복합 상가의 완공은 또 다른 자금원이 확보될 때까지 연기되었다.

116. Upon request, the guests at Oasia Hotel will be provided vouchers ------- free parking.
(A) on
(B) to
(C) with
(D) for

무료 주차를 '위한' 쿠폰이라고 하는 것이 자연스럽다.

VOCAB upon request 요청에 따라 voucher 쿠폰

해석 요청에 따라, Oasia 호텔 투숙객은 무료 주차를 위한 쿠폰을 제공받을 수 있다.

117. Emeliar Ltd. employees are requested to update quarterly the passwords ------- use for logging on to the employee portal.
(A) they
(B) them
(C) their
(D) themselves

빈칸 뒤에 동사 use의 목적어가 없는 것을 보면서 the passwords which they use for logging on to the employee portal에서 목적격 관계대명사 which가 생략되었다는 것을 간파해야 한다. 그렇다면 빈칸에는 동사 use의 주어가 될 주격 대명사가 들어가면 된다.

VOCAB update ~을 최신의 것으로 만들다, 갱신하다 quarterly 분기마다

해석 Emeliar 사(社)의 직원들은 분기마다 직원 포털에 로그온하기 위해 사용하는 비밀번호를 갱신하도록 요청받는다.

118. Protective clothing must be worn by all employees ------- duties involve working on the factory floor.
(A) who
(B) their
(C) whose
(D) which

일단 (B)는 관계사가 아니므로 제외하고 관계대명사들만 가지고 문제를 풀어보자. 빈칸 앞에 있는 선행사 employees가 사람이므로 (D)도 지워야 한다. 그러고 나서 빈칸 뒤를 보면 duties involve working in the factory floor라는 3형식 문장이 완성되어 있으므로 소유격 관계대명사가 정답이다.

VOCAB protective clothing 방호복 wear(wore-worn) 착용하고 있다 duty 업무 involve 수반하다, 포함하다 factory floor (공장의) 작업 현장

해석 공장 작업 현장에서 일하는 것이 업무에 포함되는 모든 직원은 방호복을 착용해야 한다.

119. The manufacturing plant will be situated away ------- the city's residential area to avoid complaints about noise and emissions.

(A) from
(B) about
(C) with
(D) out

away와 함께 사용할 수 있는 전치사는 from밖에 없다.

VOCAB manufacturing plant 제조 공장 situate 위치시키다 away from ~로부터 떨어져서 residential area 주택가 complaint 불평, 항의 emission 배기가스

해석 제조 공장은 소음과 배기가스에 대한 항의를 피하고자 시내 주택가에서 떨어진 곳에 자리 잡을 것이다.

120. A group of engineers will visit Starmax, Inc., to study ------- the company produces hydrogen fuel cell vehicles.

(A) which
(B) what
(C) who
(D) how

빈칸 앞에 선행사가 없으므로 사용할 수 있는 것은 (B)와 (D)이다. 둘의 차이점은 하나는 관계대명사이고 다른 하나는 관계부사라는 것인데, 빈칸 뒤에 the company produces hydrogen fuel cell vehicles라는 3형식 문장이 완성되어 있으므로 빈칸에는 관계부사를 넣어야 한다.

VOCAB hydrogen fuel cell 수소 연료 전지

해석 엔니지어 한 그룹이 Starmax 사(社)에 와서 회사가 수소 연료 전지 차량을 생산하는 방식을 배울 것이다.

121. Investing in ------- properties as possible can be hazardous but is often profitable.

(A) as much
(B) as many
(C) so much
(D) so many

빈칸 뒤에 as possible이 있는 것을 보면 이 문장이 원급 비교 구문이라는 것을 알 수 있다. 원급 비교 구문은 'as + 형용사[부사] 원급 + as'의 형태이므로 (A) 아니면 (B)가 정답이다. much는 뒤에 셀 수 없는 명사만 올 수 있고, many는 뒤에 셀 수 있는 복수 명사만 올 수 있으므로, 빈칸 뒤에 복수 명사 properties가 있는 것을 보고 정답을 알 수 있다.

VOCAB invest in ~에 투자하다 property 부동산 hazardous 위험한 profitable 수익성이 있는

해석 되도록 많은 부동산에 투자하는 것은 위험할 수도 있지만, 보통은 수익성이 있다.

122. Ms. Jeong was promoted to section head ------- only one year on the job.

(A) besides
(B) after
(C) until
(D) about

[(A) ~ 외에 (B) ~ 후에 (C) ~까지 (D) ~에 대해] 중 only one year on the job(그 자리에서 겨우 1년) 앞에 사용할 만한 전치사는 (B)이다.

VOCAB promote 승진시키다 section head 부서장 besides ~ 외에

해석 Ms. Jeong은 그 자리에서 겨우 1년 일한 후에 부서장으로 승진했다.

123. Boil the meat for at least an hour to ensure ------- readiness to be eaten.
(A) both
(B) this
(C) its
(D) that

both 뒤에는 항상 복수 명사를 사용해야 하므로 제외한다. 빈칸은 앞에 있는 명사 the meat을 가리키므로 '그것의(고기의) 준비됨'이라는 의미가 되게 (C)를 선택해야 한다.

VOCAB boil 삶다 at least 적어도, 최소한 ensure 확실히 하다 readiness 준비되어 있음

해석 고기를 최소 한 시간 동안 삶아서 확실히 먹을 수 있게 준비해 주세요.

124. Amoxibron's research team is planning to hire ------- interns next quarter to assist with laboratory duties.
(A) given
(B) several
(C) whole
(D) natural

whole이나 entire(전체의, 온)는 관사 the나 소유격 (대)명사 같은 한정사와 함께 사용해야 하므로 제외한다. hire ------- interns([(A) 주어진 (B) 몇몇 (D) 천연의; 당연한] 인턴을 채용한다)를 자연스럽게 만들어주는 형용사를 선택해야 한다.

VOCAB research 연구 the [소유격] whole (명사 앞에서) 전체의, 전(全) ~ quarter 분기(分期) assist with ~을 돕다 duty 직무, 업무

해석 Amoxibron의 연구팀은 다음 분기에 인턴 직원 몇 명을 채용해서 실험실 업무를 돕게 할 계획이다.

125. ------- the new acai berry juice blend has proved so popular with consumers, we should move quickly to increase our production volume.
(A) If
(B) Whether
(C) Since
(D) Unless

접속사 어휘 문제는 빈칸 앞뒤만 보고 풀기는 어렵고, 문장 전체를 정확히 해석해야 해결할 수 있다. 해석이 어렵다면 (al)though, even if, once, because, since 등을 찍으면 정답이 될 확률이 높다는 점을 기억해서 확률을 높이자.

VOCAB acai berry 아사이베리 prove ~임이 드러나다 volume (~의) 양

해석 새 아사이베리 주스 블렌드가 소비자들 사이에 매우 인기 있음이 드러났으므로 우리는 빠르게 움직여서 생산량을 늘려야 한다.

126. The morning session will train participants on ------- to prepare containers for overseas shipments.
(A) what
(B) how
(C) that
(D) then

to 부정사와 함께 사용할 수 있는 것은 what과 how이다. '------- to prepare containers for overseas shipments'를 '해외 배송을 위해 컨테이너를 준비하는 방법'이라고 해석하는 것이 자연스럽다.

VOCAB session (어떤 일을 하는) 시간 train 교육하다 participant 참가자 overseas 해외의 shipment 배송, 수송

해석 오전 시간에는 참가자들에게 해외 배송을 위해 컨테이너를 준비하는 방법을 교육할 것이다.

127. Makiko Kawai's new book offers techniques for ------- business tasks with speed and accuracy.

(A) executing
(B) equipping
(C) returning
(D) involving

techniques for ------- business tasks(비즈니스 업무를 [(A) 수행하는 (B) 장비를 갖추는 (C) 돌려보내는 (D) 관련시키는] 기술)의 의미가 자연스러워지려면 빈칸에 (A)가 들어가야 한다.

VOCAB technique 기술, 기법 execute 수행하다 equip 장비를 갖추다 involve 관련시키다; 수반하다, 포함하다 task 업무, 과제 accuracy 정확도

해석 Makiko Kawai의 새 책은 비즈니스 업무를 빠르고 정확하게 수행하는 기술들을 제시한다.

128. Former volunteers who seek to participate in the event again must ------- a new application.

(A) observe
(B) submit
(C) familiarize
(D) inform

새로 지원서를 '제출'해야 한다는 것이 자연스럽다.

VOCAB former 예전의 volunteer 자원봉사자 seek to-V ~하려고 (시도)하다 participate in ~에 참가[참여]하다 observe 관찰하다; 준수하다 familiarize 익숙하게 하다 inform 알리다, 통지하다 application 지원(서), 신청(서)

해석 예전 자원봉사자 중 다시 행사에 참여하고자 하는 분들은 새로운 지원서를 제출해야 합니다.

129. Customers who purchase a new product from Izmir Home Store ------- up to thirty days to exchange it.

(A) has
(B) having had
(C) to have
(D) have

일단 빈칸 앞에 있는 who purchase a new product from Izmir Home Store는 주어 Customers를 수식하는 부분이므로 지우고 시작하자. 빈칸 앞에 주어 Customers가 있고 빈칸 뒤에 목적어 up to thirty days가 있으므로 빈칸에는 동사 (A)나 (D)가 들어가야 한다. 주어가 복수 명사이므로 복수 동사를 정답으로 선택하자.

VOCAB up to ~까지, ~만큼 exchange 교환하다

해석 Izmir Home Store에서 신제품을 구매하는 고객은 최대 30일까지의 교환 기간이 있다.

130. Next week, the management will meet with a group of consultants who ------- in technical training and team building.

(A) specialize
(B) specializes
(C) specializing
(D) specialization

빈칸 앞에 주격 관계대명사가 있으므로 빈칸에는 동사 (A)나 (B)가 들어가야 한다. 이 동사는 선행사와 수가 일치되어야 한다. 선행사 a group of consultants가 복수 명사이므로 정답으로 복수 동사를 선택하자.

VOCAB management 경영진 specialize in ~을 전문으로 하다 technical training 기술 교육

해석 다음 주에, 경영진은 기술 교육과 팀 빌딩을 전문으로 하는 상담사들을 만날 것이다.

p.137 Part 6

Questions 131-134 refer to the following webpage.

131-134번 문제는 다음 웹페이지에 관한 것입니다.

http://www.midwestdairyexportcouncil.org

The Midwest Dairy Export Council(MDEC) organizes trade fairs and hosts educational programs [131.] to advance the cheese-crafting industry within the midwestern United States. Cheeses from this region are recognized throughout the world. Many of [132.] these cheeses are used by chefs at fine-dining establishments around the world.

중서부 유제품 수출 협의회(MDEC)는 무역 박람회들을 준비하고 교육 프로그램들을 주최하여 미국 중서부 내에서 치즈 제조업을 발전시킵니다. 이 지역의 치즈들은 전 세계적으로 인정받습니다. 이 치즈 중 상당수는 전 세계의 고급 식당들에서 요리사들에 의해 사용됩니다.

The MDEC puts on the region's largest cheese-maker exposition, held every year in October. The prestigious Artisan Cheese Makers competition is held during this event. [133.] Cheese makers from around the country compete. David Trafeli was last year's [134.] champion. His aged Gouda cheese received a winning score of 95.6 out of 100.

MDEC는 지역 최대의 치즈 제조업자 박람회를 선보이며 매년 10월에 열립니다. 이 행사 동안 명망 있는 치즈 장인 대회가 열립니다. 전국에서 온 치즈 제조업자들이 경쟁합니다. David Trafeli가 작년도 챔피언이었습니다. 그의 숙성된 고다 치즈는 100점 만점에 우승 점수 95.6점을 받았습니다.

문장 분석

The Midwest Dairy Export Council(MDEC) [organizes trade fairs] and [hosts educational programs] / to advance the cheese-crafting industry / within the midwestern United States.

➡ 등위접속사 and가 앞뒤로 '동사 + 목적어' 구조의 구문 두 개를 연결해주고 있으며, to advance부터 United States까지는 이 문장의 부사구 역할을 하고 있다.

VOCAB dairy 유제품의 export 수출 council 협의회 organize 조직하다, 준비하다 trade fair 무역 박람회 host 주최하다 educational 교육의, 교육적인 advance 발전시키다 cheese-crafting industry 치즈 제조업 recognize (공로 등을) 인정하다 throughout ~ 곳곳에 fine-dining establishment 고급 식당 put on (연극, 쇼 등을) 무대에 올리다, 열다 exposition 박람회 prestigious 명성이 있는, 유명한 artisan 장인 competition 대회, 시합 hold 열다, 개최하다 firm 회사 demonstrate 시범 보이며 설명하다 latest 최신의 것 manufacturing 제조 from around the country 전국에서 온 compete 경쟁하다 expert 전문가 judge 심사위원 aged 숙성된

131. (A) is advancing
(B) to advance
(C) has advanced
(D) will advance

Day 6에서 다룬 유형을 기억하자. [(A) 동사 (B) 준동사 (C) 동사 (D) 동사]이다. 문장에 이미 and로 연결된 두 개의 동사 organizes와 hosts가 있으므로 빈칸에는 준동사가 들어가야 한다.

132. **(A) these**
(B) each
(C) when
(D) instead

빈칸 앞뒤 Many of ------- cheeses를 보면서 해결하면 된다. 명사 앞에 형용사가 있어야 하므로 접속사 (C)와 부사 (D)는 오답이다. 복수 명사 앞에 빈칸이 있으므로 단수 명사 앞에만 사용할 수 있는 (B)도 오답이다.

133. (A) Local firm Bramadol demonstrates the latest in manufacturing technology.
(B) Some new conference activities are being planned for next year.
(C) Cheese makers from around the country compete.
(D) Hotel reservations can be made through our website.

(A) 지역 기업 Bramadol이 최신 제조 기술을 시연합니다.
(B) 내년에는 몇몇 새 콘퍼런스 활동들이 계획 중에 있습니다.
(C) 전국에서 온 치즈 제조업자들이 경쟁합니다.
(D) 호텔 예약은 저희 웹사이트를 통해서 하실 수 있습니다.

해설 앞문장에서 치즈 장인 대회가 열린다고 했으므로 이어지는 부연설명으로 알맞은 것은 (C)이다.

134. (A) speaker
(B) expert
(C) judge
(D) champion

뒤 문장에서 David Trafeli의 우승 점수(winning score)를 언급하고 있으므로 이 사람은 치즈 장인 대회의 챔피언이다.

p.138 Part 7

Questions 135-137 refer to the following memo.

MEMO

To: All employees
From: Aubrey Canfield
135. Subject: **Upcoming feature**
Date: 12 April

135. As you may have heard, **we are launching a new feature that will appear in the weekend edition of the paper.** 137. It will highlight uplifting and stimulating **stories** that have happened in our region. –[1]–. 137. Where possible, **they** will be accompanied by photographs. The decision was prompted by the numerous requests from readers for just such a feature. –[2]–. The section will be included in both our print and online issues, so it must meet the same high standards as the rest of the newspaper. –[3]–. 136. **I will be editing the section** with the assistance of reporter Leah Seto. At the moment, we have yet to come up with a suitable title for it. –[4]–. Therefore, feel free to submit one, and any story ideas you may have are welcome.

135-137번 문제는 다음 단체 메일에 관한 것입니다.

회람

수신: 전 직원
발신: Aubrey Canfield
제목: 다가오는 특집 기사
날짜: 4월 12일

아마 들으셨겠지만, 우리는 신문 주말판에 실릴 새 특집 기사를 내기 시작할 것입니다. 우리 지역에서 일어난 희망을 주고 활기를 주는 이야기들을 두드러지게 할 것입니다. 가능한 경우에는 사진도 함께 실리게 될 것입니다. 이 결정은 정확히 이런 종류의 특집을 원하는 독자들의 수많은 요구에서 비롯되었습니다. 이 코너는 인쇄판과 온라인판 모두에 포함될 것이기 때문에, 우리 신문의 나머지 부분들과 똑같이 높은 기준에 부합되어야 합니다. 저는 이 코너를 기자 Leah Seto의 도움을 받아 편집할 것입니다. 지금 당장은 아직 코너의 알맞은 제목을 생각해내지 못했습니다. 그러므로 자유롭게 하나씩 제안해 주시고, 기사에 대해 여러분이 갖고 계신 어떤 아이디어든 환영합니다.

문장 분석

Therefore, feel free to submit one, and any story ideas (you may have) are welcome.

➡ any story ideas which you may have에서 목적격 관계대명사 which가 생략되어 있다. any story ideas ------- may have 같은 형태로 문제가 출제될 수 있다는 것을 배웠으니 잘 기억해두자.

VOCAB

memo(randum) 사내 전언(傳言), 회람, 단체 이메일 subject 주제 upcoming 다가오는, 곧 있을 feature 특집 (기사/방송) launch 시작하다; 개시 appear (신문에) 나다 development 전개 highlight ~을 두드러지게 하다 uplifting 희망[행복감]을 주는 stimulating 활기를 주는 where ~한 경우에 accompany 곁들이다, 덧붙이다 prompt (어떤 결정을 내리도록) 하다 numerous 많은 issues (출판물의) 판, 호 meet (필요, 요구 등을) 충족시키다 the rest of ~의 나머지 edit 편집하다 assistance 도움, 지원 reporter 기자 correspondent 특파원 at the moment 지금 당장은 have yet to-V 아직 ~하지 않았다 come up with (해답, 돈 등을) 찾아내다, 내놓다 suitable 적합한 therefore 그러므로 feel free to-V 마음 놓고 ~ 해도 괜찮다 welcome 반가운, 환영받는

135. What is the purpose of the memo?
(A) To announce the launch of the paper's weekend edition
(B) To recommend the use of a new technology
(C) To report on a story development
(D) To announce a new weekly feature

단체 메일의 목적은 무엇인가?
(A) 신문 주말판의 출시를 발표하는 것
(B) 신기술의 사용을 권장하는 것
(C) 기사 전개에 대해 보고하는 것
(D) 새 주간 특집을 발표하는 것

해설 지문의 목적을 묻는 문제는 대부분 도입부에서 정답을 알 수 있다는 것과 지문의 자투리 부분에서도 정답의 단서를 발견할 수 있다는 것을 기억하자. 단체 메일의 제목이 Upcoming feature인 것만 봐도 정답을 거의 확실히 짐작할 수 있다. 첫 문장 we are launching a new feature that will appear in the weekend edition of the paper까지 읽으면 정답을 정확히 파악할 수 있다.

136. Who is Aubrey Canfield?
(A) A photographer
(B) A graphic designer
(C) An editor
(D) A foreign correspondent

Aubrey Canfield는 누구인가?
(A) 사진작가
(B) 그래픽 디자이너
(C) 편집장
(D) 해외 특파원

해설 빈칸 [3]에 이어지는 문장에서 자신이 이 코너를 편집할 것이라고(I will be editing the section) 말하고 있으므로 이 단체 메일의 발신인은 편집장이다.

137. In which of the positions marked [1], [2], [3], and [4] does the following sentence best belong?

"Where possible, they will be accompanied by photographs."

(A) [1]
(B) [2]
(C) [3]
(D) [4]

다음 문장은 [1]과 [2], [3], [4]로 표시된 자리 중 어디에 가장 알맞은가?

"가능한 경우에는 사진도 함께 실리게 될 것입니다."

(A) [1]
(B) [2]
(C) [3]
(D) [4]

해설 대명사 they가 이 문장을 앞 문장과 연결해주는 키워드이다. they가 가리킬 만한 복수 명사가 포함된 문장은 It will highlight uplifting and stimulating stories that have happened in our region.뿐이므로 주어진 문장은 [1]에 들어가야 한다.

p.147 Part 5 & 6 Exercise

101	a	103	b	105	b	107	b	109	a
102	c	104	a	106	c	108	b	110	b

● 정답을 맞힌 문제도 해설을 읽어보자.

101. The ------- initiative aims to make public transportation more accessible to commuters living in the outer suburbs.
(A) proposed
(B) proposing
(C) proposal
(D) propose

일단 빈칸 앞뒤 The ------- initiative를 보아야 한다. 명사 앞에 빈칸이 있어서 형용사가 정답인데, 보기 중 형용사가 없으므로 분사 (A)와 (B) 중에서 정답을 선택해야 한다. 수식받는 명사 initiative가 제안'되는' 것이므로 수동의 의미가 있는 과거분사가 정답이다.

VOCAB propose 제안하다 proposal 제안(서), 기획안 initiative 계획, 프로젝트 aim to-V ~하기를 목표로 하다 public transportation 대중교통 accessible to *sb* ~가 이용할 수 있는 commuter 통근자 in the outer suburbs (도심에서) 먼 교외에

해석 제안된 계획은 도심에서 먼 교외에 사는 통근자들에게 대중교통을 더 이용하기 쉽게 만들어주는 것을 목표로 한다.

102. If you are not ------- with the way your complaint was handled, you may be able to refer it to the local data protection regulator.
(A) satisfaction
(B) satisfying
(C) satisfied
(D) satisfy

be 동사 뒤에 빈칸이 있어서 형용사가 정답인데, 보기 중 형용사가 없으므로 분사 (B)와 (C) 중에 정답을 선택해야 한다. 주어 you가 불만이 처리된 방식에 만족시킴을 '당하는' 것이므로 수동의 의미가 있는 과거분사가 정답이다.

VOCAB satisfaction 만족 satisfy 만족시키다 complaint 불평, 항의 handle 처리하다, 다루다 refer *sth* to *sb* ~를 ~에게 회부하다 regulator 규제 기관

해석 불만 사항이 처리된 방식에 만족하지 못하신다면 지역 데이터 보호 담당 기관에 회부하실 수 있습니다.

103. We are constantly upgrading our monitoring systems, ------- you the highest level of security services available in the market today.
(A) ensured
(B) ensuring
(C) be ensured
(D) will ensure

쉼표 앞에 완전한 3형식 문장이 주절이고, 빈칸부터가 부사절이다. 부사절은 원래 '접속사 + 주어 + 동사'로 시작해야 하는데, 보기를 살펴보면 접속사와 주어가 사라졌다는 것을 알 수 있다. 접속사와 주어가 빠지면 부사절은 분사 구문으로 바뀌므로 분사 (A)와 (B) 중에 정답을 선택해야 한다. 주절의 주어와 빈칸 뒤 목적어의 유무를 봐야 한다. 주절의 주어 We가 목적어 you에게 '보장한다'는 뜻이므로 능동의 의미가 있는 현재분사가 정답이다.

VOCAB constantly 끊임없이 monitoring system 감시 시스템 ensure 보장하다 security 보안 available 이용할 수 있는

해석 우리는 끊임없이 감시 시스템을 업그레이드함으로써 오늘날 시장에서 이용할 수 있는 가장 높은 수준의 보안 서비스를 보장합니다.

104. Developers must obtain the federal permits ------- for any new construction projects in wetlands.

(A) required
(B) requiring
(C) requires
(D) will require

빈칸 앞에 이미 동사 must obtain이 있기 때문에 동사인 (C)와 (D)는 일단 제외한다. 빈칸에 분사가 들어가서 '------- for any new construction projects in wetlands'가 앞에 있는 명사 the federal permits를 수식하게 해야 한다. 빈칸 뒤에 목적어가 없으므로 과거분사를 선택하자.

VOCAB obtain 얻다, 획득하다 federal 연방 정부의 permit 허가(증) wetland 습지(대)

해석 개발업자는 습지대 내에서의 어떤 신규 건축 프로젝트에든 요구되는 연방 정부의 허가를 취득해야 한다.

105. Even though ------- than the weather forecast, rain caused the baseball game to be delayed by two hours.

(A) light
(B) lighter
(C) lightly
(D) lightest

먼저 보기를 살펴보면 비교 문제라는 것을 알 수 있다. 문장 속에 than이 보이면 그냥 비교급을 정답으로 선택하자.

VOCAB light (양, 정도 등이) 많지 않은 weather forecast 일기예보 cause + O + to-V ~로 하여금 ~하게 하다

해석 비가 일기예보보다는 양이 적었지만 야구 경기가 두 시간은 지연되게 했다.

106. The newest version of Drag & Drop Editor makes it much ------- for business owners to create newsletters and brochures.

(A) easy
(B) easily
(C) easier
(D) ease

Day 1에서 공부한 내용을 기억하자. make는 5형식 동사로서 형용사를 목적격 보어로 취하기 때문에 (A)와 (C) 중에 정답을 선택해야 하는데, 빈칸 앞에 있는 much가 비교급을 강조하는 부사라는 사실을 알면 정답을 알 수 있다.

VOCAB ease 쉬움, 용이함, 편의성 business owner 사업주 newsletter 소식지, 회보 brochure 안내 책자

해석 Drag & Drop Editor 최신 버전은 사업주들이 소식지와 안내 책자 제작하는 것을 훨씬 더 쉽게 만들어줍니다.

107. Turnout last year was the largest ------- in the history of the Business Ethics Conference.

(A) totally
(B) ever
(C) soon
(D) hardly

빈칸 앞에 있는 최상급 형용사 largest를 보면서 최상급의 단서가 되는 표현으로 알려준 것들을 기억하자. 가장 잘 어울리는 부사는 ever이다.

VOCAB turnout 참가자 수 totally 완전히, 전적으로 ever (비교급, 최상급을 강조하여) 이제까지, 지금까지 hardly 거의 ~ 아니다 ethics 윤리 conference 학회

해석 작년 참가자 수는 지금까지 비즈니스 윤리 학회의 역사 중 가장 많은 것이었다.

108. Thank you for your interest in our ------- line of surveillance cameras.
(A) update
(B) updated
(C) updates
(D) updating

빈칸 앞뒤 our ------- line of surveillance cameras를 보면서 생각하자. 명사 앞에 빈칸이 있으므로 형용사가 정답인데, 보기 중 형용사가 없으므로 분사 (B)와 (D) 중에서 정답을 선택해야 한다. 수식받는 명사 line of surveillance cameras(감시 카메라 제품군)가 최신화'되는' 것이므로 수동의 의미가 있는 과거분사가 정답이다.

VOCAB update 최신의 것으로 만들다, 갱신하다; 갱신, 개정 line 제품군 surveillance 감시

해석 저희의 최신 감시 카메라 제품군에 관한 관심 고맙습니다.

109. Since the regulations governing importation became too ------- to accommodate, the Importers Association asked them to be revised.
(A) frustrating
(B) frustrated
(C) frustrate
(D) frustration

Day 1에서 배운 내용을 기억하자. 빈칸 앞에 있는 became은 2형식 동사로 뒤에 형용사가 와야 하는데, 보기 중 형용사가 없으므로 분사 (A)와 (B) 중에 정답을 선택해야 한다. 주어 the regulations governing importation(수입을 규제하는 규정)이 불만스럽게 '하는' 것이므로 능동의 의미가 있는 현재분사가 정답이다.

VOCAB regulation 규정 govern 제어[억제]하다 importation 수입 frustrate 좌절감을 주다, 불만스럽게 만들다 frustration 불만, 좌절감 accommodate 수용하다 revise 수정하다

해석 수입업자협회는 수입을 규제하는 규정이 수용하기에는 너무 불만스럽기 때문에 수정할 것을 요구했다.

110. ------- for its simple and modern designs, Smythson Company is the largest producer of leather goods in the country.
(A) Know
(B) Known
(C) Having known
(D) Knowing

먼저 쉼표 뒤에 있는 '주어 + 동사(Smythson Company is)'를 보아야 한다. 여기가 주절이고 쉼표 앞은 부사절일 테니 '접속사 + 주어 + 동사'의 형태로 이루어져야 한다. 그런데 보기를 살펴보면 이 부분이 접속사와 주어가 사라진 분사구문으로 변형되었다는 것을 알 수 있다. 따라서 분사 (B)와 (C), (D) 중에 정답을 선택해야 한다. 주절의 주어 Smythson Company가 알려'지는' 것이고 빈칸 뒤에 목적어도 없으므로 수동의 의미가 있는 과거분사가 정답이다.

VOCAB known for ~로 알려진 modern 현대적인 producer 생산업체 leather goods 가죽 제품

해석 심플하고 현대적인 디자인으로 알려진 Smythson 사(社)는 국내 최대의 가죽 제품 생산업체이다.

해석

● 1-4번 예제는 다음 기사에 관한 것입니다.

지역 소식

금요일에 Chatri Wattanasin은 방 두 개짜리와 세 개짜리 집 70채로 구성된 단지 Riverscape를 미리 보러 온 큰 무리를 크게 만족해하며 바라보았다. 어떤 면에서 이 공동체는 그의 인생을 제자리로 되돌려 놓았다고 할 수 있다.

Chatri가 처음 아버지를 도와 West Oak 가(街)에 가족이 살 집을 지으며 건물 공사의 다양한 측면에 관여했을 때 그는 십대였다. 이 경험은 결국 건설업계의 직업으로 이어졌으며, 그것은 Chatri로 하여금 Walailak 대학교에서의 건축학 공부 학비를 스스로 감당할 수 있게 해주었다. 졸업 직후 그는 건축회사 Perkins and Merrill에 들어가 주로 공원과 놀이터 및 기타 공공장소들의 설계 업무를 맡으며 7년 동안 근무했다. 그 후 이어서 그는 자신이 졸업한 대학교에서 건축학을 가르쳤다.

4년 전에 Chatri는 자신의 회사 Adarsh Builders를 차렸다. Chatri는 말한다. "이 지역에서 현재 임대주택에 거주하는 많은 사람이 주택 소유에 관한 관심을 보입니다. 하지만 Eastbury에서 구할 수 있는 것 중 상당수는 그들이 구매할 만한 여력이 되는 것들이 아니죠. 혹은 그들이 어떤 것을 찾는다고 할지라도 값비싼 보수작업을 요구하는 경우가 자주 있어요. 확실히 이 사람들은 도움이 조금 필요합니다."

Austin 부동산 회사의 부동산 중개인 Jasmine Santero는 말한다. "Mr. Wattanasin은 아마 Austin 지역에서 알맞은 가격의 주택을 찾는 사람들의 필요를 고심하는 데 진심으로 전념하는 유일한 건축업자일 것입니다."

공개 행사에 참여한 구매자들은 9월에 있을 Riverscape의 공식 입주보다 앞서서 집을 구매함으로써 돈을 절약할 수 있었다. Adarsh 사(社)의 영업부장 Seong Gyeong Lee가 말한다. "공개 행사 참가자들은 집이 나중에 팔리게 될 가격보다 12퍼센트씩이나 낮은 가격에 집을 살 수 있었습니다. 게다가 세대 설계 각각은 한정된 수만큼만 지어질 것이기 때문에 나중에 구매하는 고객들은 아마 1지망 설계로 된 집을 갖지 못할 것입니다."

금요일 당일에 구매 절차를 시작하기로 한 행사 참가자 중에는 Evelina Zhao가 있었다. Ms. Zhao는 "한동안 Eastbury에서 가격이 적당한 집을 찾고 있었어요."라고 말했다. "Riverscape 덕분에 오랫동안 품고 있던 꿈이 막 이루어지려고 하네요."

예제 1. 기사의 목적은 무엇인가?
(A) 임대용 건물들을 광고하는 것
(B) 간소화된 절차를 추천하는 것
(C) 지역 기업가의 인물 소개를 쓰는 것
(D) 새 근린공원을 묘사하는 것

예제 2. Mr. Wattanasin에 대해 무엇이 나타나는가?
(A) 대학을 졸업한 후 아버지의 회사에서 근무했다.
(B) 최근에 영업부장으로 승진했다.
(C) Austin 부동산 회사의 소유주이다.
(D) Walailak 대학교에서 건축학을 가르쳤다.

예제 3. Riverscape에 대해 무엇이 나타나는가?
(A) 9월에 완공될 것이다.
(B) 가격이 알맞게 책정된 집들이 있다.
(C) 건축회사 Perkins and Merrill에 의해 설계되었다.
(D) West Oak 가(街)에 있다.

예제 4. Riverscape에서 집을 사고 있는 사람은 누구인가?
(A) Evelina Zhao
(B) Chatri Wattanasin
(C) Seong Gyeong Lee
(D) Jasmine Santero

Practice Test

● 정답을 맞힌 문제도 해설을 읽어보자.

101	b	105	a	109	c	113	a	117	b	121	c	125	a	129	c	133	c	137	d
102	b	106	d	110	a	114	a	118	d	122	d	126	d	130	d	134	d	138	a
103	c	107	b	111	b	115	d	119	a	123	c	127	c	131	b	135	b		
104	d	108	a	112	a	116	c	120	b	124	d	128	b	132	a	136	c		

p.157 Part 5

101. In accordance with safety procedures, employees ------- in welding operations should be equipped with proper filter lenses.
(A) involve
(B) involved
(C) involving
(D) involves

문장에 이미 should be equipped라는 동사가 있으므로 동사 (A)와 (D)는 제외한다. 빈칸에 들어갈 분사 (B) 혹은 (C)가 앞에 있는 명사 employees를 수식해야 하는데, 빈칸 뒤에 목적어가 없으므로 과거분사가 정답이다.

VOCAB in accordance with ~에 따라 safety procedure 안전 절차 involve 관련시키다, 참여시키다 welding operation 용접 작업 be equipped with ~을 갖추고 있다 proper 적절한, 제대로 된

해석 안전 절차에 따라 용접 작업에 관여하는 직원들은 적절한 필터 렌즈를 갖추고 있어야 한다.

102. Another branch ------- Shears Hair Salon will open in Rosaryville's business district.
(A) up
(B) of
(C) along
(D) in

'Shears 미용실의 신규 지점'이라는 의미가 되도록 전치사 of가 필요하다.

VOCAB branch 지사, 분점 hair salon 미용실 business district 상업 지구

해석 Shears 미용실의 신규 지점이 Rosaryville의 상업 지구에 문을 열 것이다.

103. The survey showed that customers aged 31 to 49 paid with a Sage credit card ------- than customers in any other age group.
(A) frequently
(B) frequent
(C) more frequently
(D) frequency

보기를 먼저 살펴보면 문제의 유형을 파악할 수 있다. 비교 문제에서는 than이 보이는 순간 비교급을 정답으로 선택하면 된다.

VOCAB survey (설문)조사 aged (나이가) ~세의 frequent 잦은, 빈번한 frequency 빈도 age group 연령대

해석 설문조사에 의하면 31-40세의 고객들이 다른 어떤 연령대의 고객들보다도 더 자주 Sage 신용카드를 이용하여 지급한 것으로 나타났다.

104. Ms. Chen ------- the clients ten different apartments in just one day.
(A) made
(B) opened
(C) passed
(D) showed

단 하루 만에 열 채의 아파트로 고객에게 해줄 수 있는 일은 '보여주는(showed)' 것밖에 없다.

VOCAB different 각각 다른, 각양각색의

해석 Ms. Chen은 단 하루 만에 각양각색의 아파트 열 채를 고객들에게 보여주었다.

105. Confident that Mr. Cha Joon was ------- more qualified than other candidates, Brell Corporation hired him as the new CEO.
(A) much
(B) very
(C) rarely
(D) along

빈칸 뒤에 있는 비교급 형용사 more qualified를 수식할 수 있는 부사를 선택해야 한다. 비교급을 강조하는 부사로는 much, still, even, far, a lot, considerably, significantly 등이 있다.

VOCAB confident 전적으로 확신하는 rarely 드물게, 좀처럼 ~하지 않는 along ~을 따라 qualified 자격이 있는 candidate 후보자

해석 Brell 사(社)는 Mr. Cha Joon이 다른 후보자들보다 훨씬 더 자격이 있다고 확신하며 그를 새 CEO로 채용했다.

106. There is a recognized need for lowering greenhouse gas emissions in order to address concerns ------- global climate change.
(A) excluding
(B) during
(C) following
(D) regarding

항상 짝으로 출제되는 어휘 문제를 기억해야 한다. 걱정 3형제(concerns, worries, anxiety)는 about이나 regarding과 함께 사용한다.

VOCAB recognize 인정하다, 공인하다 lower 낮추다 greenhouse gas 온실가스 emission 배출; 배출물, 배기가스 address 대처하다 concern 우려, 걱정 excluding ~를 제외하고 following ~ 후에 regarding ~에 관하여 global 세계적인, 지구의 climate 기후

해석 세계 기후 변화에 대한 우려에 대처하기 위해 온실가스 배출량을 낮추는 일은 그 필요성이 공인되어 있다.

107. Dressing in layers is the ------- choice for autumn so that you can shed one if it's warm.
(A) smart
(B) smartest
(C) smarter
(D) most smartly

보기를 먼저 살펴보면 문제의 유형을 파악할 수 있다. 빈칸 앞에 있는 관사 the는 최상급의 단서다. 형용사 최상급 (B)와 부사 최상급 (D)가 있는데, 명사 choice 앞에 빈칸이 있으므로 형용사가 정답이다.

VOCAB dress in layers 옷을 겹겹이 입다 shed (옷을) 벗다

해석 가을에는 더우면 한 겹 벗을 수 있게 옷을 겹겹이 입는 것이 가장 스마트한 선택이다.

108. Many ------- buyers have expressed intentions to take over the bankrupt company, but there has been no firm offer yet.
(A) prospective
(B) appreciable
(C) portable
(D) inevitable

항상 짝으로 출제되는 어휘 문제를 기억하자. client, customer, buyer 등의 명사 앞에 빈칸이 있으면 potential, prospective, probable이 들어가서 '잠재 고객'이라는 의미가 된다.

VOCAB prospective 가망이 있는, 유망한 appreciable 상당한, 분명한 portable 휴대용의 inevitable 불가피한, 필연적인 intention 의사, 의도 take over 인수하다 bankrupt 파산한 firm offer 확정 오퍼

해석 많은 잠재 매수자들이 그 파산한 회사를 인수하려는 의사를 보였지만, 아직 확정 오퍼는 없었다.

109. Although the alternate route was ------- marked, many drivers were confused and ended up getting lost.
(A) never
(B) next
(C) clearly
(D) noisily

문장 전체의 의미를 자연스럽게 해주는 부사를 선택해야 한다.

VOCAB alternate 대체 가능한, 대안이 되는 route 길, 경로 clearly 분명히, 알기 쉽게 noisily 요란하게, 소란스레 mark 표시하다 confused 혼란스러워하는 end up V-ing 결국 ~하게 되다 get lost 길을 잃다

해석 대체 경로가 분명히 표시되어 있었음에도 불구하고 많은 운전자가 혼란스러워했으며 결국 길을 잃었다.

110. The couple were charmed by the skylights, the fireplace, and the beautifully ------- kitchen.
(A) renovated
(B) renovation
(C) renovate
(D) renovating

명사 kitchen 앞에 빈칸이 있어서 형용사가 정답인데, 보기 중 형용사가 없으므로 분사 (A)와 (D) 중에서 정답을 선택해야 한다. 수식받는 명사 kitchen이 개조'되는' 것이므로 수동의 의미가 있는 과거분사 (A)가 정답이다.

VOCAB charm 매혹하다, 매료시키다 skylight 채광창 fireplace 벽난로 renovate 개조하다, 보수하다

해석 그 부부는 채광창과 벽난로, 아름답게 개조된 주방에 매료되었다.

111. For one week -------, Pay Less Super Market is giving away a free movie ticket with every order of 60 dollars or more.

(A) often
(B) only
(C) over
(D) through

'For one week -------'를 유의미한 표현으로 만들어 줄 수 있는 것은 only밖에 없다.

VOCAB give away ~을 선물로 주다

해석 Pay Less 슈퍼마켓은 단 일주일 동안만 60달러 이상의 모든 주문에 무료 영화 티켓을 선물로 드립니다.

112. The prosecutors investigating the case have been ------- by the number of uncovered illegal transactions.

(A) astonished
(B) astonish
(C) astonishing
(D) astonishment

be 동사 뒤에 빈칸이 있어서 형용사가 정답인데, 보기 중 형용사가 없으므로 분사 (A)와 (C) 중에 정답을 선택해야 한다. 주어 The prosecutors가 불법 거래의 수에 매우 놀라게 함을 '당한' 것이므로 수동의 의미가 있는 과거분사가 정답이다.

VOCAB prosecutor 검사, 검찰관 investigate 조사하다, 수사하다 case 사건, 문제 astonish 매우 놀라게 하다 uncover 적발하다, 알아내다 illegal 불법적인 transaction 거래, 매매

해석 사건을 조사 중인 검사들은 적발된 불법 거래의 수에 매우 놀랐다.

113. Alex Kaupa oversaw smelting operations in Cape Town for a ------- time before being reassigned to Durban.

(A) brief
(B) large
(C) slow
(D) proper

for a ------- time([(A) 짧은 (B) 큰 (C) 느린 (D) 제대로 된] 시간 동안)의 의미를 자연스럽게 해주는 것은 (A)이다.

VOCAB oversee 감독하다 smelting operation 제련 작업 brief (시간이) 짧은, 잠깐의 proper 적절한, 제대로 된 reassign 새로 발령 내다

해석 Alex Kaupa는 잠깐 Cape Town에서 제련 작업을 감독한 후에 Durban으로 다시 발령받았다.

114. ------- an MBA degree, Ms. Hallett is considered one of the most promising candidates for the finance director position.

(A) Having earned
(B) Earned
(C) Being earned
(D) Earn

먼저 쉼표 뒤에 있는 '주어 + 동사(Ms. Hallett is considered)'를 봐야 한다. 여기가 주절이고 쉼표 앞은 부사절일 테니 '접속사 + 주어 + 동사'의 형태로 이루어져야 한다. 그런데 보기를 보면 부사절이 접속사와 주어가 사라진 분사구문으로 변형되었다는 것을 알 수 있다. 따라서 분사 (A)와 (B), (C) 중에 정답을 선택해야 한다. (C)는 현재분사이지만 대부분 여기서 Being을 생략하고 (B)의 형태로 사용하므로 (B)와 같은 과거분사로 생각하자. 주절의 주어 Ms. Hallett가 취득'하는' 것이고 빈칸 뒤에 목적어 an MBA degree도 있으므로 능동의 의미가 있는 현재분사가 정답이다.

VOCAB earn 획득하다, 얻다 MBA (Master of Business Administration) 경영학 석사 degree 학위 consider (~을 ~으로) 여기다 promising 유망한 candidate 후보자 finance director 재무 담당 이사 position (일)자리, 지위

해석 Ms. Hallett은 MBA 학위를 취득했기 때문에 재무 담당 이사 자리의 가장 유망한 후보자 중 한 명으로 여겨진다.

115. The Vietnamese restaurant ------- next to the subway station provides a variety of lunch dishes at affordable prices.

(A) locations
(B) locate
(C) locating
(D) located

앞에서 명사를 공부할 때 명사 뒤 빈칸에는 명사가 들어간다고 배우기는 했다. 그러나 이 문제에서 (A)는 복수 명사이기 때문에 빈칸 뒤의 전치사구 next to the subway station을 지우고 나면 그 뒤에 있는 동사 provides와 수가 일치하지 않는다. 동사가 이미 있어서 동사 (B)도 들어갈 수 없다. 빈칸에 들어갈 분사 (C) 혹은 (D)가 앞에 있는 명사 The Vietnamese restaurant를 수식해야 하는데, 빈칸 뒤에 목적어가 없으므로 과거분사가 정답이다.

VOCAB Vietnamese 베트남의 location 위치; 장소 locate (특정 위치에) 두다, 설치하다 a variety of 여러 가지의, 다양한 affordable (가격이) 저렴한, 감당할 수 있는

해석 지하철역 옆에 있는 베트남 식당은 다양한 점심 메뉴를 저렴한 가격에 제공한다.

116. The Sonoka washing machine was ranked higher ------- all other washing machines in its class.

(A) to
(B) past
(C) than
(D) by

빈칸 앞에 higher가 보이는 순간 정답을 알 수 있다. 비교급 문장에 있는 빈칸에는 언제나 than을 정답으로 고르자.

VOCAB washing machine 세탁기 rank ~을 ~하게 평가하다 class 등급, 급

해석 Sonoka 세탁기는 동급의 다른 모든 세탁기보다 더 높은 평가를 받았다.

117. Palmer Tomkinson Legal Services asks that ------- client files be kept in off-site storage for five years.

(A) misplaced
(B) inactive
(C) unable
(D) resigned

client files를 수식하기에 알맞은 형용사는 (A)와 (B)인데, 사외에 5년 동안 보관한다고 했으므로 inactive가 알맞다.

VOCAB misplaced 제자리에 있지 않은(그래서 찾을 수 없는) inactive 사용되지 않는 unable (명사 앞에 안 씀) (to-V와 함께) ~할 수 없는 resigned 체념한 off-site 사외의 storage 보관소

해석 Palmer Tomkinson 법률사무소는 사용되지 않는 고객 파일들이 5년 동안 사외 보관소에 보관될 것을 요구한다.

118. The human brain is larger than that of almost any other animal, including many animals that are ------- more massive than us in total.

(A) so
(B) very
(C) real
(D) far

빈칸 뒤의 비교급 형용사 more massive를 수식할 부사를 선택해야 한다. 비교급을 강조하는 부사로는 much, still, even, far, a lot, considerably, significantly 등이 있다.

VOCAB massive 거대한 in total 전체로서, 통틀어

해석 사람의 뇌는 전체적으로 우리보다 훨씬 더 거대한 많은 동물을 포함하여 거의 어떤 동물의 뇌보다도 더 크다.

119. Ting's Café in Macao ------- to serve the freshest possible seafood.

(A) aims
(B) catches
(C) provides
(D) produces

aim to-V는 정기 토익에서 매우 빈번하게 등장하는 표현이므로 반드시 기억하자.

VOCAB aim to-V ~하는 것을 목표로 하다 serve (식당 등에서 음식을) 제공하다

해석 마카오의 Ting 카페는 가능한 가장 신선한 해산물을 제공하는 것을 목표로 합니다.

120. Please notify public relations if you are able to help set up the events room ------- the annual charity reception.

(A) since
(B) before
(C) into
(D) except

set up the events room ------- the annual charity reception이 "연례 자선 리셉션 전에 이벤트 룸을 준비한다."라고 해석되어야 자연스럽다.

VOCAB notify 알리다, 통지하다 public relations 홍보부 set up 준비하다 charity reception 자선 리셉션

해석 연례 자선 리셉션 전에 이벤트 룸 준비를 도와주실 수 있다면 홍보부에 알려주시기 바랍니다.

121. The aircraft's ------- flight had arrived late, so its originally scheduled 8:15 P.M. departure was delayed.

(A) committed
(B) entitled
(C) previous
(D) spacious

일단 entitled는 명사를 수식하지 않으므로 제외한다. The aircraft's ------- flight(항공기의 [(A) 헌신적인 (C) 이전의 (D) 널찍한] 비행편)의 의미를 자연스럽게 만들어주는 것은 previous이다.

VOCAB aircraft 항공기 committed 헌신적인, 열성적인 be entitled to ~에 대한 권리가 있다 previous 이전의, 먼젓번의 spacious 널찍한 originally 원래, 본래 scheduled 예정된 departure 출발

해석 항공기의 이전 비행편이 늦게 도착했기 때문에 원래 예정되어 있었던 오후 8시 15분 출발은 지연되었습니다.

122. If SGX Machines merges with the Panda Corporation, the resulting conglomerate will be ------- of the largest technology firms in Europe.
(A) much
(B) some
(C) those
(D) one

빈칸 뒤의 최상급 형용사 largest를 보면서 이것과 잘 어울릴만한 표현을 생각해야 한다. 주로 (that) ~ever, one of ~, of all, 서수, 'in + 기준명사' 같은 표현들이 최상급과 함께 사용된다.

VOCAB merge with ~와 합병하다 result (결과로서) 생기다 conglomerate 대기업 firm 회사

해석 SGX Machines가 Panda 사(社)와 합병한다면 그 결과로 생기는 대기업은 유럽에서 가장 큰 기술 회사 중 하나가 될 것이다.

123. This chapter explores newly ------- library buildings with an emphasis on features contributing to the user experience.
(A) constructing
(B) construct
(C) constructed
(D) constructive

Day 1에서 첫 번째 유형으로 다룬 문제를 기억해보자. 명사 앞 빈칸에는 형용사가 정답, 형용사가 없으면 분사가 정답, 형용사와 분사가 모두 있으면 일단 형용사를 선택하라고 했다. 그러나 빈칸에 형용사 (D)를 넣으면 '건설적인 도서관 건물'이라는 이상한 표현이 된다. 함정에 빠지지 말고 분사 (A)와 (C) 중에서 정답을 선택하자. 수식받는 명사 library buildings가 건설'되는' 것이므로 수동의 의미가 있는 과거분사가 정답이다.

VOCAB chapter (책의) 장(章) explore 탐구하다, 분석하다 constructive 건설적인 with an emphasis on ~에 주안점을 두고 feature 특색, 특징, 특성 contribute to ~에 기여하다, 이바지하다

해석 이 장(章)은 새로 건설된 도서관 건물들을 사용자의 경험에 기여하는 특징들에 주안점을 두고 분석한다.

124. Management of the Henkel Factory is planning to try diverse ------- to improving employee productivity.
(A) instincts
(B) decisions
(C) occasions
(D) approaches

'try diverse -------'만 보면 문제를 해결할 수 있다. "다양한 [(A) 본능을 (B) 결정을 (C) 경우를 (D) 접근법을] 시도한다." 중 의미가 자연스러운 것은 (D)이다.

VOCAB management 경영진 diverse 다양한 instinct 본능, 타고난 소질 occasion 경우, 때 approach 접근법 employee productivity 직원 생산성

해석 Henkel 공장의 경영진은 직원 생산성을 향상하는 것에 대한 다양한 접근법을 시도해 볼 계획이다.

125. Constant training enables our technicians to resolve most mechanical problems -------.
(A) swiftly
(B) avoidably
(C) doubtfully
(D) rigidly

'resolve most mechanical problems -------' 보면서 정답을 알아내면 된다. 대부분의 기계적 결함은 [(A) 신속히 (B) 피할 수 있게 (C) 미심쩍게 (D) 완고하게] 중 당연히 '신속히(swiftly)' 해결해야 한다가 자연스럽다.

VOCAB constant 끊임없는, 거듭되는 enable 할 수 있게 하다 resolve 해결하다 mechanical problem 기계적 결함 swiftly 신속히, 빨리 avoidably 피할 수 있게 doubtfully 미심쩍게, 불확실하게 rigidly 융통성 없이, 완고하게

해석 끊임없는 교육은 우리 기술자들이 대부분의 기계적 결함을 신속히 해결하게 해줍니다.

126. The cooking directions call for turning down the heat and letting the sauce simmer ------- it thickens.
(A) whereas
(B) likewise
(C) instead
(D) until

letting the sauce simmer ------- it thickens에서 정답을 알아낼 수 있다. 절(it thickens) 앞에는 접속사가 있어야 하므로 부사인 (B)와 (C)는 제외한다. 그리고 의미상 소스가 걸쭉해질 때까지 끓여야 하므로 (D)가 정답이다.

VOCAB directions 사용법, 지시서, 지침서 call for 요구하다 turn down (온도를) 낮추다 simmer 끓다 likewise 똑같이, 비슷하게 thicken 걸쭉해지다

해석 요리 지침서에는 불의 온도를 낮추고 소스가 걸쭉해질 때까지 끓이라고 나와 있다.

127. Online customers who experience prolonged waits for their orders tend ------- the business low ratings.
(A) have given
(B) gave
(C) to give
(D) giving

빈칸 바로 앞에 동사 tend가 있으므로 이 문장에는 더는 동사가 들어갈 수 없다. 준동사 (C)와 (D) 중에서 정답을 선택해야 하는데, tend는 항상 to 부정사와 함께 사용한다는 용법을 알고 있어야 한다.

VOCAB experience 겪다, 경험하다 prolonged 오래 계속되는, 장기적인 wait 기다림 order 주문품 tend to-V ~하는 경향이 있다 rating 평점, 등급

해석 주문품을 오랫동안 기다린 경험이 있는 온라인 고객들은 사업체에 낮은 평점을 주는 경향이 있다.

128. The department's summer picnic is ------- held outside town, in Wiltshire County Riverside Park.
(A) apart
(B) always
(C) much
(D) far

summer picnic is ------- held outside town를 보면 "여름 야유회는 언제나 시외에서 열린다."가 자연스러운 해석이므로 (B)가 정답이다.

VOCAB apart 떨어져 hold 열다, 개최하다

해석 부서 여름 야유회는 언제나 시외의 Wiltshire County Riverside 공원에서 열린다.

129. Ms. Nadal wants to fill the executive assistant ------- as soon as possible.
(A) worker
(B) employment
(C) position
(D) experience

[(A) 직원 (B) 고용 (C) (일)자리 (D) 경험] 중 동사 fill의 목적어로 알맞은 것은 (C)이다.

VOCAB fill 채우다 executive assistant 비서, 보좌관 position (일)자리, 직위

해석 Ms. Nadal은 되도록 빨리 비서 자리를 채우고 싶다.

130. While the closure of Palm Street's northbound lane is not -------, it will not reopen until the end of the year.
(A) developed
(B) apparent
(C) established
(D) permanent

주어 the closure의 보어로 의미상 알맞은 것을 선택해야 한다. "폐쇄가 [(A) 개발된 (B) 분명한 (C) 확립된 (D) 영구적인] 것은 아니다."의 의미를 자연스럽게 해주는 것은 (D)이다.

VOCAB closure 폐쇄 northbound 북쪽으로 향하는 lane 차선 apparent 분명한 established 확실히 자리를 잡은 permanent 영구적인 not A until B B가 되어야 A하다

해석 Palm 가(街) 북쪽 방향 차선의 폐쇄가 영구적인 것은 아니지만 연말은 되어야 다시 개통될 것이다.

p.160 Part 6

Questions 131-134 refer to the following e-mail.

You are receiving this e-mail [131.] because we have records of your contacting Cozy Days in the past about our home decor products or visiting our website. If you no longer wish to receive our e-mails, you can be removed from our list easily. [132.] Simply reply to this e-mail with the word "unsubscribe" in the subject field. But do you really want to miss out on discount offers for items that will help turn your house into an [133.] inviting home? We hope you will choose to remain on our mailing list so that we can continue to send [134.] coupons for the most popular new arrivals for your home.

131-134번 문제는 다음 이메일에 관한 것입니다.

이 이메일을 받으시는 것은 고객님께서 과거에 저희 실내장식용품과 관련하여 Cozy Days에 연락하시거나 저희 홈페이지를 방문하신 기록이 있기 때문입니다. 더 저희의 이메일을 받고 싶지 않으시다면 간단하게 목록에서 삭제해드릴 수 있습니다. 제목란에 "수신거부"라고 쓰셔서 이 이메일에 답장하기만 하시면 됩니다. 그러나 고객님의 집을 매력적인 곳으로 만드시도록 도와드릴 제품들에 대한 할인 제공을 정말로 놓치고 싶으신가요? 고객님의 집을 위한 가장 인기 있는 신착품들에 사용하실 쿠폰을 계속해서 보내드릴 수 있도록 저희의 우편물 수신자 명단에 남아 계시는 것을 선택하시기 바랍니다.

문장 분석

You are receiving this e-mail / because we have records of your [contacting Cozy Days in the past about our home decor products] or [visiting our website].

➡ 전치사 of의 목적어는 등위접속사 or로 연결되고 있는 두 개의 동명사구 contacting Cozy Days in the past about our home decor products와 visiting our website이다.

➡ 동명사구 앞에 있는 your를 '의미상 주어'라고 부른다. 동명사의 행위자를 뜻하는 의미상 주어는 (대)명사의 목적격이나 소유격으로 나타낸다.

VOCAB record 기록 contact 연락하다 in the past 과거에 home decor 실내 장식 reply 답장을 보내다 unsubscribe (메일링 서비스를) 취소하다 subject 제목, 주제 field 난(欄) resolve 해결하다 customer service representative 고객 서비스 상담원 mostly 주로 artisan 장인 natural material 천연 소재 miss out on 놓치다 offer 제공 turn *sth* into *sth* ~을 ~이 되게 하다 inviting 매력적인 remain (없어지지 않고) 남다 mailing list 우편물 수신자 명단 piece 한 부분 contract 계약(서) new arrival 신착품

131. (A) even
(B) because
(C) during
(D) among

[(A) 부사 (B) 접속사 (C) 전치사 (D) 전치사]이다. 접속사와 전치사에 대해 배운 것을 기억하자. 이 유형에서 부사는 항상 오답이기 때문에 일단 지우고 시작하자고 했다. 그리고 빈칸 뒤에 '주어 + 동사(we have)'가 있으므로 접속사를 정답으로 선택해야 한다.

132. **(A) Simply reply to this e-mail with the word "unsubscribe" in the subject field.**
(B) The issue has not yet been resolved and discussions will continue.
(C) Please provide your order number to one of our customer service representatives.
(D) Our products are made mostly by local artisans using natural materials.

(A) 제목란에 "수신 거부"라고 쓰셔서 이 이메일에 답장하기만 하시면 됩니다.
(B) 그 문제는 아직 해결되지 않았고 논의가 계속될 것입니다.
(C) 저희 고객 서비스 상담원 중 한 명에게 주문 번호를 알려 주세요.
(D) 저희 제품은 주로 지역의 장인들에 의해 천연 소재를 사용하여 만들어집니다.

해설 앞 문장에서 "더 이메일을 받고 싶지 않다면 목록에서 삭제해드리겠다"라고 했으므로, 이어지는 문장에서는 목록에서 삭제되는 방법을 설명하는 것이 문맥상 알맞다.

133. (A) invites
(B) invited
(C) inviting
(D) invitation

명사 home 앞에 빈칸이 있어서 형용사가 정답인데, 보기 중 형용사가 없으므로 분사 (B)와 (C) 중에서 정답을 선택해야 한다. 수식받는 명사 home이 '매력을 끄는' 것이므로 능동의 의미가 있는 현재분사 (C)가 정답이다.

134. (A) pieces
(B) contracts
(C) samples
(D) coupons

앞 문장에서 할인을 제공하겠다고 했고, 보기 중 이메일을 통해 고객에게 전달할 수 있는 것은 쿠폰밖에 없다.

Questions 135-138 refer to the following article.

Study Reveals Complexity

September 20 — According to one of the latest reports, office and warehouse **rental rates** in the city of Point Crawford are almost 30 percent above the national average. −[1]−. 138. **The rates** are the highest in the nation. 135. The study indicates that, in recent years, **a mass influx of technology firms has been generating the highest ever demand for space**. 135. Simultaneously, **prolonged regional economic uncertainty has discouraged a lot of building contractors from undertaking new construction projects**. −[2]−. For instance, only two new developments have been completed in Point Crawford over the past year. −[3]−. 136. Furthermore, **construction projects are now taking even longer to complete, due in part to more stringent environmental regulations**. −[4]−. 135. **Supply is being restricted and rental prices raised** by the combination of factors.

137. Just behind Point Crawford in the trend are **the neighboring cities of Laramie and Cheyenne**. For the past six months, the two cities have seen 11 percent and 9.5 percent increases in commercial rental rates, respectively.

135-138번 문제는 다음 기사에 관한 것입니다.

연구로 드러난 복합적 양상

9월 20일 — 한 최신 보고서에 따르면 Point Crawford 시의 사무실 및 창고 임대료는 전국 평균보다 거의 30%가 더 높다. 이런 가격은 전국에서 가장 높은 것이다. 이 조사는 최근 몇 년 동안 기술 회사들의 대량 유입이 역대 가장 높은 공간에 대한 수요를 만들어내고 있음을 보여주고 있다. 동시에 길어지고 있는 지역 경제의 불확실한 상황은 많은 건설업체가 새 사업에 착수하려는 의욕을 꺾고 있다. 예를 들어 지난해에 Point Crawford에서는 겨우 두 건의 신규 개발 프로젝트만이 완료되었다. 그뿐만 아니라 건설 사업은 이제 부분적이기는 하지만 더 엄격해진 환경 관련 규정 때문에 완료하는 데 훨씬 더 오랜 시간이 걸리고 있다. 복합적인 요인들에 의해 공급은 제한되고 임대가는 인상되고 있다.

이러한 추세에서 Point Crawford의 바로 뒤를 잇는 곳들은 이웃한 도시들 Laramie와 Cheyenne이다. 지난 6개월 동안 두 도시에서는 각각 11%와 9.5%의 상업 임대료 인상이 있었다.

문장 분석

Supply is being restricted and rental prices (is being) raised / by the combination of factors.

➡ rental prices와 raised 사이에 앞에서 이미 한 번 나온 is being이 생략되어 있다.

VOCAB study 연구 reveal 드러내 보이다 complexity 복잡성 latest 최근의, 최신의 warehouse 창고 rental rate 임대료, 대여료 above ~보다 많은 indicate 나타내다, 보여주다 mass 대량의, 대규모의 influx 유입; 쇄도 firm 회사 generate 발생시키다, 만들어내다 demand 수요 simultaneously 동시에 prolong 길어지게 하다 uncertainty 불확실한 상황 discourage 막다, 의욕을 꺾다 (building) contractor 건설업체 undertake 착수하다 for instance 예를 들어 environmental 환경과 관련된 restraint 규제, 제한 shortage 부족 commercial 상업용의 leave (어떤 상태로) 내버려 두다 incomplete 불완전한, 미완성의 furthermore 뿐만 아니라, 더욱이 complete 완료하다 in part 부분적으로는, 어느 정도는 stringent 엄격한 regulation 규정; 규제 additional 추가의 modernize 현대화하다 overload *sb* with *sth* ~에게 ~을 너무 많이 주다 building code 건축법 construction site 건축 부지, 공사 현장 access 접근하다, 들어가다 supply 공급 restrict 제한하다, 한정하다 rental price 임대 가격 raise 인상하다, 높이다 combination 결합, 복합 factor 요인, 인자 trend 동향, 추세 neighboring 이웃한, 인근의 respectively 각각, 제각기 imply 암시하다, 시사하다 revenue 수익, 세입 boom 호황을 맞다, 번창하다

135. What does the article describe?
(A) A reduction in environmental restraints
(B) A shortage of commercial space
(C) Building projects left incomplete
(D) Apartments that are too expensive

기사가 설명하는 것은 무엇인가?
(A) 환경 관련 규제의 완화
(B) 상업용 공간의 부족
(C) 미완성으로 남은 건축 프로젝트
(D) 너무 비싼 아파트

해설 보통 주제나 목적은 첫 서너 줄만 읽으면 알 수 있지만, 기사 지문의 어려운 점은 이것이 거의 지문의 중반이나 후반부에 가서야 드러나는 경우가 있다는 것이다. 이 기사가 설명하는 것은 지역의 부동산 동향에서 나타난 공급 부족과 가격 인상이라는 두 가지 요소이다(Supply is being restricted and rental prices raised). 그중 공급 부족은 a mass influx of technology firms has been generating highest ever demand for space.와 prolonged regional economic uncertainty has discouraged a lot of building contractors from undertaking new construction projects.라는 두 문장에서 드러나고 있다.

136. According to the article, why does it take additional time to finish a building project in Point Crawford?
(A) Facilities need to be modernized.
(B) Contractors are already overloaded with work.
(C) Some building codes have been changed.
(D) Many construction sites are difficult to access.

기사에 따르면 Point Crawford에서 건축 프로젝트를 완료하는 데 더 많은 시간이 걸리는 이유는 무엇인가?
(A) 시설들을 현대화해야 한다.
(B) 건설업체들이 이미 너무 많은 일을 하고 있다.
(C) 몇몇 건축법이 변경되었다.
(D) 많은 건축 부지가 들어가기 어렵다.

해설 질문의 take additional time to finish a building project가 지문에서는 construction projects are now taking even longer to complete로 바뀌어 있다는 것을 간파해야 한다. 지문에서 이어지는 due in part to more stringent environmental regulations가 문제에서 Some building codes have been changed.로 패러프레이즈 되어 있는 것을 이해하고 정답을 선택해야 한다.

137. What does the article imply about Point Crawford, Laramie, and Cheyenne?
(A) They have revenue growth above the national average.
(B) They are experiencing decreases in population.
(C) They have booming building industries.
(D) They are in the same region.

기사는 Point Crawford와 Laramie, Cheyenne에 대해 어떤 점을 시사하고 있는가?
(A) 전국 평균 이상의 세입을 거두어들이고 있다.
(B) 인구 감소를 겪고 있다.
(C) 건설업계가 호황을 맞이하고 있다.
(D) 같은 지역에 있다.

해설 둘째 문단 첫 문장의 the neighboring cities of Laramie and Cheyenne.에서 정답을 알아낼 수 있다.

138. In which of the positions marked [1], [2], [3], and [4] does the following sentence best belong?
"The rates are the highest in the nation."
(A) [1]
(B) [2]
(C) [3]
(D) [4]

다음 문장은 [1]과 [2], [3], [4]로 표시된 자리 중 어디에 가장 알맞은가?
"이런 가격은 전국에서 가장 높은 것이다."
(A) [1]
(B) [2]
(C) [3]
(D) [4]

해설 주어진 문장을 읽으면서 앞뒤 문장들과의 연결고리가 될 키워드를 생각해야 한다. 바로 The rates인데, 첫 문장에 들어 있는 rental rates를 가리킨다는 것을 간파해야 한다. "Crawford 시의 사무실 및 창고 임대료가 전국 평균보다 거의 30%가 더 높다"라고 했으므로 이 문장에 이어서 "이런 가격은 전국에서 가장 높은 것이다."가 나오면 문맥이 자연스럽다.

p.167 Part 5&6 Exercise

101	d	103	c	105	b	107	b	109	b
102	b	104	c	106	a	108	d	110	b

● 정답을 맞힌 문제도 해설을 읽어보자.

101. Mr. Hirose ------- with a doctor yesterday about quitting smoking.
(A) consults
(B) is consulting
(C) to consult
(D) consulted

문장에 동사가 없으므로 동사인 (A)와 (B), (D) 중에서 알맞은 시제를 선택해야 한다. 문장에 yesterday가 보이므로 과거 시제가 정답이다.

VOCAB consult 상담하다 quit smoking 담배를 끊다

해석 Mr. Hirose는 어제 금연에 대해 의사와 상담을 했다.

102. Later today, Mr. Chu ------- interview times for the job candidates.
(A) has been arranging
(B) will be arranging
(C) was arranged
(D) have arranged

빈칸 뒤에 목적어 interview times가 있으므로 수동태 동사인 (C)는 제외하고, 주어가 단수 고유명사인 Mr. Chu이므로 복수 동사인 (D)도 제외한다. (A)와 (B)를 보면서 알맞은 시제를 판단해야 하는데, 현재완료 시제는 later today와 같이 어떤 '시점에'라는 표현과 함께 사용할 수 없다. '오늘 나중에'에 어울리는 시제는 미래 시제이다.

VOCAB later today 오늘 나중에 arrange (미리) 정하다, 준비하다 job candidate 입사 지원자

해석 오늘 나중에 Mr. Chu는 입사 지원자들의 면접 시간을 정할 것이다.

103. So far, the Bellworth Store ------- 30 percent more smartphones than it did last year.
(A) will sell
(B) was sold
(C) has sold
(D) are selling

일단 빈칸 뒤에 목적어 30 percent more smartphones가 있으므로 수동태 동사인 (B)는 제외하고, 주어가 단수 고유명사인 the Bellworth Store이므로 복수 동사인 (D)도 제외한다. (A)와 (C)를 보면서 알맞은 시제를 판단해야 하는데, '지금까지(So far)'라고 했으므로 현재완료 시제가 알맞다.

VOCAB so far 지금까지

해석 지금까지 Bellworth Store는 작년보다 30% 더 많은 스마트폰을 판매했다.

104. ------- he arrived in Malaysia, financial risk analyst Steve Hulce has been assessing the spending of Kuala Lumpur's middle class.

(A) While
(B) During
(C) Since
(D) For

보기 중에 since나 for가 보이면 먼저 주절의 시제가 현재완료인지 확인해보자. has been assessing을 보면서 (C)나 (D) 중 하나가 정답이라는 것을 알 수 있는데, 빈칸 뒤에 '주어 + 동사(he arrived)'가 있으므로 전치사인 (D)는 정답이 될 수 없다.

VOCAB financial 금융의, 재정의 risk 위험 analyst 분석가 assess 평가하다, 사정하다 spending 지출 middle class 중산층

해석 금융 리스크 분석가 Steve Hulce는 말레이시아에 도착한 이후 Kuala Lumpur 중산층의 지출을 평가하고 있다.

105. ------- this time next year, Hype Technology will have acquired another subsidiary.

(A) To
(B) By
(C) Quite
(D) Begin

문장의 시제가 미래완료인데(will have acquired), 'by + 미래 시점', 'as of + 미래 시점', 'by the time + S + 현재 시제 동사'가 보이면 미래완료 시제가 정답이라는 사실을 기억하면 this time next year(내년 이맘때) 앞에 by가 필요하다는 것을 알 수 있다.

VOCAB acquire 매입하다, 취득하다 subsidiary 자회사

해석 내년 이맘때쯤이면 Hype Technology는 또 다른 자회사를 인수해 놓았을 것이다.

106. Mr. Koizumi ------- Ms. Chang's clients while she is on a business trip to Tokyo.

(A) will assist
(B) assisted
(C) to assist
(D) is assisted

while 앞부분이 주절인데 동사가 없다. 빈칸에 동사가 들어가야 하므로 준동사인 (C)는 제외한다. 빈칸 뒤에 목적어 Ms. Chang's clients가 있으므로 수동태 동사 (D)도 제외한다. 나머지 두 개의 보기를 보면서 주절이 미래 시제인지, 과거 시제인지 판단해야 한다. 부사절이 시간 접속사 while로 시작하고 있으므로 의미상 미래 이야기를 하고 있다는 뜻이다. 따라서 주절의 시제는 미래가 되어야 한다.

VOCAB assist 돕다

해석 Mr. Koizumi는 Ms. Chang이 도쿄 출장 중인 동안 그녀의 고객들을 도울 것이다.

107. Since Mr. Annan and the new management took on operations, the company has ------- its logistics and managerial capabilities.

(A) expansively
(B) expanded
(C) expands
(D) expand

빈칸 앞 the company가 주어, 빈칸 뒤 its logistics and managerial capabilities가 목적어이므로 중간에는 동사가 필요하다. 빈칸 앞에 has가 있으므로 현재완료 시제 동사가 되도록 과거분사를 정답으로 선택해야 한다.

VOCAB management 경영진 take on (일 등을) 맡다, (책임을) 지다 operation 운영, 경영 expand 확대하다 logistics 물류 managerial 관리의 capability 능력, 역량

해석 Mr. Annan과 새 경영진이 운영을 맡은 이후 회사는 물류와 관리 역량을 확대해왔다.

108. The ratio of spending on health research and basic research and ------- on energy is 30 to 1.
(A) develop
(B) developed
(C) developing
(D) development

빈칸 앞에 and가 보이는 순간 '병렬 구조'라는 네 글자가 머릿속에 떠올라야 한다. and 앞에 명사 research가 있으므로 뒤에도 명사가 들어가야 한다.

VOCAB ratio 비율, 비(比) spending 지출 research 연구, 조사

해석 보건 연구와 기초적인 에너지 연구개발에 드는 지출의 비율은 30대 1이다.

109. Mr. Guo ------- at Second Street Financial three years ago.
(A) works
(B) worked
(C) working
(D) will work

문장에 동사가 없어서 빈칸에 준동사가 들어갈 수는 없으므로 (C)는 제외한다. 나머지 세 개의 보기 중에서 알맞은 시제를 선택해야 하는데, 아주 단순하게 ago를 보고 과거시제를 정답으로 선택하면 된다.

해석 Mr. Guo는 3년 전에 Second Street Financial에서 근무했다.

110. We need to hire another graphic designer to join the team, which ------- during the meeting next week.
(A) is discussed
(B) will be discussed
(C) was discussed
(D) has been discussed

단순한 문제다. 빈칸 뒤에 있는 next week이 미래 시제 동사가 정답임을 알려주고 있다.

해석 우리는 팀에 합류할 그래픽 디자이너를 한 명 더 채용해야 하는데, 이점은 다음 주 회의에서 논의될 것입니다.

해석

● 1-5번 예제는 다음 공지사항과 이메일들에 관한 것입니다.

겨울 폭풍우에 대비하고 안전을 지키세요!

Johnson Engineering 전 직원 여러분께:

가장 혹독한 계절의 시기로 접어들면서 날씨 상황이 힘들어질 수 있습니다. 24시간 이내에 폭설이 있을 것으로 예보가 있을 때는 퇴근하실 때 노트북 컴퓨터와 모든 중요 서류들을 반드시 집으로 가져가시기 바랍니다. 이것은 폭풍이 진행되면서 도로 상황이 위험해질 경우에 대비하는 것입니다.

아울러 회의 일정을 다시 잡거나 화상 회의를 실시할 계획을 하도록 최선을 다해 주시기 바랍니다. 개인의 사정에 따라 취할 수 있는 몇 가지 선택 사항이 있습니다. 선택 사항들은 다음과 같습니다: '안전하다면 사무실로 이동하기' 혹은 '자택에서 근무하기', '유급휴가 사용하기'입니다. 무엇보다도, 안전하게 지내고 당신의 직속 상사에게 당신의 계획을 알리도록 해주십시오.

이메일

수신: Fareeda Attali <fattali@johnsonengineering.com>
발신: Donovan Petterson <dpetterson@johnsonengineering.com>
날짜: 1월 4일
제목: 일정 업데이트

안녕하세요, Ms. Attali,
회사 정책에 의해 내일 예상되는 악천후로 인해 집에서 근무할 계획임을 알려드리고자 합니다. 그런데, 내일로 일정을 잡아 놓은 직원 회의는 어떻게 진행하고자 하시나요? 화상 회의를 마련할까요, 아니면 회의를 다른 날로 연기할까요? 다음주 제 일정은 월요일과 수요일, 목요일, 금요일에 빕니다.

그리고, 이제 Nicholas Garvey가 우리 회사를 떠났기 때문에 Barrow Valley 프로젝트에 대해 궁금합니다. 그의 후임자 채용 진행 상황은 어떤가요? 프로젝트가 6월에 마무리되도록 잘 진행되고 있는 건가요?

고맙습니다.
Donovan Petterson

이메일

수신: Donovan Petterson <dpetterson@johnsonengineering.com>
발신: Fareeda Attali <fattali@johnsonengineering.com>
날짜: 1월 4일
제목: RE: 일정 업데이트

안녕하세요, Mr. Petterson,

다음 주에 직접 만나는 거로 계획합시다. 나는 공사 현장 몇 군데를 방문해야 해서 화요일과 수요일에만 시간이 될 거예요. Barrow Valley 프로젝트의 진행 상황에 대해서는 좋은 질문을 했어요. 지원자 몇 명을 면접 봤고 이제 탐색 작업은 세 명으로 좁혀졌습니다. 곧 입사 제안이 있을 거니까, 월말까지는 새 프로젝트 매니저가 합류할 것이고, 프로젝트는 애초 예정대로 진행될 겁니다.

Fareeda Attali

예제 1. 악천후가 예보되는 경우 직원들은 무엇을 하도록 요구받는가?
(A) 중요한 문서를 사무실에 놔둔다.
(B) 사무실에서 늦게 나가도록 계획한다.
(C) 컴퓨터를 집으로 가져간다.
(D) 대중교통을 이용한다.

예제 2. Ms. Attali는 누구인 것 같은가?
(A) 부서 관리자
(B) 회사 인턴
(C) Johnson Engineering 고객
(D) 급여 관리자

예제 3. Mr. Garvey에 관해 어떤 점이 나타나 있는가?
(A) 공사 현장에서 작업을 감독할 것이다.
(B) Johnson Engineering의 전 직원이다.
(C) 수익성이 좋은 프로젝트를 끝마쳤다.
(D) 관리직 지원자들의 면접을 보고 있다.

예제 4. Mr. Petterson과 Ms. Attali는 다음 회의를 언제 열겠는가?
(A) 월요일에
(B) 수요일에
(C) 목요일에
(D) 금요일에

예제 5. 두 번째 이메일에서 Barrow Valley 프로젝트에 관해 어떤 점이 나타나 있는가?
(A) 예정대로 완료될 것이다.
(B) 애초 예상보다 큰 비용이 들게 되었다.
(C) 독특한 공학 설계를 수반한다.
(D) 6월에 시작될 것이다.

Practice Test

● 정답을 맞힌 문제도 해설을 읽어보자.

101	a	105	c	109	d	113	b	117	c	121	b	125	b	129	b	133	b	137	c
102	c	106	d	110	a	114	a	118	b	122	c	126	d	130	b	134	b	138	d
103	d	107	b	111	c	115	d	119	d	123	b	127	a	131	c	135	b	139	c
104	d	108	c	112	a	116	d	120	b	124	d	128	b	132	a	136	a		

p.176 Part 5

101. Corporate restructuring will be discussed at the ------- board meeting.
(A) next
(B) always
(C) soon
(D) like

얼핏 보면 어휘 문제 같지만, 사실 품사 문제다. 명사 board meeting 앞에 형용사가 들어가야 하는데, 보기 중 형용사로 사용할 수 있는 것은 next밖에 없다. (B)와 (C)는 부사, (D)는 동사 혹은 전치사이다. 형용사가 들어가는 자리는 Day 1에서 공부했다.

VOCAB corporate 회사의 restructuring 구조조정 board meeting 이사회 회의

해석 회사의 구조조정은 다음 이사회 회의에서 논의될 것이다.

102. Over the past 20 years, Grantley Medical Clinic ------- Mihos protection officers for all security duties.
(A) is hiring
(B) were hiring
(C) has hired
(D) was hired

일단 (A), (B), (C)는 능동태, (D)는 수동태 동사다. 빈칸 뒤에 목적어 Mihos protection officers가 있으므로 수동태인 (D)는 제외해야 한다. 주어 Grantley Medical Clinic이 단수 명사이므로 복수 동사인 (B)도 제외한다. 나머지 두 개의 보기 중에서 시제를 선택해야 하는데, 문장 맨 앞에 Over the past 20 years가 있는 것을 보고 현재완료 시제가 정답인 것을 알 수 있다.

VOCAB protection officer 보안관 security 보안, 경비 duty 업무

해석 지난 20년 동안 Grantley 병원은 모든 경비 업무에 Mihos의 보안관들을 고용해왔다.

103. Mr. Halford ------- additional photographs of the office building he is interested in leasing.
(A) informed
(B) asked
(C) advised
(D) requested

동사들의 용법을 알고 있어야 한다. (A)와 (C)는 inform[advise] somebody of something(~에게 ~을 알리다)의 형태로 사용하며, (B)는 이 문장처럼 사물 명사를 목적어로 사용하려면 ask for의 형태여야 한다. Mr. Halford ------- additional photographs가 "추가로 사진을 요청했다"라는 의미가 되도록 (D)를 선택해야 한다.

VOCAB inform[advise] *sb* of *sth* ~에게 ~을 알리다 ask for ~을 요청하다 lease 임대[임차]하다

해석 Mr. Halford는 자신이 임차하는데 관심이 있는 사무실 건물의 사진을 추가로 요청했다.

104. A panel of agricultural experts will be brought ------- in an effort to increase crop harvests.
(A) because
(B) either
(C) between
(D) together

bring together를 기억하고 'A panel of agricultural experts will be brought -------'가 "농업 전문가 위원회가 결성될 것이다"라는 의미가 되게 해야 한다.

VOCAB a panel of experts 전문가 위원회 agricultural 농업의 bring together 결성하다; 묶다, 합치다 in an effort to-V ~하기 위한 노력의 하나로 crop (농)작물 harvest 수확(양)

해석 농작물 수확량을 늘리기 위한 노력의 하나로 농업 전문가 위원회가 결성될 것이다.

105. While the number of pedestrian fatalities has remained stable ------- 1998 at about 200 a year, 11,000 pedestrians are still injured by cars annually.
(A) for
(B) in
(C) since
(D) after

보기 중 since나 for가 있다면 주절의 시제가 현재완료인지 확인하는 것부터 기억하자. 둘 다 보기 중에 있을 때는 빈칸 뒤에 '시점' 표현이 있으면 since, '기간' 표현이 있으면 for가 정답이다.

VOCAB pedestrian 보행자 fatality 사망자 stable 안정된, 안정적인 injure 상처를 입다, 다치다

해석 보행자 사망자의 수는 1998년 이후 일년에 약 200명으로 안정적으로 유지됐지만, 여전히 매년 11,000명의 보행자가 자동차에 의해 상처를 입고 있다.

106. Rather than opening the links in the messages from unknown sources, please delete them -------.
(A) especially
(B) likewise
(C) quite
(D) instead

링크를 여는 대신 삭제할 것을 권장하는 문장이므로 (D)가 알맞다.

VOCAB rather than ~하지 말고, ~보다는 unknown 알려지지 않은 source 출처 delete 삭제하다 likewise 똑같이, 비슷하게 quite 꽤, 상당히

해석 출처를 모르는 메시지에 들어 있는 링크는 열지 말고 대신 삭제하시기 바랍니다.

107. Mr. Ahmar decided to reserve a private room for the awards banquet ------- the restaurant was noisy.
(A) rather than
(B) in case
(C) such as
(D) unless

빈칸 뒤에 '주어 + 동사(the restaurant was)'가 있으므로 접속사 (B)와 (D) 중 정답을 선택해야 한다. 식당이 시끄러울 경우를 대비하여 개인실을 예약하는 것이므로 (B)가 알맞다.

VOCAB reserve 예약하다 awards banquet 시상식 연회

해석 Mr. Ahmar는 식당이 소란스러울 경우를 대비하여 시상식 연회를 위해 개인실을 예약하기로 했다.

108. By next week, the Italian restaurant opposite the bank ------- in business for 10 years.
(A) was
(B) to be
(C) will have been
(D) had been

문장에 동사가 없어서 빈칸에 동사가 필요하므로, 준동사인 (B)를 제외하고 나머지 중에서 시제를 선택해야 한다. 'by + 미래 시점'이 보이면 미래완료 시제가 정답이다.

VOCAB opposite ~ 맞은편의 in business 사업을 하는

해석 다음주면 은행 맞은편에 있는 이탈리아 식당은 10년 동안 영업을 한 것이 된다.

109. Every month, Acosta Exports sets a ------- sales quota for each staff member.
(A) compact
(B) wealthy
(C) faithful
(D) realistic

a ------- sales quota([(A) 소형의 (B) 부유한 (C) 충실한 (D) 현실적인] 판매 할당량)의 의미를 자연스럽게 만들어주는 형용사를 선택해야 한다.

VOCAB set 정하다, 결정하다 compact 소형의 wealthy 부유한 faithful 충실한 realistic 현실적인 quota 할당량 staff member 직원

해석 Acosta Exports는 매달 각 직원에게 현실적인 판매 할당량을 정해준다.

110. The product that Ms. Song ordered from our summer catalog is ------- until 26 August.
(A) unavailable
(B) occupied
(C) uneventful
(D) delivered

주어 The product that Ms. Song ordered from our summer catalog의 의미상 (B)나 (C)는 빈칸에 알맞지 않다. (D)는 문장의 시제가 현재시제이고 전치사 until이 있으므로 사용할 수 없다. 현재시제와 until은 지속해서 반복되는 일을 표현하기 때문이다. be 동사 뒤가 빈칸인데 보기 중에 (un)available이 있다면 대부분 정답이라는 사실을 기억하면 더 쉽게 문제를 해결할 수 있다.

VOCAB unavailable 이용할 수 없는 occupied 사용 중인 uneventful 특별한 일[사건]이 없는

해석 Ms. Song이 우리 여름 카탈로그에서 주문하신 상품은 8월 26일까지 이용할 수 없습니다.

111. Children under 13 years of age are eligible ------- free eyesight tests.
(A) over
(B) down
(C) for
(D) out

Day 4에서 소개했다. be eligible[qualified] for[to-V] (~할 자격이 있다)는 항상 짝으로 출제된다.

VOCAB be eligible for ~할 자격이 있다 eyesight 시력

해석 13세 미만의 어린이들은 무료 시력 검사 대상이다.

112. The South India Plumbing Association ------- a variety of online courses covering licensure, safety, and technology.
(A) offers
(B) takes
(C) pays
(D) allows

협회가 다양한 온라인 강좌를 제공하는 것이 자연스러운 내용이므로 (A)가 알맞다.

VOCAB plumbing 배관 (사업) association 협회 a variety of 다양한 cover 다루다 licensure 면허 교부

해석 남인도 배관 사업 협회는 면허 교부와 안전, 기술을 다루는 여러 가지 온라인 강좌를 제공한다.

113. Mr. Jones must send the price quote to the potential customer before he ------- for the conference.
(A) will leave
(B) leaves
(C) leaving
(D) left

before로 시작하는 부사절에 동사가 없으므로 빈칸에는 동사가 들어가야 한다. 준동사인 (C)는 제외하자. 나머지 세 개의 보기 중에서 알맞은 시제를 선택해야 한다. 문장의 의미상 Mr. Jones가 회의하러 가는 것은 미래 사건이지만 그렇다고 여기서 미래 시제 (A)를 선택하면 안 된다. 빈칸이 들어 있는 절은 시간 부사절이기 때문이다. 시간/조건 부사절에서는 미래 대신 현재나 현재완료 시제를 사용해야 한다.

VOCAB price quote 가격 견적서 potential customer 잠재 고객 conference 회의, 학회

해석 Mr. Jones는 회의하러 가기 전에 잠재 고객에게 가격 견적서를 보내야 한다.

114. Leonard Cohen is the most popular singer-songwriter ------- women in their 20s and 30s.

(A) among
(B) toward
(C) within
(D) along

형용사 popular는 보통 in, with, among 같은 전치사와 함께 사용한다.

VOCAB toward ~을 향하여

해석 Leonard Cohen은 20대와 30대 여성들 사이에 가장 인기 있는 싱어송라이터이다.

115. Last night's storm ------- disrupted the services of the SES, Inc., satellite communications system.

(A) annually
(B) anytime
(C) whenever
(D) temporarily

어젯밤 폭풍우가 위성통신 서비스를 방해하는 것은 일시적인 일인 것이(temporarily) 자연스럽다.

VOCAB storm 폭풍, 폭풍우 disrupt 방해하다, 지장을 주다 satellite (인공)위성

해석 어젯밤의 폭풍우가 SES 사(社) 위성통신 시스템의 서비스에 일시적으로 지장을 주었다.

116. Although Cabello Pictures and Maldonado Images make very different movies, ------- are successful film companies.

(A) several
(B) everybody
(C) some
(D) both

부사절에서 두 개의 영화사를 언급하고 있으므로 주절에서는 '둘 다' 성공적인 회사라고 말하는 것이 자연스럽다.

VOCAB film company 영화사

해석 Cabello Pictures와 Maldonado Images가 매우 다른 영화를 만들기는 하지만 둘 다 성공적인 영화사다.

117. Jetways Vietnam and Blue Sky Airways have ------- a planned merger, which is under review by government authorities.

(A) treated
(B) flown
(C) announced
(D) spread

have ------- a planned merger(계획된 합병을 [(A) 취급했다 (B) 날렸다 (C) 발표했다 (D) 펼쳤다])의 의미를 자연스럽게 만들어주는 동사를 선택해야 한다.

VOCAB treat 취급하다, 대우하다 fly (flew-flown) 날리다; (항공기를) 조종하다 spread 펼치다, 늘어놓다, 퍼뜨리다 merger 합병 under review 검토 중인 authorities 당국

해석 Jetways Vietnam과 Blue Sky Airways는 계획된 합병을 발표했으며 이것은 정부 당국에 의해 검토되는 중이다.

118. Some developing countries in Africa have ------- rapid economic growth in the past decade.
(A) experience
(B) experienced
(C) experiencing
(D) experiences

문장에 동사가 없으므로 빈칸에 동사를 넣어야 하는데, 바로 앞에 have가 있으므로 완료형이 되도록 과거분사를 선택해야 한다.

VOCAB developing country 개발도상국 experience 겪다, 경험하다 rapid 빠른, 신속한 economic growth 경제 성장

해석 아프리카의 일부 개발도상국들은 지난 10년 동안 급속한 경제 성장을 경험했다.

119. The public relations department will be ------- a lunch-and-learn session on Thursday.
(A) contacting
(B) collecting
(C) meeting
(D) holding

항상 짝으로 출제되는 문제다. conference, meeting, conference, seminar, session, party 같은 목적어가 보이면 동사로는 언제나 hold를 선택해야 한다.

VOCAB public relations department 홍보부 contact 연락하다 collect 수집하다, 모으다 hold (회의, 경기 등을) 열다, 개최하다 session (특정 활동을 위한) 시간, 모임

해석 홍보부는 목요일에 점심시간 학습 모임을 열 것이다.

120. The new CEO is trying to make the company a ------- and more fulfilling place to work.
(A) healthiest
(B) healthier
(C) healthily
(D) health

빈칸 앞뒤에 and가 보이면 항상 머릿속에 '병렬 구조'라는 네 글자가 떠올라야 한다. and 뒤에 비교급 형용사가 있으므로 앞에 있는 빈칸에도 비교급 형용사가 들어가야 한다.

VOCAB fulfilling 성취감을 주는

해석 새 CEO는 회사를 일하기에 더 건강하고 더 성취감을 주는 곳으로 만들기 위해 노력하고 있다.

121. Mr. Bach will write ------- letters only for interns who master every task required for a junior accountant.
(A) recommends
(B) recommendation
(C) recommended
(D) recommending

이 문제는 품사 문제를 가장한 어휘 문제다. 명사 앞에 빈칸이 있다고 해서 형용사를 대신하는 분사 (C)나 (D)를 선택하면 안 된다. 추천서라는 뜻으로 recommendation letter라는 복합명사를 사용한다.

VOCAB recommendation letter 추천서 master 완전히 익히다, 숙달하다 task 일, 과업 junior 하급의 accountant 회계사

해석 Mr. Bach는 하급 회계사에게 요구되는 모든 업무를 완전히 익히는 인턴 직원들에게만 추천서를 써줄 것이다.

122. The ------- draft of the project proposal must be submitted by Thursday.
(A) total
(B) many
(C) final
(D) empty

draft(원고, 초안)는 보통 first draft(초안, 초고), final draft와 같은 형태로 사용한다. 시험에 자주 등장하므로 꼭 기억하자.

VOCAB final draft 최종 원고, 최종안 proposal 제안서, 기획안

해석 프로젝트 기획안의 최종안이 목요일까지 제출되어야 합니다.

123. Mr. Rodriguez made a phone call yesterday during which he ------- for the delay in the shipment of the heavy machinery order.
(A) to apologize
(B) apologized
(C) apologize
(D) will be apologizing

관계대명사 which로 시작하는 절에 동사가 없다. 빈칸에 동사를 넣어야 하므로 준동사인 (A)는 제외하고, 주어가 he이므로 복수 동사인 (C)도 제외하자. (B)와 (D) 중에서 시제를 선택해야 하는데, yesterday라는 키워드가 보이므로 과거 시제가 정답이다.

VOCAB make a phone call 전화를 걸다 apologize 사과하다 shipment 수송 heavy machinery 중장비 order 주문품

해석 Mr. Rodriguez는 어제 전화를 걸어서 중장비 주문품 수송의 지연에 대해 사과했다.

124. Starting next Monday, Winthrop Dental Office ------- its hours of operation until 8:00 P.M. daily.
(A) had extended
(B) was extending
(C) will be extended
(D) will be extending

빈칸 뒤에 목적어 its hours of operation이 있으므로 수동태인 (C)는 제외해야 한다. 시제를 선택해야 하는데, 문장 앞부분에 next Monday가 있으므로 미래 시제가 정답이라는 것을 쉽게 알 수 있다.

VOCAB dental office 치과 의원 extend 연장하다 hours of operation 운영 시간

해석 다음 주 월요일부터 Winthrop 치과 의원은 진료 시간을 매일 저녁 8시까지 연장합니다.

125. Macmillan Publishers ------- an average annual growth of over 5 percent in sales since it went public ten years ago.
(A) experiences
(B) has experienced
(C) will experience
(D) experiencing

since 앞이 주절인데 동사가 없다. 빈칸에 동사가 들어가야 하므로 준동사인 (D)는 제외한다. 나머지 보기 중에서 시제를 선택해야 하는데 since가 현재완료 시제의 키워드라는 것만 알고 있으면 쉽게 해결할 수 있다.

VOCAB publisher 출판인, 출판사 average annual 연평균의 go public 주식을 상장하다

해석 Macmillan 출판사는 10년 전에 주식을 상장한 이후 연평균 5% 이상의 매출 성장을 경험했다.

126. The O'Pake Institute produces helpful instructional videos, but the process ------- to take longer than expected.
(A) finds
(B) shows
(C) works
(D) tends

동사 tend가 자주 to 부정사와 함께 사용하여 '~하는 경향이 있다'라는 뜻을 나타낸다는 것을 알아야 한다.

VOCAB institute (학술, 교육 관련) 연구소 instructional 교육용의 process 과정 tend to-V ~하는 경향이 있다, ~하기 쉽다

해석 O'Pake 연구소는 도움이 되는 교육용 동영상을 생산하지만, 그 과정이 예상보다 오래 걸리는 경향이 있다.

127. ------- fifteen years ago, Ekmekci Inc., has been the primary supplier of four-cylinder engines to our company.
(A) Since
(B) For
(C) During
(D) Rather

보기 중 since나 for가 보이면 먼저 주절의 시제가 현재완료인지 확인하자. has been을 보면서 이 둘 중 하나가 정답이라는 것을 알 수 있는데, 빈칸 뒤에 fifteen years ago(15년 전)라는 '시점'이 있으므로 since가 정답이다. fifteen years라고 해야 '기간'이다. 착각하지 말자.

VOCAB primary 주요한, 제 1의 supplier 공급 회사 four-cylinder engine 4기통 엔진

해석 15년 전부터 Ekmekci 사(社)는 우리 회사 4기통 엔진의 주요 공급업체였다.

128. By the end of next month, executive chef Aria Suzuki ------- the kitchen at the Santorini Café for twenty years.
(A) has supervised
(B) will have supervised
(C) had been supervising
(D) is supervising

'by + 미래 시점'은 미래완료 시제의 키워드다.

VOCAB executive chef 수석 셰프 supervise 지도하다, 감독하다

해석 다음 달 말이면 수석 셰프 Aria Suzuki는 Santorini Café에서 20년 동안 주방을 이끌어온 것이 된다.

129. The marketing consultants have trained the call center staff members thoroughly to address any customer complaints -------.

(A) recently
(B) promptly
(C) speedy
(D) steady

항상 짝으로 출제되는 문제를 기억해야 한다. handle, address, deliver, answer, report 같은 동사와 어울리는 부사는 promptly이다. 의미상 말이 되는 것 같다고 (C)를 고르면 안 된다. '타동사 + 목적어(address any customer complaints)' 뒤에는 부사가 들어가야지 (C) 같은 형용사는 사용할 수 없다.

VOCAB staff member 직원 thoroughly 철저히, 철두철미하게 address 대처하다, 다루다 complaint 불만 사항, 항의 promptly 바로, 즉시 speedy 빠른, 지체 없는 steady 꾸준한

해석 마케팅 상담사들은 콜센터 직원들이 고객의 어떤 불만 사항이든 즉시 대처하도록 철저히 교육했다.

130. The Seoul office of Deangelo Associates will be closed temporarily until renovations -------.

(A) will be completed
(B) have been completed
(C) being completed
(D) completing

until로 시작하는 부사절에 동사가 없다. 빈칸에 동사가 들어가야 하므로 준동사인 (C)와 (D)는 제외한다. 문장의 의미상 보수 작업의 완료가 미래 사건이라고 해서 (A)를 정답으로 선택해서는 안 된다. 시간 부사절이기 때문에 미래 대신 현재나 현재완료 시제 동사를 사용해야 한다.

VOCAB temporarily 일시적으로, 임시로 renovation 개조, 보수 complete 완료하다, 끝마치다

해석 Deangelo Associates 서울 지사는 보수 작업이 완료될 때까지 임시 폐쇄합니다.

p.179 Part 6

Questions 131-134 refer to the following advertisement.

Greece has so much to offer - historic sites, beautiful scenery, great food and so forth. For one low price, the All-Greece Pass provides you with access to nearly a hundred popular attractions across the country. The more you **131.** use it, the more value you will get.

132. The offer is available exclusively to international visitors. Passes must be purchased online prior to the departure from your home country and are activated automatically when you visit your first attraction. They will remain **133.** valid for three weeks.

Purchase of the pass **134.** also comes with a full-color souvenir guidebook.

131-134번 문제는 다음 광고에 관한 것입니다.

그리스는 제공해드릴 것이 많습니다. 유적지, 아름다운 풍경, 훌륭한 음식, 기타 등등. All-Greece Pass는 한 번의 저렴한 가격으로 전국에 있는 거의 100개의 인기 명소에 대한 입장을 제공해 드립니다. 더 많이 사용하실수록, 더 많은 이득을 얻으시게 됩니다.

이 제공 상품은 오직 국제 방문객만 이용하실 수 있습니다. 입장권은 본국에서 출발하시기 전에 온라인으로 구매하셔야 하며 첫 번째 명소를 방문하실 때 자동으로 활성화됩니다. 입장권은 3주 동안 유효합니다.

입장권을 구매하시면 전면 컬러 기념품 안내서도 함께 드립니다.

VOCAB offer 제공하다; 제공품 historic site 유적지 scenery 경치, 풍경 and so forth ~ 등등 provide *sb* with *sth* ~에게 ~를 제공하다 pass 출입증, 입장권 access 입장, 접근 nearly 거의 attraction 명소 across ~ 전체에 걸쳐 value 가치 available to ~가 이용할 수 있는 exclusively 오로지 (~만) site 현장, 장소 high season 성수기 prior to ~에 앞서 departure 출발 home country 본국, 고국 activate 활성화하다 automatically 자동으로 valid 유효한 constant 끊임없는 ordinary 보통의, 평범한 come with ~이 딸려 있다 full-color 전면 컬러 인쇄의 souvenir 기념품 guidebook 안내서

131. (A) will use
(B) using
(C) use
(D) used

'The + 비교급, the + 비교급' 구문이다. '더 ~할수록 더 ~하다'라는 뜻이며 앞에 있는 절이 부사절이다. 부사절에 동사가 없다. 빈칸에 동사가 들어가야 하므로 준동사인 (B)는 제외해야 한다. 나머지 중에서 시제를 선택해야 하는데, 미래 이야기를 하고 있다고 해서 미래 시제 (A)를 정답으로 선택해서는 안 된다. 조건 부사절에서는 현재나 현재완료 시제가 미래 시제를 대신한다는 사실을 기억하자.

132. **(A) The offer is available exclusively to international visitors.**
(B) Tourists cannot see all the sites in just a few days.
(C) The attractions are very crowded in the high season.
(D) Tour guides from several companies are available.

(A) 이 제공 상품은 오직 국제 방문객만 이용하실 수 있습니다.
(B) 관광객들이 단 며칠 만에 모든 현장을 다 볼 수는 없습니다.
(C) 성수기에는 명소들이 매우 붐빕니다.
(D) 여러 회사에서 나온 관광가이드들을 이용하실 수 있습니다.

해설 뒤에 있는 문장 "입장권은 본국에서 출발하시기 전에 온라인으로 구매하셔야 합니다(Passes must be purchased online prior to the departure from your home country)."는 판매 대상이 국제 관광객들임을 암시하고 있다. 문맥상 이 문장으로 이어지기 자연스러운 것은 (A)이다.

133. (A) open
(B) valid
(C) constant
(D) ordinary

"입장권은 3주 동안 [(A) 열려 있습니다. (B) 유효합니다. (C) 끊임없습니다. (D) 평범합니다.]"를 자연스럽게 만들어 주는 형용사를 선택해야 한다.

134. (A) besides
(B) also
(C) after
(D) beyond

주어와 동사 사이에 빈칸이 있으므로 이 자리에는 부사가 들어가야 한다. 접속사나 전치사가 들어갈 자리가 아니므로 (C)와 (D)는 제외한다. (A)는 접속부사로서 문장과 문장을 이어주는 역할을 하며 주어와 동사 사이에는 사용하는 경우는 없다. 상품 구매의 부가 혜택을 알려주는 문장이므로 '부가'를 나타내는 also가 알맞다.

p.180 Part 7

Questions 135-139 refer to the following e-mail and memo.

To:	Amelia Nouri <anouri@lightcast.com>
From:	Lily Godwin <lgodwin@aylesburys.com>
Subject:	Information
Date:	16 July
Attachment:	Aylesburys information

Dear Ms. Nouri:

It was a pleasure to meet you last week. 135. I am happy to **confirm the details of your part-time position at our Aylesburys store on Garfield Avenue in Rockford**. 138. **As a part-time employee, you are not eligible for our benefits package**, but you do receive a 30 percent employee discount on all merchandise in any Aylesburys store.

136. Training begins at 9:00 A.M. **on 26 July**. Please **report to the human resources office** on the lower level, just past men's and women's footwear. You will **receive your employee name tag** (which must be worn throughout working hours) and then learn how to use the cash registers. I have attached further information for new hires.

Sincerely,

Lily Godwin
Human Resources Manager

135-139번 문제는 다음 이메일과 사내 전언에 관한 것입니다.

수신: Amelia Nouri <anouri@lightcast.com>
발신: Lily Godwin <lgodwin@aylesburys.com>
제목: 정보
날짜: 7월 16일
첨부 파일: Aylesburys 정보

Ms. Nouri께:

지난주에 만나서 즐거웠습니다. Rockford Garfield 가(街)에 있는 Aylesburys 매장에 있는 당신의 파트타임직의 세부사항을 기꺼이 확인해 드리겠습니다. 파트타임 직원으로서 당신은 복리후생에 대한 자격은 없지만, 어느 Aylesburys 매장에서든 모든 상품에 대한 30% 직원 할인은 받습니다.

교육은 7월 26일 오전 9시에 시작됩니다. 아래층 남녀 신발 판매대 바로 지나서 있는 인사부 사무실로 오시기 바랍니다. 직원 명찰(근무 시간 내내 착용하셔야 합니다.)을 받으시고 금전 등록기 사용법을 배우게 될 것입니다. 신입 직원들을 위한 자세한 정보를 첨부해 놓았습니다.

이만 줄입니다.

인사부장
Lily Godwin

MEMO

To: All employees
From: Arvind Moreno
Subject: Important information
Date: 3 May

I am delighted to announce our sales associates of the year. Recognizing employees whose performances are outstanding and who are appreciated by their peers helps to promote employee morale in our store! [137. 138.] As you know, employees must **meet** certain **qualifications to be nominated**, among which is that they **must be full-time employees for at least six months**.

[138.] Please join me in congratulating Beatrice Selby (Home Appliances), Liang Phan (Jewelry), and **Amelia Nouri (Men's Clothing)**. [138. 139.] **All three will join honorees from other Aylesburys stores** at a banquet in Vancouver next month.

사내 전언

수신: 전 직원
발신: Arvind Moreno
제목: 중요한 정보
날짜: 5월 3일

올해의 영업 사원들을 발표하게 되어 기쁩니다. 실적이 뛰어나고 동료들로부터 진가를 인정받는 직원들을 표창하는 것은 우리 매장에서 직원 여러분의 사기를 고취하도록 도와줍니다! 아시다시피 직원 여러분이 후보로 추천받기 위해서는 어떤 자격을 충족시키셔야 하는데, 그중에는 최소 6개월 이상 정규직 직원으로 있어야 한다는 것이 있습니다.

저와 함께 Beatrice Selby (가전)와 Liang Phan (귀금속), Amelia Nouri (남성복)를 축하해주세요. 세 명 모두 다른 Aylesburys 지점들에서 온 수상자들과 함께 다음 달 Vancouver에서 있을 만찬에 참석하게 됩니다.

문장 분석

[Recognizing employees (whose performances are outstanding and who are appreciated by their peers)] helps to promote employee morale in our store!

➡ 관계대명사 절이 두 개가 등위접속사 and로 연결되어 함께 앞에 있는 명사 employees를 수식하고 있다. Recognizing employees ~ by their peers가 동명사구 주어로서 단수로 취급하므로 단수 동사 helps가 오게 된다. Part 5 문법에서 helps를 빈칸으로 묻는 문제가 출제될 수 있으므로 '수 일치의 법칙'으로 기억하자.

VOCAB attachment (이메일의) 첨부 파일 confirm[verify] 확인해주다 set up 일정을 잡다 job offer 일자리 제의 directions 길 안내 be eligible[qualified] for ~의 자격이 있다 benefits package 복리 후생 제도 report to ~에 도착을 보고하다 human resources 인사부 level 층 past ~을 지나서 footwear 신발(류) name tag[badge] 명찰 wear(wore-worn) 착용하고 있다 throughout ~ 동안 쭉, 내내 working hour 근무 시간 cash register 금전 등록기 voucher 상품권, 할인권, 쿠폰 attach 붙이다, 첨부하다 further information 자세한 정보 (new) hire 신입 사원 sales associate 영업 사원 recognize (공로를) 인정[표창]하다 performance 실적, 성과 outstanding 뛰어난, 걸출한 appreciated 진가를 알아보다[인정하다] peer 동료, 또래 promote 촉진하다, 고취하다 morale 사기, 의욕 meet (필요, 요구 등을) 충족시키다 certain 어떤, 무슨 qualifications 자격 요건 nominate (후보자로) 지명[추천]하다 assign 배치하다 home appliances 가전제품 apply for ~에 지원하다 honoree 수상자 banquet 연회, 만찬 currently 현재 recruit 모집하다 location 지점

135. Why did Ms. Godwin send the e-mail?
(A) To set up an interview
(B) To verify a job offer
(C) To complain about a new policy
(D) To request driving directions

Ms. Godwin은 왜 이메일을 보냈는가?
(A) 면접 일정을 잡기 위해
(B) 입사 제안을 확인시켜주기 위해
(C) 새 정책에 대해 불만을 제기하기 위해
(D) 운전을 위한 길 안내를 요청하기 위해

해설 지문의 주제나 목적을 묻는 문제는 대부분 도입부에서 정답을 알 수 있다. I am happy to confirm the details of your part-time position at our Aylesburys store on Garfield Avenue in Rockford.를 읽고 정답을 선택하자.

136. What will Ms. Nouri be given on July 26?

(A) A name badge
(B) A paystub
(C) A parking permit
(D) Discount vouchers

Ms. Nouri는 7월 26일에 무엇을 받을 것인가?

(A) 명찰
(B) 급여 명세서
(C) 주차증
(D) 할인 쿠폰

해설 July 26이라는 키워드가 보이는 부분에서 정답을 찾아야 한다. 인사부 사무실로 가서(Please report to the human resources office) 직원 명찰을 받으라고(You will receive your employee name tag) 했다.

137. In the memo, the word "meet" in paragraph 1, line 3, is closest in meaning to

(A) encounter
(B) compete
(C) satisfy
(D) assemble

사내 전언에서 첫 문단 셋째 줄의 단어 "meet"와 의미상 가장 가까운 것은?

(A) 맞닥뜨리다
(B) 경쟁하다
(C) 충족시키다
(D) 모이다

해설 동사 meet는 다의어로서 보기 네 개의 단어와 모두 동의어가 될 수 있다. 동사 meet와 함께 사용되는 명사들을 암기해두면 쉽게 해결할 수 있다. meet the needs[demand / requirements / qualifications / expectations / deadline / standards / goal]가 자주 정기 토익에 등장하며, 이때 meet는 '(필요, 수요, 요구조건, 자격요건, 기대를) 충족시키다, (마감기한을) 지키다, (기준에) 부합되다, (목표를) 달성하다'라는 뜻으로 사용된다.

138. What is suggested about Ms. Nouri?

(A) She is assigned to the home appliances department.
(B) She will be moving to Vancouver next year.
(C) She applied for the human resources manager position.
(D) She became qualified for an employee benefits package.

Ms. Nouri에 대해 무엇이 암시되어 있는가?

(A) 가전제품 부서에 배정되었다.
(B) 내년에 밴쿠버로 옮긴다.
(C) 인사부장 자리에 지원했다.
(D) 복리 후생 제도 혜택을 받을 자격이 생겼다.

해설 [연계 추론] 이메일에 의하면 입사 당시 Ms. Nouri는 파트타임 직원이었기 때문에 복리 후생 혜택의 자격이 안 되었다 (As a part-time employee, you are not eligible for our benefits package). 그런데, 사내 전언에 따르면 정규직 직원만 후보가 될 수 있는(employees must meet certain qualifications to be nominated, among which is that they must be full-time employees for at least six months.) 상의 수상자로 지목되고 있다(~ and Amelia Nouri (Men's Clothing). All three will join honorees ~). 이것은 그동안 Ms. Nouri의 지위가 정규직으로 전환되어 복리 후생 혜택을 받을 수 있게 되었다는 것을 의미한다.

139. What is indicated about Aylesburys?

(A) It is not currently recruiting new employees.
(B) It sells only clothing and footwear.
(C) It has more than one location.
(D) It has a banquet facility.

Aylesburys에 대해 무엇이 나타나 있는가?

(A) 현재 신입 직원을 모집하지 않고 있다.
(B) 의류와 신발만 판매한다.
(C) 한 군데가 넘는 지점이 있다.
(D) 연회 시설이 있다.

해설 마지막 문장에 '다른 Aylesburys 지점 출신 수상자들(honorees from other Aylesburys stores)'이라는 표현이 있는 것을 보면 이 사업체에는 여러 지점이 있다는 것을 알 수 있다.

p.188 Part 5 & 6 Exercise

101	d	103	b	105	d	107	b	109	b
102	c	104	d	106	d	108	c	110	a

- 정답을 맞힌 문제도 해설을 읽어보자.

101. Governor Trang's popularity has soared since she ------- to reduce taxes and allocate more funding to schools.
(A) followed
(B) predicted
(C) invented
(D) promised

네 개의 동사 중 빈칸 뒤에 있는 to 부정사를 목적어로 사용하는 것을 선택해야 한다.

VOCAB governor (미국) 주지사 popularity 인기 soar 치솟다 predict 예측하다 allocate 할당하다 funding 재정 지원

해석 주지사 Trang의 인기는 세금을 낮춰주고 학교들에 더 많은 재정 지원을 할당하겠다고 약속한 이후 치솟았다.

102. Written permission must ------- in order to use Vyber Corporation's logo.
(A) to obtain
(B) obtained
(C) be obtained
(D) obtaining

조동사 뒤에는 동사원형이 필요하다.

VOCAB written permission 서면 허가 obtain 획득하다

해석 Vyber 사(社)의 로고를 사용하려면 서면 허가를 받아야 한다.

103. Hikers are invited ------- the ranger station for trail maps of Mount Zion National Park.
(A) visiting
(B) to visit
(C) visits
(D) having visited

동사 invite는 5형식 동사로서 to 부정사를 목적격 보어로 사용한다. 'invite + O + to-V'의 형태로 사용해야 하는데, 수동태 문장이라서 목적어가 없으므로 빈칸에는 목적격 보어가 될 to 부정사가 들어가야 한다.

VOCAB invite (~할 것을) 권하다 hiker 등산객 ranger station 관리사무소 trail 산길 national park 국립공원

해석 등산객들은 Mount Zion 국립공원의 등산로 지도를 받기 위해 관리사무소에 방문하실 것을 권합니다.

104. Evensohn Biscuit Corp. is able to ------- good deals with its wholesale suppliers.
(A) negotiating
(B) negotiates
(C) negotiated
(D) negotiate

토익 시험에서는 to 뒤에 빈칸이 있으면 거의 동사원형이 정답이다. 또한 be able to-V는 '~할 수 있다'라는 뜻으로 be able 다음에 to 부정사가 나와야 한다.

VOCAB negotiate 성사시키다, 타결하다 deal 거래, 합의 wholesale 도매의 supplier 납품업체

해석 Evensohn Biscuit 회사는 도매 납품업체들과 유리한 거래를 협상할 수 있다.

105. CEO Jin-Sook Kim has expressed complete confidence in KMTC's ------- to deliver the product on time.
(A) belief
(B) measure
(C) problem
(D) ability

빈칸 뒤에 to 부정사가 있는 것을 보는 순간 보기에서 ability가 눈에 들어와야 한다. measure도 to 부정사와 함께 사용하지만, 일반적으로 관사와 함께 쓰거나 복수형으로 써야 한다. 토익 시험에서는 ability 하면 to 부정사, to 부정사 하면 ability다.

VOCAB express 나타내다, 표현하다 complete 전적인, 철저한 confidence 신뢰, 자신감, 확신 belief 신념, 확신 measure 조치 on time 제시간에

해석 CEO Jin-Sook Kim은 제품을 제시간에 배송하는 KMTC의 능력에 대해 전적인 신뢰를 표명했다.

106. ------- change your seating assignment, simply click on the reservations tab on the theater website.
(A) For
(B) Across
(C) With
(D) To

동사원형 앞에 쓸 수 있는 것은 to밖에 없다. in order to가 정답으로 출제되는 경우가 더 많다.

VOCAB seating 좌석, 자리 assignment 배정, 배치 theater 극장

해석 좌석 배정을 바꾸시려면 극장 홈페이지에서 예약 탭을 클릭하기만 하시면 됩니다.

107. Busan Communications has the expertise to help you ------- your online presence.
(A) optimal
(B) optimize
(C) optimization
(D) optimum

help의 용법을 알아야 한다. 목적격 보어로 to 부정사나 동사 원형을 사용한다.

VOCAB expertise 전문 기술, 전문 지식 optimal(=optimum) 최선의, 최적의 optimize 최적화하다 presence 입지

해석 Busan Communications는 당신이 온라인상의 입지를 최적화하도록 도와드릴 전문 기술을 갖추고 있습니다.

108. The manufacturer ------- that the battery be replaced at least every other year for optimal performance.
(A) remembers
(B) recognizes
(C) recommends
(D) registers

that 절의 동사로 원형 be가 사용되고 있는 것에 주목해야 한다. '요구, 주장, 권고/추천, 제안'의 동사 뒤에 있는 that 절에 동사원형을 사용하게 되어 있다. 따라서 빈칸에는 '권고/추천'을 나타내는 recommend가 알맞다.

VOCAB manufacturer 제조업체 recognize 인정하다, 인식하다 register 등록하다 at least 적어도, 최소한 every other year 한 해 걸러 optimal(=optimum) 최선의, 최적의 performance 성능, 효율

해석 제조업체는 최적의 성능을 위해서 최소한 2년에 한 번씩은 배터리를 교환할 것을 권장한다.

109. Seminar attendees appreciated ------- ways to enhance the airport user's experience.
(A) to discuss
(B) discussing
(C) discuss
(D) discussion

빈칸 앞에 동사 appreciated가 있으므로 동사 (C)는 들어갈 수 없다. 빈칸 뒤에 목적어 ways가 있는데 명사는 목적어를 취할 수 없으므로 (D)도 제외해야 한다. (A)와 (B) 중에서 appreciated의 목적어가 to 부정사인지, 동명사인지 결정해야 한다. appreciate는 동명사를 목적어로 사용한다.

VOCAB attendee 참석자 appreciate 고마워하다 enhance 향상하다

해석 세미나 참석자들은 공항 이용객의 경험을 향상하는 방식들에 대해 논한 것을 고맙게 여겼다.

110. Effective immediately, several major airlines will no longer ------- buffalo, elephant, leopard, lion or rhinoceros trophies.
(A) transport
(B) transporting
(C) transports
(D) transported

빈칸 앞에 있는 부사 no longer는 수식어이므로 지우자. 그 앞에 조동사 will이 있으므로 빈칸에는 무조건 동사원형이 들어가야 한다.

VOCAB effective immediately 지금 이후로 airline 항공사 transport 수송하다 leopard 표범 rhinoceros 코뿔소 trophy 수렵 기념물

해석 지금 이후로 몇몇 주요 항공사들은 더는 버펄로나 코끼리, 표범, 사자, 코뿔소 등의 수렵 기념물을 수송하지 않을 것이다.

Practice Test

● 정답을 맞힌 문제도 해설을 읽어보자.

101	b	105	b	109	a	113	c	117	a	121	c	125	c	129	d	133	d	137	a	141	a
102	c	106	d	110	b	114	a	118	c	122	d	126	c	130	a	134	a	138	a	142	b
103	c	107	a	111	a	115	a	119	d	123	c	127	d	131	c	135	b	139	c	143	b
104	b	108	b	112	c	116	c	120	b	124	d	128	d	132	c	136	c	140	d	144	d

p.196 Part 5

101. The state-of-the-art manufacturing process allowed the assembly line workers ------- their productivity considerably.
(A) improve
(B) to improve
(C) improved
(D) improving

allow는 5형식 동사로서 to 부정사를 목적격 보어로 사용한다.

VOCAB state-of-the-art 최첨단의, 최신식의 manufacturing process 제조 공정 assembly line 조립 라인 productivity 생산성 considerably 상당히

해석 최첨단 제조 공정이 조립 라인 근로자들이 생산성을 상당히 향상하게 해주었다.

102. Yash Raj Studios will raise all monthly and annual fees ------- its movie channel subscriptions.
(A) along
(B) onto
(C) for
(D) about

all monthly and annual fees ------- its movie channel subscriptions가 '영화 채널 구독을 위한 모든 월간 및 연간 요금'이라는 뜻이 되도록 전치사 (C)를 선택해야 한다.

VOCAB raise (양·수준 등을) 올리다, 인상하다 subscription 구독

해석 Yash Raj 스튜디오는 영화 채널 구독의 모든 월간 및 연간 요금을 인상할 것이다.

103. If you are not content with your order ------- PCB Electronics, return it within two weeks from the date of receipt for a full refund.
(A) to
(B) out
(C) from
(D) along

If you are not content with your order ------- PCB Electronics의 적절한 해석은 'PCB 전자로부터 받으신 주문품에 만족하지 못하신다면'이므로 빈칸에 알맞은 전치사는 (C)이다.

VOCAB be content with ~에 만족하다 receipt 받기, 수령 refund 환불

해석 PCB 전자로부터 받으신 주문품에 만족하지 못하신다면 받으신 날짜로부터 2주 이내에 반품하셔서 전액 환불받으시기 바랍니다.

104. Gessen Cosmetics is pleased to ------- Yoshiro Kasai, a new vice president of product development.
(A) welcoming
(B) welcome
(C) welcomed
(D) welcomes

토익 시험에서는 to 뒤에 빈칸이 있으면 일단 to 부정사다. 매우 자주 등장하는 표현인 be pleased to-V(~하게 되어 기쁘다)를 기억하자.

VOCAB cosmetics 화장품 be pleased to-V ~해서 기쁘다 welcome 맞이하다, 환영하다 vice president 부사장

해석 Gessen 화장품은 새 제품 개발 담당 부사장 Yoshiro Kasai를 맞이하게 되어 기쁩니다.

105. Because Ms. Schlosser worked so ------- for the past year, she deserves to be recognized with a pay raise.
(A) bright
(B) hard
(C) tight
(D) sharp

급여 인상의 자격은 '열심히(hard)' 일한 사람에게 주어져야 마땅하다.

VOCAB tight 단단히, 꽉 sharp 예리하게 deserve ~을 받을 만하다, ~을 (당)해야 마땅하다 recognize 인정하다 pay raise 급여 인상

해석 Ms. Schlosser는 지난해 동안 정말 열심히 일했기 때문에 급여 인상으로 인정받을 만하다.

106. It is ------- for the guest to leave a gratuity for the housekeeping staff.
(A) enthusiastic
(B) casual
(C) exclusive
(D) customary

문장 전체의 의미를 자연스럽게 해주는 것은 (D)이다

VOCAB enthusiastic 열렬한, 열광적인 casual 격식을 차리지 않는 exclusive 독점적인 customary 관례적인 leave 남겨 두다 gratuity 팁 housekeeping staff 객실 관리 직원

해석 투숙객이 객실 관리 직원을 위해 팁을 남겨 두는 것은 관례다.

107. The new manager has demonstrated his ability ------- with tremendous amount of information in a short period of time.
(A) to deal
(B) dealing
(C) of dealing
(D) dealt

ability와 effort는 항상 to 부정사와 함께 사용한다.

VOCAB demonstrate 발휘하다, 입증하다 deal with ~을 처리하다, 다루다 tremendous 엄청난 amount (무엇의) 양

해석 새 매니저는 짧은 시간에 엄청난 양의 정보를 처리하는 능력을 발휘했다

108. Employees with ten or more years of employment ------- 0.10 hours of vacation time for every hour worked.
(A) reserve
(B) earn
(C) continue
(D) find

정해진 자격이 되어서 무언가를 얻게 된다는 의미로 동사 earn이 알맞다.

VOCAB year of employment 근무 연수 reserve 예약하다 earn (자격, 자질이 되어서 무엇을) 얻다, 받다

해석 근무 연수가 10년 이상인 직원은 매 근무 시간에 대해 0.10 시간의 휴가를 받는다.

109. The management selected two final candidates who worked in Ohio and Kentucky, respectively, ------- domestic sales of auto parts.
(A) overseeing
(B) possessing
(C) succeeding
(D) persisting

일단 persist는 자동사로서 뒤에 전치사 in이나 with가 필요하므로 제외하자. '------- domestic sales of auto parts(자동차 부품의 국내 판매를 [(A) 감독하며 (B) 소유하며 (C) 계승하며])'의 의미를 자연스럽게 만들어주는 것은 (A)이다.

VOCAB management 경영진 candidate 후보자 respectively 각각 oversee 감독하다 possess 소유하다 succeed 계승하다, ~의 뒤를 잇다 persist in[with] 끈질기게 계속하다 domestic 국내의 auto part 자동차 부품

해석 경영진은 각각 오하이오와 켄터키에서 자동차 부품의 국내 판매를 감독하며 일했던 두 명의 최종 후보자를 선택했다.

110. Written consent was obtained from survey participants ------- use their data for the purpose of publication.
(A) in contrast to
(B) in order to
(C) as a result
(D) as well

빈칸 뒤에 동사원형 use가 있다는 것만 보고 정답을 알 수 있다.

VOCAB written consent 서면 동의 obtain 얻다, 입수하다 survey 설문 조사 participant 참가자 in contrast to ~와는 대조적으로 as a result 그 결과로 as well ~도, 또한, 역시 for the purpose of ~의 목적으로 publication (신문, 보고서 등을 통한) 공개

해석 데이터를 공개 목적으로 사용하기 위해 설문 조사 참가자들로부터 서면 동의를 받았다.

111. The president greeted foreign delegates ------- a banquet last night in Seoul.

(A) at
(B) had
(C) such
(D) where

문장의 의미가 자연스러워지는 것은 (A)이다.

VOCAB greet 맞다, 환영하다 delegate 대표(자) banquet 연회, 만찬

해석 회장은 어제저녁 서울에서 열린 연회에서 해외 대표들을 맞이했다.

112. Ultra Trail's new hiking boots will be available in gray ------- black leather.

(A) nor
(B) yet
(C) and
(D) so

will be available in gray ------- black leather에서 빈칸에 두 가지 색깔을 연결해줄 등위접속사 and를 넣어서 "회색과 검은색 가죽으로 이용할 수 있다."라는 의미가 되게 해야 한다.

VOCAB hiking boots 등산화 available 이용할 수 있는 leather 가죽

해석 Ultra Trail의 새 등산화는 회색과 검은색 가죽으로 이용할 수 있다.

113. Resolving customer complaints in a timely and effective manner helps a company ------- a good image.

(A) maintained
(B) be maintained
(C) maintain
(D) is maintaining

help의 용법을 기억해야 한다. 목적격 보어로 to 부정사를 사용할 수도 있고, 동사원형을 쓸 수도 있다. 그렇다면 (B)와 (C) 중에 정답이 있으므로 능동태와 수동태 중 어느 것이 적절한지 판단해야 한다. 빈칸 뒤에 목적어가 있으면 능동태가 정답이다.

VOCAB resolve 해결하다 complaint 불만 사항 timely 시기적절한, 때맞춘 effective 효과적인 manner 방식 maintain 유지하다

해석 고객의 불만 사항을 시기적절하고 효과적인 방식으로 해결해주는 것이 회사가 좋은 이미지를 유지하는 데 도움을 준다.

114. To expand its global presence, Amangiri Spas will ------- open its franchise opportunities to international prospects.

(A) soon
(B) almost
(C) recently
(D) already

시제와 동사의 의미를 고려하면 will ------- open([(A) 곧 (B) 거의 (C) 최근에 (D) 이미] 개방할 것이다)을 자연스럽게 만들어주는 것은 (A)밖에 없다.

VOCAB global 국제적인 presence 입지, 영향력 franchise 가맹 사업 opportunity 기회 prospect 유망한 후보자

해석 Amangiri Spas는 국제적인 입지를 넓히기 위해 곧 가맹 사업 기회를 해외의 후보자들에게 개방할 것이다.

115. Zadro Products has been evaluating the benefits of building a manufacturing plant at the ------- site.

(A) proposed
(B) structured
(C) unlimited
(D) educated

at the ------- site([(A) 제안된 (B) 구조가 잡힌 (C) 무제한의 (D) 교양 있는] 부지에)의 의미를 자연스럽게 만들어주는 것이 정답이다.

VOCAB evaluate 평가하다 benefit 혜택, 이득 manufacturing plant 제조 공장 proposed 제안된 structured 구조가[조직이] 있는 unlimited 무제한의 educated 교양 있는 site 부지

해석 Zadro Products는 제안된 부지에 제조 공장을 짓는 것의 이점을 평가해왔다.

116. *Mintner Photography Magazine* requests that applicants ------- a test piece of no more than 500 words that they think could appear in the magazine.

(A) to submit
(B) submitted
(C) submit
(D) would submit

that 절 앞에 있는 requests를 보면서 '요구, 주장, 권고/추천, 제안'의 동사들을 기억해야 한다. 이런 뜻을 가진 동사들 다음에 나오는 that 절에는 동사원형이 들어간다.

VOCAB applicant 지원자 piece (글, 미술, 음악 등의 작품) 한 점 no more than ~이하의 appear 나오다, 발간[방송]되다

해석 *Mintner Photography Magazine*은 지원자가 잡지에 나올 만하다고 생각하는 500단어 이하의 테스트 기사 한 편을 제출할 것을 요구한다.

117. Mr. Lee's schedule is ------- open for interviews from 4:00 P.M. to 6:00 P.M. on Wednesdays.

(A) usually
(B) during
(C) several
(D) longer

'be + ------- + 형용사'에서 빈칸에는 부사가 들어가야 하므로 전치사인 (B)와 형용사인 (C)는 정답이 될 수 없다. longer를 사용하려면 문장에 '~보다(than)'에 해당하는 부분이 있어야 자연스럽다.

해석 Mr. Lee의 일정은 보통 수요일 오후 4시부터 6시까지 인터뷰를 위해 비어 있다.

118. The lead role ------- the film *Second Chance* was created especially for Ms. Absher.

(A) by
(B) at
(C) in
(D) as

The lead role ------- the film은 영화 '속' 주인공 역할이므로 전치사 in이 알맞다.

VOCAB lead role 주인공 역할 film 영화 especially 특별히

해석 영화 *Second Chance*의 주인공 역할은 특별히 Ms. Absher를 위해 만들어졌다.

119. The information technology department ------- to purchase two new servers next month.
(A) announces
(B) thinks
(C) predicts
(D) plans

to 부정사를 목적어로 취하는 동사들을 기억하자. plan은 이런 종류의 동사로 토익 시험에서 매우 빈번하게 출제된다.

해석 정보기술 부서는 다음 달에 두 개의 새 서버를 구매할 계획이다.

120. Rekey Dynamics has just opened a new production facility that is ------- larger than its existing one.
(A) expertly
(B) significantly
(C) originally
(D) historically

비교급 형용사 larger를 수식하기에 알맞은 것은 '훨씬 더 큰'이라는 의미가 되는 것은 (B) significantly이다. 이외에 비교급 형용사나 부사를 수식하기에 알맞은 부사로 considerably, much, still, even, far, a lot을 기억하자.

VOCAB production facility 생산 시설 expertly 훌륭하게, 전문적으로 significantly 상당히, (비교급과 함께) 훨씬(=considerably) originally 원래, 본래 existing 기존의

해석 Rekey Dynamics는 지금 막 기존의 것보다 훨씬 더 큰 새 생산 시설을 열었다.

121. Ms. Cho has excelled at ------- processing urgent orders this month.
(A) typically
(B) tightly
(C) quickly
(D) lately

'긴급한(urgent)' 주문은 당연히 '빨리(quickly)' 처리해야 한다.

VOCAB excel at ~에 뛰어나다, 탁월하다 typically 일반적으로, 전형적으로 tightly 단단히, 꽉; 빽빽이 lately 최근에 process 처리하다 urgent 긴급한

해석 Ms. Cho는 이번 달에 긴급한 주문들을 빠르게 처리하는 데 탁월했다.

122. The combined amount of a grant and loan may not ------- 75% of a project's total cost.
(A) excessive
(B) excess
(C) exceeding
(D) exceed

조동사 뒤에는 무조건 동사원형이 있어야 한다.

VOCAB combine 결합하다 amount 총액, 액수 grant (정부나 단체에서 주는) 보조금 loan 대출금 excessive 과도한, 지나친 excess 잉여분, 초과량[액] exceed 초과하다 cost 비용

해석 보조금과 대출금을 합한 금액은 프로젝트 총비용의 75%를 초과할 수 없다.

123. At Rochelle's Fine Dining, we use only the freshest ------- available to prepare all our dishes.

(A) applications
(B) subjects
(C) ingredients
(D) factors

요리(dishes)를 준비하려면 당연히 재료(ingredients)가 필요하다.

VOCAB fine dining 고급 식당 application 지원[신청](서) subject 주제, 대상 ingredient (요리 등의) 재료 factor 요인, 인자 available 이용할 수 있는 dish 요리

해석 저희 Rochelle's Fine Dining에서는 이용 가능한 가장 신선한 재료만을 사용하여 모든 요리를 준비합니다.

124. The researchers are still waiting for a ------- date for the new digital microscopes that were ordered two weeks ago.

(A) shipper
(B) ships
(C) shipments
(D) shipping

의미상 shipments도 정답이 될 수 있을 것 같지만 그러려면 단수형 shipment를 사용해야 한다.

VOCAB researcher 연구원 shipper 운송 회사 shipment 수송, 수송품 shipping 운송, 배송 microscope 현미경

해석 연구원들은 아직도 2주 전에 주문한 새 디지털 현미경의 배송일을 기다리고 있다.

125. D. P. Company marketers are ------- to become familiar with competitors' products and advertising.

(A) encourage
(B) encourages
(C) encouraged
(D) encouraging

be 동사 뒤에 빈칸이 있으므로 형용사를 대신하는 분사 (C)와 (D) 중에 정답을 선택해야 한다. (C)를 넣으면 앞에 있는 be 동사와 결합하여 수동태, (D)를 넣으면 능동태가 되는데, encourage는 5형식 동사로서 to 부정사를 목적격 보어로 사용하기 때문에, 빈칸 뒤에 있는 to become은 목적격 보어이고 목적어는 없는 상태다. 따라서 수동태를 만들어주는 (C)가 정답이 된다.

VOCAB marketer 마케팅 담당자 encourage 권장하다, 장려하다 familiar with ~에 익숙한, 친숙한 competitor 경쟁업체

해석 D. P. Company 마케팅 담당자들은 경쟁업체들의 제품과 광고에 익숙해지실 것을 권장합니다.

126. Ms. Dowell was able to attend the popular summer budgeting seminar in Porto ------- she bought her tickets in advance.

(A) unless
(B) finally
(C) because
(D) although

부사절의 내용이 주절 내용의 이유에 해당하므로 (C)가 알맞다.

VOCAB budget 예산을 세우다 in advance 미리, 사전에

해석 Ms. Dowell은 미리 표를 구매했기 때문에 Porto에서 열린 인기 있는 여름 예산 편성 세미나에 참석할 수 있었다.

127. In contrast to the ------- outside, the inside of Talbott's Bakery was warm and accommodating.
(A) to weather
(B) weatherability
(C) weathering
(D) weather

정관사 the 뒤에 명사가 들어가야 하는데 (A)만 제외하고 모두 명사다. 문장 전체의 의미상 '바깥 날씨와는 대조적으로'가 자연스러우므로 (D)가 정답이다.

VOCAB in contrast to ~와는 대조적으로 weather 날씨; 풍화하다, 풍화시키다 weatherability 악천후에 견디는 성질 weathering 풍화(작용) accommodating 남을 잘 돌보는, 친절한

해석 바깥 날씨와는 대조적으로 Talbott 제과점 내부는 따뜻하고 친절했다.

128. KidsSafe is a mobile tracking service that allows parents to ------- their children's locations using GPS software on their cell phones.
(A) monitoring
(B) monitors
(C) monitored
(D) monitor

to 뒤에 빈칸이 있으면 일단 to 부정사이므로 동사원형을 선택하자. 또한 allow는 5형식 동사로서 to 부정사를 목적격 보어로 사용한다는 사실도 잊지 말자.

VOCAB mobile 휴대전화 track 추적하다 monitor 추적하다, 감시하다 GPS (global positioning system) 전 지구 위치 파악 시스템

해석 KidsSafe는 부모가 휴대전화에서 GPS 소프트웨어를 사용하여 자녀의 위치를 추적할 수 있게 해주는 모바일 추적 서비스이다.

129. Hayes Theater will ------- allow customers to purchase tickets on its updated website.
(A) yet
(B) since
(C) ever
(D) soon

yet이나 ever는 주로 부정문이나 의문문에서 사용하며, since는 주로 현재완료 시제 문장에서 사용된다. 문장의 의미를 자연스럽게 해주는 것은 soon이다.

VOCAB allow 허용하다 updated 최신의

해석 Hayes 극장은 곧 고객들이 최신화된 웹사이트에서 표를 구매할 수 있게 할 것이다.

130. The board of directors ------- Mr. Park's successor at the meeting yesterday.
(A) named
(B) granted
(C) founded
(D) proved

The board of directors ------- Mr. Park's successor(이사회는 Mr. Park의 후임자를 [(A) 지명했다 (B) 수여했다 (C) 설립했다 (D) 증명했다])의 의미를 자연스럽게 만들어주는 것은 (A)이다.

VOCAB board of directors 이사회 name 지명하다, 임명하다 grant 주다, 수여하다 found 설립하다 prove (~임이) 드러나다; 증명하다 successor 후임자

해석 이사회는 어제 회의에서 Mr. Park의 후임자를 지명했다.

p.199 Part 6

Questions 131-134 refer to the following article.

SEOUL (29 March) — The Malaysian budget hotel chain Furama **131.** announced plans to bring its brand to Korea. According to a press statement by company spokesperson Sufi Yusuff, Seoul has been confirmed as the first location for the expansion.

132. Furama Seoul will give travelers a new lodging option in the city center. The new structure will have 180 rooms that are simple, **133.** comfortable, and affordably priced. Amenities will include a casual restaurant and a rooftop swimming pool. Like Furama's other properties, the Seoul hotel will be designed to appeal to younger travelers. **134.** Construction is scheduled to begin early next year.

131-134번 문제는 다음 기사에 관한 것입니다.

서울 (3월 29일) - 말레이시아의 저가 호텔 체인 Furama가 자신들의 브랜드를 한국에 도입할 계획을 발표했다. 회사 대변인 Sufi Yusuff에 의한 언론 발표에 따르면, 서울이 확장을 위한 첫 지점으로 확정되었다.

서울 Furama는 여행객들에게 시 중심부에서 선택할 수 있는 숙소를 하나 늘려주게 될 것이다. 새 건축물은 단순하고 편안하고 가격이 적당한 180개의 방이 있을 예정이다. 편의 시설에는 격식을 갖추지 않은 식당과 옥상 수영장이 포함될 것이다. Furama의 다른 건물들처럼 서울 호텔도 젊은 여행객들에게 매력적으로 보이도록 설계될 것이다. 공사는 내년 초에 시작될 예정이다.

VOCAB budget 저가의, 저렴한 press statement 언론 발표문 spokesperson 대변인 confirm 확정하다, 공식화하다 recognize 인정하다, 공인하다 luxury 호화로움, 사치 accommodations 숙박 시설 executive 간부, 중역 lodging 임시 숙소 grand opening 개점, 개업 the public 일반 사람들, 대중 structure 구조물, 건축물 comfort 안락, 편안; 위로, 위안; 위로하다, 위안하다 affordably priced 가격이 적당한 amenity 생활 편의 시설 casual 격식을 차리지 않는 rooftop (건물의) 옥상 property 부동산, 건물 appeal to 관심을 끌다, 매력적이다 research 연구, 조사 assistance 도움, 지원 be scheduled to-V ~할 예정이다

131. (A) canceled
(B) managed
(C) announced
(D) received

"브랜드를 한국에 도입할 계획을 -------했다(-------plans to bring its brand to Korea)."를 자연스럽게 만들어주는 것은 (A)와 (C)인데, 이어지는 문장이 "회사 대변인 Sufi Yusuff에 의한 언론 발표에 따르면, 서울이 확장을 위한 첫 지점으로 확정되었다(According to a press statement by company spokesperson Sufi Yusuff, Seoul has been confirmed as the first location for the expansion)."이므로 문맥에는 (C)가 알맞다.

132. (A) Furama is the most recognized name in luxury accommodations.
(B) Furama executives will be meeting next week to make a decision.
(C) Furama Seoul will give travelers a new lodging option in the city center.
(D) Furama Seoul's grand opening next weekend is open to the public.

(A) Furama는 호화 숙박시설 중 가장 공인된 이름이다.
(B) Furama의 중역들은 다음 주에 회의를 하고 결정을 내릴 것이다.
(C) 서울 Furama는 여행객들에게 시 중심부에서 선택할 수 있는 숙소를 하나 늘려주게 될 것이다.
(D) 다음 주말에 있을 서울 Furama의 개점 행사는 일반에 공개된다.

해설 앞에서 Furama는 저가 호텔(budget hotel chain)이라고 했으므로 (A)는 알맞지 않다. 이미 건설 계획이 발표되었으므로 (announced plans to bring its brand to Korea) 다음 주에 결정할 것이라는 내용의 (B)도 정답이 될 수 없다. 건설 계획만 발표했지, 호텔이 지어진 것은 아니므로 개업 행사 날짜를 말하고 있는 (D)도 오답이다.

133. (A) comfort
(B) comforts
(C) comforted
(D) comfortable

빈칸 뒤에 등위접속사 and가 보이면 항상 머릿속에 '병렬 구조' 네 글자가 떠올라야 한다. 형용사 simple과 comfortable, affordably priced가 and로 연결되도록 해야 한다.

134. **(A) Construction**
(B) Research
(C) Assistance
(D) Discussion

새 호텔의 건설 계획을 발표했으므로 내년 초에는 공사를 시작하는 게 알맞다.

p.199 Part 7

Questions 135-136 refer to the following review.

http://www.productreviews.com/lighting/outdoor-lights

Outdoor Lighting | Garden & Exterior Lighting - B&Q

Posted by: Trevor Wilkins

My neighbor pays $40 every month for size-C batteries to operate his Duotono motion sensor lights. Although they emit plenty of light, I was surprised at the cost of operation. As an alternative, I thought I'd try out B&Q lights, which provide a money-back guarantee. To experiment, I purchased only one outdoor wall light just to test it out. 135. **I put it out in the sun to charge up for two hours, and that was enough for it to stay lit during the whole night long**! It was also very sensitive to any motion. 136. I've made my choice, and it **wasn't even close**. I'm **sure I'll be happy with more**.

135-136번 문제는 다음 평가에 관한 것입니다.

http://www.productreviews.com/lighting/outdoor-lights

야외 조명 | 정원 및 옥외용 조명 - B&Q

게시자: Trevor Wilkins

저희 이웃에 사는 사람은 Duotono 동작 센서 전등을 작동시키기 위해 C 사이즈 배터리에 매달 40달러를 씁니다. 많은 빛을 내기는 하지만 저는 작동 비용에 놀랐습니다. 대안으로 저는 B&Q 전등을 한 번 써봐야겠다고 생각했습니다. 환급 보장을 제공하거든요. 시험 삼아 그냥 한 번 써보기 위해 옥외용 벽 전등을 딱 하나만 구매했습니다. 충전하기 위해 햇빛에 두 시간 동안 놔두었는데요, 밤새도록 켜 놓는 데 그걸로 충분하더군요! 어떤 동작에든 민감하기까지도 했습니다. 저는 선택을 했고 하나 산 거로는 턱없이 부족했습니다. 더 사게 되면 만족할 것이라고 확신합니다.

VOCAB lighting 조명 exterior 외부의, 옥외의 post 게시하다 operate 작동시키다 motion sensor 동작 센서 light 전등, 빛 emit (빛, 열, 가스, 소리 등을) 내다 plenty of 많은 alternative 대안 try out 시험 삼아 해 보다(=experiment) money-back guarantee 환급 보장 test out 시험해 보다 charge up 충전하다 light 불을 켜다(lit-lit) sensitive 민감한 not even close 턱없이 부족한 run 작동하다 solar energy 태양 에너지 costly 큰 비용이 드는 activate 작동시키다, 활성화하다 motion detector 동작 탐지기 review 평가 additional 추가의

135. What is implied about B&Q Lights?
(A) They cannot be used outdoors.
(B) They run on solar energy.
(C) They are costly to operate.
(D) They are not activated by motion detectors.

B&Q 전등에 대해 무엇이 암시되어 있는가?
(A) 야외에서는 사용할 수 없다.
(B) 태양 에너지로 작동한다.
(C) 작동시키는 데 큰 비용이 든다.
(D) 동작 감지기로 작동되지 않는다.

다섯 번째 문장에 있는 충전을 위해 두 시간 동안 햇빛에 내놓았다는(I put it out in the sun to charge up for two hours) 내용이 태양 에너지로 작동되는 전등이라는 것을 암시한다.

136. What did Mr. Wilkins most likely do after writing his review?
(A) He asked B&Q for a refund.
(B) He visited his neighbor.
(C) He bought additional B&Q lights.
(D) He tried out a Duotono light.

Mr. Wilkins는 평가를 쓰고 나서 무엇을 했겠는가?
(A) B&Q에 환급을 요구했다.
(B) 이웃을 방문했다.
(C) B&Q 전등을 추가로 구매했다.
(D) Duotono 전등을 시험 삼아 사용해 봤다.

마지막 두 문장이 하나로는 부족해서 더 살 것이라는 내용이므로(I've made my choice, and it wasn't even close. I'm sure I'll be happy with more.) B&Q 전등을 추가로 구매할 것이라고 짐작할 수 있다.

Questions 137-139 refer to the following online form.

Alphaphasic Solutions
854 Grand Boulevard
Springfield, IL 60629

Customer Type: New
Customer Name: Hyun-Ji Kim
Phone Number: 217-555-0288
E-mail Address: hjkim@caravantravel.com
[139] **Project Name: Brochures**
Contact Preference: E-mail
Attach specifications document here: CARAVANTRAVEL_AD

Add any additional information here:
[138] I **recently started a travel agency** called Caravan Travel, and I will participate in a trade fair next month to promote my business. [139] I will **need 300 copies of the file I've attached on 80# Gloss Text paper**, so that they can be displayed at our booth. [137] Please provide me with a price quote for this job.

137-139번 문제는 다음 온라인 양식에 관한 것입니다.

Alphaphasic Solutions
854 Grand Boulevard
Springfield, IL 60629

고객 유형: 신규
고객 이름: Hyun-Ji Kim
전화번호: 217-555-0288
이메일 주소: hjkim@caravantravel.com
프로젝트명: 안내 책자
선호하는 연락 수단: 이메일
명세서를 여기에 첨부하세요: CARAVANTRAVEL_AD

추가 정보를 여기에 기재해주세요:
최근에 Caravan Travel이라는 이름의 여행사를 시작했는데, 사업 홍보 차 다음 달에 무역박람회에 참가할 겁니다. 부스에 진열할 수 있게 첨부해드린 파일의 인쇄본 300부가 80번 Gloss Text 용지로 필요합니다. 이 작업의 가격 견적서를 제공해주시기 바랍니다.

VOCAB brochure 안내 책자, 안내서 contact 연락 preference 선호하는 것 attach 붙이다, 첨부하다 specifications 명세서, 사양서 additional 추가의 travel agency 여행사 participate in ~에 참가하다 trade fair 무역박람회 promote 홍보하다 copy (책자) 한 부 price quote 가격 견적서 fill out 작성하다, 기재하다 obtain 얻다, 입수하다 reimbursement 환급, 변제 testimonial (어떤 것의 품질에 대한) 추천의 글 sign up for 등록하다, 가입하다 concern 걱정거리 shipment 수송품 current 현재의 used to (과거 한때) ~했다 trading company 무역 회사 real estate agency 부동산 중개소

137. Why did Ms. Kim fill out the online form?
(A) To ask for information
(B) To obtain a reimbursement
(C) To provide a testimonial
(D) To sign up for an event

Ms. Kim은 왜 온라인 양식을 작성했는가?
(A) 정보를 요청하기 위해서
(B) 환급을 받기 위해서
(C) 추천의 글을 제공하기 위해서
(D) 행사에 등록하기 위해서

마지막 문장에서 가격 견적서(a price quote)를 요구하고 있다는 사실이 정답을 알려준다.

138. What is indicated about Ms. Kim?
(A) She is a new business owner.
(B) She has concerns about a recent shipment.
(C) She is not satisfied with her current job.
(D) She used to work at Alphaphasic Solutions.

Ms. Kim에 대해 무엇이 나타나 있는가?
(A) 새 사업주이다.
(B) 최근 배송품에 대해 걱정하고 있다.
(C) 현재의 직업에 만족하지 못한다.
(D) 한때 Alphaphasic Solutions에서 근무했다.

해설
최근에 여행사를 차렸다는(I recently started a travel agency called Caravan Travel) 내용에서 정답을 알 수 있다.

139. What kind of business most likely is Alphaphasic Solutions?
(A) A travel agency
(B) A trading company
(C) A printing company
(D) A real estate agency

Alphaphasic Solutions는 어떤 유형의 사업체이겠는가?
(A) 여행사
(B) 무역 회사
(C) 인쇄 회사
(D) 부동산 중개소

Project Name: Brochures와 I will need 300 copies of the file I've attached on 80# Gloss Text paper(첨부해드린 파일의 인쇄본 300부가 80번 Gloss Text 용지로 필요합니다.)를 통해 Alphaphasic Solutions는 인쇄업체임을 알 수 있다.

Questions 140-144 refer to the following chart and e-mail.

140-144번 문제는 다음 도표와 이메일에 관한 것입니다.

Ubuy.com WebSite - Visitor Analysis Week of December 1

Webpage	Percentage of guests who left website after this page	Probable reasons guests did not visit other pages
[141.] **Home**	56%	[141.] **Too many links to advertisements on the home page**
[143.] **Products**	39%	[143.] **Poor layout**
Contact Us	36%	Limited customer service hours
Sales	15%	No follow-up with customers who leave items unpurchased
[140.] **Checkout**	[140.] **4%**	[140.] **Successful transactions**

Ubuy.com 웹사이트 - 방문자 분석 12월 첫 주

웹페이지	이 페이지 이후 웹사이트에서 나가는 이용자 비율	이용자가 다른 페이지를 방문하지 않은 가능한 이유
홈	56%	홈페이지에 너무 많은 광고 링크
제품	39%	불편한 페이지 구성
고객 서비스	36%	제한된 고객 서비스 시간
판매	15%	제품을 구매하지 않은 채로 놔두는 고객에게 후속 조치 없음
계산	4%	매매 완료

E-mail

To: ethan.bramley@ubuy.com
From: lserrano@ubuy.com
Date: December 12
Subject: RE: Website visitor analysis

Dear Ethan,
Thanks for forwarding your website visitor analysis report. I'd like to offer some insights I can derive from the data. We can talk about these observations at the meeting tomorrow.

● [141.] **I think we are in pressing need of addressing the links issue**. It seems we are alienating our visitors by sending them to other sites rather than keeping them with us. I could communicate with our marketing department about this.

● [143.] **One possible solution to the products page problem** would be to **list items separately rather than arranging similar products together**. [142.] For example, on **our products page for mobile phone accessories**, we could list **wall chargers** and portable chargers separately. [143.] I'll **have our web designer Vairat Kumar make modifications to the page**.

● [144.] I'd like to request that web developer Umi Terasawa add a pop-up message to the sales page to remind customers that they have items in their virtual shopping cart when they try to leave the webpage.

Looking forward to our discussion,
Lucy Serrano

수신:ethan.bramley@ubuy.com
발신: lserrano@ubuy.com
날짜:12월 12일
제목: RE: 웹사이트 방문자 분석

Ethan에게,
웹사이트 방문자 분석 보고서를 전달해줘서 고마워요. 데이터를 통해 이해할 수 있는 사항 몇 가지를 말하고 싶군요. 이 의견에 대해서는 내일 회의 때도 이야기 나눌 수 있어요.

• 내 생각에 우리는 링크 문제를 긴급하게 고심해야 해요. 우리가 방문자들을 머무르게 하기보다는 다른 사이트로 보냄으로써 멀어지게 만들고 있는 것으로 보여요. 이 점에 대해 마케팅 부서와 이야기 해봐야겠어요.

• 제품 페이지 문제에 대한 한 가지 가능한 해결책은 유사한 제품들을 함께 배열하는 것보다 물건들을 개별적으로 열거하는 것이 있어요. 예를 들어, 휴대전화 액세서리 제품 페이지에서 벽 충전기와 휴대용 충전기를 따로따로 나열하는 거죠. 웹사이트 디자이너 Vairat Kumar에게 페이지를 수정해달라고 할게요.

• 웹 개발자 Umi Terasawa에게 요청해서 판매 페이지에 팝업 메시지를 추가하여 고객이 웹페이지에서 나가려고 할 때 가상 쇼핑카트에 제품이 있다고 상기시켜주도록 했으면 좋겠어요.

논의를 기대합니다.
Lucy Serrano

VOCAB analysis 분석 probable 가망성이 있는 layout 지면 배정 limited 제한된, 아주 많지는 않은 follow-up 후속 조치 leave 그대로 두다 checkout 계산(대) transaction 거래, 매매 forward 보내다, 전달하다 offer 제공하다 insight 이해, 간파 derive 끌어내다, 얻다 observation (자신의 관찰에 따른) 논평, 의견 pressing 긴급한 be in need of ~가 필요하다 address 고심하다, 다루다 alienate 멀어지게 만들다 rather than ~ 보다는 be concerned about ~을 걱정하다 communicate with ~와 대화를 나누다 list 열거하다 separately 따로따로 arrange 배열하다 charger 충전기 portable 휴대용의 clothing 의복, 의류 modification 수정, 변경 revise 수정하다 proposal 기획안, 제안서 virtual 가상의 FAQ(frequently asked questions) 자주 묻는 말들 eye-catching 눈길을 끄는 secure 안전한 automate 자동화하다 alert 알림

140. What percent of visitors to the website purchase something?
(A) 56 percent
(B) 39 percent
(C) 36 percent
(D) 4 percent

웹사이트 방문자의 몇 퍼센트가 무언가를 구매하는가?
(A) 56%
(B) 39%
(C) 36%
(D) 4%

해설 고객이 웹사이트에서 무언가를 구매하려면 마지막 페이지는 계산 페이지가 되어야 할 것이다. 도표를 보면 계산 페이지에서 매매를 완료하는 고객의 비율은 4%이다.

141. What webpage is Ms. Serrano most concerned about?
(A) Home
(B) Products
(C) Contact Us
(D) Sales

Ms. Serrano는 어느 웹페이지에 대해 가장 많이 우려하는가?
(A) 홈
(B) 제품
(C) 고객 서비스
(D) 판매

연계 추론 이메일의 • 으로 시작하는 첫 문단에서 "링크 문제를 긴급하게 고심해야 한다(I think we are in pressing need of addressing the links issue)"라고 말하고 있으므로 여기서 Ms. Serrano가 가장 우려하는 부분을 알 수 있다. 도표에서 링크 문제가 언급되고 있는 곳은 홈페이지 부분이다(Too many links to advertisements on the home page).

142. What does Ubuy, Inc., most likely sell?
(A) Clothing and accessories
(B) Electronic devices
(C) Kitchen appliances
(D) Sporting equipment

Ubuy 사(社)는 무엇을 파는 것 같은가?
(A) 의류와 액세서리
(B) 전자 장치
(D) 주방용품
(D) 스포츠용품

해설 이메일의 • 으로 시작하는 두 번째 문단에서 For example, on our products page for mobile phone accessories, we could list wall chargers and portable chargers separately.를 보면 무엇을 파는지 알 수 있다.

143. What will Mr. Kumar most likely do?
(A) He will create some advertisements.
(B) He will redesign a page layout.
(C) He will revise a proposal.
(D) He will conduct market research.

Mr. Kumar가 무엇을 할 것 같은가?
(A) 광고를 만든다.
(B) 페이지 지면 배정을 다시 한다.
(C) 기획안을 수정한다.
(D) 시장 조사를 한다.

초보자를 가장 빠르게 **700점** 이상으로 인도하는 책

1. 가장 쉽고 빠르고 정확한 유형별 문제 풀이 비결 제시!
2. 10년 이상의 생생한 현장 강의를 집결한 비법 전수!
3. 출제 유형별 필수 키워드와 핵심 표현 완벽 정리!
4. 하루에 모든 파트를 학습할 수 있는 DAY 구성!
5. 초급 탈출 및 중급자를 위한 고득점의 발판 마련!

<EVOLVE> 시리즈

COURSE

9781009231763

A1

9781009231794

A2

9781009231824

B1

9781009237550

B1+

9781009235518

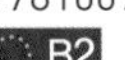

B2

9781009237581

C1

<UNLOCK> 시리즈

Listening & Speaking

9781009031455

A1

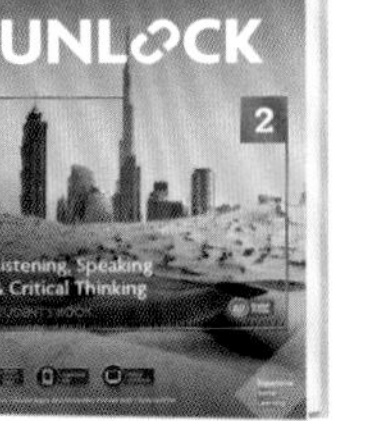

9781009031462

A2

9781009031479

B1

9781009031486

B2

9781009031493

C1

Reading & Writing

9781009031387

A1

9781009031394

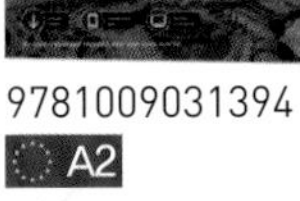

A2

9781009031400

B1

9781009031417

B2

9781009031448

C1

<FOUR CORNERS> 시리즈

COURSE

9781009285971

A1

9781009286336

A2

9781009286534

B1

9781009286596

B1+

<PRISM READING> 시리즈

READING

9781009251327

A1

9781009251631

A2

9781009251792

B1

9781009251860

B2

9781009251938

C1